Thomas Niehr (Hg.)
Sprachwissenschaft und Sprachkritik
Perspektiven ihrer Vermittlung

Hempen Verlag

Greifswalder Beiträge zur Linguistik

bis Band 3:
Freiburger Beiträge zur Linguistik

Band 8

herausgegeben von

Jürgen Schiewe

HEMPEN VERLAG
BREMEN 2014

Sprachwissenschaft und Sprachkritik – Perspektiven ihrer Vermittlung

herausgegeben von

Thomas Niehr

HEMPEN VERLAG
BREMEN 2014

Gedruckt mit freundlicher Unterstützung der
Fritz Thyssen Stiftung

Bibliografische Information Der Deutschen Nationalbibliothek
Die Deutsche Nationalbibliothek verzeichnet diese Publikation in der Deutschen Nationalbibliografie; detaillierte bibliografische Daten sind im Internet über http://dnb.d-nb.de abrufbar.

ISBN 978-3-944312-17-0

Umschlag: reeberdesign, Kronberg
Gedruckt auf alterungsbeständigem Papier
Printed in Germany

Inhaltsverzeichnis

Vorwort

Das Verhältnis zwischen Sprachwissenschaft und Sprachkritik gilt gemeinhin als schwierig und konfliktträchtig. Dies dürfte insbesondere für den Bereich der öffentlichen, laienlinguistischen Sprachkritik und die akademische Sprachwissenschaft gelten, deren Beurteilung sprachlicher Phänomene nur selten übereinstimmen. Sprachwissenschaftlerinnen und Sprachwissenschaftler haben in den letzten Jahren die Chance gesehen, die in der Öffentlichkeit diskutierten sprachlichen Phänomene im Rahmen einer linguistisch fundierten Sprachkritik aufzugreifen. Doch scheint es, als würden vornehmlich die Patentrezepte der laienlinguistischen Sprachkritik in der Öffentlichkeit wahrgenommen. Vor diesem Hintergrund fand am 1. und 2. Juni 2012 in Aachen eine Tagung statt mit dem Titel „Einmal Elfenbeinturm und zurück – das schwierige Verhältnis zwischen Sprachwissenschaft und Sprachkritik". Sprachkritisch interessierte Sprachwissenschaftlerinnen und Sprachwissenschaftler trafen sich zum Gedankenaustausch und zu einer öffentlichen Podiumsdiskussion unter dem Titel „Deutsche Sprache in Gefahr?". Der Einladung zu dieser Podiumsdiskussion folgten mehr als 200 Zuhörerinnen und Zuhörer, was das große Interesse der Öffentlichkeit an sprachkritischen Fragen erneut bestätigt.

Die in Aachen versammelten Sprachwissenschaftlerinnen und Sprachwissenschaftler waren sich einig darin, dass die Ergebnisse einer linguistisch fundierten Sprachkritik in die Öffentlichkeit gehören, dass also der Linguistik daran gelegen sein muss, öffentlich wahrgenommen zu werden. In diesem Zusammenhang stellten sie Thesen zusammen, die in diesem Band als Aachener Erklärung noch einmal abgedruckt werden.

In den Vorträgen der Tagung, die zum überwiegenden Teil für diesen Sammelband aufbereitet wurden, standen unterschiedliche Facetten des Verhältnisses von Sprachwissenschaft und Sprachkritik im Fokus. So fragt Péter Maitz, inwieweit die Sprachwissenschaft die Erwartungen der Öffentlichkeit erfüllen kann und soll, während Martin Wengeler der Frage nachgeht, ob die Sprachwissenschaft über die Deskription hinaus auch kritisch sein solle. Armin Burkhardt diskutiert aus Sicht der Gesellschaft für deutsche Sprache, wie sprachpflegerische Bemühungen sprachwissenschaftlich einzuschätzen seien. André Meinunger widmet sich dem Verhältnis von Sprachwissenschaft und Sprachkritik und untersucht, inwieweit die Sprachwissenschaft von den Erkenntnissen der Sprachpflege profitieren kann. Die bis heute wirkenden Traditionslinien praktischer Stilkritik präsentiert Andreas Corr. Birte Arendt und Jana Kiesendahl stellen ein Modell der Kritiklinguistik vor und Alexander Keus präsentiert mit dem SprAachenblog eine Online-Plattform für öffentliche Wissenschaftskommunikation. Ekkehard Felder und Katharina Jacob loten in ihrem Beitrag die Möglichkeiten einer europäischen Sprachkritikschreibung aus, während Falco Pfalzgraf Sprachwissenschaft und Sprachkritik in der britischen Hochschulgermanistik gegenüberstellt. Jörg Kilian betont in seinem Beitrag die Wichtigkeit der Sprachkritik für die Sprachdidaktik, um angehende Lehrerinnen und Lehrer auf ihre Aufgaben angemessen vorzubereiten. Jana Tereick schließlich geht der Frage nach, ob und inwieweit politisch-moralisch fundierte Sprachkritik eine eher stilistisch orientierte Sprachkritik bereichern könnte.

Für ihre Bereitschaft, zur Aachener Tagung und zur Aachener Erklärung durch originelle Gedanken beizutragen, danke ich allen Vortragenden. Dies gilt insbesondere auch den Teilnehmern der Podiumsdiskussion Andreas Gardt, Jörg Kilian, Jürgen Schiewe und Ingo Schulze.

Ein großer Dank gebührt der Fritz Thyssen Stiftung, die die Tagung finanziell gefördert und damit erst möglich gemacht hat. Auch zum Erscheinen dieses Bandes hat die Thyssen Stiftung durch die Gewährung eines großzügigen Druckkostenzuschusses maßgeblich beigetragen.

Schließlich danke ich den Hilfskräften Julia Barnieske, Svenja Freitag und Janine Richters für die tatkräftige Unterstützung bei der Organisation vor und während der Tagung.

Nicht zuletzt sei Carolin Cremer-Kruff gedankt, die alle Beiträge dieses Bandes akribisch lektoriert und für den Druck eingerichtet hat.

Aachen, im Winter 2014 *Thomas Niehr*

Péter Maitz

Kann – soll – darf die Linguistik der Öffentlichkeit geben, was die Öffentlichkeit will?[1]

1 Vorbemerkungen

Gegenstand der nachfolgenden Überlegungen ist das schwierige Verhältnis zwischen Linguistik und Öffentlichkeit. Genau gesagt soll auf die wichtige Grundsatzfrage eine plausible Antwort gesucht – und möglichst auch gefunden – werden, ob und inwieweit sich die Linguistik mit den Forderungen identifizieren kann und darf, die von der Öffentlichkeit (a) der Linguistik und (b) „der Sprache" gegenüber gestellt werden. Diese beiden Aspekte sind natürlich aufs engste und untrennbar miteinander verbunden: Die Forderungen der Öffentlichkeit gegenüber der Linguistik richten sich nach gewissen Idealvorstellungen über Sprache sowie nach Bewertungen der Sprachwirklichkeit, die sich aus diesen Idealvorstellungen ableiten lassen. Diese Idealvorstellungen und Bewertungen sind nun aber weniger von rationaler Erkenntnis als vielmehr von unreflektiert tradierten sprachlichen Ideologien geprägt (vgl. dazu Law 2007). Daher lässt sich die oben genannte Fragestellung folgendermaßen umformulieren bzw. konkretisieren: Sind die sprachlichen Ideologien, die den sprachlichen Idealvorstellungen und Bewertungen der Öffentlichkeit zugrunde liegen, aus linguistischer und dabei besonders auch sprachsozialer Sicht vertretbar?

Zur Beantwortung dieser Frage wird in folgenden Schritten vorgegangen: Zunächst werden in Abschnitt 2 einige allgemeine Gedanken zum Verhältnis von Linguistik und Öffentlichkeit formuliert. Im Anschluss daran wird in exemplarischer Weise diejenige häufig artikulierte laienlinguistische Forderung kurz vorgestellt und kommentiert, deren linguistische Vertretbarkeit dann im Weiteren überprüft werden soll. In Abschnitt 3 wird auf Wesen und Funktionen von sprachlichen Ideologien eingegangen. Darauf folgt in Abschnitt 4 eine Analyse zu der Frage, ob und inwieweit die sprachlichen Ideologien, die sich hinter laienlinguistischen Ansichten über Sprache und die Rolle der Linguistik verstecken, mit denen der linguistischen Forschung kompatibel sind. Aufgrund dieser Analysen wird in Abschnitt 5 dann die Frage beantwortet, ob und inwieweit die Linguistik der Öffentlichkeit geben kann – soll – darf, was die Öffentlichkeit von ihr verlangt.

2 Zum Verhältnis von Linguistik und Öffentlichkeit

Wissenschaft wird nicht als Selbstzweck betrieben. Dies gilt natürlich auch für die Sprachwissenschaft. Der Sinn linguistischer Forschung darf sich dementsprechend

1 Für wertvolle Hinweise und Kommentare zu einer früheren Fassung des Manuskripts danke ich Werner König (Augsburg). Alle Fehler und Mängel im Text muss ich natürlich selbst verantworten.

nicht darin erschöpfen, dass Linguisten[2] selbst konstruierte Probleme lösen, um damit ihr täglich Brot zu verdienen, und auch nicht darin, dass sie den nachfolgenden Forschergenerationen die ungelösten Probleme vererben, damit dann auch diese ihre Existenz sichern können. Allein schon aus der Tatsache, dass linguistische Forschung zum überwiegenden Teil aus staatlichen Quellen, von der Öffentlichkeit also, finanziert wird, sowie aus dem Umstand, dass linguistische Forschungsresultate – idealerweise zumindest – auf linguistischen Daten basieren, die von der Öffentlichkeit zur Verfügung gestellt werden, ergibt sich für die Linguistik die Verpflichtung, diese Öffentlichkeit ernst zu nehmen und die realen sprachlichen Probleme von realen – statt idealen[3] – Sprechern stets im Auge zu behalten. Im Einzelnen lassen sich aus der so verstandenen sozialen Einbettung linguistischer Forschung (mindestens) zwei Prinzipien zum Verhältnis von Linguistik und Öffentlichkeit ableiten. Diese sind von William Labov im Anschluss an den berühmten Prozess von Ann Arbor bereits vor Jahrzehnten aufgestellt, begründet und nicht zuletzt auch in die Praxis umgesetzt worden (vgl. Labov 1982). Zum einen handelt es sich dabei um das Prinzip der wissenschaftlichen Bringschuld (*principle of the debt incurred*), das in Labovs Formulierung folgendermaßen lautet:

> An investigator who has obtained linguistic data from members of a speech community has an obligation to use the knowledge based on that data for benefit of the community, when it has need of it. (Labov 1982: 173)

Das zweite ist das Prinzip der Fehlerkorrektur (*principle of error correction*), das wiederum Folgendes besagt:

> A scientist who becomes aware of a widespread idea or social practice with important consequences that is invalidated by his own data is obligated to bring this error to the attention of the widest possible audience. (Ebd.: 172)

Im Lichte dieser zwei Prinzipien gilt es zunächst zu klären, was die Öffentlichkeit überhaupt von der Linguistik will. Als Antwort auf diese Frage könnten natürlich zahlreiche, recht unterschiedliche Forderungen zitiert werden. Die zahlreichen Fragen an die ebenso zahlreichen Sprachberatungsstellen in Deutschland[4] zeigen jedenfalls eindeutig, dass die Öffentlichkeit in vielen verschiedenen sprachlichen Fragen Information oder Orientierungshilfe von der Linguistik erwartet. Zu diesen zählen etwa namenkundliche, in erster Linie namenetymologische Fragen, daneben aber vor allem auch sprachliche (orthographische, grammatische und lexikalische) Zweifelsfälle, in denen von den Sprachexperten Normorientierung erwartet

---

2 Aus platzökonomischen Gründen verwende ich im Folgenden bei Bezeichnungen für Personen nur das generische Maskulinum und meine damit stets Personen weiblichen und männlichen Geschlechts.

3 Vgl. Chomsky (1965: 93): „Linguistic theory is concerned primarily with an **ideal speaker-listener**, in a completely homogeneous speech-community, who knows its language perfectly and is unaffected by such grammatically irrelevant conditions as memory limitations, distractions, shifts of attention and interest, and errors (random or characteristic) in applying his knowledge of the language in actual performance" (Hervorhebung von mir – P. M.)

4 Für eine Übersicht über die Sprachberatungsstellen in Deutschland sowie deren Tätigkeit vgl. Neubauer (2009: 47 ff.).

wird (vgl. Neubauer 2009: 71 ff.). Neben Fragen zu einzelnen konkreten sprachlichen Erscheinungen oder Problemen ist es aber nicht selten die allgemeine Sorge um den Zustand der deutschen Sprache, die Forderungen an die Sprachwissenschaft laut werden lässt. In erster Linie auf diese werde ich mich im Folgenden konzentrieren. Diese Forderungen basieren auf der Behauptung, dass sich die deutsche Sprache im Verfallszustand befindet, was am in mehrfacher Hinsicht defizitären Sprachgebrauch von breiten Kreisen der Gesellschaft erkannt werden kann:

> Wer den realen Sprachgebrauch von **Kindern** und **Jugendlichen**, von **Abiturienten** und **Studierenden**, auch von **Erwachsenen außerhalb der intellektuellen Milieus**, selbst von **Journalisten** und **Fernsehmoderatoren** anschaut, der sieht nun wahrlich **überall deutliche Defizite**: Grammatische Fehler, unzureichendes mündliches Ausdrucksvermögen, klischeehafte Sprache und Mangel an Differenzierungsvermögen, eine mündliche Alltagssprache, die selbst schlichten pragmatischen Zwecken kaum genügt, schon gar nicht einem etwas weitergehenden intellektuellen Anspruch, oft genug nicht einmal in Ansätzen die Beherrschung der schriftsprachlichen Register oder der Regeln für verschiedene Textsorten. (Roggausch 2007: 528; Hervorhebung von mir – P. M.)

Ein apokalyptischer Befund, sodass man sich nicht wundern muss, wenn der Verfasser (in diesem Fall ein ehemaliger leitender Funktionär des DAAD, studierter Germanist) dringend Maßnahmen fordert, u. a. auch von den Sprachwissenschaftlern:

> Wenn ich also das sprachliche Vermögen durchschnittlicher Sprecher anschaue, dann gelange ich zu dem Schluss, **dass wir ganz dringend** normgestützte Spracherziehung, **Sprachpflege** und Sprachpädagogik **benötigen**. (Ebd.; Hervorhebung von mir – P. M.)

Was davon die Sprachwissenschaft betrifft, ist die Forderung nach Sprachpflege, d. h. nach normativen Eingriffen, die darauf abzielen, Richtiges vom Falschen zu unterscheiden, das Falsche bzw. Schlechte in der Sprache zu beseitigen und auf diese Weise dem Sprachverfall entgegenzuwirken. Normgestützte Spracherziehung und Sprachpädagogik fallen ganz eindeutig nicht in den Zuständigkeitsbereich der Sprachwissenschaft; hierfür sind Fachleute eigens etablierter Wissenschaftszweige, forschende und lehrende Didaktiker und Pädagogen nämlich, zuständig.

Die zu klärende Frage ist nun, ob und inwieweit sich die Sprachwissenschaft, die sich an die beiden oben genannten Prinzipien hält und ihrer sozialen Verantwortung bewusst ist, auf diese Forderung nach Sprachpflege einlassen kann, soll und darf. Um diese Frage beantworten zu können, ist es allerdings unerlässlich, zunächst diejenigen grundlegenden, kulturspezifischen und kulturkonstitutiven sprachlichen Norm- und Wertvorstellungen, kurz: sprachlichen Ideologien, zu beleuchten, die der Linguistik auf der einen und der Forderung sowie der Praxis der Sprachpflege auf der anderen Seite zugrunde liegen. Dabei gilt es zu klären, ob bzw. inwieweit diese sprachlichen Ideologien miteinander kompatibel und ihre sprachsozialen Konsequenzen wünschenswert und tragbar sind.

3 Sprachliche Ideologien

Sprachreflexion findet, egal, ob sie von Sprachwissenschaftlern oder linguistischen Laien betrieben wird, nie im luftleeren Raum statt. Sie ist immer und zwangsläufig kulturell eingebettet und geprägt von kulturspezifischen A-priori-Überzeugungen und Wertvorstellungen. Diese werden in der einschlägigen, vor allem angelsächsischen Fachliteratur unter dem – neutralen, keineswegs pejorativ konnotierten – Terminus *sprachliche Ideologien* (*language ideologies* oder *linguistic ideologies*) zusammengefasst und bilden aufgrund ihrer kulturkonstitutiven Funktion einen zentralen Gegenstand der linguistischen Anthropologie (vgl. z. B. Duranti 2009).[5] Nach Susan Gal können sprachliche Ideologien definiert werden als

> a set of cultural notions in the anthropological sense: a frame, **not always conscious or within awareness**, through which we understand linguistic practices. (Gal 2006: 15; Hervorhebung von mir – P. M.)

Sprachliche Ideologien sind in diesem Sinne wie eine Art Brille, durch die wir die sprachliche Wirklichkeit sehen und bewerten. Etwas weniger metaphorisch ausgedrückt können sie als Annahmen und Überzeugungen begriffen werden, die zur Erklärung und Rechtfertigung von sprachlichen Tatsachen und Praktiken eingesetzt werden. Wie Gal betont, sind uns die sprachlichen Ideologien, die wir vertreten, oft gar nicht bewusst, oft werden sie nicht einmal explizit artikuliert, sondern stecken nur implizit in unseren metasprachlichen Aussagen. In diesem Fall sind sie nur durch die qualitative Analyse von authentischen Metasprachdiskursen zugänglich. Die Unbewusstheit vieler sprachlicher Ideologien lässt sich damit erklären, dass sie in der Regel über Generationen hinweg unreflektiert tradiert und in aller Regel schon während der primären sprachlichen Sozialisation internalisiert werden. Die sprachliche Ideologie z. B., wonach das beste Hochdeutsch in und um Hannover gesprochen wird und die ich im Folgenden kurz Hannoverismus[6] nennen werde, gehört eindeutig zu diesen impliziten sprachlichen Ideologien (vgl. Elmentaler 2012). Bereits Kinder wissen in Deutschland, ohne jemals in Hannover gewesen zu sein oder einen Hannoveraner gehört zu haben, dass man im Norden das beste Hochdeutsch spricht.[7] Diese Vorstellung ist inzwischen so weit verbreitet und so tief in der Gesellschaft verankert, dass sie in aller Regel als Selbstverständlichkeit hingenommen wird und dementsprechend auch keiner rationalen Begründung bedarf. Es ist diese Ideologie, die zu Aussagen wie der folgenden führt:

---

5 Zur Verwendung des Ideologiebegriffs in der (anthropologischen) Linguistik sowie zu allgemeinen wie auch spezielleren Fragen von sprachlichen Ideologien vgl. Woolard/Schieffelin (1994); Irvine/Gal (2000) sowie die Beiträge in Blommaert (1999) und Schieffelin/Woolard/Kroskrity (1998). Mehrere sprachliche Ideologien lassen sich zugleich auch als sprachliche Mythen ausweisen; mit diesen habe ich mich in Maitz (2008a) auseinandergesetzt. Zu sprachlichen Mythen in der Öffentlichkeit vgl. Bauer/Trudgill (1998), zu solchen in der Linguistik vor allem Watts (2011).

6 Bei der Benennung der einzelnen sprachlichen Ideologien orientiere ich mich weitgehend an Lanstyák (2011) und greife auf die – nicht zuletzt auch in der Linguistik – übliche Benennungstradition mit Ableitung durch das Suffix *-ismus* zurück (vgl. *Purismus, Sprachnationalismus*).

7 Zum Hintergrund dieser sprachlichen Ideologie vgl. König (2011a).

> Die Verben *stehen, liegen* und *sitzen* drücken keine Bewegung aus, daher werden sie standardsprachlich mit *haben* konjugiert: *Ich habe gesessen, ich habe gelegen, ich habe gestanden.* **In Süddeutschland und in Österreich** sagt man **dennoch** *Ich bin gesessen, Ich bin gelegen* und *Ich bin gestanden.* (Sick 2006: 222; Hervorhebung von mir – P. M.)

Wie man sieht, wird die besagte Ideologie auch hier nicht in expliziter Weise artikuliert, sie ist aber hinter der implizit wertenden Aussage eindeutig erkennbar. Die Standardsprache wird hier stillschweigend mit dem norddeutschen Standard gleichgesetzt. Mithilfe des Konjunktionaladverbs *dennoch* wird eine kontradiktorische Gegensatzrelation zwischen dem so verstandenen Standard und der süddeutschen und österreichischen Gebrauchsnorm hergestellt und somit implizit behauptet, dass Süddeutsche und Österreicher die deutsche Standardsprache von vornherein nicht (richtig) beherrschen. Der Hannoverismus wird aber bei Weitem nicht nur unter linguistischen Laien vertreten. Seine Spuren sind genauso auch in der professionellen Linguistik nachweisbar. So wird etwa in Kleiner/Knöbl (2011) und Maitz/Elspaß (2011) am Beispiel der Aussprache des Wortes *Chemie* gezeigt, dass auch die aktuellsten Aussprachwörterbücher des Standarddeutschen (Duden 1990; Krech u. a. 2010) dazu neigen, von den regionalen Aussprachevarianten ausschließlich und gerade die in Norddeutschland verbreitete zur ‚besten Aussprache' zu erklären. In beiden Werken wird die Aussprache mit initialem *ich*-Laut (also [ç]) gefordert, obwohl diese Variante in verdichteter Weise nur im Norden belegt und somit nicht einmal die mehrheitlich gebrauchte Variante ist.

Oft sind sprachliche Ideologien in direkter Weise in politische Ideologien eingebettet. Ein Paradebeispiel hierfür könnte der Sprachnationalismus sein (vgl. Gardt 2000; Maitz 2008b; Stukenbrock 2005), bei welchem ein direkter Zusammenhang zwischen Sprache und Nation hergestellt wird. Diese Ideologie ist sowohl in öffentlichen Metasprachdiskursen als auch in der professionellen Linguistik seit Jahrhunderten – mal mehr, mal weniger stark ausgeprägt – präsent. Seine Kennzeichen sind u. a. das emphatische Lob der Nationalsprache, das bis hin zu deren Fetischisierung reichen kann, sowie der Glaube an ihre Höherwertigkeit, rationalisiert vor allem durch sprachtypologische, ästhetische oder sprachhistorische Argumente (vgl. ebd.).

Allein diese Beispiele sollen schon zeigen, dass linguistische Forschung genauso von sprachlichen Ideologien geprägt ist wie die öffentliche Sprachreflexion.[8] Es ist also Irvine und Gal uneingeschränkt zuzustimmen, wenn sie behaupten:

> [t]here is no „view from nowhere", no gaze that is not positioned. Of course, it is always easier to detect positioning in the views of others, such as the linguists and ethnographers of an earlier era, than in one's own. (Irvine/Gal 2000: 36)

Die sprachideologische Prägung linguistischer Forschung ist also eine wissenssoziologische Notwendigkeit; eine Tatsache, die man gewiss reflektieren, nicht aber verstecken oder gar bekämpfen muss. Sie ist eine zwangsläufige Konsequenz des

---

8 Zur Rolle von sprachlichen Ideologien in der Linguistik im Allgemeinen vgl. Cameron (1995); Milroy (2001); Spitzmüller (2005). Weitere konkrete und kommentierte Beispiele für sprachliche Ideologien in der Geschichte der Sprachwissenschaft finden sich z. B. in Koerner (2001) und Irvine/Gal (2000).

Umstands, dass die Linguistik als wissenschaftliche Gemeinschaft genauso in die Gesellschaft eingebettet ist und sich als solche in der Gesellschaft genauso positionieren muss, wie dies bei linguistischen Laien der Fall ist. Spitzmüller (2005: 255) weist zu Recht darauf hin, dass das Eingeständnis dieser Tatsache manchen wohl deswegen so schwer fällt, weil dadurch der lange gepflegte Mythos von der Wertneutralität wissenschaftlicher Forschung zwangsläufig und ernsthaft in Gefahr gerät.

Sprachliche Ideologien haben aber nicht nur eine wichtige epistemologische Funktion, sondern erfüllen darüber hinaus auch wichtige soziale Funktionen. Sie können Identitäten stiften oder stabilisieren, sprachliche und soziale Praktiken legitimieren, als Orientierungshilfen fungieren und nicht zuletzt können sie dazu verwendet werden, die Macht bestimmter Gruppen über andere herzustellen, zu legitimieren und zu verfestigen. Um dies exemplarisch zu zeigen, können wir beim oben genannten Beispiel des sprachlichen Hannoverismus bleiben.

Diese Ideologie hat zunächst eine Orientierungsfunktion, die gerade bei stark normativen Sprachgemeinschaften[9] wie der deutschen von großer Wichtigkeit ist: Sie orientiert bei sprachlichen Richtig-Falsch-Entscheidungen, indem sie norddeutsche Varianten *ab ovo* als die richtigen/besseren erscheinen lässt und auf diese Weise die Anzahl der als legitim geltenden Varianten verringert.

Zweitens stiftet bzw. stabilisiert sie soziale Identität, indem sie den deutschsprachigen Norden gegenüber dem Süden abgrenzt, dem Norden ein positives Attribut zuschreibt und ihn als dem Süden überlegen darstellt. Umgekehrt ist sie zur gleichen Zeit natürlich auch identitätszerstörend, indem sie süddeutsche Standardvarianten als fehlerhaft, bestenfalls als dialektal erscheinen lässt, süddeutsch markierte Sprachgebrauchsformen und deren Benutzer also stigmatisiert. Auf diese Weise pflanzt sie letztlich bei Millionen von deutschen Muttersprachlern im Süden des Sprachgebiets sprachliche Defizitvorstellungen ein, wodurch sie gleichzeitig auch maßgeblich zur Aufgabe dieser als süddeutsch – oder eben österreichisch – markierten Varietäten beiträgt. Die Werbekampagne des Landes Baden-Württemberg *„Wir können alles. Außer Hochdeutsch."* zeigt in eindrucksvoller Weise, welche Konsequenzen die Internalisierung dieser sprachlichen Ideologie für den deutschsprachigen Süden haben kann: Sie führt zur Abwertung der eigenen, regionale bzw. soziale Identität stiftenden Varietäten, zum Eingeständnis der sprachlichen Unterlegenheit, wobei es faktisch lediglich darum geht, dass man alles kann – außer *Norddeutsch* (vgl. König 2011b).

---

9 Die starke Normativität einer Sprachgemeinschaft kann man beispielsweise und vor allem erkennen an der geringen Normtoleranz, dem Verlangen nach strikten sprachlichen Normen sowie nach Normierungsinstanzen und im Zusammenhang damit an der intensiven und positiven Rezeption präskriptiv-normativer Werke.

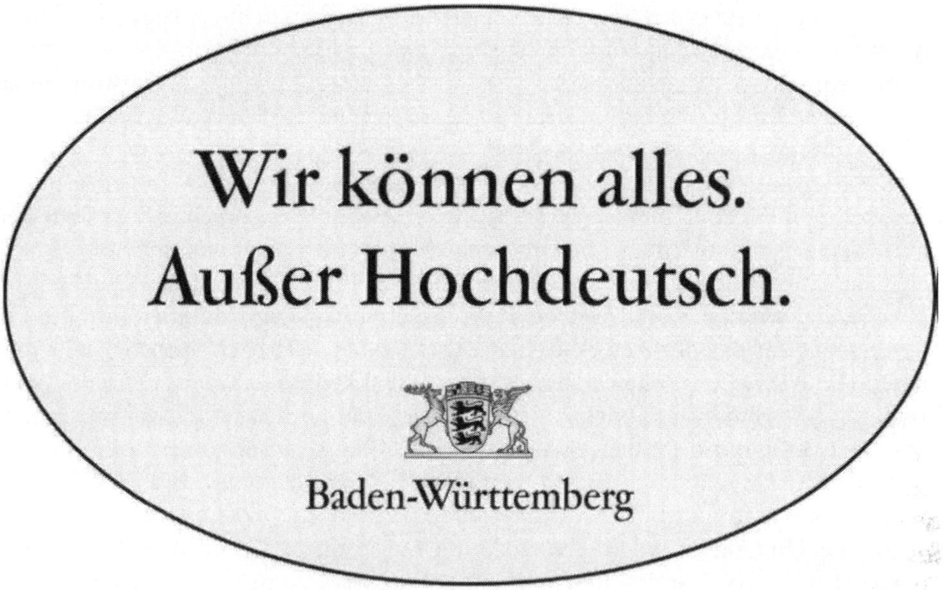

An diesem Beispiel wird es dann auch klar, dass sprachliche Ideologien immer auch mit Macht zu tun haben, dass und wie sie als verdeckte Machtinstrumente fungieren können, die zur Herstellung und Verfestigung von asymmetrischen Machtverhältnissen zwischen sprachlich definierbaren Gruppen eingesetzt werden. Im oben behandelten Fall hat der Hannoverismus die Funktion, die sprachliche Überlegenheit des Nordens als natürliche, selbstverständliche Tatsache darzustellen und die Abwertung des Südens sowie damit zusammenhängende, nicht selten diskriminative soziale Praktiken[10] zu legitimieren. An diesem Beispiel können wir also sehen, dass sprachliche Ideologien eine wichtige Rolle in der Gestaltung nicht nur der sprachlichen, sondern auch der sozialen Wirklichkeit spielen. Hinter ihnen verbergen sich immer bestimmte kulturelle, politische, wirtschaftliche oder andere Interessen und sie reflektieren die sprachliche Wirklichkeit immer diesen Interessen entsprechend. Somit scheint die Formulierung von Blommaert (1997: 3) adäquat zu sein, wenn er sprachliche Ideologien als „'naturalized power', as power which no longer looks like power" beschreibt.

Zusammenfassend muss also festgehalten werden, dass sprachliche Ideologien inhärente und unerlässliche Bestandteile sowohl der linguistischen wie auch der laienlinguistischen Sprachreflexion bilden. Ideologische Positionierung – im oben dargestellten Sinne – kann und soll daher keine der beiden Seiten der anderen vorwerfen. Was aber angesichts der gezeigten weitreichenden sozialen Konsequenzen von sprachlichen Ideologien zu Recht gefordert werden kann, ist ihre bewusste und systematische Reflexion. Wenn wir es schon einmal offensichtlich hinnehmen

10 Beispiele dafür, welche diskriminativen Folgen diese sprachliche Ideologie z. B. im Berufsleben haben kann, finden sich in König (2011b) und Maitz/Elspaß (2011).

müssen, dass wir sprachliche Ideologien nicht objektiv als richtig oder falsch ausweisen können, da es ja keine neutrale Betrachtungsperspektive, kein „view from nowhere" gibt, so können und müssen wir sie – im Sinne der Labov'schen Prinzipien – zumindest danach bewerten, ob ihre Folgen im Hinblick auf bestimmte zu erreichende sprachliche bzw. soziale Ziele wünschenswert sind oder nicht.

Zu diesem Zweck sollen im Folgenden mithilfe der Analyse einzelner ausgewählter Diskursfragmente manche der fundamentalsten und folgenreichsten sprachlichen Ideologien rekonstruiert werden, die im Metasprachdiskurs über den aktuellen Zustand der deutschen Sprache von Linguisten auf der einen und linguistischen Laien auf der anderen Seite vertreten werden. Durch diese Analysen soll also gezeigt werden, durch welche Brille die Linguistik auf der einen und die Öffentlichkeit auf der anderen Seite den Zustand der deutschen Sprache sieht und bewertet. Zum einen sollen dadurch die Ähnlichkeiten, zum anderen aber auch und ganz besonders die wichtigsten Unterschiede herausgearbeitet werden um aufzuzeigen, wo die fundamentalen sprachideologischen Inkompatibilitäten liegen, die nicht zuletzt auch für das schwierige Verhältnis von Linguistik und Öffentlichkeit verantwortlich gemacht werden dürften. Die Analysen werden, allein schon aus Umfangsgründen, zwangsläufig nur exemplarisch sein und somit keineswegs die ganze Bandbreite einschlägiger Meinungen und sprachlicher Ideologien abbilden. Es wird aber versucht, zumindest die wichtigsten und grundlegendsten von denjenigen Ansichten und sprachlichen Ideologien zu rekonstruieren, die im Diskurs eine zentrale Rolle spielen und von den Diskursakteuren auf beiden Seiten mehr oder weniger einhellig, zumindest aber immer wiederkehrend, vertreten werden. Die Grenze zwischen Experten- und Laienmeinungen bzw. -ideologien ist natürlich fließend, oft fließender als man es denken und von linguistischer Seite gern zugestehen würde (vgl. Cameron 1995: 4). Nicht zuletzt – aber keineswegs nur – deswegen, weil vielfach auch in linguistische Fachpublikationen die subjektiven Geschmacksurteile von Linguisten einfließen. Diese unterscheiden sich ihrem Wesen nach natürlich in keiner Weise von den subjektiven Urteilen linguistischer Laien. Unter linguistischen Expertenmeinungen bzw. -ideologien werden daher im Folgenden sinnvollerweise ausschließlich diejenigen verstanden, die inhärente Bestandteile von als wissenschaftlich geltenden Sprachtheorien und Forschungsmethodologien sind bzw. aus ihnen abgeleitet werden können.

4 Die linguistischen Brillen

Kommen wir zunächst zum Zitat in Abschnitt 2 zurück (Roggausch 2007: 528), in dem als Begründung der Forderung nach sprachpflegerischen Maßnahmen die erheblichen sprachlichen Defizite von breiten Kreisen der deutschen Sprachgemeinschaft genannt werden. Hier ist u. a. von sprachlichen, konkret auch von grammatischen Fehlern die Rede, genauso wie auch im folgenden Zitat:

> Nicht jeder, der sein Brot in Forschung und Lehre verdient, hält es durch, ständig von »Studentinnen und Studenten« [...] zu sprechen. So machte man sich auf die Suche nach Pluralwörtern, die bereits beide Formen enthalten – und wurde auch fündig: Kurzerhand ersetzte man »Studentinnen und Studenten« durch »Studierende«. Das

war deutlich kürzer und trotzdem noch politisch korrekt. **Leider allerdings ein grammatikalischer Missgriff: »Studierend« ist nur, wer im Moment auch wirklich studiert** [...]. (Sick 2004: 171; Hervorhebung von mir – P. M.)

Hinter solchen und ähnlichen Ansichten verbirgt sich die Ideologie des sprachlichen **Defektivismus**, die kaum jemals explizierte sprachliche Ideologie also, nach der es in der Sprache Strukturen geben kann, die von vornherein, vom Äußerungskontext vollkommen unabhängig, falsch, schlecht oder inkorrekt sind. Diese Ideologie ist insofern von fundamentaler Bedeutung, als ohne sie jede Form von Sprachpflege undenkbar bzw. sinnlos wäre: Gäbe es keine solchen Strukturen, so wäre die Tätigkeit von Sprachpflegern von vornherein unnötig, sprachpflegerische Werke wären unverkäuflich. Der sprachliche Defektivismus hat also die Funktion, sprachpflegerische Aktivitäten zu legitimieren, diese Tätigkeiten als wichtig, nützlich, ja unentbehrlich erscheinen zu lassen, selbst wenn Sprachpfleger in ihren Werken stets den Eindruck erwecken, als würden sie mit ihrer Tätigkeit grundlegende gesamtgesellschaftliche – nicht aber eigene – Bedürfnisse befriedigen. Durch den sprachlichen Defektivismus können Sprachpfleger nicht zuletzt ihre Macht über naive Sprecher ausbauen und aufrechterhalten: Indem sie bei den Sprechern vermeintliche sprachliche Defizite nachweisen und zugleich den Eindruck erwecken, dass sie selbst die entsprechende Orientierungshilfe anbieten können, legen sie den Sprechern nahe, dass sie sich statt ihrer muttersprachlichen Intuition vielmehr auf die Sprachpfleger und ihre Werke verlassen sollen.

In unmittelbarem Zusammenhang mit dem sprachlichen Defektivismus steht eine weitere Ideologie, die wir im obigen Zitat ebenfalls erkennen können; die Überzeugung nämlich, dass die Sprache eine ideale, vom tatsächlichen Usus ganz und gar unabhängige Existenzform besitzt. Diese Ideologie fügt sich in die platonistische Denktradition, wonach die sinnlich wahrnehmbare Welt lediglich eine unvollkommene Spiegelung der vollkommenen Welt der Ideen ist. Der sprachliche **Platonismus** ist im Zitat daran erkennbar, dass beim Substantiv *Studierende* eine Bedeutung als die richtige ausgewiesen wird, die keineswegs vom tatsächlichen Usus ableitbar ist, sondern vielmehr aus bestimmten A-priori-Prinzipien der Richtigkeit hergeleitet wird.

Gegenwärtig gibt es keine professionelle Sprachtheorie, die auf defektivistischen Beinen stehen würde; von vornherein als falsch geltende sprachliche Strukturen gibt es in der Linguistik nicht. Stattdessen dient als Kriterium der ‚Richtigkeit' bzw. Wohlgeformtheit in der gegenwärtigen Forschungspraxis einzig und allein die tatsächliche und kollektive Gebräuchlichkeit bzw. die Akzeptabilität aufgrund der muttersprachlichen Intuition. Platonistische Elemente kann man hingegen auch in linguistischen Theorien nachweisen. Bekanntlich interessieren sich mehrere der einflussreichsten linguistischen Schulen weniger für die reale als vielmehr für die – wie auch immer definierte – ideale Form der Sprache. Im Saussure'schen Strukturalismus wird diese im platonistischen Sinne verstandene ideale Form in der homogenen und statischen *langue* gesehen, die der realen, heterogenen und wandelbaren *parole* gegenübersteht. In der Generativen Grammatik ist es die Kompetenz, die mit dem idealen Sprecher/Hörer assoziiert wird, im Gegensatz zur Performanz, die durch die Folgen der menschlichen Unvollkommenheit bereits

‚beeinträchtigt' ist (vgl. Fußnote 3). Es muss jedoch festgehalten werden, dass der Platonismus in der heutigen Sprachwissenschaft nicht die Funktion hat, sprachliche Strukturen als richtig oder falsch auszuweisen. Vielmehr erfüllt er eine wichtige wissenschaftsmethodologische Funktion und wird dazu verwendet, die zur Bestimmung bzw. Abgrenzung des Forschungsgegenstandes notwendigen Idealisierungen vorzunehmen.

Ebenfalls eng mit dem sprachlichen Defektivismus hängt auch die Ideologie des sprachlichen **Dekadentismus** zusammen. Die Vertreter dieser Ideologie gehen nicht nur davon aus, dass es in der Sprache von vornherein falsche/schlechte Formen geben kann, sondern sind gleichzeitig auch der Überzeugung, dass auch faktisch immer mehr solche schlechten/falschen Strukturen verwendet werden, dass der Sprachwandel also insgesamt in eine negative Richtung verläuft. Diese sprachliche Ideologie prägt in direkter Weise nicht nur die zum Ausgangspunkt dieses Aufsatzes gewählte Bestandsaufnahme zur deutschen Sprachwirklichkeit von Roggausch (2007: 528), sondern ist genauso auch hinter den im folgenden Zitat formulierten wertenden Äußerungen eindeutig erkennbar:

> Auf meine Frage, ob man die Sauna schon benutzen könne, erwiderte die Empfangsdame an der Therme in tadellosem Hochdeutsch [...]: „Aber selbstverständlich, die Sauna ist angeschalten!" **Ich war wie vom Donner gerührt. Zitternd** gab ich die Perfektform „geschalten" in Google ein. [...] 66.000 Fundstellen! **Da konnte es wenig trösten**, dass über der Trefferliste die automatisch erstellte Korrekturanfrage erschien: „Meinten Sie ‚geschaltet'? (Sick 2005: 150 f.; Hervorhebungen von mir – P. M.)

Die markierten Stellen zeigen eindeutig die negative Bewertung eines rezenten Sprachwandelprozesses, infolge dessen das Perfektpartizip des Verbs *einschalten* in der gesprochenen Alltagssprache neuerdings (wieder)[11] dem starken Muster folgt. Es wird also stillschweigend und von vornherein davon ausgegangen, dass die ältere Form die richtige ist, woraus dann natürlich zwangsläufig die Abwertung der neueren bzw. deren Einordnung als Fehler folgt. Hier sehen wir wieder die Verflechtung zweier sprachlicher Ideologien. Der sprachliche **Konservatismus** als Sprachrichtigkeitsideologie wird zur Rationalisierung des sprachlichen Dekadentismus eingesetzt, indem die Diagnose des Sprachverfalls aus einer – hier nicht explizierten, ja nicht einmal explizit genannten – A-priori-Setzung deduktiv hergeleitet wird. Der Sprachwissenschaft des 19. Jahrhunderts war der sprachliche Dekadentismus bekanntlich noch keineswegs fremd. Sowohl der Glaube an die Höherwertigkeit des flektierenden Strukturtyps als auch der sprachnationalistisch motivierte Purismus haben vielfach Verfallsdiagnosen zur Folge gehabt. Moderne Sprachtheorien vertreten hingegen zumeist eine neutralistische Position, indem sie Sprachwandelprozesse weder positiv noch negativ bewerten. Oder aber sie vertreten die gegenteilige Ideologie zum Dekadentismus und sehen in Sprachwandelprozessen ausgesprochen positive Entwicklungen. Dies ist etwa in der Diachronen Sprachtypologie der Fall, wo davon ausgegangen wird, dass „jede sprachliche Ebene sich nach spezifischen Optimierungsprinzipien wandelt" (Nübling 2012:

---

11 Das Verb *schalten* war bis in die mittelhochdeutsche Sprachperiode hinein stark flektiert, erst danach hat sich allmählich die schwache Flexion durchgesetzt (vgl. DWB).

65), Sprachwandelprozesse also vielfach als Optimierungsprozesse interpretiert werden (vgl. auch Nübling u. a. 2010, Kap. 2.3; Szczepaniak-Mendez 2007).

An dieser Stelle können wir also zusammenfassend festhalten, dass die Forderung der Öffentlichkeit, wonach die Linguistik sprachpflegerisch auftreten und dem aktuell beobachtbaren Sprachverfall entgegenwirken solle, im Wesentlichen auf drei sprachlichen Ideologien beruht: dem sprachlichen Platonismus, dem Defektivismus und dem Dekadentismus. Vor dem Hintergrund dieser Ideologien wird zunächst eine ideale Existenzform der deutschen Sprache angesetzt (Platonismus), die von der aktuellen Sprachwirklichkeit in mehrfacher Hinsicht abweicht, die es aber nach der entsprechenden Überzeugung zu erreichen bzw. verwirklichen gilt. Diese ideale Sprachform wird entlang unterschiedlicher A-priori-Kriterien der Sprachrichtigkeit – wie Kürze, hohes Alter, Eindeutigkeit, Einheitlichkeit, Notwendigkeit, Ursprünglichkeit etc. – konstruiert (vgl. Maitz 2010), denen aber, wie die linguistische Erfahrung zeigt, keine natürliche Sprache restlos entsprechen kann. Somit dienen diese Kriterien nicht nur dazu, die Kategorie des richtigen/guten Deutsch zu konstruieren, sondern mit ihrer Hilfe wird auch die Überzeugung begründet, dass es in der Sprache Strukturen gibt, die von vornherein, vom Äußerungskontext völlig unabhängig, schlecht bzw. falsch sind (Defektivismus). Und indem Strukturen, die diesem sprachlichen Idealbild nicht entsprechen, durch den Sprachwandel laufend entstehen, gelangt man in einem nächsten Schritt zur dekadentistischen Überzeugung, dass die deutsche Sprache verfällt, der Sprachwandel also insgesamt in eine negative Richtung verläuft.

Vor dem Hintergrund der genannten Ideologien werden Sprachverfallsängste mehr als verständlich, Forderungen nach sprachpflegerischen Aktivitäten erscheinen plausibel. Offen bleibt hingegen die gewichtige Frage: Warum wird der Appell zu Schutz und Pflege der deutschen Sprache an Linguisten bzw. Sprachpfleger (die ja von linguistischen Laien gern und oft gleichgesetzt werden) und nicht an die Sprecher selbst gerichtet? Warum meint man, dass die wenigen Linguisten mehr für die deutsche Sprache tun könnten als die Millionen von deutschen Muttersprachlern selbst? Hinter dieser Ansicht steckt die Ideologie des sprachlichen **Expertismus**, die Überzeugung also, dass professionelle Linguisten bzw. Sprachpfleger aufgrund ihres metalinguistischen Expertenwissens besser wissen als Laien, welche Sprachen, Varietäten, Sprachnormen die Gesellschaft braucht. Somit seien sie auch dafür zuständig, in Sprachrichtigkeitsfragen zu entscheiden. Diese Ansicht fußt auf der oben vorgestellten defektivistischen Annahme, dass es inhärente und universelle Kriterien der Sprachrichtigkeit – und genauso der Falschheit – gibt, die man erst durch das eingehende wissenschaftliche Studium der Sprache erkennen bzw. identifizieren kann. Dabei ist es aus linguistischer Perspektive klar, dass jedes dieser Kriterien – wie Kürze, Eindeutigkeit, hohes Alter etc. – rein willkürlich und subjektiv ist, objektiv, d. h. aus den linguistischen Fakten aber als Richtigkeitskriterium nicht begründet werden kann.

Aber selbst wenn Sprachrichtigkeit flexibler gefasst und – wie es nicht selten gefordert wird – durch situative Angemessenheit ersetzt wird, ist es illusorisch, von Linguisten oder Sprachpflegern diesbezügliche Orientierungshilfen zu erwarten. Linguisten könnten hier der Öffentlichkeit nur Hilfe leisten, wenn sie die

Sprachgebrauchsregeln der deutschen Sprachgemeinschaft genau erfassen und auf dieser Grundlage Ratschläge zur Unterscheidung von Angemessenem und Unangemessenem geben würden. Eine solche Beratung wäre aber vollkommen sinnlos. In diesem Fall würde nämlich der Linguist die Ratschläge denjenigen Menschen geben, aus deren Sprachverhalten er die Angemessenheitsregeln abstrahiert hatte, die also diese Regeln ohnehin, auch vorher schon, ohne jemals einen Linguisten befragt zu haben, befolgt hatten (vgl. Sándor 2003: 400). Die Leistung der Linguistik könnte also in diesem Zusammenhang bestenfalls darin bestehen, empirisch fundierte, frequenzbasierte Aussagen zur Gebrauchsnorm und deren Variabilität zu machen und an sich zweifelnde Sprecher in der Legitimität ihrer Sprachgebrauchsweise zu bestätigen, selbst wenn sie eine Variante oder Sprachvarietät verwenden, die von der mehrheitlich verwendeten abweicht.

5 Was die Linguistik für die Öffentlichkeit tun kann – soll – darf

Wenn nun zum Schluss eine Antwort auf die Frage versucht werden soll, ob denn die Linguistik der Öffentlichkeit geben kann – soll – darf, was die Öffentlichkeit von ihr will, so soll im Sinne des oben Gesagten noch einmal betont werden: Die Antwort der Sprachwissenschaft auf diese Frage kann in weiten Teilen keine objektive sein in dem Sinne, dass hinter ihr immer und zwangsläufig ideologische Positionierungen und somit bestimmte individuelle oder kollektive Interessen stehen (vgl. Milroy 2001: 622; Spitzmüller 2005: 255).

Am ehesten frei von ideologischen Positionierungen lässt sich die Frage beantworten, ob die Linguistik dem vermeintlichen Sprachverfall entgegenwirken *kann*. Abgesehen davon, dass die heutige Sprachwissenschaft eine solche – defektivistisch und dekadentistisch geprägte – Bestandsaufnahme über den aktuellen Sprachzustand grundsätzlich ablehnt, wäre sie selbst dann machtlos, wenn sie die diesbezügliche ideologische Position der linguistischen Öffentlichkeit teilen würde. Dass Linguisten Macht über die Sprache bzw. die Sprecher hätten, ist nämlich – zum Glück – nur ein Mythos. Wie vergeblich sprachpflegerische Bemühungen selbst in Zeiten waren, in denen noch deutlich mehr als heute Autoritätsgläubigkeit und Normorientierung innerhalb der Gesellschaft herrschten, zeigt Gustav Wustmanns resignative Aussage zur dritten Auflage seiner *Sprachdummheiten*:

> Mein Buch hat zwar großen äußeren Erfolg gehabt, aber doch eigentlich wenig genützt [...] Fehler und Geschmacklosigkeiten, auf die ich vor zwölf Jahren als neu auftauchende hingewiesen habe, haben sich inzwischen festgesetzt und werden schwerlich zu beseitigen sein. (Wustmann 1903, zitiert nach von Polenz 1999: 300)

Die linguistischen Antworten auf die zwei anderen Fragen, ob sich nämlich die Sprachwissenschaft auf die in Rede stehende Forderung der Öffentlichkeit einlassen *darf* und *soll*, sind bereits zwangsläufig in hohem Maße durch sprachideologische Voraannahmen geprägt, von denen aus die einschlägige Position der Öffentlichkeit, wie wir oben gesehen haben, natürlich zwangsläufig als unangemessen bzw. ‚falsch' erscheint. Es wäre also insgesamt höchst problematisch, die einschlägige Position der Linguistik als die einzig denkbare und angemessene darstellen und die sprachlichen Ideologien dahinter verschweigen zu wollen. Auch Linguisten können sich von ihrer gesellschaftlichen Position sowie ihrer Kultur nicht loslösen, auch ihre Tätigkeit dient zwangsläufig immer den Interessen bestimmter gesellschaftlicher Gruppen. Eine sinn- und verantwortungsvolle Beantwortung der genannten Fragen ist daher meines Erachtens nur so vorstellbar, dass man statt Richtig-Falsch-Oppositionen nach den sprachlichen und sozialen Folgen der zitierten Forderung und der dahinter stehenden sprachlichen Ideologien fragt und erwägt, ob diese für die Gesellschaft bzw. für die betroffenen Sprechergruppen vorteilhaft bzw. wünschenswert sind oder nicht.

Dem Labov'schen Prinzip der Fehlerkorrektur folgend müsste die Linguistik – etwa durch die Beteiligung an öffentlichen Metasprachdiskursen – zunächst ein Bewusstsein schaffen für die Tatsache, dass es sich bei metasprachlichen Bewertungskategorien um soziale Konstrukte mit oft weitreichenden sozialen Konsequenzen handelt, weswegen diese stets einer systematischen und kritischen Metareflexion unterzogen werden müssen. Vor allem durch die kritische Analyse von Metasprachdiskursen kann und soll die Sprachwissenschaft aufzeigen, dass für falsch oder schlecht gehaltene sprachliche Strukturen bzw. Sprachgebrauchsweisen nie *per se* schlecht oder falsch sind, sondern nur deswegen, weil sie vor dem Hintergrund bestimmter Sprachrichtigkeitsideologien für schlecht oder falsch erklärt werden.

Die zweite Aufgabe muss dann, wie gesagt, die genaue Überprüfung der sprachlichen und sozialen Folgen sein, die die Umsetzung sprachpflegerischer Forderungen und der hinter ihnen stehenden sprachlichen Ideologien zur Folge hätten. Die Wichtigkeit einer so ausgerichteten systematischen Metareflexion kann nicht hoch genug eingeschätzt werden. Sprachliche Ideologien dienen nämlich, wie oben ausgeführt, als latente Formen der Machtausübung immer den sprachlichen oder anderen Interessen bestimmter sozialer Gruppen. Auf diese Art und Weise können sie aber auch zur Herstellung, Legitimierung oder Aufrechterhaltung von gesellschaftlichen Missständen, von asymmetrischen Machtverhältnissen zwischen sprachlich oder auch anders definierten Gruppen verwendet werden. In diesen Fällen handelt es sich um das Phänomen des Linguizismus, der in einem nächsten Schritt in explizite Formen sprachlicher Diskriminierung münden kann. Der Begriff des ‚Linguizismus' geht auf die einschlägigen Arbeiten von Tove Skutnabb-Kangas zurück. Er umfasst

> ideologies and structures which are used to legitimate, effectuate, and reproduce unequal division of power and resources (both material and non-material) between groups which are defined on the basis of language. (Skutnabb-Kangas 1988: 13)

Da sprachliche Ideologien, wie oben bereits ausgeführt, als eine Art Interpretationsrahmen essenzielle Bestandteile jeder laienhaften wie auch professionellen Form der Sprachreflexion darstellen, ist es sicher überflüssig und auch sinnlos, sie generell bekämpfen zu wollen. Dem Prinzip der wissenschaftlichen Bringschuld folgend muss aber (auch) die Sprachwissenschaft gegen linguizistische sprachliche Ideologien auftreten, welche die soziale Benachteiligung von ganzen Sprechergruppen zur Folge haben können.

Meiner Überzeugung nach stellen die Ideologien des sprachlichen Defektivismus und des Dekadentismus ausdrücklich und eindeutig solche Ideologien dar. Das Wesen der auf ihnen basierenden Praxis der Sprachpflege besteht nämlich *de facto* darin, Millionen von deutschen Muttersprachlern aufgrund ihres Sprachgebrauchs zu stigmatisieren und in ihnen sprachliche Defizitvorstellungen zu wecken. Dabei werden zur Abwertung von bestimmten Varietäten oder Sprachgebrauchsweisen – wie etwa Dialekten, Anglizismen, informellen Registern, jugendsprachlichen Stilen etc. – linguistische Argumente kreiert, obwohl es klar ist, dass deren Bewertung als falsch oder schlecht keine linguistische, sondern eine rein soziokulturelle Frage darstellt.

Die betroffenen Sprechergruppen, die die sozialen Folgen dieser sprachlichen Ideologien ausbaden müssen, sind recht zahlreich und unterschiedlich. Welche es im Einzelnen sind, welche Varietäten bzw. Sprachgebrauchsweisen also als schlecht bzw. falsch abgestempelt werden, hängt von den Sprachrichtigkeitsideologien ab, die von Sprachpflegern vertreten und verbreitet werden. Alle diese Sprachrichtigkeitsideologien können hier allein schon aus Umfangsgründen nicht genannt werden. Erwähnt werden sollen an dieser Stelle nur zwei, deren Folgen wohl die meisten Menschen in Deutschland betreffen.

Die eine ist der oben bereits erwähnte sprachliche **Hannoverismus**, die Überzeugung also, dass das beste Hochdeutsch bzw. *das* Hochdeutsch im Norden Deutschlands gesprochen wird. Vor dem Hintergrund dieser Sprachrichtigkeitsideologie wird tendenziell allen im deutschsprachigen Süden, die kein norddeutsch geprägtes Standarddeutsch sprechen, eine defizitäre Standardkompetenz nachgesagt, im Extremfall sogar die Standardkompetenz generell abgesprochen (s. Abschnitt 3). Unterstützt wird diese Stigmatisierungspraxis von der Ideologie des sprachlichen Homogenismus, der sprachliche Varianz im Standardbereich ausschließt, sodass vor diesem Hintergrund alles, was den norddeutsch geprägten Standardnormen[12] nicht entspricht, zwangsläufig als Nonstandard wahrgenommen wird.

Die andere, in sozialer Hinsicht sehr folgenreiche Sprachrichtigkeitsideologie ist der sprachliche **Standardismus** (in der Fachliteratur als Standardsprachenideologie bekannt). Diese Ideologie beinhaltet die Überzeugung, dass die Standardsprache das unerlässliche Mittel der Bildung sei, somit die wichtigste Varietät der Sprache, der absolute Maßstab der Sprachrichtigkeit und die Grundbedingung des gesellschaftlichen Fortschritts. Vor dem Hintergrund dieser sprachlichen Ideologie werden die Standardvarietät bzw. standardsprachliche Strukturen von vornherein für besser, korrekter oder hochwertiger gehalten als Sprachgebrauchsformen außerhalb der Standardsprachlichkeit. Eine solche, vom sprachlichen Standardismus geprägte Haltung erkennt man zum Beispiel an folgender Kursbeschreibung der Volkshochschule Stuttgart:

> „Wie bitte? Was haben Sie gesagt?" - Wollen Sie wissen, warum Sie diese Fragen manchmal zu hören bekommen? Wollen Sie lernen, wie Sie **deutlich, verständlich und**

12 Die Tatsache, dass auch dieser norddeutsche Standard alles andere als einheitlich ist, sei hier nur erwähnt (vgl. König 1989; Stellmacher 2001).

> **angenehm artikulieren und formulieren** können und trotzdem Ihre individuelle Persönlichkeit behalten? Dieser Kurs führt Sie **vom Dialekt ins Hochdeutsche**. Sie können nicht nur eine überregional übliche Aussprache trainieren, sondern Sie lernen auch, den manchmal **missverständlichen** vom Dialekt geprägten Wortschatz zu übersetzen und die Grammatik der Standardsprache zu verwenden. (VHS Stuttgart, Sept. 2008; Hervorhebung von mir – P.M.)

Wie man sieht, werden hier deutliche, verständliche und angenehme Artikulation und Formulierung eindeutig und ausschließlich mit Hochdeutsch assoziiert und dem Dialekt gegenübergestellt. Der Standardismus wird hier also dazu genutzt, Menschen von den Defiziten ihrer angestammten, als Muttersprache erworbenen und verwendeten Erstvarietäten zu überzeugen und sie – gegen entsprechende Kursgebühren – zur Aufgabe dieser Varietäten zugunsten des Standards zu überreden. Dass der in Rede stehende Kurs gerade in Süddeutschland angeboten wird, ist im Lichte des sprachlichen Hannoverismus nur selbstverständlich. Das Beispiel zeigt insgesamt, wie die Ideologie des Standardismus zum einen die ungleiche Macht- und Ressourcenverteilung zwischen sprachlich definierten Gruppen zur Folge hat und zum anderen, wie diese sprachliche Ideologie Förderung und Erhalt der sprachlichen Vielfalt verhindert, wozu sich aber Deutschland durch mehrere internationale Abkommen und Erklärungen verpflichtet hat (vgl. Elspaß/Maitz 2011).

Der Standardismus prägt aber keineswegs nur die Sprachrichtigkeitsvorstellungen in der gegenwärtig geläufigen Praxis der Sprachpflege, wie man es z. B. aus Bastian Sicks Sprachkolumnen kennt. Er bestimmt vielfach auch den Umgang mit sprachlicher Variation im Sprachunterricht und generell in Bildungseinrichtungen (vgl. z. B. Davies 2006; Neuland/Hochholzer 2006) und führt vielfach auf geradem Wege zur negativen Bewertung von Sprachleistungen, die den Normen der (norddeutschen) Standardsprache nicht entsprechen. Ebenfalls diese Ideologie verbirgt sich hinter den zahlreichen Stellenanzeigen, in denen unter den Einstellungsvoraussetzungen „akzentfreies und dialektfreies Deutsch“, „dialektfreie Aussprache“ o. Ä. genannt werden (vgl. Maitz/Elspaß 2011: 8). Eine sprachpflegerische Grundhaltung, die nur die Normen der Standardsprache im Blick hat, mündet in diesem Sinne zwangsläufig in der systematischen und programmartigen Kritik am Sprachgebrauch von Sprechern unterschiedlicher Varietäten des Deutschen. Über diese Praxis stellt Halliday zu Recht fest:

> A speaker who is made ashamed of his own language habits suffers a basic injury as a human being: to make anyone, especially a child, feel so ashamed is as indefensible as to make him feel ashamed of the colour of his skin. (Halliday 1964: 105)

Zusammenfassend kann somit festgehalten werden: Würde die Sprachwissenschaft Sprachpflege in der geforderten Form und im oben dargestellten Sinne unterstützen oder gar betreiben, so würde sie selbst den Linguizismus in Deutschland fördern und auf diese Weise zur Konservierung von sprachlich bedingten sozialen Missständen beitragen. Will sie stattdessen gesellschaftlichen Nutzen bringen und zu der Behebung dieser Missstände beitragen, so soll es ihre Aufgabe sein, linguizistische Praktiken – statt sie selbst zu betreiben – zu entlarven und zur kritischen

Auseinandersetzung mit sprachlichen Normen und den sich hinter ihnen verbergenden sprachlichen Ideologien anzuregen. Durch die Beteiligung an öffentlichen Normdiskursen muss sie sich also für einen toleranten und pluralistischen Umgang mit der (noch) vorhandenen Vielfalt an unterschiedlichen Sprachgebrauchsnormen und -formen einsetzen, zu denen natürlich auch – aber keineswegs ausschließlich und vorrangig – die kodifizierte Standardnorm dazugehört.

6 Literaturverzeichnis

Bauer, Laurie/Trudgill, Peter (Hg.) (1998): *Language Myths*. London.

Blommaert, Jan (1997): Introduction: Language and politics, language politics and political linguistics. In: Jan Blommaert, Chris Bulcaen (Hg.): *Political Linguistics* (Belgian Journal of Linguistics, Bd. 11). Amsterdam, S. 1-10.

Blommaert, Jan (Hg.) (1999): *Language Ideological Debates*. Berlin/New York.

Cameron, Deborah (1995): *Verbal Hygiene*. London.

Chomsky, Noam (1965): *Aspects of the Theory of Syntax*. Cambridge.

Davies, Winifred V. (2006): Normbewusstsein, Normkenntnis und Normtoleranz von Deutschlehrkräften. In: Eva Neuland (Hg.): *Variation im heutigen Deutsch. Perspektiven für den Deutschunterricht*. Frankfurt a. M., S. 483-491.

Duden. Ausspracheworterbuch (1990): *Wörterbuch der deutschen Standardaussprache*. 3., völlig neu bearb. u. erw. Aufl. Bearb. von Max Mangold in Zusammenarbeit mit der Dudenredaktion. Mannheim u. a.

Duranti, Alessandro (2009): *Linguistic Anthropology*. 2. Aufl. Oxford.

DWB = Jacob Grimm, Wilhelm Grimm (1854-1971): *Deutsches Wörterbuch*. Leipzig.

Elmentaler, Michael (2012): In Hannover wird das beste Hochdeutsch gesprochen. In: Lieselotte Anderwald (Hg.): *Sprachmythen – Fiktion oder Wirklichkeit?* Frankfurt a. M., S. 101-115.

Elspaß, Stephan/Maitz, Péter (2011): Sprache und Diskriminierung. Einführung in das Themenheft. In: Stephan Elspaß, Péter Maitz (Hg.): *Sprache und Diskriminierung* (Der Deutschunterricht), Jg. 63, Heft 6). Seelze, S. 2-6.

Gal, Susan (2006): Migration, minorities and multilingualism: Language ideologies in Europe. In: Clare Mar-Molinero, Patrick Stevenson (Hg.): *Language Ideologies, Policies and Practices: Language and the Future of Europe*. Basingstoke, S. 13-27.

Gardt, Andreas (2000): Sprachnationalismus zwischen 1850 und 1945. In: Andreas Gardt (Hg.): *Nation und Sprache. Die Diskussion ihres Verhältnisses in Geschichte und Gegenwart*. Berlin/New York, S. 247-271.

Halliday, Michael A. K./McIntosh, Angus/Strevens, Peter (1964): *The Linguistic Sciences and Language Teaching*. London.

Irvine, Judith T./Gal, Susan (2000): Language ideology and linguistic differentiation. In: Paul V. Kroskrity (Hg.): *Regimes of Language: Ideologies, Polities, and Identities*. Santa Fe, S. 35-84.

Kleiner, Stefan/Knöbl, Ralf (2011): Hochdeutsch und Hochdeutsch: Regionale Gebrauchsstandards im gesprochenen Deutsch. In: *Sprachreport* 2/2011, S. 2-10.

Koerner, E. F. K. (2001): Linguistics and ideology in 19th and 20th century studies of language. In: René Dirven, Bruce Hawkins, Esra Sandikcioglu (Hg.): *Language and Ideology*. Bd. 1: *Theoretical Cognitive Approaches*. Amsterdam, S. 253-276.

König, Werner (1989): *Atlas zur Aussprache des Schriftdeutschen in der Bundesrepublik Deutschland*. 2 Bde. Ismaning.

[König, Werner] (2011a): In Norddeutschland spricht man besseres Hochdeutsch. In: Oliver Ernst, Jan Claas Freienstein, Lina Schaipp (Hg.): *Populäre Irrtümer über Sprache*. Stuttgart, S. 21-37.

König, Werner (2011b): Wir können alles. Außer Norddeutsch. In: *Schönere Heimat*, Jg. 100, Heft 3, S. 188-198.

Krech, Eva-Maria u. a. (2010): *Deutsches Ausspracheworterbuch*. Berlin/New York.

Labov, William (1982): Objectivity and commitment in linguistic science: The case of the Black English trial in Ann Arbor. In: *Language in Society*, Jg. 11, Heft 2, S. 165-201.

Lanstyák, István (2011): A nyelvi ideológiák néhány általános kérdéséről [Über einige allgemeine Fragen von sprachlichen Ideologien]. In: Katalin Misad, Zoltán Csehy (Hg.): *Nova Posoniensia*. Pozsony [Bratislava], S. 13-57.

Law, Claudia (2007): *Sprachratgeber und Stillehren in Deutschland (1923-1967). Ein Vergleich der Sprach- und Stilauffassung in vier politischen Systemen*. Berlin/New York.

Maitz, Péter (2008a): Sprachpflege als Mythenwerkstatt und Diskriminierungspraktik. In: *Aptum. Zeitschrift für Sprachkritik und Sprachkultur*, Jg. 6, Heft 1, S. 1-19.

Maitz, Péter (2008b): Linguistic nationalism in nineteenth-century Hungary: Reconstructing a linguistic ideology. In: *Journal of Historical Pragmatics*, Jg. 9, Heft 1, S. 20-47.

Maitz, Péter/Elspaß, Stephan (2011): „Dialektfreies Sprechen – leicht gemacht!" Sprachliche Diskriminierung von deutschen Muttersprachlern in Deutschland. In: Stephan Elspaß, Péter Maitz (Hg.): *Sprache und Diskriminierung* (Der Deutschunterricht, Jg. 63, Heft 6). Seelze, S. 7-17.

Milroy, James (2001): Response to Sally Johnson: Misunderstanding language? In: *Journal of Sociolinguistics*, Jg. 5, Heft 4, S. 620-625.

Neubauer, Skadi (2009): *„Gewinkt oder gewunken – welche Variante ist richtig?" Tendenzen und Veränderungen im Sprachgebrauch aus Sicht der Sprachberatungsstelle der Martin-Luther-Universität Halle-Wittenberg*. Frankfurt a. M.

Neuland, Eva/Hochholzer, Rupert (2006): Regionale Sprachvarietäten im muttersprachlichen Deutschunterricht. In: Eva Neuland (Hg.): *Variation im heutigen Deutsch. Perspektiven für den Deutschunterricht*. Frankfurt a. M., S. 175-190.

Nübling, Damaris (2012): Vom gegenseitigen Nutzen von Historischer Sprachwissenschaft und Sprachtypologie – am Beispiel der Phonologie, der Morphologie und der Pragmatik. In: Péter Maitz (Hg.): *Historische Sprachwissenschaft. Erkenntnisinteressen, Grundlagenprobleme, Desiderate*. Berlin/Boston, S. 63-83.

Nübling, Damaris u. a. (2010): *Historische Sprachwissenschaft des Deutschen. Eine Einführung in die Prinzipien des Sprachwandels*. 3. Aufl. Tübingen.

Polenz, Peter von (1999): *Deutsche Sprachgeschichte vom Spätmittelalter bis zur Gegenwart*. Band 3: *19. und 20. Jahrhundert*. Berlin/New York.

Roggausch, Werner (2007): Antwort auf Péter Maitz/Stephan Elspaß und Einladung zur Diskussion. In: *Informationen Deutsch als Fremdsprache*, Jg. 34, Heft 5, S. 527-530.

Sándor, Klára (2003): Nyelvtervezés, nyelvpolitika, nyelvművelés [Sprachplanung, Sprachenpolitik, Sprachpflege]. In: Ferenc Kiefer (Hg.): *A magyar nyelv könyve [Das Buch der ungarischen Sprache]*. Budapest, S. 381-409.

Schieffelin, Bambi B./Woolard, Kathryn A./Kroskrity, Paul V. (Hg.) (1998): *Language Ideologies: Practice and Theory*. New York/Oxford.

Sick, Bastian (2006): *Der Dativ ist dem Genitiv sein Tod*. Folge 3: *Noch mehr aus dem Irrgarten der deutschen Sprache*. Köln.

Skutnabb-Kangas, Tove (1988): Multilingualism and the education of minority children. In: Tove Skutnabb-Kangas, Jim Cummins (Hg.): *Minority Education: From Shame to Struggle*. Clevedon/Philadelphia, S. 9-44.

Spitzmüller, Jürgen (2005): Das Eigene, das Fremde und das Unbehagen an der Sprachkultur. Überlegungen zur Dynamik sprachideologischer Diskurse. In: *Aptum. Zeitschrift für Sprachkritik und Sprachkultur*, Jg. 1, Heft 3, S. 248-261.

Stellmacher, Dieter (2001): Die deutsche Sprache in Norddeutschland. In: Elisabeth Knipf-Komlósi, Nina Berend (Hg.): *Regionale Standards*. Budapest/Pécs, S. 18-40.

Stukenbrock, Anja (2005): *Sprachnationalismus. Sprachreflexion als Medium kollektiver Identitätsstiftung in Deutschland (1617-1945)*. Berlin/New York.

Szczepaniak-Mendez, Renata (2007): *Der phonologisch-typologische Wandel des Deutschen von einer Silben- zu einer Wortsprache*. Berlin/New York.

Watts, Richard J. (2011): *Language Myths and the History of English*. Oxford.

Woolard, Kathryn A./Schieffelin, Bambi B. (1994): Language ideology. In: *Annual Review of Anthropology*, Jg. 23, S. 55-82.

Wustmann, Gustav (1903): *Allerhand Sprachdummheiten. Kleine deutsche Grammatik des Zweifelhaften, des Falschen und des Häßlichen*. 3., verbesserte und vermehrte Auflage. Leipzig.

Martin Wengeler

Sprachwissenschaft – nur wissenschaftlich oder auch kritisch?

1 Einleitung

> Ich bin heute nicht mehr der Ansicht, daß Sprachwissenschaft keine kritische Stellungnahme abgeben soll. Ich bin natürlich nach wie vor der Auffassung, daß keine voreiligen Normsetzungen, keine voreilige Kritik geübt werden sollte, ehe der Gegenstand in der Weise untersucht ist, wie sich's gehört. [...] wenn heute Sprachwissenschaft kritische Aufgaben übernehmen kann, dann [...] im Sinne der Bewußtmachung von Unterschieden und der Bewußtmachung von Bedingungszusammenhängen. (von Polenz 1982: 168)

Damit wäre also die Frage meines Titels beantwortet – und zwar nicht von irgendwem, sondern vom Nestor unserer Disziplin: Peter von Polenz reflektiert vor nunmehr über dreißig Jahren seinen Streit als Sprachwissenschaftler in den 1960er-Jahren mit den publizistischen Sprachkritikern dieser Zeit (Stichwort „Wörterbuch des Unmenschen"). Von Polenz' Einwände zu deren Sprachkritik waren als Plädoyer für eine radikale Abkehr der Sprachwissenschaft von jeglicher wertender, normativer Komponente gelesen worden – in der Tradition der sich auf de Saussure berufenden strukturalen Sprachwissenschaft, weshalb von Polenz dann auch zeitweise als Strukturalist bezeichnet wurde. Das Eingangszitat stammt aus von Polenz' Interview mit Hans Jürgen Heringer für dessen Band „Holzfeuer im hölzernen Ofen". In diesem Buch entwickelt Heringer selbst sein Konzept der von den Griceschen Konversationsmaximen abgeleiteten kommunikativen Ethik (Heringer 1982), mit dem er später in seinem preisgekrönten Bändchen „Ich gebe Ihnen mein Ehrenwort" (Heringer 1990) eine sprachwissenschaftlich begründete Sprachkritik vorführt und somit – ebenso wie Rainer Wimmer (1982 u. ö.) in einer ähnlichen Form – zeigt, wie Sprachwissenschaft auch Sprachkritik beinhalten kann.

Doch zurück zum von Polenz-Zitat: Was darin ausgedrückt wird, ist in der Folge von vielen Sprachwissenschaftlern in ähnlicher Weise sowohl hinsichtlich der sog. laienlinguistischen Sprachkritik der Alltags- und der publizistischen Sprache als auch hinsichtlich politischer Sprachkritik wiederholt worden (Aufgabe der Sprachwissenschaft: fundierte Analyse – Bewusstmachen von Alternativen – gegebenenfalls noch ausdrückliche Kritik). Und so könnte ich meine Ausführungen mit dem alten Bonmot legitimieren: Zu der Frage ist schon alles gesagt – nur noch nicht von allen. Aber auch das stimmt insofern nicht, als auch ich dazu schon etwas gesagt habe (Wengeler 2011) – was wiederum die Gefahr heraufbeschwört, dass ich mich hier wiederholen könnte. Dieser Gefahr muss ich mich aussetzen – andererseits aber ist es ja so, dass in jeglicher neuen Verwendungssituation die Bedeutung sprachlicher Zeichen je neu konstituiert wird (vgl. insbesondere Busse 1987). Insofern müsste wohl auch die Bedeutung komplexer sprachlicher Zeichen wie die eines Aufsatzes eine Neu-Konstitution von Bedeutung sein. Daher hoffe ich, dass das, was ich präsentiere, auch Neuigkeitswert beanspruchen kann.

Im Rahmen dieses Sammelbandes sollte aber auch die Wiederholung von Ähnlichem vielleicht nicht zu weit gehen, und daher versuche ich, mich nicht mit dem zu beschäftigen, was von anderen in diesem Band behandelt wird. Um Bastian Sick und andere Formen journalistischer Sprach- und Stilkritik wird es hier nicht gehen. Vielmehr konzentriere ich mich auf Diskussionen um den implizit oder explizit kritischen Anspruch einer Diskurslinguistik sowie auf Debatten um die sog. *political correctness* und um Unwörter.

Vorab sei aber noch die historische Einordnung des Problems Sprachwissenschaft und Sprachkritik des „Geschichte der Sprachkritik"-Experten Jürgen Schiewe zitiert, um deutlich zu machen, wie die Fragestellungen dieses Sammelbandes historisch eingeordnet werden können:

> Bis zum Beginn des 19. Jahrhunderts war die Beschäftigung mit Sprache stets eine Mischung aus Beschreibung und Kritik. Die beschreibende Erfassung des Sprachbaus und der Sprachgebräuche war stets verbunden mit einer Wertung bestehender Normen und der Formulierung neuer Normen. Das heute vorherrschende Bewusstsein von der [...] Möglichkeit und Notwendigkeit einer methodischen Trennung zwischen der „Beschreibung des Seins" und der „Formulierung eines Sollens" war gar nicht vorhanden, beides wurde stets zusammen gedacht und praktiziert. „Kritik" war stets Untersuchung und Beurteilung zugleich. Noch das Grimmsche Wörterbuch definiert „Kritik" als „eigentlich die kunst des fachmäszigen urtheilens oder beurtheilens in sachen der künste und wissenschaften". Damit wird auch der Wissenschaft die Qualifikation zugesprochen, auf fachlicher Grundlage Beurteilungen, somit Wertungen abzugeben. An dieser Qualifikation, die in der Medizin, den Naturwissenschaften, aber auch den Sozialwissenschaften als selbstverständlich betrachtet und ausgeübt wird, ist [...] auch für die Geisteswissenschaften, insbesondere für die Sprachwissenschaft, festzuhalten. Damit sei nicht gesagt, dass beschreibende Analyse und bewertende Kritik miteinander vermischt werden sollen. Wohl aber sollte sich die Sprachwissenschaft zumuten, neben der Beschreibung auch die „Beurtheilung", die Kritik als einen Zweig der Anwendung ihrer Ergebnisse zu akzeptieren. (Schiewe/Wengeler 2005: 8)

Soweit also allgemein: Konkret wird diese Position nun hier hinsichtlich der zuvor genannten Themenkomplexe reflektiert.

2 Kritische Diskurslinguistik?

Im 2011 erschienenen Einführungsbuch „Diskurslinguistik. Eine Einführung in Theorien und Methoden der transtextuellen Sprachanalyse" stellen Spitzmüller und Warnke für die germanistische Diskurslinguistik eine „linguistische Lagerbildung" (Spitzmüller/Warnke 2011: 78 ff.) fest. Diskurse werden dabei in den Worten von Fritz Hermanns als „Zeitgespräch", als „Gesellschaftsgespräch" über ein Thema verstanden. Analysiert werden also „transtextuelle Strukturen" mit dem Erkenntnisinteresse herauszufinden, welches gesellschaftliche Wissen bezüglich eines Themas in diesen Texten entweder als verstehensrelevant und

-notwendig vorausgesetzt oder in textübergreifend vorhandenen sprachlichen Einheiten erst geschaffen, konstruiert oder konstituiert wird. Konstatiert wird im Einführungsbuch, dass es hier eine Lagerbildung zwischen den unter dem Label „Diskurs und Wissen" behandelten Ansätzen einer eher deskriptiv ausgerichteten und den unter der Überschrift „Diskurs und Macht" dargestellten Ansätzen einer Kritischen Diskursanalyse gebe. Die Autoren des Einführungsbuches merken dabei kritisch an, dass „die konzeptionellen Differenzen" beider „Lager" „keineswegs so groß [seien], wie sie in den entsprechenden Auseinandersetzungen gemacht wurden" (Spitzmüller/Warnke 2011: 80), und „dass sich die beiden vordergründig so unterschiedlichen Zugänge zum Diskurs, der epistemologische und der kritische, mit Gewinn verbinden lassen" (Spitzmüller/Warnke 2011: 97).

Unabhängig davon, ob dies richtig ist, kann bezüglich der Fragestellung meines Beitrags festgehalten werden, dass beide „Lager" sie damit beantworten würden, dass Sprachwissenschaft nicht nur wissenschaftlich, sondern auch kritisch sein müsse oder dürfe, dass sie sich aber dahingehend unterscheiden, wie dieses „kritisch" zu verstehen ist und welche Schlussfolgerungen daraus bezüglich eines Sich-Einmischens in den Diskurs gezogen werden sollten. Spitzmüller/Warnke versehen diese Unterschiede und meine Titelfrage mit der schönen Transformation des Ikea-Werbespruchs „Beschreibst du nur oder wertest du schon?" Sie beantworten sie für die Kritische Diskursanalyse (KDA) damit, dass diese dezidiert die Beschränkung der Linguistik auf reine Beschreibung ohne wertende Komponente ablehne: „Sie wollen zu den gesellschaftlichen Strukturen, die sie mit Hilfe diskurslinguistischer Verfahren offenlegen, auch dezidiert Stellung beziehen." (Spitzmüller/Warnke 2011: 98) Als prototypisch für diese Position in der germanistischen KDA kann Siegfried Jägers Resümee in seinem Aptum-Aufsatz von 2005 angeführt werden:

> Ich hoffe gezeigt zu haben, daß Kritische Diskursanalyse insofern ein politisches Konzept darstellt, als sie in der Lage ist, herrschende Diskurse zu hinterfragen und zu problematisieren. Und mehr noch: Sie ist in der Lage, Vorschläge zur Vermeidung herrschender Mißstände zu entwickeln, indem sie nicht nur vor euphemistischem und sensationslüsternem Sprachgebrauch warnt, nicht nur Sprachkritik, sondern Gesellschaftskritik betreibt, und angesichts der hochgehaltenen Normen von Demokratie, Gerechtigkeit und allgemeinen Menschenrechten geradezu dazu zwingt, Position zu beziehen, sei es gegen Krieg, gegen Rassismus, gegen Ausgrenzungen aller Art, gegen ökologische Fehlentwicklungen oder gegen die Anhäufung von Reichtum auf Kosten sozial ohnedies „schwacher" Bevölkerungsteile und vieles mehr. (Jäger 2005: 68 f.)

Aber auch die Wiener KDA und die Critical Discourse Analysis verfolgen eine „explizite gesellschaftskritische Intention" (Keller 2004: 28): „Die Kritische Diskursanalyse versteht sich selbst als engagierte Forschung mit emanzipatorischem Anspruch, […] die ihre Interessen [die eigene Position und Involviertheit] explizit macht." (Titscher u. a. 1998: 181) Hier wird – ähnlich wie in Jägers erklärtermaßen konstruktivistisch ausgerichteten theoretischen Konzepten – zwar der wirklichkeitskonstitutive Charakter von Sprache und Diskursen vielfältig reflektiert und – mit Bezug auf Richard Rorty – konzediert, dass es keinen „archimedischen Punkt geben kann, auf den man sich ‚objektiv' sprachlich beziehen könnte" (Wodak 2005: 150). Mit der Berufung auf die Begriffe der Ideologie und der Hegemonie von Althusser und Gramsci wird der linguistischen Analyse aber doch ein Unter- oder Überbau gegeben, der es erlaubt, das gesellschaftskritische/gesellschaftspolitische Engagement in Gestalt von Sprach- und Diskurskritik auf der Grundlage linguistischer Analyse zu entfalten. So steht auch hier die Kritik an rassistischen, sexistischen und antisemitischen Diskursen im Mittelpunkt, die als ideologische Diskurse präsentiert und kritisiert werden, weil sie „etablierte soziale Macht- und Herrschaftsbeziehungen verstärken" (Keller 2004: 29 f.).

Haben wir damit also in der Diskurslinguistik eine Position, die eindeutig wissenschaftlich und kritisch zugleich sein will, so ist auch an die sich selbst stärker als deskriptiv verstehende Diskurslinguistik – zu der ich mich zähle – immer wieder herangetragen worden, dass sie doch auch zumindest implizit sprachkritisch und insofern kritische Linguistik sei. Im Folgenden möchte ich kurz darlegen, was mit dieser deskriptiven Diskurslinguistik gemeint ist, und dabei soll gleichzeitig deutlich werden, inwiefern die Analysen auch als kritisch zu verstehen sind. In Spitzmüller/Warnkes Einführungsbuch wird das hier gemeinte linguistische „Lager" unterteilt in „Diskurssemantik", „Linguistische Mentalitätengeschichte", „Linguistische Diskursgeschichte" und „Kognitive Diskursanalyse". M. E. sind die Gemeinsamkeiten dieser Ansätze der Diskurslinguistik und ihre Bezugnahmen aufeinander weitaus größer, als es diese Aufteilung erscheinen lässt. Ich bevorzuge daher als Oberbegriff den Terminus „Historische Diskurssemantik".

Deren zentrales Ziel ist es, kollektives Wissen vergangener Zeiten, aber auch synchron zu erforschen. Dadurch soll das jeweils geltende kollektive Wissen zu einem Thema in einer bestimmten Zeitspanne als ein sprachlich konstruiertes „Wissen" deutlich werden, das andere Wissenselemente ausschließt oder in den Hintergrund drängt. Durch die Analyse sollen auch die Verfahren der Durchsetzung bestimmten sozialen „Wissens" in den Blick genommen werden. Beide Erkenntnisziele bringen es mit sich, dass die Analyse implizit auch diskurskritisch ist: So könnte es ein Ergebnis der Analyse des wirtschaftspolitischen Krisendiskurses sein, dass die Menschen seit Mitte der 1990er-Jahre bis zur *Finanzkrise* „wussten", dass *Reformen* im Sinne der Senkung von *Lohnnebenkosten* und dass Lohnzurückhaltung notwendig sind, um den *Wirtschaftsstandort Deutschland wettbewerbsfähig* zu machen, und dass so die Wirtschaft, die Unternehmen entlastet werden müssen, damit sie investieren können und neue Arbeitsplätze schaffen (vgl. Römer/Wengeler 2013). In den 1980er-Jahren dagegen „wusste" man – das zeigt z. B. eine Analyse von SPIEGEL-Artikeln zum Thema von 1982 (vgl. Wengeler/Ziem 2010) –, dass Arbeitszeitverkürzungen notwendig sind, um die nicht mehr ausreichend vorhandene Arbeit gerechter zu verteilen und mehr Menschen in Arbeit zu bringen: Wie und mit welchen sprachlichen Mitteln und diskursiven Strategien hat sich dieser „Wissens"-Wandel vollzogen, haben sich die hier angedeuteten „Wissens"-Elemente durchgesetzt? Das sind Fragen, die mit deskriptiven diskursanalytischen Mitteln korpusbasiert untersucht und beantwortet werden können. Ohne das Kritische dabei ausdrücklich als Ziel zu deklarieren, kann dies als „kritische Linguistik" verstanden werden: Ein kritisches Potenzial kommt solchen Analysen insofern zu, als sie bewusst machen, *wie*, mit welchen sprachlichen Mitteln bestimmte Wirklichkeitskonstruktionen in bestimmten Zeiten etabliert werden und damit als „kollektives Wissen" wichtiger gesellschaftlicher Teilgruppen oder als dominantes „Wissen" einer Gesamtgesellschaft gelten können.

Als weitere Beispiele aus dem inzwischen breiten Spektrum diskurssemantischer Arbeiten seien angeführt: Fritz Hermanns beschreibt in verschiedenen Aufsätzen die Bedeutungsentwicklung zentraler öffentlicher Schlüsselwörter wie *Arbeit*, *Globalisierung* und *Krieg gegen den Terrorismus*. Er setzt dabei sein diskurshermeneutisches Programm (Hermanns 2007a) in klassischer Weise um. Seine Analysen sind deskriptiv, entfalten aber ein kritisches Potenzial, insofern meist zwischen den Zeilen, manchmal aber auch explizit deutlich wird, welches alternativ denkbare gesellschaftliche Wissen im Diskurs nicht zum Tragen kommt (vgl. dazu auch Hermanns 2007b). Jürgen Spitzmüller analysiert den öffentlichen und den wissenschaftlichen Anglizismen-Diskurs der 1990er-Jahre und nutzt dann seine Ergebnisse sprachkritisch, insofern er Hinweise liefert (2005: 366 f.), wie auf der Grundlage seiner Analyseergebnisse eine fruchtbarere öffentliche Diskussion über Sprache im Allgemeinen und den Einfluss der englischen Sprache auf das Deutsche im Besonderen geführt werden kann.

Nina Kalwa hat 2012 eine diskurslinguistische Dissertation bei Andreas Gardt vorgelegt, in der sie „das Konzept Islam" in aktuellen integrationspolitischen Diskursen mit verschiedenen Methoden untersucht. Die „implizite Sprachkritik" ihrer Arbeit reflektiert sie dabei wie folgt: Eine kritische Bewertung der Ergebnisse ihrer Untersuchung, die die sprachliche Wirklichkeitskonstruktion des Islam im deutschen Diskurs zeigt, sei „im Grunde unnötig". Insbesondere aus ihrer Untersuchung des Sarrazin-Bestsellers *Deutschland schafft sich ab* gehe eine implizite Sprachkritik „geradezu selbstverständlich" hervor: „Jedem Rezipienten wird deutlich werden, welche Position ich zu dem Ergebnis dieser Arbeit beziehe, wenngleich ich mich bemühe, rein deskriptiv zu verfahren" (Kalwa 2013: 12). Dies trifft wohl auch auf viele andere deskriptive diskurslinguistische Analysen zu. Wie bei Kalwa, so hat sich auch in den Düsseldorfer diskurslinguistischen Arbeiten schon die Auswahl der Untersuchungsthemen oft an der gesellschaftlichen Relevanz der Themen ausgerichtet. Das bedeutete regelmäßig, dass die Aktualität der Themen den Ausschlag dafür gegeben hat, was als untersuchenswert erachtet wurde, weil der oben erläuterte implizit kritische Anspruch zu zeigen, <u>wie</u> sich <u>welche</u> Wirklichkeitssichten, <u>welches</u> „kollektive Wissen" durchgesetzt hat, offensichtlich immer ausschlaggebend gewesen ist. Das reicht von den frühen Dissertationen zum Rüstungs- und Umweltdiskurs (Wengeler 1992; Jung 1994) über das DFG-Projekt zum Einwanderungsdiskurs (vgl. u. a. Jung/Wengeler/Böke 1997; Jung/Niehr/Böke 2000; Wengeler 2003; Niehr 2004) bis hin zum aktuellen Projekt zu Wirtschaftskrisendiskursen. Schon in der Themenauswahl haben sich also in der Düsseldorfer Diskurslinguistik deskriptive Ansprüche und implizit kritische Ziele der Analysen vermischt.

Als Beispiel sei hier noch kurz der „Witz" meiner argumentationsanalytisch ausgerichteten diachronen Analyse des Migrationsdiskurses erläutert: Im Sinne einer tiefensemantischen Analyse werden hier die vorherrschenden/dominanten Argumentationsmuster bzw. -topoi im Migrationsdiskurs untersucht (Wengeler 2003). Auch dafür kann in Anspruch genommen werden, dass alleine die Deskription historischer Kontinuitäten bestimmter Argumentationsmuster – ich nenne z. B. den Topos vom wirtschaftlichen Nutzen und den Realitäts-Topos zur Befürwortung von Zuwanderung und den Belastungs- und Gefahren-Topos zur Abwehr weiterer Zuwanderung – insofern ein kritisches Potenzial enthält, als auf dieser Grundlage aktuell in der öffentlichen Diskussion relevante Argumentationsmuster reflektierter und kritischer betrachtet werden können. Man klärt also darüber auf, dass z. B. schon seit 40 Jahren behauptet wird, die *Belastungsgrenzen* durch Zuwanderung seien überschritten oder – auf der anderen Seite – dass ebenso lange schon gefordert wird, man solle endlich zur Kenntnis nehmen, dass die Bundesrepublik ein Einwanderungsland sei, und daraus Konsequenzen ziehen. Welche Schlüsse der Rezipient aus diesen Analysen zieht, bleibt ihm überlassen, ganz in dem Sinne, wie Jürgen Schiewe eine solche „kritische Linguistik" im Hinblick auf unsere lexikalisch ausgerichteten Analysen in „Kontroverse Begriffe" (Stötzel/Wengeler 1995) beschrieben hat: „Die kritische Linguistik macht Alternativen bewusst und überlässt es der Sprachgemeinschaft selbst, sie zu suchen, aufzufinden, zu diskutieren und sie zu gebrauchen" (Schiewe 2003: 133).

Fragen kann man sich im Anschluss an solche deskriptiven Analysen allerdings, ob es Grenzen des nur beschreibenden Nebeneinanderstellens von Wirklichkeitskonstruktionen durch Sprache gibt oder ob wir bestimmte Wirklichkeitskonstruktionen nicht auch explizit kritisch bewerten <u>sollten</u>. Diskutable Kriterien für eine solche Bewertung wären etwa das Kriterium der Menschenwürde, nach dem man Sprachgebräuche, mit denen andere verletzt, beleidigt, diskriminiert werden oder in ihren Grundrechten eingeschränkt werden, bewertend kommentiert. Oder es ist das Kriterium gegenseitiger Achtung und Höflichkeit, auf dessen Grundlage sprachliche Wirklichkeitskonstruktionen bewertet werden. Damit würde dann versucht, auf wissenschaftlicher Analysegrundlage „Grenzen des (öffentlich) Sagbaren" zu ziehen.

3 *Political correctness*

Mit dieser Frage bin ich bei den beiden eingangs genannten Problemen der *political correctness* und der Unwort-Wahlen. Da in beiden Fällen explizit bewertet wird und ich mich einerseits schon einmal grundsätzlich positiv zur *pc* geäußert habe (vgl. Wengeler 2002) und andererseits bei der Unwort-Wahl beteiligt bin, habe ich für meine Praxis die eben gestellte Frage offenbar mit „ja" beantwortet: Wir sollten in bestimmten Fällen auf der Grundlage außerlinguistischer Kriterien und auf der Grundlage einer möglichst fundierten Analyse auch explizit öffentlich Sprachliches bewerten. Das ist ja gerade auch bezogen auf diese beiden Themen (*pc* und Unwort) in der Linguistik höchst umstritten – was mir allerdings oft nicht an einer unterschiedlichen Position zur Frage der Legitimität von Kritik zu liegen scheint, sondern an einer unterschiedlichen Auffassung darüber, was das Phänomen *political correctness* einerseits genau ausmacht und nach welchen Kriterien und auf Grundlage welcher Debatten und Argumentationen „Unwörter" bestimmt werden. So habe ich nicht den Eindruck, dass dezidierte linguistische *pc*-Kritiker wie Rainer Wimmer oder Jörg Kilian das gleiche unter *pc* verstehen wie ich bzw. die gleichen Aspekte an dem Phänomen in den Mittelpunkt stellen, die mir bei dessen Verteidigung wichtig sind. Auch ich plädiere nicht für verschärfte sprachliche Normierungen im Alltag auf der Grundlage willkürlich gesetzter Verbindungen von Wortgebrauch und dabei unterstelltem Denken, wie sie Rainer Wimmer (1998) hervorhebt, und auch ich halte die Sanktionierung von Wörtern wie *Mohrenkopf* und *Zigeunerschnitzel* in Absehung von sprachlichen Varietäten, Gebrauchsregistern etc. – wie Jörg Kilian (2003) sie in den Mittelpunkt stellt – für übertrieben. Mir sind aber weiterhin in meinem Verständnis von *pc* die Aspekte wichtig, die ich vor etwa zehn Jahren in einem „Muttersprache"-Aufsatz (vgl. Wengeler 2002) einmal betont habe:

1. *pc* ist eine zu begrüßende Form öffentlicher Sprachsensibilität, denn die von ihren Kritikern behaupteten Denk-, Meinungs- und Sprachverbote gibt es in Deutschland nicht – wenn, dann nur als subsistente Normen, gegen die aber jeder ohne Sanktionierung verstoßen kann.

2. *pc* insistiert auf dem Recht, mit dem eigenen Namen angeredet zu werden – insbesondere für die „Angehörigen diskriminierter Bevölkerungsgruppen [als] das exklusive Recht [...], sich selbst zu definieren" (Karsta Frank).

3. Wenn Wörter als „Vehikel von Gedanken" betrachtet werden können, dann bedroht *pc* nicht unsere Rede- und Meinungsfreiheit, sondern lediglich „unsere Freiheit, uns einzubilden, daß unsere Wahl sprachlicher Mittel ohne Bedeutung sei" (Deborah Cameron).

4. *pc* ist zu verstehen als Akt des Anstands und der Höflichkeit, denn – so Harald Weinrich bezüglich der Anliegen der feministischen Sprachkritik – „die Zivilität des sprachlichen Ausdrucks hat immer schon darin bestanden, einigen sprachlichen Mehraufwand zu treiben für etwas, das man grob auch knapper sagen kann. Mit militärischer Kürze ist Zivilität nicht zu haben."

5. Dem Argument, das Denken und Handeln des Sexisten oder Rassisten ändere sich nicht, wenn er nur seine Sprache ändert, ist entgegenzuhalten, dass dies eine Unterschätzung des Einflusses sprachlicher Benennungen impliziert und dass damit ein zu simpler Zusammenhang ‚Überzeugungen und Welt auf der einen, Sprachgebrauch auf der anderen Seite' konstruiert wird: „Der herrschende Sprachgebrauch ist auch *ein Teil* unserer Lebenswelt. [...] Wer [...] den Sprachgebrauch verbessert und Diskriminierung verhindert oder vermindert, hat gleichzeitig auch die herrschenden Zustände verbessert." (Thomas Gloning)

6. In ihrer Ausprägung als „historische Korrektheit" in Deutschland (Stichworte etwa: *Ausmerzung* von *sozialem Wildwuchs, entartete Kunst*, Walsers *Moralkeule* Auschwitz) trägt *pc* dazu bei, den Konsens über die Verurteilung der Nazi-Verbrechen aufrechtzuerhalten und die bleibende Aufgabe der Erinnerung zu befördern.

7. *pc* in Deutschland ist so insgesamt ein Versuch, Grenzen des öffentlich Sagbaren zu ziehen. Sie trägt dazu bei zu verhindern, dass Positionen in der gesellschaftlichen Mitte verankert werden, die den gesellschaftlichen Konsens zum Umgang mit der Nazi-Vergangenheit (z. B. die Interpretation des Kriegsendes als *Befreiung*) und zum Umgang mit Minderheiten oder Machtloseren (z. B. die prinzipielle Anerkennung der Gleichwertigkeit der Geschlechter und von Menschen unterschiedlicher Herkunft) aufzubrechen bestrebt sind.

Als jüngere Ergebnisse einer sprachwissenschaftlich argumentierenden Form politischer Sprachkritik, deren Ergebnisse als ein Fall von *political correctness* gelesen werden können, betrachte ich einige Arbeiten zum Komplex „Sprache und Rassismus" von Susan Arndt, Antje Hornscheidt und Ko-Autorinnen (Arndt/Hornstein 2004; Nduka-Agwu/Hornscheidt 2010; Arndt/Ofuatey-Alazard 2011), deren Analysen von Rassismus in der Sprache mit einem ähnlichen Anspruch wie die Analysen der Kritischen Diskursanalyse auftreten und die durchaus z. T. die gleiche Problematik einer vor der Analyse schon feststehenden politischen oder moralischen Bewertung haben. Dennoch halte ich viele ihrer kritischen Schlüsse für aufschlussreich und be-denkens-wert.

4 Das „Unwort des Jahres"

Als ein Phänomen der *political correctness* wird zuweilen auch die Wahl des Unworts des Jahres angesehen, die vor nunmehr 23 Jahren von Horst Dieter Schlosser eher im Rahmen einer Verkettung von Zufällen aus der Taufe gehoben worden ist (vgl. Schlosser 2007: 25 f.) und die am Anfang jeden Jahres ein mediales Ereignis darstellt. Durch diese Wahl wird Sprachwissenschaft einmal im Jahr in allen Medien wahrgenommen – mit einer ausdrücklich als sprachkritisch apostrophierten Stellungnahme zum öffentlichen Sprachgebrauch. Daher kommt den beteiligten SprachwissenschaftlerInnen eine erhöhte Verantwortung zu, diese Wahl klar, verständlich und auf der Grundlage einer möglichst „sattelfesten" Gebrauchsanalyse der gerügten Wörter zu vermitteln. Nach acht Jahren Beteiligung an dieser Wahl kann ich sagen, dass wir diese Aufgabe sehr ernst nehmen, uns die Entscheidung in der Regel nicht leicht machen und sie daher zumeist auch sprachwissenschaftlich gut zu legitimieren versuchen. Das enthebt uns allerdings nicht der Probleme, die mit einer solchen öffentlichkeitswirksamen Wahl verbunden sind: Die Begründung muss in medienverdaulichen Häppchen gegeben werden, es bleibt zumeist keine Zeit, eine gründliche Korpusanalyse des gerügten Wortes vorzulegen, und eine sechsköpfige Jury muss im Konsens entscheiden.

Gerne zitiere ich in diesem Zusammenhang die ausgesprochen freundliche Einordnung der Unwort-Aktion durch Jan Georg Schneider: Mit Bezug auf Claudius Seidls Bastian Sick-Kritik in der FAZ fordert er eine emanzipatorisch orientierte Sprachkritik ein, „die über ‚bloße Nörgelei' hinausgeht und z. B. danach fragt, ‚wer eigentlich welchen Sachverhalt zu welchem Zweck verschleiert' (Seidl 2006), oder [...] z. B. auch darauf hinweist, welche semantischen Implikationen bestimmte Wortprägungen und vor allem bestimmte Wortgebräuche haben. Die jährliche Prämierung des ‚Unworts des Jahres' und die dazugehörigen Begründungen sind ein Schritt in Richtung einer solchen linguistischen Sprachkritik." (Schneider 2007: 20) Mit dem Begriff der Verschleierung oder des Euphemismus habe ich allerdings Schwierigkeiten, denn – und hier ist wieder die grundlegende Problematik einer wissenschaftlichen Fundierung von Sprachkritik angesprochen – wer ein Wort als Euphemismus charakterisiert, also als eines, das die Wirklichkeit verschleiert, muss sich – wie Hans Jürgen Heringer es so schön gesagt hat – selbst „einen privilegierten Zugang zur Realität" zuschreiben. (Heringer 1982: 16) Diesem Einwand zum Trotz kommt der Begriff aber auch in unseren Unwort-Kriterien vor.

Wichtig erscheint mir, dass es neben der Analyse mehr oder weniger klare Kriterien der Unwort-Wahl gibt, die wir vor zwei Jahren neu formuliert haben: Gerügt werden demnach

> Wörter und Formulierungen in allen Feldern der öffentlichen Kommunikation, die gegen sachliche Angemessenheit oder Humanität verstoßen, zum Beispiel weil sie **gegen das Prinzip der Menschenwürde** verstoßen (z. B. *Geschwätz des Augenblicks* für Missbrauchsfälle in der katholischen Kirche), weil sie **gegen Prinzipien der Demokratie** verstoßen (z. B. *alternativlos* als Haltung/Position in der politischen Diskussion, um eine solche zu vermeiden und sich der Argumentationspflicht zu entziehen), weil sie **einzelne gesellschaftliche Gruppen diskriminieren** (z. B. durch unangemessene Vereinfachung oder Pauschalverurteilung, wie etwa *Wohlstandsmüll* als Umschreibung für arbeitsunwillige ebenso wie arbeitsunfähige Menschen), weil sie [da ist sie, die problematische Begrifflichkeit!] **euphemistisch, verschleiernd oder gar irreführend** sind (z. B. *freiwillige Ausreise* als Behördenterminus für die nur bedingt oder gar nicht freiwillige Rückkehr von Asylbewerbern in ihre Heimatländer aus Abschiebehaftanstalten). (http://www.unwortdesjahres.net/index.php?id=2; Stand: 25.2.2013)

Vor diesem Hintergrund ist etwa die Wahl des 2011er-Unwortes *Döner-Morde* weniger schwer gefallen als die Wahlen in anderen Jahren, obwohl die Begründung sich nicht eindeutig einem dieser Kriterien zuordnen lässt:

> Der Ausdruck steht prototypisch dafür, dass die politische Dimension der Mordserie jahrelang verkannt oder willentlich ignoriert wurde: Die Unterstellung, die Motive der Morde seien im kriminellen Milieu von Schutzgeld- und/oder Drogengeschäften zu suchen, wurde mit dieser Bezeichnung gestützt. Damit hat *Döner-Mord(e)* über Jahre hinweg die Wahrnehmung vieler Menschen und gesellschaftlicher Institutionen in verhängnisvoller Weise beeinflusst. Im Jahre 2011 ist der rassistische Tenor des Ausdrucks in vollem Umfang deutlich geworden: Mit der sachlich unangemessenen, folkloristisch-stereotypen Etikettierung einer rechtsterroristischen Mordserie werden ganze Bevölkerungsgruppen ausgegrenzt und die Opfer selbst in höchstem Maße diskriminiert, indem sie aufgrund ihrer Herkunft auf ein Imbissgericht reduziert werden. (http://www.unwortdesjahres.net/fileadmin/unwort/download/pressemitteilung_unwort2011_01.pdf; Stand: 25.2.2013)

Wie erwähnt halte ich die Unwort-Wahl für eine Möglichkeit, Sprachwissenschaft mit Sprachkritik zu verbinden. Allerdings muss man zugeben, dass dies nicht in dem eingangs von von Polenz zitierten Sinne möglich ist: Denn es wird hier tatsächlich nicht erst „der Gegenstand in der Weise untersucht [...], wie sich's gehört": Für die intensivere Beschäftigung mit den zahlreich eingehenden Unwortvorschlägen fehlen Zeit und Ressourcen, und dafür ist die Aktion auch zu sehr von den Mechanismen des Mediensystems mitbestimmt. Das ruft dann – neben der allfälligen Kritik derer, denen eine solche Wahl politisch nicht passt – eine auch sprachwissenschaftlich argumentierende Kritik hervor, wie sie bei *Döner-Morde* etwa durch Vertreter der KDA (Jobst 2012) oder korpuslinguistisch orientiert im IDS-Newsletter vom April 2012 (S. 2) (http://www.ids-mannheim.de/aktuell/newsletter/pdf/IDS-aktuell-1202.pdf; Stand: 25.2.2013) zu lesen war. Wenn die Unwort-Wahl so auch wieder auf die wissenschaftliche Beschäftigung mit und Begründbarkeit von Sprachkritik zurückwirkt, so ist das natürlich eine begrüßenswerte Entwicklung für Diskussionen um das Verhältnis von Sprachwissenschaft und Sprachkritik. Für die öffentliche Wahrnehmung erscheint mir die Unwort-Wahl eine geeignete Möglichkeit zu sein, vor dem Hintergrund linguistisch begründeter Kriterien eine Sprachkritik zu üben, die zeigt, dass wir öffentliche Sprachkritik nicht nur den Wolf Schneiders und Bastian Sicks überlassen müssen.

5 Literaturverzeichnis

Arndt, Susan/Hornscheidt, Antje Lann (Hg.) (2004): *Afrika und die deutsche Sprache. Ein kritisches Nachschlagewerk.* Münster.

Arndt, Susan/Ofuatey-Alazard, Nadja (Hg.) (2011): *Wie Rassismus aus Wörtern spricht – (K)Erben des Kolonialismus im Wissensarchiv deutsche Sprache – Ein kritisches Nachschlagewerk.* Münster.

Busse, Dietrich (1987): *Historische Semantik. Analyse eines Programms.* Stuttgart.

Heringer, Hans Jürgen (1982): Sprachkritik – die Fortsetzung der Politik mit besseren Mitteln. In: Derselbe (Hg.): *Holzfeuer im hölzernen Ofen. Aufsätze zur politischen Sprachkritik.* Tübingen, S. 3-34.

Heringer, Hans Jürgen (1990): *„Ich gebe Ihnen mein Ehrenwort". Politik, Sprache, Moral.* München.

Hermanns, Fritz (2007a): Diskurshermeneutik. In: Ingo H. Warnke (Hg.): *Diskurslinguistik nach Foucault. Theorie und Gegenstände.* Berlin/New York, S. 187-210.

Hermanns, Fritz (2007b): Wovon war hier weniger die Rede? Arbeitsmarkt- und Wirtschaftspolitik als deutsche Wahlkampfthemen 2005, mit besonderer Beachtung des im Wahlkampf Ungesagten. In: *Aptum. Zeitschrift für Sprachkritik und Sprachkultur* Jg. 3, H. 1, S. 196-208.

Jäger, Siegfried (2005): Diskurs als „Fluß von Wissen durch die Zeit". Ein transdisziplinäres politisches Konzept. In: *Aptum. Zeitschrift für Sprachkritik und Sprachkultur* Jg. 1, H. 1, S. 52-72.

Jung, Matthias (1994): *Öffentlichkeit und Sprachwandel. Zur Geschichte des Diskurses über die Atomenergie.* Opladen.

Jung, Matthias/Wengeler, Martin/Böke, Karin (Hg.) (1997): *Die Sprache des Migrationsdiskurses. Das Reden über „Ausländer" in Medien, Politik und Alltag.* Opladen.

Jung, Matthias/Niehr, Thomas/Böke, Karin (2000): *Ausländer und Migranten im Spiegel der Presse. Ein diskurshistorisches Wörterbuch zur Einwanderung seit 1945.* Wiesbaden.

Kalwa, Nina (2013): *Das Konzept ‚Islam'. Eine diskurslinguistische Untersuchung.* Berlin/Boston.

Keller, Reiner (2004): *Diskursforschung. Eine Einführung für SozialwissenschaftlerInnen.* Opladen.

Kilian, Jörg (2003): Sprachpolitik im Alltag: „Political Correctness". In: *Der Deutschunterricht* 55, H. 2, S. 52-63.

Nduka-Agwu, Adibeli/ Hornscheidt, Antje Lann (Hg.) (2010): *Rassismus auf gut Deutsch – Ein kritisches Nachschlagewerk zu rassistischen Sprachhandlungen.* Frankfurt a. M.

Niehr, Thomas (2004): *Der Streit um Migration in der Bundesrepublik Deutschland, der Schweiz und Österreich. Eine vergleichende diskurslinguistische Untersuchung.* Heidelberg.

Paul, Jobst (2012): Das Entwürdigende in Worte fassen. Zur kulturellen Dimension des Institutionellen Rassismus – am Beispiel des Unworts des Jahres 2011. In: *DISS-Journal* 23, S. 54-56.

von Polenz, Peter (1982): Der Streit um die Sprachkritik. Dialog mit Peter von Polenz. In: Hans Jürgen Heringer (Hg.): *Holzfeuer im hölzernen Ofen. Aufsätze zur politischen Sprachkritik.* Tübingen, S. 161-175.

Römer, David/Wengeler, Martin (2013): „Die Globalisierung ist ein ökonomisches Phänomen mit politischen Folgen“. Linguistische Diskursanalyse am Beispiel der sprachlichen Konstruktion der ‚Arbeitsmarktkrise‘ 1997. Erscheint in: *Zeitschrift für Diskursforschung* Jg. 1, H. 2, S. 137-158.

Schiewe, Jürgen (2003): Wege der Sprachkritik. In: Martin Wengeler (Hg.): *Deutsche Sprachgeschichte nach 1945. Diskurs- und kulturgeschichtliche Perspektiven.* Hildesheim/New York, S. 125-138.

Schiewe, Jürgen/Wengeler, Martin (2005): Zeitschrift für Sprachkritik und Sprachkultur. Einführung der Herausgeber zum ersten Heft. In: *Aptum. Zeitschrift für Sprachkritik und Sprachkultur* Jg. 1, H. 1, S. 1-13.

Schlosser, Horst Dieter (2007): Unwort-Kritik als angewandte Linguistik. In: *Aptum. Zeitschrift für Sprachkritik und Sprachkultur* Jg. 3, H. 1, S. 24-41.

Schneider, Jan Georg (2007): Sprache als kranker Organismus. Linguistische Anmerkungen zum Spiegel-Titel „Rettet dem Deutsch“. In: *Aptum. Zeitschrift für Sprachkritik und Sprachkultur* Jg. 3, H. 1, S. 1-23.

Seidl, Claudius (2006): Der Zwiebelfisch stinkt vom Kopf her. Warum der Sprachkritiker Bastian Sick so unglaublich nervt. In: *Frankfurter Allgemeine Sonntagszeitung* 44, S. 25.

Spitzmüller, Jürgen (2005): *Metasprachdiskurse. Einstellungen zu Anglizismen und ihre wissenschaftliche Rezeption.* Berlin/New York.

Spitzmüller, Jürgen/Wanke, Ingo (2011): *Diskurslinguistik. Eine Einführung in Theorien und Methoden der transtextuellen Sprachanalyse.* Berlin/New York.

Stötzel, Georg/Wengeler, Martin (1995): *Kontroverse Begriffe. Geschichte des öffentlichen Sprachgebrauchs in der Bundesrepublik Deutschland.* Berlin/New York.

Titscher, Stefan u. a. (1998): *Methoden der Textanalyse. Leitfaden und Überblick.* Opladen.

Wengeler, Martin (1992): *Die Sprache der Aufrüstung. Zur Geschichte der Rüstungsdiskussionen nach 1945.* Wiesbaden.

Wengeler, Martin (2002): „1968“, öffentliche Sprachsensibilität und political correctness. Sprachgeschichtliche und sprachkritische Anmerkungen. In: *Muttersprache* 112, S. 1-14.

Wengeler, Martin (2011): Linguistische Diskursanalysen – deskriptiv, kritisch oder kritisch durch Deskription? In: Jürgen Schiewe (Hg.): *Sprachkritik und Sprachkultur. Konzepte und Impulse für Wissenschaft und Öffentlichkeit.* Bremen, S. 35-48.

Wengeler, Martin/Ziem, Alexander (2010): „Wirtschaftskrisen“ im Wandel der Zeit. Eine diskurslinguistische Pilotstudie zum Wandel von Argumentationsmustern und Metapherngebrauch. In: Achim Landwehr (Hg.): *Diskursiver Wandel.* Wiesbaden, S. 335-354.

Wimmer, Rainer (1982): Überlegungen zu den Aufgaben und Methoden einer linguistisch begründeten Sprachkritik. In: Hans J. Heringer (Hg.): *Holzfeuer im hölzernen Ofen. Aufsätze zur politischen Sprachkritik.* Tübingen, S. 290-313.

Wimmer, Rainer (1998): Politische Korrektheit (political correctness). Verschärfter Umgang mit Normen im Alltag. In: *Der Deutschunterricht* 50, H. 3, S. 41-48.

Armin Burkhardt

Sprachpflege aus sprachwissenschaftlicher Sicht: Die Position der Gesellschaft für deutsche Sprache

Aachen ... Aachen ... Aachen ... quäkte es aus den Lautsprechern. Die harten, kehligen Silben taten ihm in den Ohren und in der Seele weh. Auf den Schildern stand merkwürdigerweise Bad Aachen, und Timothy, der sich das Bad sofort als schlecht übersetzte, fand dieses Adjektiv durchaus treffend. Bad Aachen. Bad Germany. (D. Lodge, Ins Freie: 121)[1]

0 Vorbemerkung zur GfdS und ihren Aufgaben

Streng genommen behandelt dieser Aufsatz ein Thema, das es gar nicht gibt: *Die* Position der Gesellschaft für deutsche Sprache. Bevor diese Behauptung begründet werden kann, sind zunächst ein paar Vorbemerkungen zur GfdS selbst nötig.

Die Gesellschaft für deutsche Sprache ist, gemäß ihrer Satzung, „ein politisch unabhängiger Verein zur Pflege der deutschen Gegenwartssprache", der sich v. a. aus Mitgliedsbeiträgen, Spenden, Einkünften aus Publikationen und aus Zuwendungen des Bundes und der Länder finanziert. Sie wurde 1947 gegründet und hat seit 1965 ihren Sitz in Wiesbaden. Ihre wesentliche Aufgabe ist es, zwischen Sprachwissenschaft und Öffentlichkeit zu vermitteln. Zu diesem Zweck unterhält sie derzeit 104 Zweigvereine im In- und Ausland, davon 50 in Deutschland, in denen Veranstaltungen, überwiegend Vorträge, zu die deutsche Sprache, z. T. auch die Literatur, betreffenden Themen durchgeführt werden. Zu den weiteren Aufgaben der GfdS gehört die Beratung von Bürgern, Behörden und Firmen in Sprachfragen sowie die Durchführung von Tagungen, insbesondere zu sprachpolitischen Themen. In enger Zusammenarbeit mit den Standesämtern führt sie eine Vornamen-Datenbank, die inzwischen 80 % der Standesämter in Deutschland erfasst und aus der sich jeweils die Vornamen des Jahres sowie aktuelle Tendenzen in der Vornamengebung ableiten lassen. Einmal im Jahr tritt eine Jury der GfdS zusammen, um aus der Vielzahl der für das jeweilige Jahr typischen Wörter das „Wort des Jahres" auszuwählen und zu verkünden. Die GfdS verleiht zudem die „Medienpreise für Sprachkultur", den „Hans-Oelschläger-Preis für Sprachkritik in den Medien" sowie den „Alexander-Rhomberg-Preis", mit dem herausragende Nachwuchsjournalisten ausgezeichnet werden. Sie gibt zwei Zeitschriften – die *Muttersprache* und den *Sprachdienst* – und zahlreiche andere sprachwissenschaftliche Pub-

1 Es handelt sich nur um ein lustiges Zitat aus einem Buch des international bekannten Autors von „Academic Novels" – und ist keinesfalls als Affront gegen die mir sehr sympathische Stadt Aachen gemeint.

likationen heraus. Zudem unterhält sie seit 1966 einen Redaktionsstab beim Deutschen Bundestag, dessen Aufgabe es ist, Gesetzestexte auf sprachliche Richtigkeit, stilistische Angemessenheit und Allgemeinverständlichkeit zu überprüfen.[2]

Wegen der Beratungstätigkeit und der Diskussionen in den Zweigen einerseits sowie der sprachpraktischen Arbeit im Bundestag andererseits muss sich die GfdS zwangsläufig mit Fragen von Sprachpflege und Sprachkritik beschäftigen. Sie tut dies v. a. durch Publikation von Büchern wie etwa des Bandes *Was ist gutes Deutsch?* (Burkhardt 2007) bzw. der *Fingerzeige für die Gesetzes- und Amtssprache* und durch die Veranstaltung entsprechender Tagungen wie etwa derjenigen über *Sprache und Recht* 2009 in Halle, der Tagung *Deutsch in Österreich*, die im Juni 2011 in Wien veranstaltet wurde, der Tagung *Deutsch in Israel* vom Januar 2012 in Tel Aviv, des Symposiums anlässlich des 100. Todestages von Konrad Duden, das im September 2012 in Wiesbaden stattfand, oder des Symposiums zur Geschichte des Sprachpurismus in Deutschland, das am 3. November 2012 in Braunschweig durchgeführt wurde.[3] Darüber hinaus engagiert sich die GfdS für den Erhalt der Stellung der deutschen Sprache in der Welt und führt auch zu diesem Zweck von Zeit zu Zeit Veranstaltungen durch.

Diese kurze – und keineswegs vollständige – Zusammenfassung zeigt: Die GfdS leistet eine ganze Menge, doch werden ihre Möglichkeiten häufig überschätzt. Mit nur vier wissenschaftlichen Stellen (neben den eineinhalb beim Redaktionsstab in Berlin), von denen ca. zwei Drittel für die Betreuung der Zeitschriften und der Ortszweige sowie für Sprachberatung verwendet werden müssen, kann man nicht den Output erwarten, den man sich von einer Académie allemande vielleicht erhoffen würde. Vor einigen Jahren wurde daher von IDS, GfdS, DAAD und Goethe-Institut der Deutsche Sprachrat gegründet, der aber – man muss es offen sagen – nach anfänglichen Erfolgen mithilfe der überlegenen Organisationsstrukturen des Goethe-Instituts derzeit eher einzuschlafen droht.

Wenn man mit der Bewältigung der praktischen Alltagsaufgaben so viel zu tun hat wie die Geschäftsstelle in Wiesbaden, dann kann man nicht noch „nebenbei" allzu viel konzeptionelle Arbeit leisten. Schon mit Blick auf die Organisationsstruktur der GfdS: ehrenamtlicher fünfköpfiger Hauptvorstand, vier wissenschaftliche und zwei nicht wissenschaftliche Mitarbeiter, sollte verständlich sein, dass es angesichts der oben skizzierten Vielfalt an Aufgaben auch im Bereich Sprachpflege und Sprachkritik nicht *die* Position der GfdS geben kann. Die GfdS ist ja auch keine Partei, die sich auf bestimmte Wahlaussagen festlegen muss. Auch von der Satzung her ist niemand dazu bestimmt, die Position der GfdS festzulegen: Die Mitgliederversammlung beschließt über konzeptionelle Inhalte nur selten; dasselbe gilt für

2 Bis zum 31.12.2012 unterhielt die GfdS im Rahmen eines Projekts auch einen Redaktionsstab beim Bundesministerium der Justiz, dessen Trägerschaft inzwischen infolge von Umständen, die hier nicht zu kommentieren sind, an eine private Firma vergeben worden ist (vgl. dazu http://www.wiwo.de/politik/deutschland/bundesjustizministerium-unregelmaessigkeiten-bei-ausschreibung-/8381688.html (Stand: 22.6.2013).

3 Siehe dazu *Muttersprache* 3/2009, *Der Sprachdienst* 5/2012, *Der Sprachdienst* 4/2012 sowie *Muttersprache* 3/2013.

Gesamt- und Hauptvorstand; und auch der Vorsitzende, dessen wesentliche Aufgabe es ist, die Arbeit des wissenschaftlichen Personals kritisch zu begleiten, ist nicht dazu ausersehen, *die* Position der GfdS festzuklopfen; aber eine gewisse Steuerungsfunktion hat er natürlich doch. Dass eine solche konzeptionelle Offenheit besteht, ist aber vermutlich kein Nachteil, sondern eher ein Gewinn, denn schon zu oft hat die Festlegung auf fixe Positionen – in der Politik wie in der Sprachwissenschaft – zu Borniertheit und strukturkonservativen Haltungen geführt, die argumentativ nicht zu verteidigen sind. Da die Sprache selbst bekanntlich ständig im Fluss ist, sollten wir uns ihr am besten mit sachlich-unvoreingenommenem Blick, d. h. mit einer gewissen Offenheit gegenüber Veränderungen, nähern. Wichtiger als die Verteidigung vorab festgelegter Positionen ist, dass wir uns gute Argumente beilegen, wenn wir – von Fall zu Fall – einen kritischen Blick auf Sprachentwicklungen und -phänomene werfen.[4]

Das bisher Gesagte bedeutet aber nicht, dass es in einzelnen Fragen keine Position der GfdS gegeben hat. In den letzten beiden Jahrzehnten galt das v. a. für die Haltung zum sogenannten geschlechtergerechten Sprachgebrauch und zur Rechtschreibreform, die der Verfasser beide nur mit einer gewissen Zurückhaltung mitgetragen hat. Trotzdem ist er der Meinung, dass es nicht sehr sinnvoll wäre, auf Feldern, die nach jahrelangem heftigen innergesellschaftlichen Streit endlich einigermaßen befriedet sind, alte Diskussionen leichtfertig wieder neu zu beginnen. Bei beiden Themen handelt es sich um Fässer, die – bei aller verständlichen Unzufriedenheit bei vielen – wohl vorerst besser nicht wieder aufgemacht werden sollten. Im Folgenden soll daher nicht auf diese besonders umkämpften Bereiche, sondern auf einige andere Aspekte eingegangen und an einigen Beispielen aus Grammatik und Lexik gezeigt werden, dass Sprachkritik und Sprachpflege v. a. von liberaler Offenheit geprägt und wissenschaftlich begründet sein müssen.

1 Sprachpflege und Sprachkritik

Sprachpflege ist die Förderung des Sprachvermögens und der Sprachreflexion bei möglichst vielen Sprechern einer Sprache auf möglichst hohem phonetischen, (ortho-)graphischen, lexikalischen, grammatischen, stilistischen und textkompositorischen Niveau.[5] Im deutschen Sprachraum ist es demnach die Hauptaufgabe der Sprachpflege, sich um die Sicherung und Verbreitung dessen zu bemühen, was gemeinhin als „gutes Deutsch" bezeichnet wird, d. h. um den system-, stilnorm-, situations- und textsortengerechten Gebrauch der deutschen Sprache.[6] Sprachpflege setzt ein Wissen um das, was als „gepflegtes" Sprechen und Schreiben gelten kann, bereits voraus. Selbstverständlich ist sie normativ. Wer die Sprache – auf der Grundlage von Normen – pflegen will, wie es satzungsgemäße Aufgabe der Ge-

4 Denn: „Ob ein Wandel überhaupt eine Verschlechterung oder eine Verbesserung darstellt, wird sinnvollerweise daran gemessen, ob er die Erfüllung der kommunikativen oder kognitiven Funktionen der Sprache fördert oder eher behindert." (Dieckmann 2012: 132)

5 Etwas weniger differenziert, aber sinngleich ist etwa die Definition bei Rinas (2011: 15).

6 Vgl. dazu v. a. die Beiträge in Burkhardt (2007).

sellschaft für deutsche Sprache ist, kann aber nicht einfach bloß spontaner Eingebung, einer strukturkonservativen Gesinnung, die – in Dieckmanns Worten – nichts als „Misstrauen gegen den Wandel" (Dieckmann 2012: 125 ff.) ist, oder den Aussagen der jeweils aktuellen Auflage der Duden-Grammatik folgen, sondern muss sich zunächst einmal eine klare Vorstellung von dem erarbeiten, was überhaupt einer solchen Pflege wert ist und daher sinnvollerweise als Norm gelten kann. Als kritische Reflexion über Sprachphänomene liefert solches Wissen die Sprachkritik, die als die (be-)wertende Auseinandersetzung mit den Möglichkeiten und Grenzen der Ausdrucksformen einer Sprache sowie den Vor- und Nachteilen, den – praktischen, semantisch-kognitiven und/oder moralisch begründeten – Schwächen des zu einem bestimmten Zeitpunkt vorfindlichen Sprachgebrauchs, bestimmt werden kann. Eine seriöse Sprachpflege, die sich der Angemessenheit ihrer praktischen Ziele gewiss ist, muss auf einer solchen wissenschaftlich begründeten Sprachkritik aufbauen.[7]

Linguistische Sprachkritik ist daher als die ästhetisch, moralisch und/oder systemlogisch begründete Beurteilung von Sprachprodukten, insbesondere unter dem Blickwinkel der Geltung von Normen und ihrer Veränderung zu bestimmen. Insofern ist sie zuallererst Sprachgebrauchskritik und Reflexion der aus der Sprachverwendung resultierenden Konsequenzen für Sprachverständnis und Sprachsystem. Als solche hat sie v. a. zwei Erscheinungsformen. Sie ist

- systembezogene Sprachkritik in ihren beiden wesentlichen Erscheinungsformen Grammatikkritik und Lexikkritik (einschließlich Fremdwortkritik)

und sie ist

- polit(olinguist)ische Sprachkritik, die in eine lexikalische und eine pragmatische Spielart unterschieden werden kann.[8]

Im Gegensatz zur populären bis populistischen Sprachkritik, die aus dem „Bauchgefühl" heraus argumentiert, muss sie sich sachlicher, wissenschaftlich haltbarer Begründungen bedienen, denn ohne kritische rationale Reflexion kann es zumindest keine wissenschaftlich begründete Sprachpflege geben. Sprachkritik ist weder Sprachkonservatismus noch bloße Sprachnörgelei. Genau hier liegt der wesentliche Unterschied zwischen populären Autoren wie Bastian Sick, sogenannten „Sprachschützern" (die doch in der Regel nur emotionalisierte Anglizismenfeinde sind), und einer wissenschaftlichen Institution wie der GfdS.

2 Populäre vs. wissenschaftliche Sprachkritik an ausgewählten Beispielen

Die Ausgangsthese derjenigen, die sich in der Öffentlichkeit außerhalb der Linguistik zu die deutsche Gegenwartssprache betreffenden Fragen äußern, ist in aller

7 „Das Ideal wäre also eine durch die Sprachwissenschaft beratene Sprachkritik; Sprachwissenschaft als Fundament der Sprachkritik." (Gauger 1986: 24)

8 Vgl. dazu ausführlicher Burkhardt (2011) sowie Dieckmann (2012: 9 ff.). – Mit Blick auf die als gültig angenommenen Normen des Systems können natürlich auch faktische Sprachverwendungen (tokens) grammatik- und lexikkritisch unter die Lupe genommen werden.

Regel die vom Sprachverfall[9]: Früher sei noch richtiges und gutes Deutsch gesprochen, geschrieben und in Schulen und an Universitäten unterrichtet worden, heute dagegen würden immer mehr Wörter falsch gebraucht, grammatische Regeln missachtet und unnötige Fremdwörter, v. a. Anglizismen, verwendet.[10] Die deutsche Sprache treibe daher ihrem Verfall entgegen. Zum Glück gebe es mutige Sprachkämpfer wie Bastian Sick, die diesem Prozess entgegenträten und ihre Zuhörer und Leser als Mitstreiter um sich scharten.

Im Vorwort des ersten der insgesamt fünf bisher erschienenen Bände von *Der Dativ ist dem Genitiv sein Tod* bezeichnet sich Sick denn auch indirekt als „Sprachpfleger" und schreibt u. a.:

> Im Mai 2003 nahm ich als frisch gebackener Kolumnist die Herausforderung an und zog mit flatternden Fahnen und bunt bemalten Schilden gegen FALSCHES Deutsch und SCHLECHTEN Stil zu Felde. (Sick 2004: 9)[11]

Was richtig und falsch ist, entscheidet Sprachpapst[12] Sick, gestützt v. a. auf leicht verfügbare Nachschlagewerke wie Rechtschreibduden und Duden-Grammatik.[13] Sick beschreibt seine Rolle gleichwohl als die eines „ironischen Geschichtenerzählers" und räumt trotz seines normativen Anspruchs („FALSCHES Deutsch", „da diese Kolumne es sich zur Aufgabe gemacht hat, ‚FALSCH' gesetzte Wörter in deutschen Texten aufzuspießen, also ‚Zwiebelfische' im übertragenen Sinn" usw.) ein:

> Eine lebende Sprache lässt sich nicht auf ein immergültiges, fest zementiertes Regelwerk reduzieren. Sie ist in ständigem Wandel und passt sich veränderten Bedingungen und neuen Einflüssen an. Darüber hinaus gibt es oft mehr als eine mögliche Form. Wer nur die Kriterien RICHTIG oder FALSCH kennt, stößt schnell an seine Grenzen, denn in vielen Fällen gilt sowohl das eine als auch das andere. (Sick 2004: 12; plakativ zitiert in Meinunger 2009: 7)

Er könne und wolle sich daher nicht anmaßen, „absolute Wahrheiten zu verkünden". Vielmehr sprächen seine Texte „allenfalls Empfehlungen" aus. Gleichwohl sieht Sick seine Hauptaufgabe darin,

> das sprachliche Bewusstsein zu schärfen und meine Leser zu ermutigen, nicht alles widerspruchslos hinzunehmen, was ihnen an bizarren Formulierungen in den Medien, in der Werbung, in der Politik, im Geschäfts- und Amtsdeutsch geboten wird. (Sick 2004: 13)

Das sind alles „hehre Vorsätze" (Rinas 2011: 37). Es ist jedoch leicht zu erkennen, dass die von Sick propagierte Haltung in sich widersprüchlich ist, weil man nicht

---

9 Vgl. dazu auch Dieckmann (2012: 125 ff.).

10 Für eine kritische Sicht dieser Ansichten vgl. z. B. die Beiträge in Eichhoff-Cyrus/Hoberg (2002) sowie Kilian/Niehr/Schiewe (2010: 56 ff.).

11 Hervorhebungen durch GROẞBUCHSTABEN hier wie im Folgenden durch den Autor (A. B.).

12 So wird er ja in den Medien gelegentlich vorgestellt – und wehrt sich dagegen nicht. Vgl. dazu auch Rinas (2011: 7).

13 Vgl. dazu auch Meinunger (2009: 142 f.).

einerseits mit Urteilen wie *richtig* und *falsch* bzw. *erlaubt* und *unerlaubt* Normen setzen und zugleich den beständig ablaufenden Sprachwandel und die gleichzeitige Konkurrenz verschiedener Formen als Normalität dagegensetzen kann.

Im Folgenden möchte ich an einigen Beispielen (3.1-3.3) zeigen, dass aus dem Bauch gefällte Urteile über den Sprachgebrauch einer wissenschaftlichen Betrachtung, wie sie von einer Institution wie der GfdS gefordert werden muss, nicht standhalten, sodass sich die GfdS – anders als andere Sprachvereine – solchen normativen Aussagen auch nicht vorbehaltlos anschließen kann.[14] Im Anschluss daran (3.4-3.5) sollen zwei Beispiele diskutiert werden, bei denen es gute Gründe gibt, den sich abzeichnenden Wandel *nicht* zu akzeptieren. Den Abschluss (3.6) bilden Ausführungen zu Funktionen und Auswirkungen von Entlehnungen, insbesondere aus dem Englischen.

3.1 „Kasus Verschwindibus"?

Grammatischer Wandel vollzieht sich allmählich, aber beständig, und war und ist – sobald die Veränderungen als dauerhafte Erscheinungen sichtbar werden – ein beliebter Gegenstand der populären Sprachkritik. Ein solcher Wandel des grammatischen Systems über den Gebrauch zeigt sich beispielsweise im immer häufiger zu beobachtenden Wegfall des Suffixes *-en* im Dativ und Akkusativ Singular der schwachen Deklination, wie im folgenden Beispiel:

> Erneut Prozess gegen Bushido
>
> Rapper soll Ordnungsamt-Mitarbeiter als Idiot bezeichnet haben. (www.web.de; Stand: 19.12.11)

Es handelte sich hier um die Schlagzeile eines Internet-Artikels. Klickte man auf den „mehr"-Button, so gelangte man zu folgendem Artikel-Text:

> Prozess gegen Rapper Bushido wegen Beleidigung
>
> Berlin (dpa) – Rapper Bushido soll in Berlin einen Mitarbeiter des Ordnungsamtes als „Idiot**en**" beschimpft haben. An diesem Dienstag kommt der Streit um ein Knöllchen vom Oktober vergangenen Jahres vor ein Berliner Amtsgericht. (http://web.de/magazine/unterhaltung/musik/14364906-prozess-gegen-rapper-bushido-wegen-beleidigung.html#.A1000107; Stand: 19.12.11)[15]

Das gleichzeitige Auftreten der Form mit und der Form ohne *-en* im selben Artikel zeigt besonders deutlich, dass hier ein Wandel in Gang ist, der zu Unsicherheiten führt. Dieses Phänomen wurde bereits von Henne/Drosdowski (1980: 624) als eine der Tendenzen der Gegenwartssprache beschrieben. Sick hat für den Verzicht auf

---

14 Darum trifft Meinungers Ansicht, die GfdS gehöre zu den Institutionen, die versuchten, „verbindlich zu kodifizieren, was im Sinne sprachpflegerischer Absicht als ‚guter Stil' oder eben auch als ‚richtig' und ‚falsch' zu gelten hat" (Meinunger 2009: 45), auch dann nicht zu, wenn er sie durch „vielleicht" einschränkt.

15 Hervorhebungen durch Unterstreichung in den eingerückten Beispielzitaten jeweils vom Verf. [A. B.].

-en im Dativ und Akkusativ Singular die effektvoll Zaubersprüche anklingen lassende Bezeichnung „Kasus Verschwindibus" gefunden und schreibt dazu u. a.:

> Nicht viel besser ist es um den berühmten Schönheitschirurgen bestellt, dessen Endsilbe wohl einem Lifting zum Opfer gefallen sein muss, wenn der Fernsehsprecher ihn als ‚berühmten Schönheitschirurg' vorstellt. Ganz zu schweigen vom Kandidaten der Quizsendung, der permanent zum ‚Kandidat' verkürzt wird: ‚Dann bitte ich jetzt unseren nächsten Kandidat zu mir!' Und gleich danach dieser Spruch in der Werbung: ‚Jetzt gibt es den neuen Swiffers-Staubmagnet!' Da fragt man sich unwillkürlich: Wie soll an dem Ding der Staub haften bleiben, wenn ihm doch schon in der Werbung die Endsilbe abfällt?
>
> Die Neigung, bei schwach gebeugten männlichen Hauptwörtern die Endungen im Dativ und Akkusativ einfach unter den Tisch fallen zu lassen, ist sehr stark ausgeprägt. Sätze wie ‚Dem Patient geht's gut' oder ‚Lukas, lass den Elefant in Ruhe' sind mittlerweile häufiger zu hören als die KORREKT formulierten Aussagen ‚Dem Patienten geht's gut' und ‚Lukas, lass den Elefanten in Ruhe'. Die Unterlassung der Deklination ist umgangssprachlich weit verbreitet, standardsprachlich jedoch gilt sie als FALSCH.
>
> Wenn die Bank auf einem Schild darauf hinweist, dass wegen einer Computerumstellung heute leider ‚keine Kontoauszüge am Automat' erhältlich seien, brennt es einem in den Augen. Wenn der Komiker im Fernsehen freimütig berichtet, wie er sich letztens wieder ‚zum Idiot gemacht' habe, kribbelt es einem in den Ohren. Wenn eine Illustrierte ‚neue Enthüllungen über den norwegischen Prinz' verspricht, bekommt man schon rote Flecken, und wenn kleine handgeschriebene Kärtchen an hübsch verpackten Geschenken verkünden, dies sei ‚für den Konfirmand', dann wird der Juckreiz unerträglich.
>
> Kennen Sie jemand, der sich von niemand beugen lässt? Das wäre – in grammatischer Hinsicht – keine gewinnbringende Bekanntschaft. Sollten Sie aber jemand**en** kennen, der niemand**em** einen Ge-Fall-en ausschlägt, dann dürfen Sie sich glücklich schätzen. Der Verzicht auf die Endung bei ‚jemand' und ‚niemand' im Dativ und im Akkusativ ist heute nahezu selbstverständlich. Und er hat bereits so lange Tradition, dass er mittlerweile von den Grammatikwerken gebilligt wird. Nicht gebilligt werden hingegen ‚Neue Erkenntnisse über den Höhlenmensch', ‚Fotographien vom Planet Erde' und schon gar nicht die ‚Jagd auf den letzten Leopard'. Zu wünschen wäre vielmehr, dass, solange noch Mensch**en** auf diesem Planet**en** leben, sie sich für den Leopard**en** und andere bedrohte Arten einsetzen und den Kasus Verschwindibus bekämpfen werden. (Sick 2005: 64 ff.)

Das ist natürlich lustig. Es kann aber nicht ausreichen, unter Berufung auf die bisherige Norm lediglich zu beklagen, dass in der deutschen schwachen Deklination heute im Dativ und Akkusativ Singular (v. a. bei Wörtern auf *-ent und -ant*) die Endung *-en* (aber auch bei Substantiven wie *Bär* oder *Spatz*) häufig weggelassen wird. Vielmehr muss man nach den Gründen fragen, die zu dieser Entwicklung geführt haben, und prüfen, ob sie negative Folgen hat. Weil aber im Deutschen ein

Großteil der Kasus-, Genus- und Numerusinformation inzwischen von vorangestellten Artikelwörtern sowie den attributiven Adjektiven getragen wird[16] und das *-en* der schwachen Deklination zur Kasusinformation so gut wie gar nichts beiträgt, zeigt sich bei genauerem Hinsehen, dass das Suffix eigentlich entbehrlich ist. Genau genommen wird die Kasus- und Numerusinformation in einem Flexionsparadigma, in dem sieben von acht möglichen Formen auf *-en* enden, durch das Fehlen der Endung sogar vergrößert. Zwar verändert die heute immer häufiger zu beobachtende Reduktion das betreffende Flexionsparadigma, sie führt jedoch keineswegs zu Missverständnissen oder Systemverschlechterungen. Vonseiten der Linguistik gibt es daher keinen Grund, sie zu kritisieren. Im Gegenteil: Da zu erkennen ist, dass die Numerus- gegenüber der Kasusdifferenzierung immer dominanter wird, ist abzusehen, dass sich die Reduktionsformen im Singular generell durchsetzen werden, sodass es – in Verbindung mit einer ebenfalls sichtbaren Tendenz, den Genitiv Singular auf *-s* zu bilden (*des Bärs, des Idiots*) – nach und nach zu einer Veränderung des Deklinationssystems (Verschiebung der schwachen Maskulina in das *-es/-en*-Paradigma)[17] kommen wird. Aus all den genannten Gründen ist der Kampf gegen die bereits im Gange befindliche Entwicklung sinnlos und nicht rationalen Argumenten, sondern allein einer sprachkonservativen Haltung geschuldet. Kann es angesichts dieser Diagnose für eine Institution wie die GfdS sinnvoll sein, das überkommene Flexionsparadigma zu pflegen und auf Gedeih und Verderb für die Erhaltung des Moribunden einzutreten? Wohl eher nicht. Es kann aber durchaus angebracht sein, auf die konservative Norm und deren sich abzeichnende Ersetzung hinzuweisen.

3.2 Genitivus Verschwindibus?

Wie schon das vorige Beispiel zeigte, muss die linguistische Sprachkritik, im Gegensatz zu selbsternannten Sprachverbesserern, die nur mit dem früheren Status quo argumentieren, zeigen, dass ein bestimmter grammatischer Wandel schädliche Folgen hätte, um sinnvoll vom Gebrauch der veränderten Formen abraten zu können. Auch an dem folgenden Beispiel wird die Diskrepanz zwischen linguistischer und populärer Sprachkritik deutlich.

Sicks Ausgangspunkt bildet ein Kapitel über das seinen Büchern den Titel gebende Phänomen. Kritisiert wird zunächst die Verwendung des Dativs nach *wegen* in Liedtexten bzw. Songtiteln wie *Wegen dir*. Sick schreibt:

> In deutschen Grammatikwerken ist nachzulesen, dass hinter ‚wegen' in besonderen Fällen der Dativ stehen kann. Ein solcher besonderer Fall ist gegeben, wenn die Präposition vor einem ‚unbekleideten' Nomen steht, also einem Hauptwort, das weder Artikel noch Attribut mit sich führt: ‚Wegen Umbau geschlossen' – das ist ERLAUBT, es muss nicht ‚wegen Umbaus' heißen. Ist das Hauptwort jedoch ‚bekleidet', bleibt der Genitiv die bessere Wahl: ‚wegen des Umbaus', ‚wegen kompletten Umbaus'. Dennoch hört man immer häufiger ‚wegen dem' statt ‚wegen des'. Auch hinter ‚laut'

16 Vgl. dazu auch Henne/Drosdowski (1980: 624), die auch auf die Rolle von Wortstellung und semantischer Kongruenz bei der Kasuszuweisung hinweisen.

17 Vgl. dazu ebd.

> scheint sich der Dativ durchgesetzt zu haben. Immer seltener hört man ‚laut eines Berichts' und immer häufiger dafür ‚laut einem Bericht'. (Sick 2004: 16)

Wieder wird der ältere Sprachgebrauch *erlaubt* und der neuere damit – implizit – *verboten*. Sick schränkt aber zugleich ein:

> Führt der Genitiv nur noch verzweifelte Rückzugsgefechte? Ganz so gefährdet, wie es auf den ersten Blick aussieht, ist der zweite Fall in Wahrheit nicht. Er versteht es durchaus, sich zu wehren, und macht sogar Anstalten, fremdes Terrain zu erobern. Immer wieder tauchen Fälle auf, in denen hinter Präpositionen, die den Dativ erfordern, plötzlich ein Genitiv zu finden ist: ‚gemäß des Protokolls', ‚entsprechend Ihrer Anweisungen', ‚entgegen des guten Vorsatzes', ‚nahe des Industriegebietes'. Dies geht so weit, dass sich die Grammatikwerke bemüßigt fühlen, diese Präpositionen mit dem ausdrücklichen Hinweis zu versehen, dass ihnen NICHT der Genitiv folge, sondern der Dativ.
>
> Im Falle der Präposition ‚trotz' ist dem Genitiv die feindliche Übernahme gelungen: Standardsprachlich wird heute hinter ‚trotz' der Wes-Fall verwendet. (Sick 2004: 16)

Die Beobachtung, dass besonders mehrsilbige Präpositionen immer mehr zum Regieren des Genitivs tendieren, dürfte zutreffen. (Was Sick dabei allerdings nicht aufzufallen scheint, ist, dass er durch diesen Hinweis einen Teil seiner Titelbehauptung selbst wieder zurücknimmt.) Zu bezweifeln ist hingegen die Ansicht, dass sich nach *laut* der Dativ durchgesetzt habe, während nach *trotz* standardsprachlich immer häufiger der Genitiv verwendet werde. Auch eine Unterscheidung zwischen gesprochener und geschriebener Sprache – als unterschiedlichen Codes –, mit der sich der unterschiedliche Kasusgebrauch nach *trotz* und *wegen* wohl am besten erklären lässt[18], kennt Sick nicht. Zudem werden dialektale Differenzen in der Kasusrektion zu wenig beachtet. Aber völlig unabhängig von solchen Überlegungen müsste ein Kritiker, der den Gebrauch des Dativs nach *trotz* oder *wegen* bemängeln will, den Nachweis erbringen, dass die Verwendung des Dativs an dieser Stelle systemlogische oder kommunikative Nachteile mit sich bringen würde. Dieser Nachweis dürfte jedoch schwerfallen, denn der bloße Verweis auf die tradierte Schriftnorm kann als Argument allein nicht ausreichen.

In den Kontext der Diskussion über Dativ und Genitiv gehört auch die Frage des Objektkasus nach *gedenken*. Zunächst ein Beispiel aus der Presse:

> Gedenken an die Opfer der Völkerschlacht von Leipzig
>
> Vom Feiern geschwächt ist ein Darsteller eines französischen Soldaten beim Gedenk-Appell zur 190-Jahr-Feier der Völkerschlacht auf dem Leipziger Marktplatz. Teilnehmer aus 19 Ländern <u>gedachten</u> 190 Jahre nach der Niederlage des französischen Kaisers Napoleon <u>den Opfern dieses</u> Krieges. (*Braunschweiger Zeitung*, 20.10.2003, S. 2)

Sick selbst schreibt zu seinem Beispielsatz „Am Sonntag wird in Kampehl dem 354. Geburtstag von Ritter Kahlbutz mit einem Konzert gedacht":

18 Auch wenn sich die Code-Grenzen inzwischen verwischt haben, wie etwa der folgende Beleg aus der neueren Literatur zeigt: „Außerdem war er noch gut angezogen. Er ist es sicher immer noch, obwohl ich ihn jetzt aus den Augen verloren habe, wegen dem Streit damals." (Kracht 2002: 62)

> ‚gedenken' ist eines der (wenigen) deutschen Verben, die ein Genitivobjekt nach sich ziehen. Daher muss es RICHTIG heißen: Es wird des Ritters gedacht. Oder wenigstens seines Geburtstages. (Sick 2005: 19 f.)

Es ist verständlich, wenn der Bildungsbürger hier beim Lesen des Dativs zusammenzuckt (vgl. dazu Sick 2005: 147 f.). Es hat aber wenig Sinn, den Rückgang des Genitivs als Objektkasus zu brandmarken (vgl. ebd.: 19 ff.), auch wenn es in Brechts Gedicht *An die Nachgeborenen* noch heißt: „Gedenkt unserer / Mit Nachsicht". *Gedenken* mit dem Dativ zu bilden mag v. a. Älteren verständlicherweise befremdlich klingen. Aber darin setzt sich nur eine jahrhundertealte Tendenz in der deutschen Sprache fort, die zum vollständigen Abbau der Genitivobjekte führen wird. Der Gebrauch des Dativs anstelle des Genitivs beinhaltet nur die Änderung einer Konvention und beschwört keinerlei Verständigungsprobleme (und erst recht keine Kulturkrise) herauf.

Noch problematischer kommt dem Sprachkonservativen vielleicht der Abbau des doppelten Akkusativs nach Verben wie *lehren* vor. Selbst in der seriösen Presse kann man aber heute dergleichen bereits finden:

> Dass der Chef der SPD-Fraktion im Bundestag freiwillig auf seine BMW verzichtet, zeigt, dass er Wichtigeres zu tun hat: Peter Struck muss <u>den Arbeitgebern das Fürchten lehren</u>. Und dazu braucht man kein Motorrad, sondern eine Keule. (*Die Welt*, 30.7.2001, S. 3.)

> Huawei stellt in London das angeblich ‚dünnste Smartphone der Welt' vor, das <u>dem iPhone das Fürchten lehren soll</u>. (http://www.n-tv.de/; Stand: 19.6.2013)

Auch hier zuckt der Bildungsbürger höheren Alters vermutlich zusammen und verlangt den schulisch erlernten doppelten Akkusativ. Trotzdem gilt es zu erkennen, dass die Kombination Dativ-Akkusativ nur einem Muster folgt, das sich im Deutschen bei einer Vielzahl von Verben findet (*jmdm. etw. ausrichten, geben, zufügen* usw.), während *lehren, fragen, kosten* u. a. als Verben nur grammatische Ausnahmen sind. Per Analogie wird hier nur eine alte syntaktische Regel durch eine neue ersetzt, die keinerlei Nachteile, wohl aber den Vorzug des Abbaus grammatischer Nebenlinien mit sich bringt. Genauer besehen ist die Dativ-Akkusativ-Struktur aber gar nicht neu, denn sie findet sich bereits im 18. Jh., wie das folgende Beispiel belegt:

> Indes fand sich doch ein Weg dazu, weil Reiser sein Studium der englischen Sprache auch in Erfurt fortgesetzt hatte, dass er sich erbot, <u>dem Doktor Sauer Englisch zu lehren</u>, weil dieser schon einige Male den Wunsch geäußert hatte, mit dieser Sprache bekannt zu sein. (Moritz 1785-90: 399)

Auch bezüglich des angeblichen Abbaus des doppelten Akkusativs gibt es also nicht wirklich etwas zu kritisieren. Die neuen Formen sind schlechtes Deutsch nur gemessen an der bisher als gültig akzeptierten Norm. Sick dagegen schreibt in Bezug auf eine der Varianten von *kosten*:

> „Wenn ‚kosten' im Sinne von ‚etwas verlangt von jemandem einen bestimmten Preis' gebraucht wird, GILT ALLEIN der doppelte Akkusativ als standardsprachlich KORREKT." (Sick 2005: 217)

Eine Begründung liefert er nicht. Und da auch die GfdS keine wirklich überzeugende anzuführen vermag, wird sie sich nicht auf die sprachpflegerische Verteidigung der alten qualitativen Valenzen versteifen. Die Zukunft gehört daher Sätzen wie diesen:

> Als Geisterfahrer löste er bei Idstein eine Unfallserie aus, die einem Mann das Leben kostete und sechs Menschen verletzte. (http://nachrichten.t-online.de/a3-geisterfahrer-knackte-vor-unfall-jackpot/id_51294692/index; Stand: 8.11.2011)

> Lange Zeit gilt Verteidigungsminister de Maizière als stiller Macher. Jetzt könnte das gescheiterte Drohnen-Projekt Euro Hawk ihm das Amt kosten. Doch bei vielen Bürgern würde ein Rücktritt des CDU-Politikers nicht gut ankommen. (http://www.n-tv.de/; Stand: 25.5.2013)

3.3 Suscitatio vocalis Verschwindiba?

Auch das folgende Beispiel zeigt (wieder am Beispiel von Sick) die mangelnde Toleranz der populären Sprachkritik. Bei manchen Verben mit kurzem oder langem *e* als Stammvokal findet in der deutschen Standardsprache in der 2. und 3. Person Singular und im Imperativ ein Wechsel zu /i/ bzw. /i:/ statt. In der heutigen gesprochenen Sprache (aber nicht nur dort) wird diese Vokalerhöhung beim Imperativ jedoch – wohl nicht zuletzt unter Dialekteinfluss – häufig aufgegeben: *sprech deutlich!, werf mir mal den Ball zu!, stehl nicht!* (vgl. dazu auch Henne/Drosdowski 1980: 625). Auch zu diesem Phänomen hat Sick in seinen Büchern Stellung genommen, er schreibt u. a.:

> Wer sich anmaßt, Befehle zu erteilen, sollte zunächst einmal die richtige Befehlsform beherrschen. Imperativ kommt von Imperium, nicht von Imperitia [‚Unwissenheit']. Und mit dem Wort ‚befehlen' geht es selbst schon los: ‚*Befehle* nie, was du nicht selbst befolgen würdest' – über den Sinn dieses Mottos kann man streiten, nicht aber über seine Grammatik; denn ‚Befiehl!' MUSS es heißen. [...]

> Wenn der Spielleiter der Comedy-Improvisationssendung ‚Schillerstraße' einer Akteurin die Anweisung gibt: ‚Sprech Schwäbisch!', möchte man ihm selbst einflüstern: ‚Sprich Hochdeutsch!' [...]

> Wer sich mit Imperativen wie ‚Dresche!', ‚Trete!', ‚Schmelze!' und ‚Treffe!' zufrieden gibt, wird es im Leben nicht weit bringen. (Sick 2005: 45 ff.)

Sick geht hier sogar so weit, seine normative Aussage mit einer Prognose über künftige Bildungs- und Berufschancen der Sprachbenutzer zu verbinden. Das mag spaßig gemeint sein, zeigt aber, wie ernst dem Verfasser sein normativer Anspruch ist. Auch in diesem Punkt schießt Sicks sprachkonservative Auffassung deutlich über den Bereich des Verantwortbaren hinaus, denn wissenschaftlich ist der implizierte Schluss von der Einhaltung von Sprachnormen auf die Intelligenz bzw. Lebenstauglichkeit der betreffenden Sprachbenutzer durch nichts zu rechtfertigen. Und in der modernen Industriegesellschaft recht selten gebrauchte Verben wie *dreschen* und *fechten*, die neben der Vokalerhöhung in manchen Formen auch noch synkopiert werden, kann heute erst recht kaum noch jemand „richtig" konjugieren:

du drischst, er drischt, drisch!; du fichtst, er ficht, ficht!, woraus folgt, dass sich das Sprachsystem in diesem Punkt bereits geändert hat. Dafür spricht auch, dass die Form ohne Vokalerhöhung, wie der folgende Beleg zeigt, von heutigen Journalisten bereits wie selbstverständlich auch in der Schriftsprache verwendet wird:

> ‚Wie die Zeit vergeht' hört man ältere Menschen oft sagen. Tatsächlich erschreckt man selbst ab einem bestimmten Alter, wenn man schon wieder Geburtstag hat oder der Jahreswechsel bevorsteht. Kindern dagegen kommt ein Tag manchmal endlos lang vor. *Von Jana Zeh* (http://www.n-tv.de/; Stand: 27.8.2013)

Es ist durchaus verständlich, wenn der Verzicht auf die Erhöhung nicht allen gefällt. Doch auch hier kündigt sich lediglich eine Regelveränderung an, die zu mehr Einheitlichkeit führt und daher sogar eine Vereinfachung ist. Ältere Sprachteilhaber werden sie nicht schön finden, aber sie richtet keinerlei Schaden an und ist insofern auch von der Sprachkritik nicht zu beanstanden.

3.4 Genus et numerus verborum alienorum Verschwindibi?

Von Studenten, Rundfunk- und Fernsehmoderatoren, Journalisten, kurz: von fast allen wird das Substantiv *Klientel* neuerdings oft im Neutrum gebraucht. Dieser sich immer weiter verbreitende Genuswechsel ist – soweit dem Verfasser bekannt – von Sick bis dato noch nicht thematisiert worden. Für Legionen von Vorkommen stehen hier die folgenden beiden Beispiele:

> Es ist ruhiger geworden am See [Tankumsee] – vermutlich auch aufgrund der Polizeipräsenz. Dafür befürchten die Beamten, dass das Klientel der Disco-Bollerwagen mit Bierzapfanlagen nun weiterzieht – zum Beispiel zum Gifhorner Schlosssee. (*Braunschweiger Zeitung*, 23.5.2011, S. 11)

> Zuschussrente, Frauenquote – und plötzlich auch der Mindestlohn: Jenseits der Euro-Krise bastelt die Kanzlerin an ihrem sozialen Profil und biegt die Union nach links. Die marktliberale FDP wird übergangen, Merkels Macht soll jetzt das SPD-Klientel sichern. Baut sie vor für die Große Koalition? (http://www.spiegel.de/politik/deutschland/0,1518,794844,00.html; Stand: 30.10.2011)

Das deutsche Wort leitet sich von lat. *clientela* ab, das ›Gesamtheit der Hörigen‹ bedeutete, sich semantisch zu ›Stammkundschaft‹ gewandelt hat, aber jedenfalls Femininum war (wie auch heute noch im Italienischen und Spanischen). Auch wenn es im Prinzip egal ist, welches grammatische Geschlecht das Wort im Deutschen hat, gibt es doch keinen vernünftigen Grund, das in der Gebersprache Latein, in der Romania und auch im Deutschen bisher übliche Femininum plötzlich (möglicherweise in falscher Analogie zu Wörtern wie *Archipel, Juwel* und *Kamel*) durch das Neutrum zu ersetzen, zumal die Abweichung zu Fehlern im Gebrauch und beim Erlernen der genannten Sprachen führen kann. Insofern scheint der Rat an die Sprachgemeinschaft begründet, wenn auch nicht zwingend, es bei dem bisher üblichen Genus zu belassen.

Auch wenn Sick solche „falschen" Genera vernachlässigt, bezieht er doch Stellung zu den Pluralformen von Entlehnungen aus dem Englischen, Lateinischen und dem Italienischen.[19] In Bezug auf die Schreibweise der Pluralformen von im Singular auf *-y* endenden Entlehnungen aus dem Englischen (*Ladys, Babys*) vertritt er – wenn auch in z. T. fragwürdigen Metaphern – die einsichtige Auffassung:

> Ob friedlich importiert, freiwillig übergelaufen oder gewaltsam verschleppt, wenn sie einmal in den deutschen Wortschatz aufgenommen wurden, dann sind sie auch den Regeln der deutschen Grammatik unterworfen. Das wäre ja noch schöner – wenn man mit der Übernahme eines Fremdwortes auch noch die landesspezifische Grammatik importieren müsste. (Sick 2004: 37)

Für „falsche" Plurale bei Entlehnungen aus dem Lateinischen gibt er zunächst Beispiele:

> Neulich im Café, Mutter und Tochter bringen sich bei Schokosahnetorte mit Schlag (Mutter) und Vollkorn-Möhrenkuchen (Tochter) auf den neuesten Stand der Dinge. Die Mutter löst vier Stück Würfelzucker in ihrem Tee auf und sagt: Ach, ihr wollt in die Türkei? Na ja, machen ja viele in letzter Zeit. Die Hotels sollen ja auch ganz anständig sein. Aber sag mal, Kleines, die Türkei ist ja nicht EU, braucht ihr denn da keine Visas? (Sick 2004: 51)

> Ganz besonders betroffen sind wir auch von den vielen Praktikas, die junge Menschen heute absolvieren müssen, um herauszufinden, was sie später definitiv *nicht* machen wollen. Immer mehr Musiker spielen gerne ‚Solis', und mit erschreckender Geschwindigkeit machen vertrauliche ‚Internas' die Runde. (Ebd.)

Während Sick aber die eingedeutschten Plurale lateinischer Lehnwörter (sogar *Fokusse*) akzeptiert oder zumindest Verständnis für sie äußert (*Praktikas*) und sich sogar in Bezug auf die belegten italienischen Teigfladen großzügig zeigt:

> Hier hat die deutsche Sprache die Mehrzahl nach ihren eigenen Regeln gebildet: Man kann Pizzas sagen oder Pizzen, beides ist RICHTIG (Sick 2004: 97),

erklärt er die entsprechende grammatische Integration bei anderen Entlehnungen aus dem Italienischen kurzerhand für falsch:

> Viele italienische Spezialitäten befinden sich bereits im Plural, wenn sie bei uns in Deutschland eintreffen. Die oben erwähnten Kartoffelklößchen zum Beispiel heißen in der Einzahl Gnocco (gesprochen Njokko). Da selten ein Klößchen allein serviert wird, kennen wir sie nur als Gnocchi. Die Annahme, durch Anhängen eines Plural-s ließen sich aus Gnocchi viele, viele „Gnocchis" gewinnen, ist daher nicht KORREKT. (Ebd.)

Hier dreht sich zwar in beiden Fällen dem Italienischkundigen der Magen um – weil der Plural des femininen *pizza* im Italienischen nach der a-Deklination auf *-e* auslauten muss und im Maskulinum das auslautende *-i* bereits den Plural markiert. Trotzdem ist zu konstatieren, dass hier die Regel, wonach Wörter, die auf Vokal (außer Schwa) enden, im Deutschen ihren Plural auf *-s* bilden, korrekt eingehalten wurde. Wenn man zudem von dem Prinzip ausgeht, das ja auch Sick zumindest in Bezug auf substantivische Lehnwörter aus dem Englischen zu akzeptieren scheint

---

19 Vgl. dazu auch Dieckmann (2012: 75), der mit Recht darauf verweist, dass der Grund für die angeblich unterschiedliche Geltung des „Prinzip[s] der Freiheit der entlehnenden Sprache" bei Sick ungeklärt bleibt.

(s. o.), wonach Entlehnungen eben durch den Vorgang der Entlehnung zum Bestandteil der Nehmersprache und dort in der Regel auch systemkonform grammatikalisiert werden, spricht eigentlich nichts dagegen, das „fehlerhafte" Italienisch bei *Pizzas* und *Spaghettis* ebenfalls zu akzeptieren[20]. Dies sollte dann aber auch für die gleichsam doppelten Plurale bei Entlehnungen aus dem Lateinischen gelten. Insgesamt wäre wohl für einen etwas entspannteren Umgang mit grammatischen Anpassungen an die Nehmersprache zu plädieren. In einer Sprachgemeinschaft, in der die phonetisch, lexikalisch und grammatisch korrekte Übernahme aus einer jeweiligen Gebersprache als Bildungsindikator gilt, ist eine solche Haltung jedoch nicht so leicht durchzusetzen.

3.5 Attributum rectum Verschwindibum

Substantive können im Deutschen auf ihrer linken und ihrer rechten Seite Attribute haben. Neben vielen anderen gibt es dabei eine Regel, die verhindert, dass Attributbeziehungen über das Kernsubstantiv eines Satzglieds hinweg auf die andere Seite des Substantivs hergestellt werden. Attribute dürfen sich daher nur auf das Grundwort eines Kompositums, nicht aber auf das Bestimmungswort beziehen. Unter dem Zwang zur Kürze (v. a. in Schlagzeilen) wird jedoch heutzutage insbesondere in den Medien gegen diese Regel immer häufiger verstoßen. Aus einem Korpus von Hunderten von Belegen, die ich in wissenschaftlichen Arbeiten, Tageszeitungen, Romanen, v. a. aber im Videotext und auf zahlreichen Websites im Internet gefunden habe, seien hier nur die folgenden genannt:

- *Elektrischer Betriebsraum* (Schild in der Heinrich-Heine-Universität Düsseldorf, gesehen am 27.1.2012): Hier wird ein adjektivisches Attribut fälschlich auf das Bestimmungswort bezogen. Gemeint ist kein Raum, der irgendwie elektrisch ist, sondern ein Raum für den elektrischen Betrieb. Das bekannteste Beispiel dieser Art ist der *vierstöckige Hausbesitzer*, der schon von Wustmann (1891: 211) kritisiert worden ist.
- *Identifikationsprozesse der Studenten mit ihrem Fach* (Kurzfassung einer Dissertation im Fach Soziologie, Otto-von-Guericke-Universität Magdeburg, Feb. 1999): Hier wird ein Genitivattribut fälschlich auf das Bestimmungswort bezogen. Gemeint waren nicht Prozesse von Studenten, sondern es ging um die fortschreitende Identifikation der Studenten mit ihrem Fach. Wustmann (1891: 212) nennt in diesem Zusammenhang neben anderen das Beispiel von *der Anzeigepflicht der ansteckenden Krankheiten.*
- *Kompromissmöglichkeiten mit den Islamisten* (http://www.faz.net/; Stand: 7.7.2013): Hier wird ein durch eine Präposition eingeleitetes Attribut fälschlich auf das Bestimmungswort bezogen. Gemeint waren aber keine Möglichkeiten mit den Islamisten, sondern Möglichkeiten zu Kompromissen mit ihnen. Ein klassisches Beispiel, das sich ebenfalls bereits bei Wustmann (1891: 212) findet, ist: *100 Stück Kinderhemden von 2 bis 14 Jahren.*

20 Was dem Verf. wirklich schwerfällt.

In allen drei Beispielen, die jeweils unterschiedliche Typen von Attributen enthalten, werden die grammatischen Regeln für attributive Beziehungen verletzt. Da solche Beispiele – etwa von *toten Winkelspiegeln*, *Ursachentheorien des Krieges*, *Rückholaktionen der Lebensmittel aus dem Handel* oder *Anschlagsdrohungen auf Deiche*, um nur einige noch zu nennen – sehr häufig zu finden sind, steht zu befürchten, dass sich solche Bildungen durchsetzen werden. Wenn aber Attributbeziehungen zu Grund- und Bestimmungswort gleichermaßen zulässig werden, wird das Verständnis zumindest erschwert. *Im Mordprozeß aus Fremdenhaß gegen Skinheads ist der 25 Jahre alte Hauptangeklagte zu lebenslanger Haft verurteilt worden* war vor Jahren in der Braunschweiger Zeitung (14.5.1993) zu lesen. Wegen der nicht regelkonformen, einander kreuzenden Attributbeziehungen – es ging um einen *Mord aus Fremdenhass*, der einen *Prozess gegen Skinheads* zur Folge hatte – ist der zitierte Satz nur mit einiger Mühe zu verstehen. Demgegenüber ist die Auflösung der Komposita in Simplizia mit Genitiv- bzw. präpositionalobjektähnlichen Attributen natürlich umständlicher, aber sie ist auch klarer. Die sprachkritische Betrachtung kann hier daher nur dazu führen, von der Herstellung attributiver Beziehungen zu Bestimmungswörtern abzuraten. Sie sind schlechtes Deutsch, weil sie schwer verständliches Deutsch sind.[21]

3.6 Theodisca lingua Verschwindiba?[22]

Unter Journalisten, Politikern und Leserbriefschreibern ist es heute in Mode, sich über eine sogenannte „Anglizismenflut" zu ereifern und diese als „Denglisch" zu diffamieren.[23] Schon metaphorisch schließt man damit an frühere Sprachreinigungsbewegungen in Deutschland an, auch an die Puristen des (Allgemeinen) Deutschen Sprachvereins, von denen sich die Gesellschaft für deutsche Sprache schon früher ausdrücklich distanziert hat.[24] Die GfdS hat in der Frage der Entlehnungen im Allgemeinen und der Anglizismen im Besonderen zwar keine definierte Position, die etwa durch den Hauptvorstand beschlossen worden wäre. Da sie Sprache – mit der weitaus überwiegenden Mehrheit der Linguisten – als etwas stets in Bewegung, d. h. gemäß den kommunikativen Zielen und Erfordernissen der Sprachteilnehmer in beständiger Verwandlung Befindliches begreift, muss sie eine solche Position aber auch nicht haben. Dennoch lassen sich ein paar grundsätzliche Aussagen treffen, mit denen sicher auch die anderen Mitglieder des Haupt- und des Gesamtvorstands einverstanden wären.

21 Vgl. zu alledem ausführlich: Burkhardt (1999); vgl. dazu auch Bär (2007).

22 Dieses Kapitel entspricht weitgehend Burkhardt (2013).

23 Aus der Sicht des Verf. ist der durch Kontamination entstandene Begriff *Denglisch* ein ziemlich dummes, ideologisch unnötig aufgeladenes Wort, ein alberner Kampfbegriff notorischer Sprachpuristen, die sich als „Sprachschützer" ausgeben, und hat – weil er sachliche Erkenntnis eher verhindert – in der Sprachwissenschaft nichts zu suchen.

24 Stets hat sie sich auch um die Aufarbeitung der nationalistisch-puristischen Vergangenheit ihrer Vorgängerinstitution bemüht. Vgl. z. B. jüngst Heft 3/2013 der *Muttersprache*, das der Geschichte des Sprachpurismus in Deutschland gewidmet ist.

Entlehnungen aus anderen Sprachen hat es immer gegeben, lexikalische Exporte übrigens auch. Sie sind z. B. in dem von der GfdS zusammen mit dem Goethe-Institut erarbeiteten Buch „Ausgewanderte Wörter" (Limbach 2007) beschrieben. Das ist der Normalfall der Sprachgeschichte, kein eigentliches Problem und erst recht keine Bedrohung. Sprachpolizeiliche Aktivitäten sind deswegen weder sinnvoll noch notwendig.

Als besondere Form der Sprachverhunzung wird von Sprachpuristen oft das Phänomen der Pseudo-Entlehnungen angeprangert. Dabei sind auf englischer Basis gebildete Wörter wie *Oldtimer* oder *Showmaster* (dem entspricht im – britischen – Englisch übrigens das französische Lehnwort *compère*), die im angelsächsischen Sprachraum weder bekannt noch verständlich sind, Beispiele für morphologische Kreativität. Darüber hinaus wird gern die Existenz von Anglizismen angefeindet, die im deutschen Sprachraum abweichend von ihrem Herkunftsland verwendet werden, wie z. B. die Wörter *Bodybag* oder *Public Viewing*: Ersteres bedeutet im Englischen ›Leichensack‹, bezeichnet im Deutschen aber eine Taschenform, „bei der der Korpus der Tasche mit einem Riemen diagonal über Brust und Rücken geschultert wird." (de.wikipedia.org; Stand: 19.12.2011) Letzteres hat im englischen Sprachraum die Bedeutung ›öffentliche Aufbahrung von Toten‹, wird jedoch im Deutschen seit der Endrunde der Fußball-WM in Deutschland 2006 zur Bezeichnung eines ironisierend auch *Rudelgucken* genannten gemeinsamen Anschauens der Übertragungen von Großereignissen (besonders sportlichen) auf Großbildleinwänden verwendet.[25]

Auch hier handelt es sich keineswegs um Beispiele für Sprachverfall, und zwar weder mit Blick auf das Deutsche noch auf das Englische. Ich würde sogar so weit gehen zu sagen, dass solche neuen Gebräuche in der Nehmersprache keineswegs als falsch bezeichnet werden können, wie dies von manchen heutigen Sprachpuristen zu hören ist, denn das entlehnte Wort und seine neue Bedeutung gehören in dieser Kombination gar nicht mehr ihrer bisherigen Sprache an. Gerade diese Extrembeispiele für Entlehnungen zeigen, dass die betreffenden Wörter – nach dem Prinzip der bilateralen Zusammensetzung des Zeichens aus Form und Inhalt – nach ihrer Entlehnung in ihren neuen Bedeutungen Wörter der Nehmersprache geworden sind, in der deren Sprecher sie nunmehr gebrauchen können, wie sie wollen bzw. wie sie in ihrer neuen Heimat konventionalisiert worden sind. Insofern trifft es zwar zu, dass die vom englischen Original abweichenden Bedeutungen von *Bodybag* und *Public Viewing* interlingual zu Missverständnissen führen können und dann zu Falschen Freunden werden, aber man kann die entstandene semantische Differenz unmöglich mit Kategorien wie „falsch" oder „Fehler" beschreiben. Wörter (i. S. v. Wortgestalten) gehören letztlich eben niemandem, auch keinem einzelnen Sprachvolk. Sie gehören allen, die sie benutzen, und zwar in den Bedeutungen, die ihnen im Rahmen jeweiliger Sprechergemeinschaften zugeschrieben werden.

---

25 Außerhalb der jeweiligen Gebersprache entstandene Wortneubildungen und übernommene Wörter, die in der Nehmersprache neue Bedeutungen ausbilden, hat Yang (1990: 14) als „lexikalische" bzw. „semantische Scheinentlehnungen" voneinander unterschieden.

Wie die Veränderung ist auch die Entlehnung seit jeher der Normalfall und die Geschichte des wechselseitigen lexikalischen Austauschs dürfte so alt sein wie die Geschichte der Sprachen selbst. Für die deutsche Sprache waren und sind Latein/Griechisch, Französisch und – seit dem späten 18. Jh. – Englisch als Gebersprachen besonders wichtig. Infolge von Gewöhnung und phonetisch/graphemisch/grammatischer Integration und Assimilation sind heute lateinische, griechische und französische Kunstwörter und Entlehnungen selten Gegenstand der Kritik. Häufig abgelehnt wird dagegen der Gebrauch v. a. rezenter Entlehnungen aus dem Englischen. Statt aus konservativer oder sogar nationalistischer Gesinnung aus dem Bauch heraus Werturteile zu fällen, muss jedoch auch hier zunächst einmal nach dem Sinn von und den Gründen für den Gebrauch von Wörtern aus anderen Sprachen gefragt werden.

Für die Verwendung bzw. Entlehnung von Wörtern und Wendungen aus anderen Sprachen sind, wie am Beispiel von Anglizismen gezeigt werden soll, verschiedene Gründe ausschlaggebend. Wörter und Wendungen aus dem Englischen werden nämlich verwendet bzw. entlehnt,

1. weil es kein semantisch entsprechendes Wort in der eigenen Sprache gibt und das Lehnwort daher eine Wortlücke schließt (z. B. *Liveticker*, *Mainstream* oder *Airbag*[26]),
2. weil ein Wort aus einer anderen Sprache kürzer oder prägnanter ist als ein vorhandenes Wort der eigenen (z. B. *Jet* für *Düsenflugzeug* oder *Comic* für *Bildergeschichte*),
3. weil ein fremdes Wort als semantisch treffender empfunden wird als ein bereits vorhandenes eigenes (z. B. *Jogging* für *Waldlauf*[27] oder *Open Air Festival* für *Freiluftfestspiele*),
4. weil ein Wort etwas bezeichnet, das es ursprünglich nur in dem Ursprungsland gab (z. B. *Cricket, Whisky* oder *Hamburger*),
5. weil man durch Verwendung der landesüblichen Bezeichnungen (d. h. durch sogenannte Exotismen wie *Queen* oder *Drugstore*) Lokalkolorit erzeugen möchte,
6. weil ein fremdes Wort in der eigenen Sprache in semantisch engerem Sinne als Hyponym/Unterbegriff verwendet werden kann (*Dealer* für *Drogen- oder Rauschgifthändler*, *liken* für positives Bewerten bei Facebook, *Fairness* für sportlichen Anstand)[28],
7. weil ein Wort aus einer anderen Sprache semantisch weniger mehrdeutig ist (*Job* für *Arbeit/Arbeitsstelle*, im Japanischen gebraucht man aus demselben

26 Die vom VDS empfohlene Ersetzung durch *Luft-* oder *Prallsack* dürfte wohl von den meisten Sprechern des Deutschen eher als ebenso missglückt empfunden werden wie die angestrebte Verdeutschung von *Laptop* durch *Klapprechner*.

27 Jogging ist auch in der Großstadt möglich, wo ein Waldlauf eher kurios anmutet.

28 Vgl. dazu auch das Beispiel *Loser* bei Meinunger (2009: 152), das die Bedeutung ‚zum Verlieren disponierte Person' meint und daher eben – im Gegensatz zu Sicks Auffassung (2006: 235) – mit dt. *Verlierer* nicht vollständig synonym ist. Dasselbe gilt für das von Sick angeführte *voten*, das nur in Bezug auf mediale, eher spielerische Meinungskundgaben gebräuchlich ist und daher eine speziellere Bedeutung als *abstimmen* aufweist.

Grund das aus dem Deutschen entlehnte *arubaito* für ›Teilzeitarbeit(sstelle)‹ bzw. ›part-time job‹),

8. weil ein anderes Land aus ökonomischen oder kulturellen Gründen Vorbildcharakter annimmt und die Verwendung entsprechender Fremdwörter daher moderner, d. h. besonders chic erscheint (z. B. *fast food* für *Schnellimbiss* oder *T-Shirt* für *Leibchen*),
9. weil eine Sprache zur Variation auch Synonyme braucht (z. B. *News* für *Nachrichten, Lift* für *Fahrstuhl* oder *City* für *Stadtzentrum*),
10. weil Internationalismen im Zeitalter der Globalisierung für die weltumspannende Kommunikation und weltweiten Handel und Verkehr sehr praktisch sind (*Terminal, Gate, Internet, Homepage, E-Mail, Link* u. v. a. m.),
11. weil man die fremde Sprache als eine Art Steinbruch benutzen möchte, um sich domänenspezifisch interessanter auszudrücken (so z. B. bei den Slogans der Autohersteller: *Renault. Drive the change; Ford. Feel the difference* usw. oder bei der Benennung eines Friseurladens mit *Cut & More*[29]),
12. weil die fremdsprachliche Bezeichnung als weniger „drastisch" bzw. psychisch belastend empfunden wird und man so einen (quasi) euphemisierenden Effekt erzielen möchte (*Cancer Center* für *Krebszentrum*) und
13. weil man anderen durch die Verwendung fremdsprachiger Wörter und Wendungen imponieren bzw. seine (Sprach-)Kompetenz zeigen möchte.[30]

Darüber hinaus ist es sinnvoll, zwischen usuellen, bereits konventionalisierten bzw. lexikalisierten, semi-usuellen, d. h. in Konventionalisierung begriffenen, und okkasionellen, im Kontext nur gleichsam punktuell verwendeten Entlehnungen zu unterscheiden.[31] Wichtig ist auch zu erwähnen, dass Code-Switching-Situationen in der Kommunikation von Zweisprachigen den Gebrauch von Anglizismen begünstigen, ohne dass dies grundsätzlich zu beanstanden wäre.

Die Liste zeigt, dass die pauschale Ablehnung von Entlehnungen weder sinnvoll noch sachlich gerechtfertigt ist. Von den meisten Anglizismen-Gegnern werden aber solche notwendigen Differenzierungen in Bezug auf die Entlehnungsmotive überhaupt nicht berücksichtigt. Deswegen wird auch nicht wahrgenommen, dass nur der 13. Grund (und mit Einschränkungen vielleicht auch der 7.) auf eher schwachen Füßen steht (aber natürlich als Sprecherintention trotzdem ernst genommen werden muss), sodass es durchaus nicht unangebracht erscheint, von einer übertriebenen „Aufrüstung" deutschsprachiger Sätze (bzw. Äußerungen) mit englischem Vokabular abzuraten (auch wenn die Bezeichnung dieser Marotte als „Sprachpanscherei" dann wieder als zu tendenziös bezeichnet werden muss[32]). Von den Sprachpuristen der Gegenwart werden fast immer solche Anglizismen

29 Aus demselben Grund gibt es aber in Braunschweig auch eine *Casa capelli*, deren Name auf italienische Frisierkunst verweist.

30 Eine vergleichbare Liste findet sich bei Bär (2001).

31 Vgl. auch Yangs (1990: 9) Differenzierung in: „Konventionalisierte Anglizismen", „Anglizismen im Konventionalisierungsprozeß" und „Zitatwörter, Eigennamen und Verwandtes".

32 Und wer so weit geht, dem Duden den Preis „Sprachpanscher des Jahres 2013" zu verleihen, weil dieser in die neueste Auflage seines Rechtschreibwörterbuchs Anglizismen wie *Soccer, Shitstorm, App* und *Social Media* aufgenommen habe, zeigt sich gegen wissenschaftliche Einsichten resistent und gibt sich der Lächerlichkeit preis.

ohne Weiteres akzeptiert, die schon vor langer Zeit in die deutsche Sprache aufgenommen worden sind, wie *fair*, *Interview*, *Trainer*, *Doping* und *Slang*, alle neueren jedoch aus einer konservativen Grundhaltung heraus abgelehnt.[33] Wer fremde Wörter ablehnt, weil sie noch nicht in zureichendem Maße ins deutsche Sprachsystem integriert sind (vgl. Rinas 2011: 121), müsste aber eigentlich auch bereit sein, den betreffenden Wörtern die Zeit zu geben, die sie brauchen, um überhaupt integriert werden zu können.

Da Entlehnungen in erster Linie der Bereicherung des lexikalischen Inventars einer Sprache dienen, gibt es keinen rationalen Grund, sie aus blankem Konservatismus prinzipiell abzulehnen. Dies gilt natürlich auch für Anglizismen. Wörter wie *Shooting-Star*, *Event* oder *Bodyguard*[34] sind aus der heutigen deutschen Sprache gar nicht wegzudenken, weil sie Bedeutungen haben, die – aufgrund von konnotativer, teils sogar denotativer Differenz – durch vorhandene deutsche Wörter nicht exakt wiederzugeben sind: Ein Shooting-Star ist weder Sternschnuppe (wie im Engl.) noch Senkrechtstarter (ein Flugzeug, das senkrecht starten und landen kann), sondern eine Person, die auf einem bestimmten Gebiet erstaunlich schnell an die Spitze gelangt ist[35], ein Event ist nicht bloß eine Veranstaltung, sondern ein herausragendes, als etwas Besonderes erlebtes Ereignis, und ein Bodyguard ist im deutschen Sprachraum eher ein in der Regel bewaffneter und in diversen Kampftechniken ausgebildeter Leibwächter, der einer möglicherweise gefährdeten, meist prominenten Person unmittelbaren Schutz vor physischen Angriffen bietet[36]. Zudem wäre in diesem Zusammenhang ja auch die Frage zu stellen, warum angelsächsische Entlehnungen schlimmer sein sollen als etwa die früheren aus dem Französischen wie *Portemonnaie*, *Parfum*, *Eau de Cologne*, *Garage*, *Garderobe* oder *Déjà vu*. Warum soll *Level* schlimmer sein als *Niveau* oder *Label* schlimmer als *Etikett*? Gerade in diesem Punkt zeigt sich besonders deutlich, dass der eigentliche Motor des quichotischen Kampfes gegen Anglizismen darin zu suchen ist, dass das Neue generell ablehnt wird, weil man sich an das Alte gewöhnt hat. (Es ist daher sicher kein Zufall, dass die meisten Mitglieder anglizismenfeindlicher Vereine Senioren sind.) Die Zukunft gehört aber der Jugend und den Trends, die von ihr gesetzt bzw. akzeptiert werden. Natürlich verkennt auch die GfdS keineswegs, dass man, wie alles andere im Leben auch, den Gebrauch von Entlehnungen, v. a. auch von solchen aus dem Englischen, übertreiben kann. Dafür mögen *Nordic Walking*, *Outdoor*

---

33 Die allgemeine Regel der meisten Sprachpuristen ist daher: Lehnwörter sind in Ordnung, Fremdwörter nicht. Aber Letztere sind natürlich bloß die noch nicht assimilierte Vorstufe des Lehnworts, das sie später einmal sein werden.

34 Wie sie auf der Webseite des Vereins Deutsche Sprache als überflüssige „Prahlwörter" angeprangert werden (vgl. http://www.vds-ev.de/ag-denglisch-thema/; letzter Zugriff: 19.10.2013).

35 Die konnotative Differenz zwischen metaphorisch gebrauchtem *Senkrechtstarter* und entlehntem *Shooting Star* liegt hier v. a. darin, dass bei Ersterem auf den Beginn der Handlung und bei Letzterem auf deren Geschwindigkeit fokussiert wird. Zudem lässt *Senkrechtstarter* das Merkmal ‚aus eigener Kraft' assoziieren, *Shooting Star* ist dagegen in diesem Punkt neutral.

36 Beide Substantive sind daher im heutigen Deutsch keineswegs vollständig synonym. Eine konnotative Differenz besteht zudem darin, dass man mit dem Bodyguard eher moderne Kleidung und Ausrüstung verbindet, während mit dem Leibwächter zumindest auch der Schutz von Feudalherren assoziiert werden kann. Aus diesem Grund lässt sich *Bodyguard* nur schwer retrospektiv verwenden.

Jacket, Anti-aging-Creme, Wellness Weekend, After Sales Service, Gender-Mainstreaming und zahlreiche andere vielleicht als Beispiele stehen. Zwar wird auch der linguistisch geschulte Sprachkritiker oder -pfleger davor warnen, sich beim Fremdwortgebrauch (und übrigens auch bei dem von Fachwörtern) v. a. von dem bloßen Wunsch nach imponierender Wirkung auf Andere leiten zu lassen –, zumal dieser heute auch deswegen obsolet erscheint, weil ja zumindest unter den Jüngeren englische Sprachkompetenz keineswegs ein Alleinstellungsmerkmal ist. Aber er wird mit dem Überflüssigkeitsverdikt, mit dem Sprachpuristen immer sehr schnell bei der Hand sind (vgl. z. B. Sick 2004: 147), vorsichtig umgehen. Und er wird auch darauf verweisen, dass Entlehnungen, die längerfristig in der deutschen Sprache verbleiben, phonetisch/phonemisch (*Baby* [be:bi], *okay* [o:ke:] oder *Radar*[37] [ra:da:] oder auch das bereits nostrifizierte Wort des Jahres 2011 *Stresstest*) integriert, zumindest aber grammatisch angepasst werden (vgl. *der Keks* (urspr. Plural von engl. *cake*), *des Kekses, die Kekse, des Computers, den Computern* oder Verbformen wie *downgeloadet, designte* oder *recyceltest*), sodass sich die deutsche Sprachgemeinschaft vor einem angeblichen Verfall ihres Kommunikationsmittels keineswegs fürchten muss. Zudem wird er betonen, dass es allein schon deswegen ziemlich ungünstig wäre, Wörter wie *Check-in, Server, chatten, skypen* oder *Blog* aus der deutschen Sprache zu verbannen, weil sie durch ihre weltweite Bekanntheit die internationale Kommunikation sehr erleichtern. Und gerade im Bereich des Verkehrs und der Kommunikationstechnik wäre es außerordentlich unpraktisch, wenn alle Sprachgemeinschaften zwanghaft versuchen würden, eigene Bezeichnungen zu kreieren.[38] Das inzwischen übliche und international bekannte Wort *Ticket* erleichtert nicht nur Ausländern die Verständigung in deutschsprachigen Landen, sondern hat der deutschen Sprache auch einen nützlichen Oberbegriff für Eintritts-, Flug-, Schiffs- und Fahrkarten beschert. Früher nannte man – wie etwa in Russland noch heute – das Ticket franz. *Billet*, dann erfanden die Sprachpuristen der Jahrhundertwende zum 20. Jh. das deutsche Wort *Fahrkarte*. Durch *Ticket* wurde ein (partielles) Synonym, das zusätzlich international verständlich ist, hinzugewonnen. Es ist nicht zu erkennen, was daran schlecht sein soll.

Bevor sie über Entlehnungen schimpfen, sollten daher zunächst einmal alle froh sein, dass der Welt mit dem Englischen zum ersten Mal eine globale Lingua franca zur Verfügung steht. In der modernen Welt mit ihren weltweiten wirtschaftlichen Verflechtungen, globalem Tourismus und permanenter internationaler Kommunikation, persönlich und über die verschiedensten Medien, ist eine Sprache, mit der sich Milliarden Menschen untereinander verständigen können, ein echter Gewinn für alle. Das darf jedoch nicht dazu führen, die anderen Sprachen geringzuschätzen oder einer Einschränkung ihres Gebrauchsumfangs widerstandslos zuzusehen bzw. diese sogar noch zu befördern. Mindestens innerhalb der größeren Sprachgemeinschaften, wie etwa der deutschen, französischen, spanischen, russischen oder

37 Abkürzungswort aus ***Ra**dio **D**etection **a**nd **R**anging* (frei übersetzt: „Funkortung und -abstandsmessung"), ursprünglich ***Ra**dio Aircraft **D**etection **a**nd **R**anging* (frei übersetzt: „funkbasierte Flugzeugortung und -abstandsmessung").

38 Auch wenn man es durchaus nachvollziehen kann, wenn kleinere Sprachgemeinschaften, wie etwa die isländische, gerade diesen Weg gehen, um ihren inneren Zusammenhalt zu stärken.

italienischen, ist eine solche Tendenz auch nicht wirklich zu erkennen, weil deren Sprecherinnen und Sprecher in ihrem Alltagsleben gar nicht daran denken, ihre Muttersprache bzw. die geltende(n) Landessprache(n) durch Englisch zu ersetzen. Gleichwohl gibt es Domänen, in denen (a) Englisch die Einzelsprachen ersetzt, wie z. B. in Chemie oder Informatik, oder in denen (b) englischer Wortschatz in quantitativer wie qualitativer Hinsicht zum Nachteil der anderen Einzelsprachen (auch des Deutschen) eine entscheidende, ja sogar überdimensionierte Rolle spielt, wie etwa in den Bereichen Lifestyle oder Pop-Musik.

Die Häufigkeit des Auftretens von Entlehnungen hängt neben Faktoren wie geografische Nachbarschaft, wirtschaftlicher bzw. kultureller Einfluss oder Gebräuchlichkeit im internationalen Verkehr auch von den grammatischen Eigenschaften und der Silbenstruktur der betreffenden Sprachen ab.[39] Als solche sind Wortimporte weder gefährlich noch ein Zeichen für Sprachverfall oder Sprachimperialismus. Es gibt aber in der Gegenwart zwei für die deutsche Sprache wirklich ernst zu nehmende Bedrohungen, nämlich 1. den weltweiten Rückgang der Lernerzahlen des Deutschen als Fremdsprache und 2. den abnehmenden Gebrauch des Deutschen als Wissenschaftssprache und als Arbeitssprache in Politik und internationalem Verkehr. Diese Entwicklungen sind teilweise selbstverschuldet, nicht zuletzt weil die Deutschen selbst viel zu schnell geneigt sind, in internationalen Kommunikationssituationen auf Englisch umzuschalten, und weil die deutschen Regierungen schon seit mehreren Legislaturperioden zu wenig getan haben, um hier im internationalen Sprachen-Konkurrenzkampf gegenzusteuern. Besonders die sogenannte „Anglisierung der Wissenschaften" (vgl. dazu z. B. Rinas 2011: 147 f.), die einhergeht mit dem rückläufigen Gebrauch des Deutschen als Publikationssprache in manchen Disziplinen wie Chemie, Biologie oder Informatik ist alarmierend. Eine wichtige Aufgabe, die die GfdS – und nicht nur sie – in den kommenden Jahren beschäftigen muss, ist daher die Förderung der Sprachloyalität bei den Deutschsprachigen. Diese besteht aber weit weniger im Verzicht auf Entlehnungen aus dem Englischen als im vermehrten internationalen Gebrauch der deutschen Sprache selbst – in Wissenschaft, Politik und anderen Kommunikationsbereichen.

4 Fazit

Die deutsche Sprache verfällt nicht, sondern sie ändert sich. Aufgabe der Sprachkritik ist es, Sprachprodukte im Allgemeinen sowie Änderungen und Neuerungen im Besonderen kritisch auf systematische oder stilistische Angemessenheit und kommunikative oder moralische Vertretbarkeit zu überprüfen, um der sprachpflegerischen Praxis eine Richtschnur an die Hand zu geben. Dass populäre Sprachkritiker sich häufig an emotionalen Einstellungen und sprachkonservativen Grundhaltungen orientieren, wurde an mehreren Beispielen gezeigt.

Da es sinnlos ist, Wandel abzulehnen, nur weil er Veränderung bedeutet, sind Abweichungen im Bereich der Grammatik nicht automatisch zurückzuweisen.

39 Das ist ein sehr wesentlicher Grund dafür, dass beispielsweise die chinesische Sprache sehr wenige Lehnwörter enthält.

Schlecht ist auch nicht generell die Entlehnung englischer Wörter, denn dafür gibt es viele gute Gründe. Unschön und unangebracht ist aber, wie auch anderswo im Leben, der übertriebene, häufig sogar exzessive Gebrauch, den manche Sprachteilnehmer von englischen Wörtern und Wendungen machen, z. B. um sich selbst aufzuwerten und anderen damit zu imponieren.

Wenn man in einem Leibniz-Zitat aus dem Jahre 1717 jeweils die Wörter *Lateinisch, Französisch* und *Welsch* durch *Englisch* ersetzt, ergibt sich eine Aussage, die nicht nur für Staatsschriften gilt, sondern die man auch heute noch als Linguist getrost unterschreiben kann:

> In Staats-Schrifften, so die Angelegenheiten und Rechte hoher Häupter und Potenzen betreffen, ist es nun dahin gediehen, dass man sich des Englischen schwerlich allerdings entbrechen kan, dabey doch eine ungezwungene und ungesuchte Mässigung wohl anständig seyn dürffte, wenigstens solte man sich befleissen, das Englische nicht an des Teutschen Stelle zu setzen, wann das Teutsche eben so gut, wo nicht besser [ist, A. B.], welches ich gleichwohl gar offt bemercket habe. (Leibniz 1717: 302 f.)[40]

Mit Recht schreibt daher Rinas:

> Wenn sich hingegen übereifrige Weltverbesserer der Sprachpflege annehmen, kann diese leicht zu einer lächerlichen oder absurden Angelegenheit werden oder gar in Tyrannei ausarten. (Rinas 2011: 25)

Dieser Warnung – die man ähnlich auch bei Jacob Grimm (1968: 5 f.) findet – schließe ich mich an. Sprachpflege ist weder die blinde Verteidigung überlieferter Normen noch deskriptivistisch begründetes Laissez-faire, sondern ein durchaus engagiertes Werben und Erklären, das durch rational-wissenschaftlich begründete Sprachkritik hindurchgegangen ist. Und genau diese eher nüchterne und unvoreingenommene Haltung ist es, die der populären Sprachkritik – besonders den Sprachpuristen – aufgrund von innerer Ideologisierung fast immer fehlt. Was wir brauchen, sind daher weder Sprachgesetze noch eine Sprachpolizei, sondern auf reflektierten Normsetzungen fußende, aber diese nicht pauschal zementierende gute Ratschläge vonseiten einer wissenschaftlichen Sprachkritik. Unter solchen Voraussetzungen ist vernünftige Sprachpflege möglich. Zum Beispiel durch die GfdS.

5 Literaturverzeichnis

Bär, Jochen A. (2001): Fremdwortprobleme. Sprachsystematische und historische Aspekte. In: *Der Sprachdienst* 45, Heft 4, S. 121–133 und Heft 5, S. 169–182.

Bär, Jochen A. (2007): Kürze als grammatisches Problem: determinative Verschränkungen. Phänomene der Ersparung im Übergangsbereich von Wortbildung und Syntax. In: Jochen A. Bär, Thorsten Roelcke, Anja Steinhauer (Hg.): *Sprachliche Kürze. Konzeptuelle, strukturelle und pragmatische Aspekte.* Berlin/New York, S. 310–338.

40 Originalzitat: „In Staats-Schrifften, so die Angelegenheiten und Rechte hoher Häupter und Potentzen betreffen, ist es nun dahin gediehen, dass man nicht nur des Lateinischen, sondern auch des Frantzösischen und Welschen sich schwerlich allerdings entbrechen kan, dabey doch eine ungezwungene und ungesuchte Mässigung wohl anständig seyn dürffte; wenigstens solte man sich befleissen, das Frantzösische nicht an des Teutschen Stelle zu setzen, wann das Teutsche eben so gut, wo nicht besser; welches ich gleichwohl gar offt bemercket habe."

Burkhardt, Armin (1999): Gut erhaltene Knochenfunde von Urmenschen. Zu einigen typischen Attributfehlern in der deutschen Gegenwartssprache. In: *Sprachreport* 2, S. 2-10.

Burkhardt, Armin (Hg.) (2007): *Was ist gutes Deutsch? Studien und Meinungen zum gepflegten Sprachgebrauch.* Mannheim u. a.

Burkhardt, Armin (2011): Linguistisch begründetes Missvergnügen. Über systembezogene und polit(o-linguist)ische Sprachkritik. In: Jürgen Schiewe (Hg.): *Sprachkritik und Sprachkultur. Konzepte und Impulse für Wissenschaft und Öffentlichkeit.* Bremen, S. 97-123.

Burkhardt, Armin (2013): Die ‚Anglizismen-Frage' aus der Sicht der GfdS. In: *Sprachreport.* Informationen und Meinungen zur deutschen Sprache 1-2, S. 38-42.

Dieckmann, Walther (2012): *Wege und Abwege der Sprachkritik.* Bremen.

Drosdowski, Günther/Henne, Helmut (1980): Tendenzen der deutschen Gegenwartssprache. In: Hans Peter Althaus, Helmut Henne, Herbert Ernst Wiegand (Hg.): *Lexikon der Germanistischen Linguistik.* Tübingen, 2., vollst. neu bearb. u. erw. Aufl., S. 619-632.

Eichhoff-Cyrus, Karin M./Hoberg, Rudolf (Hg.) (2002): *Die deutsche Sprache zur Jahrtausendwende. Sprachkultur oder Sprachverfall?* Mannheim u. a.

Eisenberg, Peter (2011): *Das Fremdwort im Deutschen.* Berlin/New York.

Fingerzeige für die Gesetzes- und Amtssprache. Rechtssprache bürgernah. Hg. von der Gesellschaft für deutsche Sprache im Einvernehmen mit dem Bundesministerium des Innern und dem Bundesministerium der Justiz. Neu bearb. und aktualisiert von Dr. jur. Ulrich Daum. 11. Aufl. (1998). Wiesbaden.

Gauger, Hans-Martin (1986): Richtungen der Sprachkritik. In: Derselbe (Hg.): *Sprach-Störungen. Beiträge zur Sprachkritik.* München/Wien, S. 13-25.

Grimm, Jacob (1968): *Vorreden zur Deutschen Grammatik von 1819 und 1822.* Mit einem Vorwort zum Neudruck von Hugo Steger. Darmstadt.

Kilian, Jörg/Niehr, Thomas/Schiewe, Jürgen (2010): *Sprachkritik. Ansätze und Methoden der kritischen Sprachbetrachtung.* Berlin/New York.

Kracht, Christian (2002): *Faserland.* 14. Aufl. München

Leibniz, Gottfried Wilhelm (1717): Unvorgreiffliche Gedancken, betreffend die Ausübung und Verbesserung der Teutschen Sprache. In: Derselbe: *Illvstris viri Godofr. Gvilielmi Leibnitii Collectanea Etymologica, Illvstrationi Lingvarvm, veteris Celticæ, Germanicæ, Gallicæ, aliarvmqve inservientia. Cvm Præfatione Jo. Georgii Eccardi ... Hannoveræ, Smptibus Nicolai Foersteri M DCC XVII.* Nachdr. Hildesheim u. New York 1970, S. 253–314.

Limbach, Jutta (Hg.) (2007): *„Ausgewanderte Wörter". Eine Auswahl der interessantesten Beiträge zur internationalen Ausschreibung „Ausgewanderte Wörter".* Ismaning.

Meinunger, André (2009): *Sick of Sick? Ein Streifzug durch die Sprache als Antwort auf den „Zwiebelfisch".* 3. Aufl. Berlin.

Moritz, Karl Philipp (1785–90/1980): *Anton Reiser.* Ein psychologischer Roman. 2. Aufl. Frankfurt a. M.

Rinas, Karsten (2011): *Sprache, Stil und starke Sprüche. Bastian Sick und seine Kritiker.* Darmstadt.

Sick, Bastian (2004): *Der Dativ ist dem Genitiv sein Tod. Ein Wegweiser durch den Irrgarten der deutschen Sprache.* 5. Aufl. Köln.

Sick, Bastian (2005): *Der Dativ ist dem Genitiv sein Tod. Neues aus dem Irrgarten der deutschen Sprache.* Folge 2. Köln.

Sick, Bastian (2006): *Der Dativ ist dem Genitiv sein Tod. Noch mehr Neues aus dem Irrgarten der deutschen Sprache.* Folge 3. Köln.

Wustmann, Gustav (1891): *Allerhand Sprachdummheiten. Kleine deutsche Grammatik des Zweifelhaften, des Falschen und des Häßlichen. Ein Hilfsbuch für alle, die sich öffentlich der deutschen Sprache bedienen.* Leipzig.

Yang, Wenliang (1990): *Anglizismen im Deutschen. Am Beispiel des Nachrichtenmagazins DER SPIEGEL.* Tübingen.

André Meinunger

Zum Verhältnis von Sprachwissenschaft und Sprachpflege – Der Versuch einer positiven Sicht[1]

1 Einleitung

Das Verhältnis von Sprachwissenschaft und Sprachkritik – oder eben auch Sprachpflege – ist in der Tat schwierig. Das liegt vor allem daran, dass die Angehörigen der jeweiligen Kategorie unterschiedliche Ziele verfolgen. Das allein reicht aber nicht, um „die bald schwelende, bald hell aufflackernde Fehde" zwischen ihnen zu erklären, von der zum Beispiel Dieter E. Zimmer spricht (2007), denn diese verschiedenen Ziele sind nicht notwendigerweise entgegengesetzt oder immer und unbedingt unvereinbar. Wir kennen glücklicherweise Beispiele, die bezeugen, dass es auch anders geht. So gibt es Sprachpfleger, die (Er-) Kenntnisse der akademischen Linguistik akzeptieren und die zumindest auf die Sprachwissenschaft zugehen. Der vor zwei Sätzen erwähnte Publizist Dieter E. Zimmer gehört zu diesen aufgeklärten Persönlichkeiten. Sogar der in sprachwissenschaftlichen Kreisen sehr skeptisch beäugte und bisweilen durchaus kritisch zu sehende Verein Deutsche Sprache hat mir als (einst) heftigem Gegner einer Sprachkritik, wie sie im besagten Verein vehement betrieben wird, ein freundlich gesinntes Interview für sein Organ angeboten[2]. Wenn nun dezidierte Sprachhüter und eifrige Sprachpfleger (neuerdings) ab und an bereit sind, auf die Sprachwissenschaft zuzugehen, um von ihr zu lernen, muss man auch fragen dürfen, ob die Linguistik ihrerseits der Sprachpflege nicht auch etwas Positives abgewinnen kann. Im Folgenden möchte ich diese Frage positiv beantworten.

In seinem sehr polemischen Buch, das sowohl gegen den populären Sprachpfleger Bastian Sick wie auch gegen mich als Stellvertreter für die Sprachwissenschaft(ler) konzipiert ist, stellt Karsten Rinas eine ungewöhnlich anmutende These auf (Rinas 2011). Die Sprachpflege oder die halb akademische, halb laienhafte Sprachkritik habe immer wieder auf sprachliche Phänomene aufmerksam gemacht, die möglicherweise von der akademischen Linguistik unbemerkt geblieben wären, die wissenschaftlich gesehen allerdings sehr häufig herausfordernd und bereichernd gewesen seien. Ganz unzutreffend ist diese Behauptung nicht (siehe auch Meinunger 2012a). Das soll in den kommenden Abschnitten gezeigt

---

1 Das Erscheinen dieses Beitrags wurde durch finanzielle Unterstützung des BMBF ermöglicht. Ein Großteil der im vorliegenden Beitrag diskutierten Phänomene, speziell die im Hauptabschnitt 2 besprochenen, sogenannten grammatischen Illusionen, werden in sehr ähnlicher Form in einem weiteren Aufsatz (Meinunger 2014) dargestellt. Die Übereinstimmungen beider Aufsätze in diesem Punkt sind insofern sehr groß. Die Perspektive auf das Phänomen allerdings ist eine ganz andere. Im erwähnten Artikel stehen die grammatiktheoretische Einordnung und psycholinguistische Fragestellungen der mentalen Sprachverarbeitung im Mittelpunkt. Im vorliegenden Beitrag geht es in der Hauptsache um die Rolle von Sprachpflegern und Laienlinguisten bei der Beschäftigung mit dem Phänomen.

2 Sprachnachrichten 57 (1/2013), S. 3. („Einiges wirkt abschreckend.")

und in einen derzeit geführten grammatiktheoretischen Diskurs eingebettet werden.

Für eine der führenden modernen Sprachtheorien – die Generative Grammatik – ist die menschliche Sprachfähigkeit die Beherrschung einer begrenzten Anzahl von Regeln, die – angewendet auf ein endliches Repertoire an Morphemen oder Wörtern – eine potenziell unendliche Menge an verschiedenen Sätzen erzeugen (= generieren) kann. Im Grunde genommen ist der Gedanke nicht so neu und Noam Chomsky, der Vater der Generativen Grammatik, hat diesen sogenannten „kreativen Aspekt" schon in der berühmten Aussage Wilhelm von Humboldts vorgefunden und ebendiesen zitiert, wonach die Sprache „von endlichen Mitteln unendlichen Gebrauch" mache. Jürgen Trabant hat das seiner Meinung nach reduzierte chomskyanisch-generative Verständnis der Humboldtschen Aussage öfter als falsch und vor allem eben als missverstanden hinstellen wollen (2005, 2008). Ähnlich wurde und wird die Generative Grammatik ganz allgemein von Anfang an für ihr allzu eingeschränktes Sprachverständnis kritisiert. An den meisten dieser Kritikpunkte ist etwas dran. Das Phänomen „natürliche Sprache" ist ganz sicher mehr als die menschliche Fähigkeit zur simplen Rekursion, das heißt, das potenziell unendliche Wieder-und-Wieder-Anwenden einer Regel. Die Frage ist allerdings, ob dieser „Mechanismus" nicht vielleicht das entscheidende Moment ist; und wenn nicht das entscheidende, dann wenigstens eine tragende Säule der menschlichen Sprachfähigkeit (Wunderlich 2008). Diese Frage soll hier nicht weiter erörtert werden. Fest steht, dass die Generative Grammatik und der gesamte moderne amerikanische Strukturalismus, dem sie manchmal gegenübergestellt und manchmal zugerechnet wird, Modellcharakter für viele neuere Strömungen hat(ten). In jedem Fall ist es legitim und weithin anerkannt, dass Grammatik – als das Herzstück des weiter gefassten Phänomens Sprache – als ein Regelwerk definiert wird. Regelwerk kann und soll erst einmal prätheoretisch verstanden werden als eine Menge von Regeln, die bestimmen, welche sprachlichen Ausdrücke korrekt, gut, grammat(ikal)isch oder (prinzipiell) möglich sind und welche eben nicht. Hier bedeutet für den Sprachwissenschaftler *korrekt* etwas anderes als für den Sprachpfleger. *Korrekt* ist hier quasi synonym zu *prinzipiell möglich*. So sind im Deutschen Ausdrücke wie *zu der Zeit, wo ich in Genf gelebt habe* und *das war schöner wie in Leipzig* oder *größer als wie du* eben durchaus möglich und deshalb für einen Linguisten korrekt. Für einen sprachbewussten, normorientierten Deutschsprecher sind diese Formulierungen eben nicht korrekt; für den sind sie schlecht, falsch oder eben inkorrekt[3]. Der Grund ist, dass sie gegen normative Regeln verstoßen, das heißt, gegen bewusst gemachte konventionelle und dabei einigermaßen willkürliche Vorschriften, wie sie meist in Grammatik-Handbüchern beschrieben sind. Diese Regeln sind aber eben nicht diejenigen, die den Linguisten sonderlich interessieren. Diesen interessiert eher, warum man im Deutschen nicht sagen kann *mehr groß als du* oder *größer dich* oder *größer deiner*, obwohl etwas Entsprechendes im Russischen beispielsweise möglich ist. Oder

3 Siehe auch die vergleichbare Diskussion der verschiedenen Fehlerbegriffe bei Schneider (2013), bezugnehmend auf Eisenberg und Voigt (1990). Die einen Abweichungen kommen dem gleich, was oft als *Systemfehler* bezeichnet wird, die anderen fungieren häufig als *Normfehler*.

warum der *wo*-Nebensatz am absoluten Satzanfang zwar in (2), aber keinesfalls in (6) möglich ist.

(1) Ich habe nicht gewusst, wo genau er in Genf gewohnt hat.
(2) Wo genau er in Genf gewohnt hat, habe ich nicht gewusst.
(3) Das ist der der Zeit gewesen, wo er in Genf gewohnt hat.
(4) Das ist zu der Zeit, wo er in Genf gewohnt hat, gewesen.
(5) Zu der Zeit, wo er in Genf gewohnt hat, ist das gewesen.
(6) *Wo er in Genf gewohnt hat, ist das zu der Zeit gewesen.

Die Regeln, die die guten, nicht gesternten Ausdrücke ableiten und die gesternten ausschließen oder eben nicht ableiten können, sind die für den Linguisten interessanten grammatischen Gesetze. Solche Regeln lernt man als Kind im Spracherwerb, aber nicht durch Belehrung und Instruktion. Dass (6) nicht wohlgeformt ist, weiß jeder deutsche Muttersprachler intuitiv, er muss es gar nicht bewusst lernen. Das ist gemeint, wenn man davon spricht, dass sprachliches Wissen größtenteils unbewusst ist: Man weiß, dass (6) nicht korrekt ist, aber man, also der Laie, kann nicht begründen, was am Ausdruck falsch ist und inwiefern. (6) ist ein unstrittiges Beispiel für einen Satz, der gleichsam für Sprachpfleger wie für Sprachwissenschaftler schlecht ist. (3), (4) oder (5) sind nun Sätze, die – obwohl für viele Sprachpfleger inakzeptabel – für Sprachwissenschaftler durchaus in Einklang mit grammatischen Regeln erfassbar und somit korrekt gebildet sind. Für den generativen Theoretiker stand lange Zeit ein idealer Sprecher als Autorität für Grammatikalität gerade. Es war Konsens anzunehmen, dass quasi alle Sprecher einer Sprachgemeinschaft dieselben Regeln im Kopf haben und deshalb auch über dieselben Intuitionen verfügen würden. Dieses sozusagen bei allen gleiche Wissen macht die Kompetenz aus. Wenn es nun zu Verstößen beim Sprechen kam, lag das an sogenannten Performanzfehlern: das Kurzzeitgedächtnis, das den Anfang eines Satzes vergessen ließ, das Sprechtempo, das einen über die eigene Zunge stolpern machte, oder die Wortfindungsblockade, die den Redefluss unterbrach oder sich ein falsches Wort einschleichen ließ. Für Beispiele wie (1)-(6) war diese heuristische Herangehensweise auch völlig ausreichend. Es reichte die bloße Introspektion des muttersprachlichen Linguisten. Im Laufe der Zeit allerdings kamen Zweifel. Nicht immer sind die Intuitionen so klar, und immer öfter divergierten die Behauptungen, was ein richtiger sprachlicher Ausdruck ist und was nicht – oder was ein Satz bedeuten kann und was nicht. Ganz am Anfang war die bipolare Unterscheidung: ok oder ✓ (oder ganz unmarkiert) für korrekt einerseits und dem entgegengesetzt das Sternchen * als das Zeichen für schlecht[4]. Später kam das Fragezeichen ? für zweifelhaft, dann die Raute # für kontextunangemessen. Und mit der Idee, dass sich die Zeichen kombinieren und dann durch Klammern abschwächen lassen, war der Damm gebrochen: ?? bedeutet(e) besonders fraglich; (#) leicht unangemessen, „eigentlich gut", ??/* schlecht, aber vielleicht nicht 100%ig ausgeschlossen usw. Dieser Zustand rief unter den generativ

4 Aus der historischen Linguistik bekannt und genutzt für „rekonstruiert, aber nicht belegt".

oder ähnlich formal orientierten Linguisten Anfang der Neunzigerjahre eine neue Herangehensweise, eine Art „empirische Wende" hervor (Schütze 1996; Reis/Kepser 2005; Featherston 2005). Das war und ist als ein großer Fortschritt zu werten. Die empirischen Forderungen konzentrieren sich auf Objektivierung in zwei Bereichen: (i) Sprachliche Äußerungen müssen statistisch signifikant häufig in authentischen Texten vorkommen. Also nur dann, wenn sich eine Konstruktion, sei es ein strukturiertes Wort, ein Syntagma oder ein komplexes Satzgefüge, mit einer gewissen Häufigkeit in Korpora wiederfindet, kann sie als real und somit als grammatisch wohlgeformt gelten; (ii) sollen fragwürdige Strukturen in psycholinguistischen Experimenten abgetestet werden. Dabei werden möglichst viele Sprecher einbezogen. Die Heuristiken reichen vom simplen Abfragen, ob Muttersprachler bestimmte sprachliche Muster akzeptieren oder ablehnen, bis hin zu hochkomplexen Eyetracking-Experimenten und sogenannten bildgebenden Verfahren, bei denen Hirnaktivitäten gemessen werden. Damit hatte die Linguistik einen großen Schritt zu einer empirisch saubereren Wissenschaft getan.

Aber: Schon wieder tun sich auch hier methodische Probleme auf. Kann es sein, dass gewisse Ergebnisse systematisch mit Fehleinschätzungen behaftet sind? Aus der Wahrnehmungspsychologie kennt man zum Beispiel optische Täuschungen: Wir Menschen nehmen gebrochen durch unsere Sinne und die Verarbeitung der Reize im Gehirn Gegenstände oder Prozesse anders wahr, als sie nachweislich tatsächlich sind oder ablaufen (vgl. auch weiter unten). Ist so etwas beim menschlichen Verarbeiten von Sprache denkbar? Erst seit kurzer Zeit wird intensiv darüber nachgedacht, ob es so etwas wie grammatische Illusionen gibt. Ein wichtiger Auslöser der Diskussion sind dabei Arbeiten des österreichischen Linguisten Hubert Haider (2010, 2011). Seiner Ansicht nach, die von weiteren Linguisten geteilt, von anderen abgelehnt wird, gibt es Strukturen, welche den neueren Empirie-Anforderungen gerecht werden, welche aber den skeptischen Theoretiker weiterhin herausfordern. Es scheint demnach der Fall zu sein, dass bestimmte sprachliche Strukturen zum einen ausreichend häufig vorkommen. Belege für die fraglichen Konstruktionen lassen sich teilweise in Hülle und Fülle finden, bei anderen ist die Datenlage zumindest so stabil, dass sie statistischen Anforderungen standhält. Zum anderen lassen sich diese Strukturen auch in Experimenten mit Testpersonen valide evozieren oder bestätigen. Dennoch stellen sie gerade für den Grammatiker ein Problem dar, weil diese Strukturen als nicht wohlgeformt gelten sollten, weil sie den Regeln, die man erkannt zu haben meint, widersprechen. Es handelt sich dabei um Regeln, die unter kompetenten Sprachwissenschaftlern Konsens sind. In vielen Fällen sind sie sogar dem Laien unmittelbar einsichtig. Dass regelwidrig gebildete Ausdrücke aber doch gut klingen und dem Sprachgefühl eher ent- als widersprechen, ist erst einmal kurios. Wie ist dieser Befund einzuschätzen?

Die Überlegungen zur Thematik beginnen wieder bei der Beurteilung sprachlicher Daten. Für Haider, seine generativen Kollegen und einen Großteil weiterer Sprachwissenschaftler lassen sich sprachliche Ausdrücke in zweierlei Hinsicht bewerten. (Die oben herausgearbeitete sprachpflegerisch-orientierte normative Beurteilung ist also inzwischen erst einmal ausgeblendet, bis sie weiter unten wieder aufgegriffen wird.) Die einschlägigen Begriffe sind hierbei (i) Grammatikalität und (ii) Akzeptabilität. Eine Struktur ist grammatisch, also grammatikalisch wohlgeformt, wenn sie in Einklang mit den grammatischen Regeln steht. Eine Struktur ist akzeptabel, wenn sie in Einklang mit dem Sprachgefühl steht, wenn sie also vom Muttersprachler als richtig, als gut und/oder korrekt empfunden wird.

grammatisch	akzeptabel		
+	+	alles in Ordnung	(i)
-	-	alles schlecht	(ii)
+	-	„Holzweg“, Performanzproblematik	(iii)
-	+	grammatische Illusion	(iv)

Im Normalfall gehen Grammatikalität und Akzeptabilität miteinander einher. Das liegt in der Logik der Genese dieser Beurteilungen. Ein Linguist stellt die Regeln dem Sprachgefühl folgend auf, formuliert die Gesetze also so, dass das herauskommt, was er initial als richtig, das heißt eben akzeptabel, empfindet. Diese Entsprechung stößt allerdings an Grenzen. Fassen wir kurz zusammen: Im Normalfall sind grammatisch regelhafte Strukturen sprachlich akzeptabel und regelwidrige Konstrukte inakzeptabel. Das ist erwartbar, daher quasi trivial und wird in den Zeilen (i) und (ii) erfasst und entsprechend mit den Beispielen (7) und (8) illustriert.

(7) a. Der Hänsel sucht die Gretel.
b. Ob es eine gute Wahl gewesen ist, werden zuallererst diejenigen entscheiden müssen, die sie getroffen haben.

(8) a. *Hänsel die der sucht Gretel.
b. *Die sie getroffen haben, werden zu allererst diejenigen entscheiden müssen, ob es eine gute Wahl gewesen ist.

(9) a. 👎Der Hund hat die Katze, die die Maus, die den Käse angefressen hat, gejagt hat, gebissen.
b. 👎Hätte, hätte, hätte es geregnet, alles abgesagt werden müssen, jemand protestiert?
c. 👎Er bezichtigte den Vater des Schreibens unkundiger Kinder.
d. 👎Fest steht, dass Max die Kollegen nicht vorgestellt bekamen.

Die Regeln, die beachtet werden bzw. gegen die verstoßen wird, wären beschreibbar durch: Im Deutschen geht der Artikel dem Substantiv voran; im Deutschen kongruiert das gebeugte Verb mit dem Subjekt; im Hauptsatz steht das gebeugte Verb an der zweiten Stelle; Relativsätze können im Mittel- und im Nachfeld stehen; Argumentsätze können im Vor-, im Mittel- und im Nachfeld stehen. Interessant wird es dann, wenn sich die Beurteilungen widersprechen. Die dritte Spalte repräsentiert Fälle, die schon länger bekannt sind. Dazu gehören zum Beispiel sogenannte Holzwegsätze (engl. „garden path“). Für das Deutsche hat man sich schwer getan, solche Sätze zu finden. Letztendlich liegen mit (9c) oder (9d) doch ganze gute Illustrationen vor. Diese Sätze sind in der ersten Konfrontation bei Hörern oder Lesern inakzeptabel. Wenn man den Testpersonen allerdings klarmacht, was die Sätze heißen sollen, ihnen also die Struktur zeigt, werden diese Sätze richtig verstanden und als möglich bewertet. Gleiches gilt für mehrfache Zentraleinbettungen. (9a) und (9b) sind regelkonform gebildet, allerdings werden sie nur als „richtig" beurteilt, wenn den Hörern Zeit gegeben wird, die Abhängigkeiten aufzulösen. Bei normalem Sprech- oder Lesetempo setzt das Verständnis solcher Konstruktionen aus und die Sätze werden eben als abweichend im Sinne von „inkorrekt" beurteilt. Für Haider und andere neugierige und skeptische Sprachwissenschaftler interessant ist nun der umgekehrte Fall: Strukturen, die regelwidrig gebildet wurden, die aber dennoch in Harmonie mit dem Sprachgefühl stehen. Derartige sprachliche Konstruktionen suggerieren also trotz Inkorrektheit oberflächlich, dass sprachlich „alles in Ordnung" sei. Ebendiese nennt Haider „grammatische Illusionen", die er als analoge, quasi inversentsprechende Phänomene zu Holzweg-Konstruktionen charakterisiert. Er begreift sie aber auch, wie ebenfalls schon angedeutet wurde, als sprachliches Pendant zu optischen Illusionen:

> Das Bemerkenswerte an optischen Illusionen ist bekanntlich ihre Persistenz. Sie lassen sich auch dann nicht unterdrücken, wenn man sich ihrer bewusst ist. Es sind unbeeinflussbare Reaktionen eines kognitiv abgekapselten Verarbeitungssystems (Pylyshyn 1999). Fodor (1983) sieht in dieser Eigenschaft Evidenz für modular organisierte Verarbeitungsvorgänge. Auch für die Sprachverarbeitung wird eine modulare Organisation der Verarbeitung vermutet. Daher sollte es – analog zu optischen Illusionen – Phänomene geben, die man zu Recht als grammatische Illusionen betrachten darf. (Haider 2011: 223 f.)

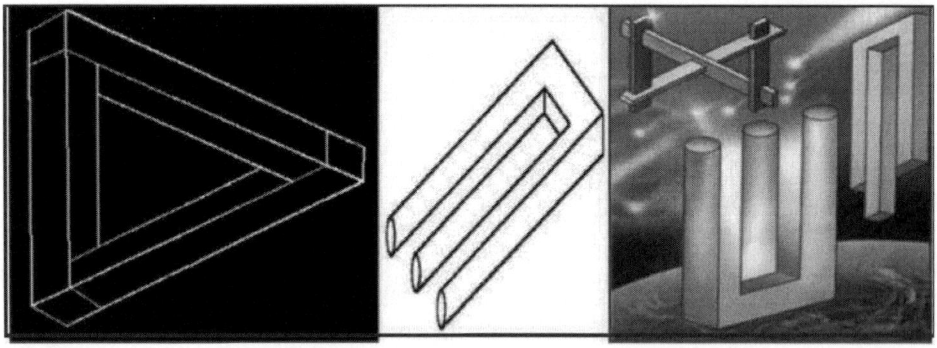

Abb. 1: Beispiele für optische Illusionen (entnommen aus Haider 2010)

Im folgenden Abschnitt soll es um Kandidaten für grammatische Illusionen gehen.

2 Grammatische Illusionen – eine Skizze

Haiders Paradebeispiel zur Illustration ist eine komplexe Infinitivkonstruktion (im Weiteren auch häufig „Verbcluster“ genannt), die schon von mehreren Forschern besprochen wurde (Bech 1963), nach Marga Reis (1979) nennt sich die Konstruktion bisweilen Stirnhorn-Illusion, bei Ralf Vogel heißt sie Skandalkonstruktion. Sie ist ein „Skandal“, weil alle in der rechten Satzklammer befindlichen verbalen Elemente (laut Vogel) die falsche Position und die falsche morphologische Form aufweisen. Dabei klingen die (authentischen!) Beispiele (10)-(13) nicht schlecht:

(10) (Ich) hoffe, geholfen haben zu können. (Haider)
(11) Er bedauerte, es nicht verhindert haben zu können. (Vogel)
(12) Eine Pariserin namens Dimanche soll sich ein gewaltiges Stirnhorn operativ entfernt haben lassen. (Reis, nach einer „Spiegel“-Ausgabe von 1973)
(13) ... ohne sein Studium vollendet haben zu können. (Merkes, s. u.)

Laut Haider liegt hier eine Illusion vor. Wie kommen diese Verbcluster zustande? Läuft da etwas falsch, und wenn ja: was? Fest steht, dass ein entsprechender finiter Satz problemlos wäre, egal ob in kanonischer Subordinationsform mit der unterordnenden Konjunktion *dass* (14) oder mit hauptsatztypischer Verbzweit-Stellung (15).

(14) Ich hoffe, dass ich ihnen habe helfen können.
(15) Ich hoffe, ich habe ihnen helfen können.

Diese Beispielsätze zeigen, dass das „höchste Verb“ des eingebetteten Satzes das Hilfsverb *haben* ist. *Haben* statusregiert das Modalverb *können*, das hier im Ersatzinfinitiv auftritt. Nichtmodalverben – also „normale“ Vollverben – oder Modalverben, sofern sie kein Verb modifizieren, d. h. zum Beispiel lediglich ein Pronomen oder einen finiten Satz zum Argument nehmen, erscheinen als Partizip II.

(16) Ich habe ihnen geholfen / *helfen.
(17) Ich habe es gekonnt / ?/*können.
(18) Er hat gewollt / *wollen, dass sie zurückkommt.

Das Modalverb *können* in (14) und (15) wiederum statusregiert das Vollverb *helfen*, das natürlich im reinen Infinitiv (ohne *zu*) realisiert werden muss. Will man nun aus einem finiten Satz (wie in (14) oder (15)) einen infinitivischen machen, muss das finite Verb als *zu*-Infinitiv (im 2. Status) realisiert werden. Eine nicht ganz so komplexe, weil nicht-perfektivische Form, illustriert dies:

(19) Ich hoffe, ihnen helfen <u>zu</u> können.

Soll nun eine perfektivische Variante aus (14) oder (15) zu einer Infinitivkonstruktion gemacht werden, wird aus der finiten Form (*ich*) *habe* die infinitivische *zu haben*. Das Ergebnis ist nicht akzeptabel:

(20) *Ich hoffe, ihnen zu haben helfen können.

Das liegt vor allem an einer Regularität, die schon lange bekannt ist: Der Infinitivmarker *zu* möchte im (modernen Standard-)Deutschen an vorletzter Stelle stehen, vor dem letzten Infinitiv innerhalb der rechten Satzklammer (Vogel 2009 nach Bech 1955/83, 1963). Schon diese Regel steht im Prinzip im Widerspruch zu einer anderen, nämlich der obligatorischen Oberfeldbildung im Perfekt beim Ersatzinfinitiv: *haben* drängt an einen vorderen Platz im Verbcluster, seine Finalstellung ist ungrammatisch:

(21) Ich bin sicher, dass ich habe helfen können. (Standard-/Norddeutsch)
(22) Ich bin sicher, dass ich helfen habe können. (Süddeutsch)
(23) *Ich bin sicher, dass ich helfen können habe.

Das Ergebnis des Versuches, *zu haben* im Infinitivcluster zu haben, ist ziemlich schlecht, aber nicht ganz inakzeptabel:

(24) ??Ich hoffe, ihnen helfen können zu haben.

Haiders Erklärung für die empfundene relative Wohlgeformtheit von (25) ist das Ergebnis eines von ihm so genannten Trugschlusses:

(25) Ich hoffe, ihnen geholfen haben zu können.

Um das Verbot der Finalstellung für das Auxiliar zu umgehen, rückt *haben* etwas nach links im Verbcluster. Um die „*zu*-Vorletzt-Regel" für den Infinitivmarker *zu* einzuhalten, bleibt *zu* zurück und präfigiert sich praktisch an *können*. Nun steht *haben* rechts hinter einem Vollverb, direkt nach *helfen*: „Zwischenschritt" *helfen haben zu können*. Das ist eine „ungewohnte" Kombination: Ein Perfektauxiliar verlangt normalerweise das Partizip eines Vollverbs und keinen (Ersatz-)Infinitiv. Damit man die „Ungereimtheiten" nicht merkt, macht der Sprecher aus dem Infinitiv ein Partizip. Fertig ist die Illusion (25). (25) klingt für die meisten Sprecher ziemlich akzeptabel, aber alle Regeln scheinen über den Haufen geworfen zu sein. Vogel beschreibt es also ganz gut, wenn er sagt, dass alle Verben die „falsche Form" hätten: Das Partizip *geholfen* müsste ein einfacher Infinitiv sein, *können* ist Ersatzinfinitiv und müsste eigentlich ein Partizip sein, und *haben* erscheint als einfacher Infinitiv, müsste aber als vom Matrixverb regiert als *zu*-Infinitiv realisiert werden. Vogel versucht, der Konstruktion auf optimalitätstheoretische Weise nahezukommen, indem konfligierende Regeln in ihrer Anwendung geordnet werden: Bestimmte Regeln sind wichtiger als andere, die unwichtigeren können im Konfliktfall unbeachtet bleiben. Haider begnügt sich damit, zu sagen, dass nicht sein kann, was nicht sein darf. (25) sei eine Illusion, genauso wie andere Reparaturversuche ebenfalls missgebildet sind. Für ihn ist es charakteristisch, dass in uneindeutigen Situationen mehrere Struktur-Kandidaten gebildet werden: (*Sie behauptet, das nicht*) *gefunden haben zu können, finden gekonnt zu haben, haben finden zu können, haben finden zu können, gefunden gekonnt zu haben* etc. In der Tat ist vor allem das Muster Infinitiv-Partizip-*zu_haben* ähnlich akzeptabel und scheinbar ebenfalls produktiv. Das entspräche (26):

(26) Ich hoffe, ihnen helfen gekonnt zu haben.

An dieser Stelle soll nicht darüber entschieden werden, ob Haider recht hat, wenn er die dargestellte Konstruktion als Illusion hinstellt, oder ob Grammatiker wie Vogel (2009) oder Wurmbrand (2012) recht haben, wenn sie sprachliche Gesetzmäßigkeiten hinter den Mustern vermuten und explizieren (siehe dazu auch Meinunger 2014).

Im Moment sprechen für Haider noch zwei weitere Beobachtungen. Für ihn ist ein bestimmtes Merkmal bei Illusionen charakteristisch, in diesem Sinne lautet auch der Untertitel seines Aufsatzes: lokal wohlgeformt, global deviant. So ist zum Beispiel in (25) das Nebeneinander der zwei Wortformen *geholfen haben* rein für sich genommen eine ganz normale Abfolge, lokal „geht das in Ordnung". Global dagegen kommen die Formen, was ihre Abhängigkeiten betrifft, nicht zusammen. Betrachtet man den Verbalkomplex in seinem Zusammenhang in Gänze, was zu Beginn dieses Abschnitts ausführlich versucht wurde, ist das Nebeneinander der beiden Formen nicht zulässig. Und genau diesen „Mis-Fit" kennt man von einer bestimmten Art optischer Täuschungen. Die in Abbildung 1 in der Mitte und rechts dargestellte sogenannte Teufelsgabel illustriert den Punkt in Reinform. Die drei rundlichen Gabelspitzen – in Gedanken vom Unterteil abgeschnitten – sähen in der Zeichnung einer normalen Gabel ganz genauso aus. Der untere Teil, der ein eckiges Hufeisen sein könnte, ist für sich genommen ebenfalls unproblematisch. Insofern „schluckt" der Betrachter die gesamte Darstellung. Erst wenn die Testperson versucht, die zweidimensionale Zeichnung in Gedanken dem entsprechenden dreidimensionalen Gegenstand zuzuordnen, merkt sie, dass das ein unmögliches Unterfangen ist. Einzeln funktionieren die Teile – in der suggerierten Gesamtheit nicht. Dasselbe Prinzip – künstlerisch umgesetzt – findet man beim niederländischen Grafiker Maurits Cornelis Escher zuhauf, zum Beispiel in diesem Ausschnitt aus der Zeichnung „Trepp-auf-Trepp-ab":

Abb. 2: M. C. Escher's „Ascending and Descending" © 2014 The M.C. Escher Company-The Netherlands. All rights reserved.

Lokal wohlgeformt: Die einzelnen geraden Treppen funktionieren für sich problemlos, der naive kurze Blick auf die Gesamtzeichnung scheint auch keine Selbstzweifel an der Wahrnehmung auszulösen. Erst wenn der Betrachter gezwungen wird, sich das dargestellte Bauwerk zusammen mit dem Prozess des (Auf-und-Ab-)Marschierens konsistent zu vergegenwärtigen, stellt man die Unmöglichkeit des Unterfangens fest. Derartige Täuschungen kennt man in der Wahrnehmungspsychologie schon lange. Der Biologe Jacques Ninio schreibt in der Sonderausgabe „Welt der Illusionen" der populärwissenschaftlichen Zeitschrift „Gehirn und Geist" dazu Folgendes:

> [Optische] Illusionen sind keine Defizite unserer Wahrnehmung, sondern das Ergebnis verdeckter Verarbeitungsprozesse im Gehirn. (Ninio 2010: 12)

Da Sprachverarbeitung im Gehirn ähnlich wie das visuelle Verarbeiten optischer Reize ein modularer Prozess ist, also einer, bei dem verschiedene Subsysteme interagieren, ist es nicht verwunderlich, dass es eben auch sprachliche Illusionen gibt und dass diese dann Ähnlichkeiten mit optischen Täuschungen haben. Der von Haider betonte „Lokal-ok_vs._Global-schlecht"-Unterschied deutet zunächst einmal ganz stark in diese Richtung.

Der zweite Punkt, der ebenfalls für Haider spricht, ist keine theoretische Überlegung wie die gerade angestellte, sondern ein weiterer simpler empirischer Fund. Was die Akzeptabilität der Skandal-Konstruktion oder Stirnhorn-Illusion betrifft, unterscheiden sich in deren Beurteilung Theoretiker wie Vogel und Wurmbrand, die diese Strukturen für grammatisch halten, von denen wie Haider, der einen Illusionsstatus proklamiert und sie für ungrammatisch hält. Bei folgenden Beispielen scheint eine Grammatikalitätsbeurteilung eindeutiger. Ich behaupte, die fraglichen Strukturen sind grammatikalisch missgebildet; allerdings handelt es sich um belegte Sätze. Darüber hinaus klingen sie durchaus nicht wie reiner Wortsalat, sondern haben etwas an und in sich, das die Ungrammatikalität abmildert.

(27) Stokes, der die Arbeit Ludwig's citirt, übersah diese Berichtigung, und erklärt, in Dujardin's Arbeit diese Species tesselatus nicht habe finden zu können, was begreiflich ist, da sie niemals existierte[5].

(28) Mein Diener in Birma entschuldigte sich einst, eine von mir als blau (pya) bezeichnete Flasche nicht habe finden zu können, sie sei ja grün (zehn)[6].

Wem diese Sätze zu „veraltet" klingen – immerhin stammen sie beide aus dem 19. Jahrhundert – seien hier zwei neuere Originalbelege angeführt. Diese Sätze sind genau vom selben „Strickmuster". Außerdem stammen sie von Personen, die sich für quasi professionelle Schreiber (in Aktion) halten, was dafür spricht, dass es sich nicht um Flüchtigkeitsfehler handelt, sondern um Produkte des bewussten Formulierens:

(29) Für Marie, der ich verdanke, diese Zeilen habe schreiben zu können[7]

(30) Dieser Teil hätte sicher hier und da besser sein können. Ihn mehr ausbauen und so. Doch wie gesagt ich habe keine kreative Phase im Moment! Bin froh(,) den Teil habe schreiben zu können! (DragonBallZ-Manga)

Diese Sätze müssen – oder sollten – allerdings ungrammatisch sein, denn bei den unterstrichenen Strukturen handelt es sich um Infinitivkonstruktionen: Es gibt kein realisiertes Subjekt, es findet sich keine subordinierende Konjunktion, es erscheint der Infinitivmarker *zu*. Dennoch enthält die rechte Satzklammer einen finiten Bestandteil: *habe*. Global, also in Kombination, sind diese grammatischen Merkmale in einem Teilsatz unvereinbar. Diese Tatsache lässt den Schluss zu, dass hier eine Täuschung vorliegt – sofern man überhaupt geneigt ist, die Struktur nicht gleich als Fehlbildung zu interpretieren.

Haider präsentiert in seiner Arbeit weitere seiner Meinung nach als Illusionen zu analysierende Konstruktionen, die ich nicht durchweg für sonderlich zwingend, besonders illustrativ oder nachvollziehbar halte.

---

5 Arbeiten aus dem Zoologischen Institut zu Graz. R. von Lenden: Die Gastrotrichen. Eine monographische Darstellung ihrer Anatomie, Biologie und Systematik: www.landesmuseum.at /pdf_frei... /AZI_GRAZ_3_0299-0476.pdf.

6 Adolf Bastian (1869): Miscellen, Zeitschrift für Ethnologie I, S. 89, über Guy Deutscher (2010): Im Spiegel der Sprache, C.H. Beck, S. 71.

7 http://www.die-schreibmaus.de/texte/items/was-sie-sagt.html (Stand: 25.6.2013) und http://www.dragonballz.de/ fanfics/index.php?action=show&id=4730.

3 (Weitere) grammatische Illusionen

In diesem Abschnitt möchte ich weitere eigene Kandidaten für grammatische Illusionen vorstellen.

3.1 Reanalyse von Derivation als Flexion

Gallmann u. a. (1996) schlägt aufgrund der bekannten Daten aus (31)-(33) seine Suffixregel in (34) vor:

(31) a. die Verarbeitung tropischen Holzes
b. die Arbeiten ausländischer Studenten
(32) a. *die Verarbeitung Holzes
b. *die Arbeiten Studenten
(33) a. die Verarbeitung von Holz
b. die Arbeiten von Studenten
(34) Gallmanns Suffix-Regel (1996: 288):
Nomen können nur dann ein Kasussuffix tragen, wenn zugleich ein kongruierendes, adjektivisch flektiertes Wort ein Kasussuffix aufweist.

In den Beispielen sind diese Suffixe gekennzeichnet. Unbegleitete und dann notwendigerweise nicht flektierte Substantive sind nur in *von*-PPs möglich. Weiterhin wissen wir, dass es im Deutschen eine ganze Reihe unveränderlicher Adjektive gibt. Derartige nicht-flektierende bzw. nicht-flektierte Adjektive sind zum Beispiel: *prima, klasse, extra, hammer, sexy.*

(35) ein gutes Bier, ein schlechter Wein, mit klarem Schnaps
(36) ein klasse Bier, ein prima Wein, mit (ei)nem extra Schnaps
(37) *ein klasses Bier, ein *primaner Wein, mit 'nem ?/*extranen Schnaps

Ebenso gibt es Herkunftsadjektive auf *-er*, die auch unveränderlich sind (vgl. z. B. Fuhrhop 2003):

(38) Braunschweiger, Münchener, Schweizer, Odenwälder

Dass diese Adjektive unveränderlich sind, ist nicht ganz offensichtlich, weil sie oft ähnlich wie regulär flektierende aussehen:

(39) ein großer Fußballer --- ein Münchener Fußballer

Die tabellenartige Darstellung macht aber deutlich, dass die einen veränderlich sind, die anderen, also die Herkunftsadjektive, nicht:

(40) ein alter Bürgermeister
der alte Bürgermeister

(41) ein Berliner Bürgermeister
der Berliner Bürgermeister

die alte Bürgermeisterin	die Berliner Bürgermeisterin
dem alten Bürgermeister	dem Berliner Bürgermeister
____altes Bier	___ Berliner Bier
Der Bürgermeister ist alt__	Der Bürgermeister ist Berliner

Die Gallmannsche Suffix-Regel sagt voraus, dass Nominalphrasen, die als Modifikatoren nur unveränderliche Adjektive und keine artikelartigen Wörter enthalten, ungrammatisch sein sollten. Diese Vorhersage ist korrekt:

(42) *die Verarbeitung prima Holzes
(43) *die Arbeiten klasse Studenten

Interessant sind nun aber die Sprecherurteile bei Strukturen mit Herkunftsadjektiven. Diese werden als ziemlich unproblematisch angesehen:

(44) die großen Leistungen Tübinger Linguisten
der Einsatz Schweizer Soldaten
der Verzehr Wiener Würstchen
die Verdienste Leipziger Lokalpolitiker

Meine Diagnose ist hier: grammatische Illusion. Es liegt bei diesen Daten eine „falsche" mentale Reanalyse des *-er*-Derivationsmorphems als Flexionsmorphem für den Genitiv Plural (= *-er*) vor, wie es in regulären Genitivformen ordnungsgemäß flektierter Adjektive vorkommt.

(45) die Leistungen dieser/unserer/fleißiger Sprachwissenschaftler

Eine Beschreibung und Verurteilung dieser Konstruktionen findet sich schon bei Wustmann (1891), siehe auch Abschnitt 3.

Eine vergleichbare Täuschung über die Wohlgeformtheit bei pränominaler Modifikation wird in Zifonun (2003) diskutiert. (Ihr Stein des Anstoßes ist die Genitivkonstituente im Satz: *Die DRK-Kreisvorsitzende Diemut Theato dankte Alfred Nennstiel im Beisein dessen Nachfolgers Thomas Lochner.*) Zur genitivischen Modifikationsproblematik siehe auch weiter unten.

3.2 Ein deutscher Adhortativ

Die bis vor kurzem gebräuchlichste deutsche Form für eine Art Adhortativ – eine Art Imperativ, die neben dem Hörer auch den Sprecher einschließt, – ist die *lass-uns*-Konstruktion (z. B. Ulvestad 1978).

(46) Lass uns reingehen!

Die Struktur ist also: *lass* + *uns* + einfacher Infinitiv ohne *zu*. Der Infinitiv kann beliebig erweitert sein, zum Beispiel wie in (47) durch eine Adverbialbestimmung und ein Objekt.

(47) Lass uns morgen eine Zeitung kaufen!

Die einschlägige Beobachtung ist nun die: Wenn das betreffende Prädikat ein reflexives Verb ist, entscheiden sich die meisten Sprecher für ein einfaches *uns*.

(48) a. Lass uns uns am Eingang treffen!
b. Lass uns am Eingang treffen.
(49) a. Lass uns uns hier hinsetzen.
b. Lass uns hier hinsetzen.
(50) a. Lass uns uns erst nach seinem Tod scheiden.
b. Lass uns erst nach seinem Tod scheiden.
(51) a. Lass uns uns nicht mehr streiten.
b. Lass uns nicht mehr streiten.

Das heißt, die meisten Sprecher präferieren die jeweilige b-Variante, obwohl, wie (52) und (53) zeigen, *lass* ohne *uns* ungrammatisch ist, beziehungsweise in bestimmten Fällen einen ganz anderen, nicht-intendierten Sinn ergibt.

(52) ?/*Lass ins Kino gehen![8]
(53) #* Lasst den Müll gleich wegbringen!

Das gilt ebenso oder sogar in noch stärkerem Maße für die reflexiven Verben, bei denen das Objekt nie wegfallen darf:

(54) *Ich möchte, dass wir am Eingang treffen.
(55) *Wir sollten hier hinsetzen.

Der durch die Getrennt-Betrachtung von *lass_uns* einerseits und reflexivem Prädikat andererseits nachgewiesene Regelverstoß bei gleichzeitiger positiver Beurteilung der Wortketten (48b, 49b, 50b, 51b) lässt auf eine Illusion schließen. Der Ansatz einer Erklärung für das Phänomen findet sich in Meinunger (2011a) und läuft auf Prinzipien wie Haplologie oder Horror aequi hinaus. Haplologie geht auf Maurice Bloomfield zurück und gehört heute fast zu den Standardbegriffen in Sprachgeschichte und Morphologie. Das gleiche Prinzip liegt dem Frans Plank (1981) zugeschriebenen Horror aequi zugrunde: Direkt nebeneinander auftretende gleichlautende Silben werden häufig zu einer einfachen Sequenz reduziert.

8 Derzeit entwickelt sich ein Adhortativmarker *lassma*, der Fälle wie (55) in den Ohren jüngerer Sprecher gar nicht so abweichend klingen lässt. Die Struktur ist dann aber eine etwas andere. Sie ist auch formal anders: es erscheinen zusätzlich die suffigierten Partikel *ma* oder *mal*. Entscheidend ist allerdings die Tatsache, dass das zu *lassen* gehörige *uns* wegfällt (Urban 2007).

Das bekannteste deutsche Beispiel ist (*die*) *Zauberin*, die eben nicht als die erwartbare *Zaubererin* erscheint.

3.3 Stark – schwach: Probleme bei der Adjektivbeugung

Die bekannte Deklinationsregel für deutsche Adjektive besagt, dass nach definitem Artikel und weiteren ähnlichen Determinierern (Demonstrativa, Possessiva, bestimmten sogenannten starken Quantoren) die pränominalen Adjektive schwach gebeugt werden (56). Ist kein Artikelwort da, beziehungsweise nach gewissen indefiniten oder sogenannten schwachen Quantoren, erscheint das Adjektiv in der starken Form (57).

(56)	die süßen Äpfel	(diese, alle, ihre/seine/unsere ...~)	schwach
(57)	süße Äpfel	(einige, ein paar, viele ...~)	stark

Nach pränominalen Genitiven finden wir ganz klar die starke Flexionsvariante des Adjektivs:

(58) Peters süße(*n) Äpfel, Ingas *süße/süßer Apfel

Soweit sagen uns das praktisch alle einschlägigen Grammatiken und so diktiert uns die Verwendung der Formen auch das Sprachgefühl. Bisweilen findet man aber Daten wie den Satz in (59), in dem es um eine physiologische Auffälligkeit beim Fossilienfund der Vor- oder Frühmenschenfrau Lucy geht.

(59) Lucys im Verhältnis zu ihrer Körpergröße relativ langen Arme lassen vermuten, dass ...[9]

Dieser Original-Belegfund-Satz, in dem das Adjektiv schwach gebeugt ist, wird von fast allen Sprechern generell besser beurteilt als der entsprechende mit starker Flexion.

(60) Lucys im Verhältnis zu ihrer Körpergröße relativ lange Arme lassen vermuten, dass ...

Der Kontrast in (61) vs. (62) zeigt jedoch, dass beim Weglassen des langen Attributes die stark-schwach-Regel durchaus Bestand hat (eben wie in (58).

(61) Lucys lange__ Arme lassen vermuten
(62) *Lucys langen Arme lassen vermuten

9 Falk, D. (2010): Wie die Menschheit zur Sprache fand. Aus dem Englischen von S. Kuhlmann-Krieg. DVA, München, S. 86.

Ein ähnlicher, das Phänomen allerdings etwas schwächer verdeutlichender Fall ist mir im Manuskript eines Beitrags begegnet, dessen Finalversion gerade erschienen ist[10]:

(63) Zu den bekanntesten Politikern gehören der kubanische Revolutionsführer Fidel Castro und dessen 1967 in Bolivien ermordete Weggefährte Che Guevara.

Korrekt müsste es *ermordeter*, also mit starker Beugung, heißen. Vielen Lesern fällt es jedoch nicht auf. Hier entsteht die Illusion von grammatischer Korrektheit wohl durch Komplexität. Fest steht: Die gesamte Nominalphrase ist durch die pränominale Genitiv-NP quasi definit. Das sehr komplexe adjektivische Attribut, das selbst durch mehrere Zusätze modifiziert wird, lässt den genauen Beginn der NP in Vergessenheit geraten. Lokal stehen Adjektiv und Substantive nebeneinander. Der Sprecher wählt dann die für definite NPs charakteristische schwache Beugung.

3.4 Pluralische Proformen

Durchaus ähnlich ist folgender Verstoß zu interpretieren:

(64) Du bist nie in den Genuss ein<u>er</u> ihrer Flederwichtflüche gekommen, was?[11]

Im Satz (64), wiederum ein Originalbeleg, wird der erste Artikel pluralisch markiert, obwohl er in der Genitiv-Singular-Version erscheinen müsste. Viele Testpersonen bleiben selbst nach der Analyse der Form und Konfrontation mit der korrekten Form bei ihrem Urteil und umschreiben ihre Intuition oft mit „Wenn (64) richtig sein sollte, dann müsste es doch *das Fluch* heißen – so ist es aber nicht". Die eigentlich korrekte Version ist (65).

(65) (?) Du bist nie in den Genuss ein<u>es</u> ihrer Flederwichtflüche gekommen, was?

Die Schwierigkeit ist hier, dass *einer* bzw. *eines* kein indefiniter Artikel ist, sondern eine eine ganze Nominalphrase repräsentierende Pronominalform, die durch das Genitivattribut *ihrer Flüche* erweitert ist. Der „menschliche Parser" will die NP-initiale Form allerdings als Artikelwort (miss-)verstehen und dann mit seinem scheinbaren, rechtsständigen Bezugsnomen genitiv-pluralisch kongruieren lassen *einer… Flüche* quasi analog zu (*die Kraft*) *der* (*von alten Hexenmeistern noch beherrschten*) *Flüche*. Dieses Dilemma endet dann im dargestellten Muster.

---

10 Krifka, M. u. a. (2014): Das mehrsprachige Klassenzimmer. Spektrum, Akademischer Verlag. (In der publizierten Ausgabe wurde die Form freilich geändert bzw. berichtigt.)

11 Rowling, J. K.: Harry Potter, Der Orden des Phönix. Deutsche Übersetzung, gebundene Ausgabe, S. 123. Übersetzer: Klaus Fritz.

3.5 Die Mehrfachkennzeichnung einfacher Einbettung

Ein weiterer Fall begegnet uns bei bestimmten Satzeinbettungen. Als prinzipiell ausnahmslose Wortstellungsregel gilt, dass in einem deutschen Nebensatz, der durch eine subordinierende Konjunktion eingeleitet wird, das finite Verb in der rechten Satzklammer, also am Satzende zu erscheinen hat. Verstöße gegen diese Regel kommen sehr häufig bei Nichtmuttersprachlern vor, gelten aber als schwere Systemfehler.

(66) Wir wissen, dass das Verb zum Schluss kommt.
(67) *Wir wissen, dass das Verb kommt zum Schluss.

Erst seit sehr kurzer Zeit wird von einer Forscherin bestritten, dass (67) eine „undeutsche" und somit ungrammatische Struktur sei (Freywald 2008). Die Germanistin bringt – dem Empiriekriterium entsprechend – eine Fülle an Belegen, die die Realität der Struktur belegen (sollen).

(68) Ich würde sagen, dass beide haben ihre Performanzvorteile.
(69) ... das liegt einfach daran, dass Kinder, die hiv-infiziert sind, stellen keinen Markt für die Pharmaindustrie dar.

In einer Reihe von Vorträgen (Meinunger 2011/12) habe ich zu argumentieren versucht, dass hier etwas Vergleichbares vorliegt, was in den Siebzigerjahren als fehlerhafte Verdopplung des Satzanfangs (zweifache Vorfeld- und linke-Satzklammer-Realisierung bzw. „generativ gesprochen" CP-Rekursion) analysiert wurde. Dass hier ein tatsächlicher Regelverstoß vorliegt und kein grammatisch lizensiertes Muster realisiert wird, welches dann zu einer Art Performanzfehler führt, wird durch die Verdopplung bzw. Wiederholung der Nebensatz-initialen, meist topikalischen Konstituente nahegelegt. So analysiert Betten (1980) den Satz (70) als einen systematischen Fehler, den sie „Wiederaufnahme mit einem auf den Einschub bezugnehmenden Element" oder „Wiederaufnahme von Konjunktionen und folgendem Satzglied bei eingeleiteten Nebensätzen" nennt.

(70) … darum ist es doch zweifellos so, dass ein geschlechtlicher Verkehr, der nicht aus wirklicher Liebe ... geschieht, dass der verhängnisvolle Folgen haben kann.

Sätze wie (71) sind McCloskeys (2005) englischen CP-Rekursionsfällen nachempfunden und werden im Deutschen ebenfalls sehr häufig produziert (vgl. Meinunger 2011a, 2011/12).

(71) Es ist doch klar, dass, wenn man sich von Anfang an interessiert zeigt und immer mal wieder nachfragt, dass man dann bessere Chancen mit einer Bewerbung hat, falls es mal eine Stelle geben sollte ...

Ganz Ähnliches gilt für Fälle wie in (72) oder (73), bei denen keine subordinierende Konjunktion wiederholt wird, sondern innerhalb des „angebrochenen" Nebensatzes ein abhängiger Satz mit Hauptsatzverbstellung realisiert wird. In beiden Strukturen wird sozusagen die linke Satzklammer zweimal realisiert. Interessant dabei ist, dass diese Struktur besonders wohlgeformt klingt, wenn der entsprechende „Hauptsatz" kein einfacher Verbzweit-Satz ist, sondern wenn es sich um eine Art Verbdritt-Struktur handelt, zum Beispiel um eine Art Linksversetzung oder eine *je-desto*-Konstruktion (vgl. auch Meinunger 2011b).

(72) Es ist doch klar, dass, wenn man sich von Anfang an interessiert zeigt und immer mal wieder nachfragt, dann hat man bessere Chancen mit einer Bewerbung, falls es mal eine Stelle geben sollte.

(73) Es war klar, dass je mehr Geld man erst einmal zu bezahlen bereit war, umso mehr würden die Begünstigten dann immer wieder einfordern.

(74) und (75) sind Originalbelege aus Herders Abhandlung über den Ursprung der Sprache von 1772.

(74) Ich merke also an, dass je weniger die menschliche Natur mit einer Tierart verwandt, je ungleicher sie mit ihr am Nervenbaue ist: desto weniger ist ihre Natursprache uns verständlich.

(75) Und nun folgt, dass wenn der Mensch Sinne hat, die für einen kleinen Fleck der Erde, für die Arbeit und den Genuss einer Weltspanne des Tiers, das in dieser Spanne lebet, nachstehen an Schärfe, so bekommen sie eben dadurch den Vorzug der Freiheit.

3.6 Sogenannte „Schmarotzerlücken"

Eine ähnliche Unsicherheit kann man oder muss man wohl sogar bei sogenannten Schmarotzerlücken – oder englisch „parasitic gaps" – feststellen. Bei diesen Strukturen wird eine ansonsten valenznotwendige Angabe sprachlich nicht realisiert. Den klassischen Fall bilden Sätze, in denen ein w-markiertes Objekt am Satzanfang es möglich macht, dass innerhalb des komplexen Fragesatzes ein weiteres direktes Objekt ausgelassen werden kann (76):

(76) Welches Buch hat er, ohne (es) gelesen zu haben, ins Regal gestellt?

Die Lücke kann in den einschlägigen Fällen alternativ auch immer gefüllt sein – angedeutet durch die Klammerung. Laut der polnischen Psycholinguistin Ewa Dąbrowska und ihren Kollegen ist die Parasitic-Gap-Konstruktion eine Erfindung der generativen Grammatik – jedenfalls für das Englische (z. B. Dąbrowska 2010). (Es gibt jedoch auch eine Unmenge an generativ orientierten psycholinguistischen Untersuchungen, die die „reale Existenz" der Konstruktion nachweisen (wollen).) Auch in der deutschsprachigen Linguistik wird das Konzept quasi ausschließlich von Generativisten besprochen. Für die Diskussion in diesem Beitrag soll nur

Folgendes festgehalten werden: Für Alle – Theoretiker wie Laien – ist die Variante mit dem realisierten Objekt, also die ungetilgte Version, immer grammatikalisch wohlgeformt. Beim Beurteilen der Variante mit weggelassenem Objekt haben wir eine Situation, wie sie für Haiders Illusionskandidaten typisch ist: Die Grammatikalitätsbeurteilung ist – auch unter generativen Grammatikern – maximal inkonsistent. Das illustriert die Beispielbatterie unter (77): Die in Klammern angegebenen Forscher beurteilen die Konstruktion mal als gut, mal als schlecht (siehe Meinunger 2011/12) (pg = „parasitic gap" – Schmarotzerlücke).

(77) a. ?Patienten hat der Arzt ohne pg anzuschauen, viele _ wieder heimgeschickt.
b. Semmeln soll er, wenn er pg findet, doch selbst _ kaufen! (E. P. Waldmüller)
c. *Welche Zeitung hat Hans _ aufgeräumt, bevor Maria pg las? (I. Reich)
d. Den Hans, wenn ich _ erwische, erschlage ich _ . (U. Lutz)
e. *Welches Buch hat Hans _ zurückgebracht, bevor jemand pg lesen konnte?
f. Welches Haus hast du _ gekauft, ohne pg gesehen zu haben? (A. R. Parker)
g. *Der Arzt ließ den Patienten, ohne zu pg beruhigen, schreien.
h. weil den Patienten der Arzt, ohne pg anzuschauen, _ untersucht hat (G. Grewendorf & J. Sabel)

Insofern und im Lichte der psycholinguistischen Erklärungen bei Dąbrowska lassen sich Schmarotzerlücken durchaus auch als Illusionskandidaten einordnen.

3.7 Fragwürdige attributive Bezüge

Als Letztes sei noch eine Konstruktion betrachtet, die in der sprachwissenschaftlichen Diskussion quasi nicht vorkommt. Dabei stellt sie eine enorme Herausforderung an den Theoretiker. Andererseits – und bezeichnenderweise – ist sie ein Dauerthema in der sprachpflegerischen und sprachkritischen Literatur. Es handelt sich hierbei um Komposita, bei denen durch ein separates Attribut in der Nominalphrase, deren Kopf das Kompositum darstellt, nicht das komplexe Kompositum (oder eventuell das Grundwort), sondern das Bestimmungswort modifiziert oder ergänzt wird. Die bekanntesten Fälle sind solche, bei denen sich ein attributives Adjektiv auf das Erstglied eines zusammengesetzten Substantivs bezieht. Dazu gehören ziemlich geläufige Kombinationen wie *grüner Bohneneintopf, künstlicher Besamungsvorgang, eheliche Pflichtverletzung, kindliche Sprachstörung, deutsche Sprachwissenschaft* (als Synonym zur linguistischen Germanistik und eben nicht zur *Linguistik in Deutschland*); man findet allerdings auch „schräge" und teilweise lustige Bildungen wie *glückliches Hühnerei, geräucherter Fischladen* und viele weitere (siehe Burkhardt 1999 und in diesem Band). Hierarchisch entsprechend zu diesen adjektivischen Konstruktionen sind attributive Bezugnahmen von postnominalen Ergänzungen oder Modifikationen wiederum ausschließlich auf das Bestimmungswort: *keine Teilnahmepflicht an Debatten, Einführungskurse ins Lateinische, (alarmierender) Vertrauensschwund in die Politik, Einreiseverbot in die UdSSR, Verbrechensserie an Kindern* etc. Eine Kombination beider Attribuierungsphänomene war wohl Anlass für den Titel, den Armin Burkhardt für seinen Sprachreport-Beitrag wählte: *Gut erhaltene Knochenfunde von Urmenschen*. Burkhardt versucht eine Erklärung der Genese dieser Ausdrücke, die er als Fehler oder als Falschbildungen versteht. Dabei skizziert er Überlegungen, in deren Richtung weiter geforscht werden muss. Burkhardt eruiert und beschreibt Tendenzen, welche Verbindungen besser klingen als andere. Solche lassen sich sicher feststellen. Allerdings liegt eine umfassende Erklärung dieser Bildungen jedenfalls noch nicht vor; neuere Arbeiten zum Thema sind im Entstehen (Härtl 2013).

4 Die Rolle der Sprachpflege (und damit das Friedensangebot eines Linguisten)

Im letzten Teil des vorhergehenden Abschnittes geht es um ein Phänomen – „falsche Bezüge" –, das in gewisser Weise symptomatisch ist. Die fragliche Konstruktion wird von einer der wenigen Persönlichkeiten untersucht, die sowohl der Fraktion der Sprachwissenschaftler als auch der der Sprachpfleger zuzurechnen ist: Armin Burkhardt ist professioneller Germanist, forscht zu teilweise rein systemlinguistischen, aber auch zu soziolinguistischen Fragestellungen. Andererseits ist er amtierender Vorsitzender der Gesellschaft für deutsche Sprache (GfdS), die sich auch als sprachpflegerische Institution begreift[12]. Beim Verfassen des zitierten Beitrags agiert er in dieser Doppelfunktion. Dabei stellt Burkhardt fest, die Grammatiken böten in Bezug auf das ungewöhnliche Attribuierungsmuster „herzlich wenig Information" (Burkhardt 1999: 2) oder würden das Phänomen einfach „übergehen" (ebd.: 3). Er konstatiert sogar, jene „Attribuierungsprobleme beim Kompositum werden daher nirgends auch nur mit einer Silbe erwähnt" (ebd.: 9). Genau diese, hier zitierten, Behauptungen werden von Eisenberg (Zifonun, Vogt und Eisenberg 1999) in dessen Replik auf Burkhardts Beitrag herausgegriffen und dann zu widerlegen versucht. In der Tat kann Eisenberg einige grammatiktheoretische Arbeiten nennen: Bergmann (1980), Kolde (1985), Fabricius-Hansen (1993) und aus demselben Jahr ein ganzes Buch von Schmidt (1993), außerdem sogar den Duden und eigene Arbeiten. Dennoch ist die Beobachtung von Burkhardt im Großen und Ganzen richtig. Die sprachwissenschaftliche Beschäftigung mit der Thematik ist ausnehmend und unglaublich gering. Angesichts der Tatsache, dass hier eine semantisch-interpretatorisch schwer handhabbare und formal kaum zu fassende Struktur vorliegt, haben Sprachwissenschaftler diese Art der Attributivkonstruktion vernachlässigt. Andererseits hat die Sprachpflege das Phänomen erstens viel früher und zweitens viel intensiver the-

12 Aus dem Internetauftritt der Gesellschaft: „Wir über uns"/„Aufgaben und Ziele"; die Gesellschaft für deutsche Sprache (GfdS) ist eine politisch unabhängige Vereinigung zur Pflege und Erforschung der deutschen Sprache ... " (http://www.gfds.de/wir-ueber-uns/).

matisiert. Bekannt ist der Abschnitt *Die gelben Fieberanfälle* in Wustmanns hier schon öfter zitiertem, zweifelhaften Standardwerk von 1891. Wustmanns Beispiele wie *der musikalische Instrumentenmacher, die reitende Artilleriekaserne, die geprüfte Lehrerinnenanstalt* wurden und werden immer und immer wieder von der jeweils aktuellen Sprachpflege(rei) zitiert und um neue Beispielfunde bereichert (z. B. Engel 1911). Sprachoberlehrer und Journalistenidol Wolf Schneider veröffentlichte noch über 100 Jahre nach Wustmann einen Stil- und Grammatik-Ratgeber, dessen Titel „Der vierstöckige Hausbesitzer" ein Wustmann-Zitat ist. Erst in neuer Zeit wird die Konstruktion für psycholinguistisch ausgerichtete oder orientierte Forschungsarbeiten interessant: Härtl (2013), oder eben Meinunger (2012b) in Anschluss an Haider (2010, 2011).

Insofern ist die eingangs skizzierte Rinas'sche These mit weiteren Beispielen belegt. Rinas' Behauptung war, dass die normative Sprachkritik der Linguistik immer wieder vorgearbeitet hat,

> indem sie – wenn auch oft polemisch – auf Phänomene aufmerksam gemacht hat, die bis dahin in der Sprachwissenschaft keine Beachtung gefunden hatten. (Rinas 2011: 104)

Rinas' eigenes und sein meiner Meinung nach bestes Beispiel für die „Vorreiterrolle" der Sprachkritik bzw. Sprachpflege ist der Verweis auf die Partikelforschung. Sogenannte Modalpartikeln, die sich als kleine Wörtchen (*eh, eben, ja, doch, denn, aber* usw.) an einer bestimmten Position im oberen Mittelfeld des deutschen (meist selbstständigen) Satzes „einnisten", sind einstmals vom Sprachpfleger Ludwig Reiners (1943) als „Läuse im Pelz einer Sprache" diskreditiert worden. Inzwischen ist nicht nur Linguisten sondern auch sprachbewussten Laien, selbst den meisten und vernünftigen Sprachpflegern klar, dass diese Partikeln sehr positiv zu wertende Elemente und gerade für das Deutsche charakteristische Einheiten sind. Die Sprachwissenschaftlerin Karin Pittner konstatiert:

> Modalpartikeln haben eine rasante Karriere gemacht von einer Geringschätzung als „Flickworte", die wie „Läuse im Pelz einer Sprache" herumwimmeln (Reiners 1943) hin zu einem in der germanistischen Linguistik anerkannten Status als vor allem für die mündliche Kommunikation wichtige Elemente, die Informationen über die Einstellung des Sprechers zur Äußerung und ihre Verankerung in der Kommunikationssituation geben. Im Zuge der pragmatischen Wende war ein regelrechter Partikel-Boom mit einer Flut an Veröffentlichungen zu verzeichnen, die bis heute kaum abgeebbt ist. (Pittner 2010: 172)

Und in der Tat: Im selben Jahr wie Pittners Aufsatz erschien ein kompendienhafter Sammelband „40 Jahre Partikelforschung" (Harden und Hentschel 2010). Als linguistisches Initial- und Standardwerk gilt Harald Weydts Buch „Abtönungspartikel" (Weydt 1969). Die sprachpflegerische Klage, die zwar unwissenschaftlich, unsensibel, unreif und in Verkennung des Potenzials der Elemente eine Partikel-Verdammung eingeleitet und lange betrieben hat, muss dennoch als wichtiger Anstoß gesehen werden, sich mit dem Phänomen Partikel zu beschäftigen. Und ganz Ähnliches trifft nun auf fast alle Fälle der im vorliegenden Beitrag diskutierten Illusionskandidaten zu.

Die wissenschaftlich fundierte Beschäftigung mit dem deutschen Verbalkomplex (später *Skandalkonstruktion* und *Stirnhorn-Illusion* genannt) beginnt jedenfalls systematisch mit Bech (1955/83, 1963). Diejenige Arbeit allerdings, die als früheste Quelle für die Skandalkonstruktion in den linguistischen Arbeiten zitiert wird, ist die viel ältere Dissertation von Peter Wilhelm Merkes aus dem Jahre 1895. Da wird das von Vogel zitierte Datum *ohne sein Studium vollendet haben zu können* nicht nur als Fund zur Diskussion gestellt, sondern in sprachpflegerischer Manier als schlechtes, weil „unlogisches" und somit als zu vermeidendes Deutsch charakterisiert:

Es bedarf natürlich kaum der besonderen Erwähnung, dass diese Ausdrucksart mit dem Wesen der heutigen Sprache nicht mehr in Übereinstimmung ist und also keine Nachahmung verdient. (Merkes 1895: 72)

Die anschließend von mir besprochenen Flexions-Derivations-Zuordnungsschwierigkeiten (*der Genuss Schweizer Schokolade*) fallen in das größere Gebiet der sogenannten unmarkierten Genitive. Unmarkierte Genitive oder auch „undeutliche Genitive" sind genitivische Nominalphrasen, die als solche nicht eindeutig als genitivische Formen erkennbar sind. Diese Ausdrücke sind ebenfalls erst später auf linguistisches Interesse gestoßen; die hochinteressanten Arbeiten beispielsweise von Ljungerund (1955) oder Zifonun (2003) sind kaum beachtet worden, zu relativ großer Aufmerksamkeit haben es dann doch die Arbeiten von Gallmann gebracht (u. a. Gallmann 1996). Im Zentrum sprachkritischer Schriften – und zwar als stigmatisierte Wortverbindungen – standen die einschlägigen Konstruktionen allerdings wieder schon viel früher bei Wustmann (1891) oder Matthias (1892): *Bekanntschaft deren Tochter, Lust euer Eminenz, die Spur ihrer beider Körper, der Tod Perikles('), die neueste Schöpfung Kopenhagener Steuerkunst* u. v. m. Wustmann sagt wörtlich:

> So richtig man sagt: *eine Versammlung deutscher Gastwirte,* so falsch ist: *der Verein Leipziger Gastwirte**. Der vorangestellte Wesfall *Leipziger* setzt die nachfolgenden *Gastwirte* noch lange nicht in den gleichen Fall! ... Ein Fehler, für den leider in den weitesten, auch in den gebildeten Kreisen gar kein Gefühl mehr vorhanden zu sein scheint, steckt in Verbindungen wie: *Ausschank Pilsener Biere, ... nach Meldungen Dresdener Zeitungen* [...]. (Wustmann 1891: 35 f.; *Kursivsetzung durch A. M.)

Die stark-schwach-Problematik als solche ist ein relativ prominentes grammatisches Phänomen. Die wichtigen Regeln fehlen in keiner guten Grammatik des Deutschen. Die zweifelhaften Fälle hingegen, wie sie eben die Beispiele in (59)-(63) illustrieren, findet man in grammatischen Beschreibungen nicht. Andere Unsicherheiten beim stark-schwach-Gebrauch findet man wieder viel prominenter in Stilratgebern und sprachpflegerischen Belehrungsschriften, von Wustmann, der sich der Thematik über ein ganzes Kapitel mit einigen Unterkapiteln widmet, bis hin zu Sick (2009/2012)[13]. Gleiches gilt für Beispiele beim Vertauschen der

13 Sick, B.: http://www.spiegel.de/kultur/gesellschaft/zwiebelfisch-honeckers-letzte-n-tage-in-deutschland-a-829943.html,
http://www.spiegel.de/kultur/zwiebelfisch/zwiebelfisch-ohne-jegliches-sprachliches-gefuehl-a-620000.html.

Formen *eines* und *einer*, canoonet: *durch Anklicken einer der Bilder erhalten sie eine vergrößerte Darstellung*[14].

Was die CP-Rekursionsfälle betrifft (Vorfeld-Wiederholung) bzw. die von Freywald thematisierten Verbzweit-Sätze unter der Konjunktion *dass*, muss ganz eindeutig wieder die sprachpflegerische Kampagne als Ursprung der wissenschaftlichen Auseinandersetzung mit dem Wortstellungsphänomen diagnostiziert werden. Die illusionsverdächtigen Herder-Sätze (74) und (75) oder die von mir ins Spiel gebrachten eingebetteten Verbdritt-Sätze sind als Ergebnis von Erhebungen oder Überlegungen ausgelöst durch die Arbeiten von Ulrike Freywald zum Status von Konstruktionen des Typus' [... dass [Verbzweit-Struktur]] (= (72) und (73). Diese Sätze, wie wohlgeformt oder grammatisch abweichend sie sein mögen, wurden zum Forschungsgegenstand infolge der langen Diskussion um *weil*-Verbzweit-Sätze. Diese waren über Jahrzehnte Ziel sprachpflegerischer Agitation. Eine interessante Auflistung von sprachpflegerischen Kapriolen zur Unterbindung und Stigmatisierung dieser als schlecht, falsch und undeutsch gescholtenen Struktur findet sich bei Heide Wegener (1999). Inzwischen liegen Unmengen an theoretischen Arbeiten zu diesem Thema vor. Angefangen hatte die Klage seitens der Sprachpfleger eben bei der normgerecht subordinierenden Konjunktion *weil*. Später folgten weitere Kandidaten. Parallel dazu nahm auch die Wissenschaft immer mehr unterordnende Konjunktionen ins Visier: *während, obwohl, wobei, wohingegen, trotzdem*. Dieser Pfad bereitete den Weg zur Fragestellung, ob die subordinierende Konjunktion par excellence – nämlich *dass* – nun nicht auch strukturell hauptsatzäquivalente Sätze einbetten könne. Die Antwort bei Freywald ist ja; die Datenlage ist zumindest herausfordernd. Ohne die sprachpflegerische Attacke auf *weil*-Verbzweit-Sätze scheint mir der Freywaldsche Diskussionsbeitrag sehr unwahrscheinlich. Ohne Freywalds Arbeiten wären die komplexen Sätze aus (68)-(75) als potenzielle Illusionskandidaten sicherlich nicht thematisiert worden.

Die letzte im vorliegenden Beitrag diskutierte Klasse von grammatischen Zweifelsfällen war die der „falschen Bezüge". Dass diese bis heute eher sprachpflegerische Diskussionsobjekte waren als linguistischer Untersuchungsgegenstand, ist trotz der von Eisenberg (Zifonun, Vogt und Eisenberg 1999) zu Recht angeführten wissenschaftlichen Arbeiten von Burkhardt vollkommen zutreffend dargestellt worden.

Ein abschließendes Beispiel, das in der Illusionsdiskussion dieses Beitrags nicht verfolgt wurde, aber ebenfalls die hier herausgearbeitete Wirkungsrichtung wiedergibt, ist der sogenannte abschwächende oder absolute Komparativ. Dabei handelt es sich um die Verwendung komparativischer Adjektivformen, die eine geringere Ausprägung zum Ausdruck bringen als die bloßen Positivformen: *eine ältere Dame* ist demnach jünger, also weniger alt, als *eine alte Dame; ein größerer Beitrag* suggeriert eine geringere Summe als *ein großer Beitrag*. Dieser Gebrauch galt bei vielen älteren Sprachbewahrern als schlecht, nicht nachahmenswert und undeutsch, weil latinisierend oder gräzisierend. Breier (1848: 44 ff.) kritisiert die

14 http://canoo.net/services/OnlineGrammar/InflectionRules/FRegeln-P/Pron-Indef/Pron-einer3.html.

Verwendung des absoluten Komparativs als „dem deutschen Sprachgeiste völlig zuwider" und Würfl (1880: 340) als eine „Gebrauchsweise, die dem deutschen Sprachgeiste nicht entspricht". In der letzten Hälfte des 20. Jahrhunderts, also rund 100 Jahre später, wurden diese Komparative dann zu interessanten und viel diskutierten Forschungsobjekten von Sprachwissenschaftlern und fanden auch Eingang in einschlägige und führende Grammatiken (siehe Becker 2005).

5 Fazit

Es zeichnet sich also ab, dass Laienlinguisten und Sprachpfleger durchaus einen nicht geringen Beitrag zum Erkenntnisgewinn in Sachen Sprache geleistet haben. Ihrem Interesse an, ihrem Blick auf und ihrem Gespür für ungewöhnliche Ausdrucksformen und ihrer Beharrlichkeit beim Bekanntmachen der Strukturen ist es zu verdanken, dass einige spannende Fragen gestellt wurden, an deren Beantwortung dann auch professionelle Linguisten erfolgreich gearbeitet haben. Einige Fragen davon sind immer noch offen; und vielleicht helfen sie beim Herausfinden, wie wirklich oder unwirklich sprachliche Illusionen sind. Sicher werden noch viel mehr solcher sprachpflegerischen Fragen und Einlassungen Grammatiker weiterhin auf interessante sprachliche Phänomene aufmerksam machen, die nicht auf die in diesem Beitrag thematisierten Illusionen beschränkt sind.

Dass Sprachwissenschaftler bei aller Wertschätzung gegenüber bestimmten Sprachpflegern, für die hier im Beitrag argumentiert wird, dennoch weiterhin äußerst skeptisch und kritisch bleiben sollten, versteht sich von selbst.

6 Literaturverzeichnis

Bech, Gunnar (1955/83): *Studien über das deutsche Verbum infinitum*, Band 1. 2, unveränderte Auflage mit einem Vorwort von Catherine Fabricius-Hansen. Tübingen (Linguistische Arbeiten, Bd. 139): [Original: Bech, Gunnar (1955/57): *Studien über das deutsche Verbum infinitum.* In: Dan. Hist. Filol. Medd. 35 (1955 / 56) und 36 (1956/57)].

Bech, Gunnar (1963): Grammatische Gesetze im Widerspruch. In: *Lingua* 12, S. 291-299.

Becker, Thomas (2005): Warum eine alte Dame älter ist als eine ältere Dame: Zum absoluten Komparativ im Deutschen. In: *Deutsche Sprache* 33, S. 97-116.

Bergmann, Rolf (1980): Verregnete Feriengefahr und Deutsche Sprachwissenschaft. Zum Verhältnis von Substantivkompositum und Adjektivattribut. In: *Sprachwissenschaft* 5, S. 234-265.

Betten, Anne (1980): Fehler und Kommunikationsstrategien. In: Dieter Cherubim (Hg.): *Fehlerlinguistik*. Tübingen, S. 188-208.

Breier, Friedrich (1848): Mißbrauch des Comparativs und Superlativs in der deutschen Sprache. In: *Archiv für das Studium der neueren Sprachen und Literaturen* 3, S. 44-51.

Burkhardt, Armin (1999): Gut erhaltene Knochenfunde von Urmenschen. Zu einigen typischen Attributfehlern in der deutschen Gegenwartssprache. In: *Sprachreport* 2, S. 2-10.

Dąbrowska, Ewa (2010): Naive v. expert intuitions: An empirical study of acceptability judgments. In: *The Linguistic Review* 27, S. 1-23.

Eisenberg, Peter/Voigt, Gerhard (1990): Grammatikfehler? In: *Praxis Deutsch* 17, S. 10-15.

Engel, Eduard (1911): *Deutsche Stilkunst*. 6. Auflage. Wien/Leipzig.

Fabricius-Hansen, Cathrine (1993): Nominalphrasen mit Komposita als Kern. In: *Beiträge zur Geschichte der deutschen Sprache und Literatur* 115, S. 193-243.

Featherston, Sam (2005): The Decathlon Model of empirical syntax. In: Marga Reis, Stephan Kepser (Hg.): *Linguistic Evidence: Empirical, Theoretical, and Computational Perspectives*. Berlin, S. 187-208.

Fodor, Jerry A. (1983): *Modularity of Mind: An Essay on Faculty Psychology*. Cambridge.

Freywald, Ulrike (2008): Zur Syntax und Funktion von dass-Sätzen mit Verbzweitstellung. In: *Deutsche Sprache* 36, S. 246-285.

Fuhrhop, Nanna (2003): ‚Berliner' Luft und ‚Potsdamer' Bürgermeister: Zur Grammatik der Stadtadjektive. In: *Linguistische Berichte* 193, S. 91-108.

Gallmann, Peter (1996): Die Steuerung der Flexion in der DP. In: *Linguistische Berichte* 164, S. 283–314.

Haider, Hubert (2010): *Grammatische Illusionen – Lokal wohlgeformt – global deviant*. Hubert Haider, FB-Linguistik, Univ. Salzburg (http://www.uni-salzburg.at/pls/portal/docs/1/1441196.PDF).

Haider, Hubert (2011): Grammatische Illusionen. In: *Zeitschrift für Sprachwissenschaft* 30, S. 223-257.

Harden, Theo/Hentschel, Elke (2010): *40 Jahre Partikelforschung*. Tübingen.

Härtl, Holden (2013): Arguments of non-heads. In: *Interfaces of Morphology* (studia grammatica, Bd. 74). Hg. von Holden Härtl. Berlin.

Kepser, Stephan/Reis, Marga (2005): *Linguistic Evidence: Empirical, Theoretical and Computational Perspectives*. Berlin. (speziell das Vorwort)

Kolde, Gottfried (1985): Zur Topologie der deutschen Substantivgruppen. Rahmenbildung und mehrfache Attribuierung. In: *Zeitschrift für Germanistische Linguistik* 13, S. 241-277.

Ljungerund, Ivar (1955): *Zur Nominalflexion in der deutschen Literatursprache nach 1900*. Lunder Germanistische Forschungen XXXI. Lund.

Matthias, Theodor (1892): *Sprachleben und Sprachschäden*. Leipzig.

McCloskey, James (2005): Questions and questioning in a local English. In: Raffaella Zanuttini u. a. (Hg.): *Cross-Linguistic Research in Syntax and Semantics: Negation, Tense and Clausal Architecture*. Georgetown University Press, S. 87-126.

Meinunger, André (2011a): Das ist was ziemlich Komisches ist das! – The syntax of apokoinu-constructions in colloquial German and other langages. In: Eva Breindl, Anna Volodina und Gisella Ferraresi (Hg.): *Satzverknüpfungen*. Berlin/New York, S. 351-378.

Meinunger, André (2011b): Der Wortartenstatus des Elements ‚je' in der komparativen Korrelativkonstruktion. In: *Zeitschrift für Germanistische Linguistik* 39.2, S. 217-231.

Meinunger (2011/12): *Über grammatische Illusionen und sprachliche Realitäten – Bemerkungen zum Sprachvermögen* (immer wieder leicht veränderter, angepasster und weiterentwickelter Vortrag an den Universitäten Braunschweig, Leipzig, Prag, Stuttgart, Vechta, Wien).

Meinunger, André (2012a): Sprache, Stil und starke Sprüche – Bastian Sick und seine Kritiker (Rz.). In: *Zeitschrift für Rezensionen zur germanistischen Sprachwissenschaft* 4.2, S. 221-228.

Meinunger, André (2012b): Über kindliche Sprachstörungen, bürgerliches Gesetzbuch und deutsche Sprachwissenschaft – sprachliche Illusionen und Realitäten. In: *Sprachheilarbeit* 3/12, S. 1.

Meinunger (2014): Grammatische Illusionen und sprachliche Realitäten – Bemerkungen zum Sprachvermögen. In: Martin Neef u. a. (Hg.): *Skandal im Sprachbezirk*. Frankfurt a. M., S. 239-265.

Merkes, Peter Wilhelm (1895): *Der neuhochdeutsche Infinitiv als Teil einer umschriebenen Zeitform: Historisch-grammatische Betrachtungen*. Dissertation, University of Göttingen.

Ninio, Jacques (2010): Visuelle Illusionen – Der gute Knick in der Optik. In: *Gehirn und Geist*, S. 6-12.

Pittner, Karin (2010): Modalpartikeln in neueren Lehrwerken für Deutsch als Fremdsprache. In: Nicole Hinrichs, Anika Limburg (Hg.): *Gedankenstriche – Reflexionen über Sprache als Ressource. Für Wolfgang Boettcher zum 65. Geburtstag*. Tübingen, S. 171-184.

Plank, Frans (1981): *Morphologische (Ir-)Regularitäten. Aspekte der Wortstrukturtheorie.* Tübingen (Studien zur deutschen Grammatik, Bd. 13).

Pylyshyn, Zenon W. (1999): Is vision continuous with cognition? The case for cognitive impenetrability of visual perception. In: *Behavioral and Brain Sciences* 22.3, S. 341-423.

Reiners, Ludwig (1943): *Deutsche Stilkunst. Ein Lehrbuch deutscher Prosa*. München.

Reis, Marga (1979): Ansätze zu einer realistischen Grammatik. In: Klaus Grubmüller u. a. (Hg.): *Befund und Bedeutung. Zum Verhältnis von Empirie und Interpretation in Sprach- und Literaturwissenschaft*. Tübingen, S. 1-21.

Rinas, Karsten (2011): *Sprache, Stil und starke Sprüche: Bastian Sick und seine Kritiker*. Darmstadt.

Schmidt, Jürgen Erich (1993): *Die deutsche Substantivgruppe und die Attribuierungskomplikation*. Tübingen.

Schneider, Jan Georg (2013): Sprachliche ‚Fehler' aus sprachwissenschaftlicher Sicht. In: *Sprachreport* 1-2, S. 30-37.

Schütze, Carson T. (1996): *The empirical base of linguistics. Grammaticality judgments and linguistic methodology*. Chicago/London.

Trabant, Jürgen (2005): Vom Schrei zur Artikulation. In: Magnus Schlette, Matthias Jung (Hg.): *Anthropologie der Artikulation*. Begriffliche Grundlagen und 22 transdisziplinäre Perspektiven. Würzburg, S. 62-84.

Trabant, Jürgen (2008): *Was ist Sprache?* München.

Ulvestad, Bjarne (1978): Zum Adhortativ und Sie-Imperativ. In: *Sprachwissenschaft* 1978/3, S. 146-183.

Urban, Ines (2007): *"Lassma" Weltmeisterschaft machen - eine grammatische Untersuchung zum Kiezdeutsch.* Mag.-Arbeit HU Berlin. Berlin. [http://www2.hu-berlin.de/linguistik/institut/syntax/onlinelexikon/s_materialien/urban.pdf].

Vogel, Ralf (2009): Skandal im Verbkomplex: Betrachtungen zur scheinbar inkorrekten Morphologie in infiniten Verbkomplexen des Deutschen. In: *Zeitschrift für Sprachwissenschaft* 28.2, S. 307-346.

Wegener, Heide (1999): Syntaxwandel und Degrammatikalisierung im heutigen Deutsch? Noch einmal zu weil-Verbzweit. In: *Zeitschrift für deutsche Sprache* 27.1, S. 3–26.

Weydt, Harald (1969): *Abtönungspartikel. Die deutschen Modalpartikeln und ihre französischen Entsprechungen.* Bad Hamburg v.d.H.

Wunderlich, Dieter (2008): Spekulationen zum Anfang von Sprache. In: *Zeitschrift für Sprachwissenschaft* 27.2, S. 229–265.

Würfl, Christoph (1880): Über Klopstock's poetische Sprache. In*: Archiv für das Studium der neueren Sprachen und Literaturen* 64, S. 271-340.

Wurmbrand, Susi (2012): *Skandal oder Illusion? Verbkomplexe in der Grammatiktheorie.* Vortragshandout, Universität Stuttgart (Juli).

Wustmann, Gustav (1891): *Allerhand Sprachdummheiten. Kleine deutsche Grammatik des Zweifelhaften, des Falschen und des Häßlichen. Ein Hilfsbuch für alle, die sich öffentlich der deutschen Sprache bedienen.* Leipzig.

Zifonun, Gisela (2003): Was geschieht, wenn dessen auf einen Genitiv trifft? In: *Sprachreport* 3/2003, S. 18-22.

Zifonun, Gisela/Vogt, Michael/Eisenberg, Peter (1999): Kritikversuch an einem Sprachkritiker. Drei Kritiken zu einem Beitrag von A. Burkhardt. In: *Sprachreport* 2/1999, S. 10-14.

Zimmer, Dieter E. (2007): Gutes Deutsch. In: Armin Burkhardt (Hg.): *Was ist gutes Deutsch? Studien und Meinungen zum gepflegten Sprachgebrauch* (Duden Thema Deutsch 8). Mannheim, S. 381-392.

Andreas Corr

Über die konservative Traditionslinie populärer Sprach- und Stilratgeber[1]

1 Problemstellung: Sprachwissenschaft und öffentliche Sprachreflexion

In Deutschland sind Sprach- und Stilratgeber, in denen es nicht nur um den richtigen, sondern auch den guten sprachlichen Ausdruck geht, bisweilen äußerst populär und erfolgreich.[2] Nicht zuletzt seit dem großen Erfolg der Kolumnen und Bücher von Bastian Sick[3] ist eine Diskussion der in solchen Texten vermittelten Sprachauffassung hoch aktuell; dies zeigen die zahlreichen (kritischen) Kommentare mehr als deutlich, die in den vergangenen Jahren auch seitens der Germanistischen Sprachwissenschaft zu dieser Form der öffentlichen, ausdrücklich nichtwissenschaftlichen Sprachkritik geäußert worden sind (vgl. hierzu exemplarisch Meinunger 2008).

Insbesondere wenn das Thema Sprachwandel – und die öffentliche Reflexion desselben – angesprochen wird, lohnt eine intensivere Auseinandersetzung mit populären Sprach- und Stilratgebern. Dies liegt freilich darin begründet, dass in besagter Sparte der Ratgeberliteratur an einigen Stellen auf aktuelle Entwicklungen der deutschen Sprache Bezug genommen und aufmerksam gemacht wird. Aus linguistischem Blickwinkel kann dieser Aspekt zunächst als durchaus erfreulich betrachtet werden, denn Sprach- und Stilratgebern gelingt zuweilen, was den meisten wissenschaftlichen Publikationen verwehrt bleibt: Sie begeistern ein größeres Publikum für das Thema Sprache und sensibilisieren gegebenenfalls sogar für bestimmte sprachliche Phänomene. Wenn auch die Forschung bislang keine zufriedenstellenden Aussagen über die faktischen Auswirkungen oder den konkreten Nutzen von Sprach- und Stilratgebern zulässt[4], so kann wenigstens doch festgehalten werden, dass man es hier mit einer „Sprach- und Stilauffassung [zu tun hat], die einem sprachlich interessierten Laienpublikum dargeboten wird, das gemäß den Auflagenzahlen der Werke Zehntausende von Lesern umfasst." (Law 2007: 5)

1 Bei dem vorliegenden Text handelt es sich um eine leicht überarbeitete und ergänzte Fassung von Corr (2013).

2 In anderen Ländern werden Sprach- und Stilratgeber ebenfalls hin und wieder zu Bestsellern. Ein bekanntes Beispiel für den englischsprachigen Raum ist das im Jahr 2003 erschienene Buch *Eats, Shoots & Leaves: The Zero Tolerance Approach to Punctuation* von Lynne Truss, das mittlerweile auch in deutscher Übersetzung vorliegt.

3 Im Mai 2013 ist bereits Folge 5 der beliebten Sick'schen Kolumnen-Sammlung *Der Dativ ist dem Genitiv sein Tod* erschienen.

4 Ganz ähnlich formuliert es Püschel (1991: 56), indem er schreibt: „Über die tatsächliche Nutzung und Wirkung dieser Stil- und Schreib-Ratgeber lassen sich nur Vermutungen anstellen." Dass sich dies in Zukunft ändern wird, darf mit Recht bezweifelt werden. Denn schließlich „kann leider nicht gemessen werden, in wievielen Fällen Leser sprachkritischer Bücher das Kritisierte fortan meiden und sich situationsangemessen einen reflektierteren, differenzierteren, gewählteren Formulierungsstil angewöhnen" (von Polenz 1999: 311).

Problematisch wird eine derart ausgeprägte Breitenwirkung aus Sicht der Sprachwissenschaft allerdings, wenn die in Sprach- und Stilratgebern gefällten Urteile über vermeintlich Richtiges und Falsches in handfestem Widerspruch mit linguistischen Erkenntnissen stehen. Dies ist vor allen Dingen dann der Fall, wenn ihre grundlegende Skepsis gegenüber dem Sprachwandel manche Autorinnen und Autoren[5] dazu verleitet, sprachliche Entwicklungen, Neuerungen und mithin Abweichungen vom Vertrauten pauschalisierend als negativ zu beurteilen. Oftmals werden so gewöhnliche Sprachwandelphänomene vorschnell als besorgniserregende Fehler, die es grundsätzlich zu vermeiden gelte, geradezu stigmatisiert – und in der Folge wird Sprachwandel insgesamt als bedrohlicher Verfallsprozess wahrgenommen.

Bekanntermaßen stellt eine solche Auffassung eine weit verbreitete Sichtweise auf sprachliche Gegebenheiten dar.[6] Und eben hier wird der Bruch zwischen explizit sprachkritisch vorgehenden Sprachratgebern, in denen eine negative Kritik an bestimmten Sprachphänomenen überwiegt, und sprachwissenschaftlich vertretbaren Positionen eindeutig erkennbar. Denn, offen auf den Punkt gebracht: „Die Sprachwissenschaft hält nicht viel von der Sprachverfalls-These." (Sanders 2011: 77) Verschärft wird die Problematik aus linguistischer Sicht sogar noch, wenn populäre Ratgeber-Texte unreflektiert im Deutschunterricht herangezogen werden, sodass das hier vertretene Sprachverständnis und die damit teils eng verwobene Angst vor Sprachverfall womöglich sogar an Schülerinnen und Schüler weitergegeben werden (vgl. ausführlich Maitz/Elspaß 2007).[7]

Dabei sind die konservativen Ansichten über sprachliche Normen, Sprachrichtigkeit und Sprachwandel, die auch in gegenwärtigen Sprachratgebern beharrlich geäußert werden, nicht unbedingt neu oder originell; Sprach- und Stilratgeber gibt es schließlich nicht erst seit Kurzem. Tatsächlich blicken wir aus heutiger Sicht auf eine lange Tradition solcher Autorinnen und Autoren zurück, die zumindest vorgeben, eine genaue Vorstellung davon zu haben, was sprachlich richtig und was falsch, was stilistisch gut und was schlecht ist.

5 Schon Sanders weist auf den etwas merkwürdigen Umstand hin, dass es sich bei den Verfassern der bekanntesten Sprach- und Stilratgeber beinahe ausschließlich um Männer handelt (vgl. Sanders 2011: 41 ff.).

6 Eine viel beachtete, repräsentative Umfrage der Gesellschaft für deutsche Sprache aus dem Jahr 2008 hat ergeben, dass nicht weniger als 65 % der Deutschen der Aussage ‚Die deutsche Sprache droht immer mehr zu verkommen' zustimmen würden (vgl. Hoberg/Eichhoff-Cyrus/Schulz 2008: 10). Interessanterweise meinen jedoch ebenso 65 % der Befragten, gute Deutschkenntnisse zu haben; weitere 25 % gehen sogar davon aus, sehr gut mit ihrer Muttersprache umgehen zu können (vgl. Hoberg/Eichhoff-Cyrus/Schulz 2008: 13). Schlobinski (2009: 2) kommentiert diese Daten mit einer nicht unberechtigten Frage: „Wenn 90 % der Deutschen selbstbewusst behaupten, dass sie über gute bzw. sehr gute Deutschkenntnisse verfügen, und man annehmen darf, dass sie diese nicht in einer (mentalen) Schatztruhe verstecken, sondern auch zur Anwendung bringen, wie erklärt sich dann, dass zwei Drittel einen Sprachverfall sehen?"

7 Bastian Sick nennt auf seiner Homepage eine beträchtliche Anzahl an Deutschbüchern, in denen Nachdrucke seiner Texte zu finden sein sollen: http://www.bastiansick.de/bibliografie/nachdrucke (Stand: Juli 2013).

Um eben jene Tradition der Sprachratgeberliteratur wird es im Folgenden gehen. Es wird im Kern der Frage nachgegangen, welche Charakteristika einer konservativen Traditionslinie populärer Sprach- und Stilratgeber erkennbar sind. Diesbezüglich spielt neben der bereits angedeuteten sprach*skeptischen* Perspektive speziell eine mit diesen Texten ausdrücklich verknüpfte sprach*pflegerische* Intention eine wichtige Rolle.

Vorweg muss jedoch in einer kurzen Begriffsklärung darauf eingegangen werden, was überhaupt gemeint ist, wenn im vorliegenden Text von *populären Sprach- und Stilratgebern* die Rede ist, da wir es in diesem Zusammenhang nur mit einer, wenn auch sicher der bekanntesten, Erscheinungsform der recht diffusen Textsortengruppe *Sprachratgeber* zu tun haben.

2 Begriffsklärung: Was sind populäre Sprach- und Stilratgeber?

Ein grundlegendes Problem, das zunächst überwunden werden will, wenn man sich als Linguistin oder Linguist mit Sprachratgebern im weitesten Sinne beschäftigen möchte, ist die außerordentliche Fülle an Material, die als Untersuchungsgegenstand infrage kommt. Denn:

> Für den erwachsenen Muttersprachler gibt es fast eine unüberschaubare Palette von Sprachratgebern, laienlinguistischer Literatur und Nachschlagewerken, die ihm für die Lösung auftretender kommunikativer Probleme oder für die Aneignung neuen sprachlichen Wissens und wenig erprobter kommunikativer Fähigkeiten zur Verfügung stehen. Wenn man also wissen will, wie man ein bestimmtes Wort orthografisch korrekt schreibt, welche Angaben in einen Lebenslauf gehören, den man einer Bewerbung beizulegen gedenkt, wie man mit einem Referat Zuhörer fesselt, wie man durch Gespräche partnerschaftliche Konflikte lösen kann usw., hat man die Möglichkeit, Hilfe zu suchen und zu finden. (Tietz 1997: 44)

Ein Sprachratgeber kann, mit anderen Worten, vielerlei Formen annehmen; er kann etwa an eine konkrete Leserschaft (beispielsweise Studierende, Journalistinnen und Journalisten, Politikerinnen und Politiker etc.) adressiert sein oder spezifische Textsorten (beispielsweise Referate, Bewerbungen, Briefe etc.) thematisieren. Die daraus resultierende bunte Vielfalt der Ratgeberliteratur in Sachen *Sprache* ist enorm.

Eine allgemeine und häufig herangezogene Definition dieser vielschichtigen Textsortengruppe liefert Albrecht Greule. Er erläutert in einer knappen Formulierung: „Ein Sprachratgeber ist ein Text (meist ein Buch), in dem Ratschläge zum Gebrauch der Muttersprache gegeben werden oder in dem zum Gebrauch der Muttersprache angeleitet wird.“ (Greule 2002: 589) In der einschlägigen Forschungsliteratur ist dahingehend auch von „sprachberatenden Schriften“ (Meyer 1993: 238) die Rede, als deren charakteristisches Merkmal die *laienlinguistische Anweisung* (hier im Sinne von: eine an die interessierte Laiin und den interessierten Laien gerichtete Instruktion) genannt wird (vgl. Greule 2002: 590). Greule stellt vor diesem Hintergrund fest, dass es derartige Texte für den deutschen Sprachraum seit wenigstens fünfhundert Jahren gibt (vgl. Greule 2000: 321 ff.).[8]

Von diesem definitorischen Ausgangspunkt ausgehende sprachwissenschaftliche Ansätze bemühen sich, die zahlreichen historischen Erscheinungsformen sprachberatender Texte genauer zu differenzieren und mittels möglichst handfester Kriterien zu klassifizieren.[9] Einen ausführlichen Einblick in den derzeitigen Forschungsstand liefert Katja Kessel: In ihrer Arbeit unterscheidet Kessel diverse Subsorten der Sprachratgeberliteratur (beispielsweise Grammatiklehren, Interpunktions- und Orthographielehren, Gesprächslehren, Redelehren, Leselehren, Schreiblehren etc.), macht jedoch auch deutlich, dass die in der Forschung bislang verwendete Terminologie angesichts der Vielzahl der zu typisierenden Schriften alles andere als einheitlich erscheint (vgl. Kessel 2009: 29-36).

Konzentriert man sich nun auf die „Marktleader" (Sanders 2011: 39), die im deutschsprachigen Raum in etwa seit dem späten 19. Jahrhundert Hochkonjunktur haben, so geraten solche Texte in den Blick, die unter Rückgriff auf eine Formulierung Kessels als „Sprachratgeber *im engeren Sinne*" (Kessel 2009: 30; Hervorhebung A. C.) charakterisiert werden können.[10] Gemeint sind hiermit jene, insbesondere bei Willy Sanders detailliert besprochenen, klassischen „[...] grammatisch-stilistischen Allround-Werke [...]" (Sanders 2011: 41), die sich in ihrer ausgeprägten thematischen Breite mit vielen verschiedenen, zuweilen recht heterogenen Aspekten von Sprache befassen: So wird beispielsweise die beinahe unausweichliche Fremdwortfrage ebenso aufgegriffen wie grammatische Zweifelsfälle oder mutmaßliche Patentrezepte zur Erlangung eines besseren Stils. Eine adäquate Fokussetzung auf bestimmte Themen, die im linguistischen Sinne eindeutig einer der Ebenen der Sprachbeschreibung zuzuweisen wären, ist hier kaum zu erkennen. In der Konsequenz werden aus sprachwissenschaftlicher Sicht wohl zu unterscheidende Angelegenheiten, etwa Probleme der Grammatik auf der einen und Stilfragen auf der anderen Seite, nicht selten miteinander vermengt. Schon allein aus diesem Grund scheint an dieser Stelle, wie Kilian/Niehr/Schiewe (2010: 56) es formulieren, „[e]ine trennscharfe Abgrenzung von Sprachratgebern und Stillehren [...] kaum möglich". Der Einfachheit halber werden die entsprechenden Texte daher im Folgenden unter der schlichten Bezeichnung *populäre Sprach- und Stilratgeber*[11] zusammengeführt.

---

8 Eine an der Universität Regensburg unter der Leitung von Albrecht Greule erstellte Bibliographie der Sprachratgeberliteratur vom 15. bis ins 20. Jahrhundert war im Internet unter der Adresse http://www.sprachratgeber.uni-regensburg.de einsehbar, ist derzeit (Stand: Juli 2013) jedoch leider offline.

9 Die Forschung zur gesamten Fülle der Sprachratgeberliteratur steckt, wenn man so will, noch in den Kinderschuhen, doch entdeckt die Sprachwissenschaft dieses Thema offenbar mehr und mehr für sich (vgl. Greule 2002: 589).

10 Bereits Greule weist auf die terminologisch zweifellos ein wenig unglückliche Notwendigkeit hin, „[...] *Sprachratgeber* sowohl als Oberbegriff als auch als Unterbegriff zu verwenden" (Greule 2002: 589; Hervorhebung im Original).

11 In vergleichbarer Weise ist auch in den Ausführungen von Law zusammenfassend die Rede von einer „[...] Textsorte der Sprachratgeber und Stillehren [...]" (Law 2007: 8).

Bereits seit einigen Jahren wird in der Germanistischen Sprachwissenschaft einer kritischen Auseinandersetzung mit populären Sprach- und Stilratgebern unter den Stichwörtern *Laienlinguistik* (vgl. hierzu Antos 1996 und Davies/Langer 2006) und *laienlinguistische Sprachkritik* (vgl. vornehmlich Kilian/Niehr/Schiewe 2010) wieder mehr Bedeutung beigemessen.[12] Die folgenden Forschungsfragen stehen dabei im Vordergrund:

Welche Sprach- und Stilauffassung wird in der laienlinguistischen Sprachratgeberliteratur vertreten – und somit an die Rat suchende, sprachinteressierte Leserschaft vermittelt? Inwieweit gibt es erkennbare (argumentative) Traditionslinien, die neuere und historische Autorinnen und Autoren miteinander verbinden? Welche Maßstäbe legen Laienlinguistinnen und Laienlinguisten ihren zumeist eindeutigen Werturteilen über Sprache und Stil zugrunde? Und schließlich: Inwiefern sind ihre konkreten Ratschläge und das Bild, das sie von den Funktionen der Sprache entwerfen, mit den Erkenntnissen der modernen Sprachwissenschaft vereinbar?

Populäre Sprach- und Stilratgeber werden insofern „[...] als Prototypen der laienlinguistischen Literatur [...]" (Antos 1995: 375) verstanden, als ihre Autorinnen und Autoren auf die Frage nach richtigem und gutem Deutsch in der Regel eindeutige Antworten zu geben versuchen – und zwar „[...] meist ohne theoretisch-methodische Grundlage und ohne eine empirisch gesicherte Untersuchung des Sprachgebrauchs" (Kilian/Niehr/Schiewe 2010: 56).

In einer ersten Annäherung können die in diese Kategorie fallenden Texte charakterisiert werden über die hier offen zutage tretende „Intention, Sprachverstöße zu brandmarken und zugleich über den richtigen Sprachgebrauch zu belehren". (Greule 2002: 590) Die daraus folgende, für die Textsorte schließlich als typisch erachtete Vorgehensweise – nämlich zunächst auf vermeintliche Fehler oder Sprachschludereien hinzuweisen, um erst im Anschluss darzulegen, wie es im Sinne der jeweiligen Verfasserin oder des jeweiligen Verfassers eigentlich richtig heißen sollte – nennt Greule (mit einem Verweis auf Meyer 1993 und in Bezugnahme auf die historischen *Antibarbari*) pointiert das *antibarbarische Prinzip* (vgl. Greule 2002: 590).

Eine konkrete Anwendung dieser entschieden sprachkritischen Textstrategie findet man beispielsweise mit Blick auf den „Kanon der praktischen Stilistik im 20. Jahrhundert" (Püschel 1991: 56) wieder – gemeint sind die bekannten Stillehren von Eduard Engel, Ludwig Reiners und Wolf Schneider. Aber auch in primär um einen unterhaltsameren Stil bemühten Sprachratgebern im Stile Bastian Sicks oder anderer Autorinnen und Autoren ist die Grundidee unverkennbar, Ratschläge und Anleitungen für Gutes und Richtiges allererst auf einer Negativfolie von Beispielen für vermeintlich schlechtes und falsches Deutsch oder für „sprachliche Schlamperei" (Sick 2009: 53) zu formulieren.

Die Vermutung liegt nahe, dass es bei der sich hier abzeichnenden Form der Sprachbewertung zumindest nicht in erster Linie um die Lösung kommunikativer

12 Sichtbare Indizien hierfür sind die bereits zitierten, wegweisenden Arbeiten von Claudia Law (2007) und Katja Kessel (2009).

Probleme geht. Allerdings ist das genannte antibarbarische Prinzip nicht das alleinige Kennzeichen dessen, dass wir es bei populären Sprach- und Stilratgebern häufig mit Publikationen zu tun haben, die eine eigene Traditionslinie fortführen.[13] Nachfolgend werden weitere Aspekte, die in diesem Zusammenhang von Bedeutung sind, aufgezeigt und anhand von einigen wenigen Beispielen illustriert.

3 Einige Kennzeichen der Traditionslinie populärer Sprach- und Stilratgeber

An verschiedenen Stellen wurde in der einschlägigen Fachliteratur bereits sorgfältig dargelegt, dass sich hinsichtlich der in populären Sprach- und Stilratgebern eingenommenen Perspektive auf den Gegenstand *Sprache* deutliche Kontinuitäten erkennen lassen. Law diskutiert im Rahmen ihrer detailreichen Arbeit beispielhaft, inwiefern der *Sprachkonservatismus* als ein Bindeglied verschiedener Sprach- und Stilratgeber angesehen werden muss (vgl. Law 2007: 14 ff.).[14] Dem gegenüber unterstreicht Sanders in erster Linie das *normative Sprach- und Stilverständnis* und die entsprechend präskriptive Herangehensweise populär-sprachkritischer Autorinnen und Autoren als wesentliches Merkmal ihrer Texte (vgl. Sanders 2011: 90). Kilian, Niehr und Schiewe sehen indessen in der *sprachpflegerischen Intention* und den entschiedenen Versuchen der Einflussnahme auf Sprachwandel und Sprachgebrauch die zentrale Gemeinsamkeit sprach- und stilkritischer Schriften (vgl. Kilian/Niehr/Schiewe 2010: 86).

Gewiss sind diese unterschiedlichen Gesichtspunkte sehr eng miteinander verbunden. Fügt man sie zu einem Gesamtbild zusammen, so wird deutlich, dass sich in der Art und Weise, wie in populären Sprach- und Stilratgebern oftmals an das Thema *Sprache* herangegangen wird, neben einer konservativen Grundhaltung eine ebenso grundlegende Skepsis gegenüber Veränderungen im Sprachgebrauch widerspiegelt. Nur einige Kennzeichen einer dahingehend erkennbaren Traditionslinie werden nachfolgend aufgegriffen und zusammengefasst; mit den ausgewählten Punkten soll natürlich keinerlei Anspruch auf Vollständigkeit erhoben werden.[15]

---

13 Historische und aktuelle Beispiele werden in verschiedenen Arbeiten aufgelistet (vgl. zum Beispiel von Polenz 1999: 310 ff. oder Sanders 2011: 41-44).

14 Law geht in ihrer Arbeit der interessanten Frage nach, ob sich die verschiedenen politischen Systeme in Deutschland zwischen 1923 und 1967 in den Sprach- und Stilauffassungen der Sprachratgeberliteratur widerspiegeln. Hierzu untersucht sie Kontinuitäten und Diskontinuitäten in ausgewählten Sprach- und Stilratgebern zu Zeiten der Weimarer Republik, des Dritten Reichs, der DDR und der Bundesrepublik. Zusammengefasst kann Law das bemerkenswerte Ergebnis vorweisen, dass sich in den Norm- und Stilvorstellungen bekannter Sprachkritiker von der Weimarer Republik bis hin zur Bundesrepublik anscheinend nicht viel geändert hat. Einzig die DDR-Stilratgeber, unter denen besonders Georg Möllers *Guter Stil im Alltag* hervorgehoben wird, brechen offenbar mit dieser Tradition und verharren nicht länger in dem ansonsten, so Law, für populäre Sprachratgeber typischen Sprachkonservatismus (vgl. Law 2007: 242 ff.).

15 Ebenso wenig sollen alle populären Sprach- und Stilratgeber über einen Kamm geschoren werden; einige der im Folgenden genannten Aspekte sind sicherlich bei mancher Autorin beziehungsweise manchem Autor ausgeprägter als bei anderen.

Um wenigstens andeuten zu können, wie wenig sich die hier skizzierte Sicht auf Sprache im Laufe der Zeit verändert hat, werden Textstellen aus Gustav Wustmanns berühmtem Buch *Allerhand Sprachdummheiten* aus dem Jahr 1891 herangezogen (vgl. zu Wustmann die ausführliche Studie von Meyer 1993). Diesen Zitaten werden exemplarisch Ausschnitte aus einer im Mai 2012 in der *ZEIT* erschienenen Sonderbeilage *Wie Sie besser schreiben* von Wolf Schneider gegenübergestellt. In seinem Text präsentiert Schneider eine Stilkunde in 20 kurz gehaltenen Lektionen, die bezeichnenderweise an diejenigen gerichtet sind, „die unsere Sprache lieben (und zugleich kein Problem mit korrekten Genitiven haben)" (Schneider 2012: 5).[16]

Die anschaulichste und vermutlich bekannteste Textstelle, anhand derer der bereits erwähnte sprachliche Konservatismus belegt werden kann, findet sich bei Wustmann. Er notiert:

> In rein grammatischen Fragen ist der einzig richtige Standpunkt der konservative, d. h. man muß das bisherige richtige zu verteidigen und zu retten suchen, wo und solange es eingedrungnem oder eindringendem neuem und falschem gegenüber irgend zu retten ist [...]. (Wustmann 1891: 31)

Mit anderen Worten: Als Richtschnur konservativen Sprachdenkens wird stets das Vertraute, das Bewährte, das Vorangegangene in der Sprache herangezogen: „Das Richtige ist das Ursprüngliche, das Alte ist das Bessere, und die Etymologie bestimmt die Bedeutung einer sprachlichen Form" – so wird das den Gedanken Wustmanns zugrunde liegende Sprachverständnis von Schrodt (1995: 123) auf eine prägnante Formel gebracht. Notwendig wird eine solche Rückbesinnung auf althergebrachte Normen laut Wustmann, da sich – in seinen Worten –

> [...] unsre Sprache in einem Zustande der Verwilderung befindet. Zwar einige wenige haben schon länger darum gewußt, haben auch warnend und mahnend ihre Stimme erhoben; in den letzten zwanzig Jahren ist eine ganze Reihe von Schriften erschienen, die [...] auf allerhand Mißstände in unsrer Sprache aufmerksam gemacht haben. [...] Im ganzen aber haben sie doch wenig genützt, das Übel ist mit jedem Jahre schlimmer geworden und macht reißende Fortschritte. (Wustmann 1891: 3)

Auch für Schneider ist die Klage über den zunehmenden Verfall der deutschen Sprache der Ausgangspunkt seiner Ausführungen, denn: „Dieses schillernde, grandiose Erbe [der Sprache; A. C.] zu vergeuden oder gar zu verhunzen ist die größte Torheit, die wir begehen können. Aber begangen wird sie." (Schneider 2012: 4)

Anhand solcher Textstellen wird ersichtlich, dass es hier letztlich nicht nur darum geht, konstruktive Ratschläge für gutes und richtiges Deutsch zu geben, sondern in erster Linie „[...] gegen sprachliche Missstände – bzw. das, was die Autoren dafür halten – Stellung [zu] beziehen" (Kilian/Niehr/Schiewe 2010: 86). Es wird, anders ausgedrückt, ein sprach*lenkendes*, sprach*pflegerisches* Motiv erkennbar; die Abwehr als bedrohlich empfundener Sprach(wandel)phänomene wird als primäres Ziel ausgegeben und in den Mittelpunkt gestellt. Wustmanns Buch etwa soll

---

16 Die Sprachkritik Schneiders ist aus sprachwissenschaftlicher Sicht mehrfach kommentiert und kritisiert worden (vgl. etwa Kilian/Niehr/Schiewe 2010: 75-78 oder auch Greule 2000: 324-327).

„anregen, die Augen öffnen, das Sprachgewissen anstacheln, es will ein Notmittel sein gegen den vorhandenen Notstand" (Wustmann 1891: 31). Denn: „[A]uch in anscheinend verzweifelten Fällen darf man die Hoffnung nicht aufgeben, durch Klärung des getrübten Sprachbewußtseins [...] das richtige noch zu erhalten." (Wustmann 1891: 31) Ähnlich liest sich die Forderung Schneiders: „Halten wir die Sprache lebendig! Treten wir ihrer Verarmung und Verschandelung entgegen, und hören wir auf, vor jedem modischen Unfug in die Knie zu gehen." (Schneider 2012: 4)

Auffallend ist in diesem Zusammenhang, dass nicht nur immer wieder dieselben Symptome für den vermeintlichen Sprachverfall genannt werden, sondern stets auch ein gewisses, wie wiederum Schrodt es umschreibt, „Repertoire der Sprachschluderer aus konservativer Sicht" (Schrodt 1995: 136) aufgeführt wird:

Als ein Indiz für die zunehmende Verhunzung der deutschen Sprache beobachtet Wustmann etwa „eine Unsicherheit und Unwissenheit in grammatischen Dingen [...], die immer beschämender wird" (Wustmann 1891: 7). Als weitere Bedrohung führt er an, „daß unsre Sprache immer mehr mit Provinzialismen, Gallicismen, Anglicismen durchsetzt wird" (Wustmann 1891: 9). Die Schuldigen für die Misere sucht er hauptsächlich in der Presse: „[D]ie Hauptursache der Verwilderung unsrer Sprache, der eigentliche Herd und die Brutstätte dieser Verwilderung sind die Zeitungen, ist die Tagespresse in der Gestalt, die sie seit Einführung der Preßfreiheit [...] angenommen hat." (Wustmann 1891: 14)

Parallel geht Schneider in seinem Text auf gleich vier Entwicklungen ein, die seiner Ansicht nach jedem Sprachliebhaber Sorge bereiten müssen. Zunächst kritisiert er einen angeblich bereits seit Längerem zu beobachtenden Wortschwund bzw. eine Wortverfälschung: „Dass ‚scheinbar' ‚dem falschen Anschein nach' bedeutet und folglich nie mit ‚anscheinend' verwechselt werden darf, ist immer weniger Deutschen geläufig." (Schneider 2012: 4) Darüber hinaus wertet er den Einfluss des Internets, den Anglizismengebrauch und schließlich das Phänomen *Kiezdeutsch* als gefährlich für die deutsche Sprache (vgl. Schneider 2012: 4 f.). Konkrete Sprachverderber sieht er in den Wissenschaften, speziell den Geisteswissenschaften, am Werk; Grund hierfür ist nach seiner Auffassung der hier herrschende Fachjargon: „Viel bewirken [...] könnte guter Wille in den Geisteswissenschaften. Gerade in ihnen aber fehlt er oft. Wollen Philosophen, Soziologen, Psychologen überhaupt verstanden werden?" (Schneider 2012: 18)

Demgegenüber werden Vor- und Leitbilder für gutes Deutsch und die angestrebte Hochsprache in populären Sprach- und Stilratgebern oftmals in der klassischen Literatur und bei namhaften Schriftstellern gesucht. Wustmann verweist in dieser Hinsicht auf die „Zeit unsrer großen Litteraturblüte etwa von 1770 bis 1830" (Wustmann 1891: 7). Vergleichbar dazu stellt Schneider seinen Leserinnen und Lesern musterhaft „einige der großartigsten Meister des Deutschen vor, als Aperitif und Ermutigung" (Schneider 2012: 5). Gemeint sind in diesem Fall Goethe, Schiller, Kleist, Heine, Nietzsche, Kafka und Thomas Mann.[17]

---

17 Auf die offenkundige Problematik eines literatursprachlichen Idealbilds für gutes Deutsch weist unter anderem Sanders kritisch hin und fragt zu Recht: „Sollte jedermann es sprachlich einem Thomas Mann gleichtun wollen [...]?" (Sanders 2011: 67)

Und auch wenn man schließlich die Inhalte und die sprachlichen Problemfälle betrachtet, die in der populären Sprach- und Stilratgeberliteratur durchweg thematisiert werden, kann man klare Parallelen zwischen unterschiedlichen Autorinnen und Autoren und ihren sprachpessimistischen Einschätzungen erkennen. Walther Dieckmann spricht in diesem Zusammenhang von „z. T. 100-200 Jahre alten sprachkritischen Ladenhüter[n]" (Dieckmann 1991: 363), und auch Willy Sanders erkennt etliche sprachkritische „Musterstücke" (vgl. Sanders 2011: 5), die stets aufs Neue aufgewärmt werden. Selbst wenn man also davon ausgeht, dass die Bandbreite der in sprachpflegerisch motivierten Sprach- und Stilratgebern angesprochenen Inhalte seit Ende des 19. Jahrhunderts größer geworden ist, so stößt man doch immer wieder auf dieselben „Objekte persönlicher Reizbarkeiten" (von Polenz 1999: 312). So entsteht leicht der Eindruck einer Textsorte, die sich gewissermaßen stets um sich selbst dreht (vgl. Püschel 1991: 66).

Auf der lexikalischen Ebene erscheint, wie weiter oben angedeutet, insbesondere die (puristische) Fremdwortkritik als ein beinahe unvermeidliches, sich wiederholendes Thema. Aber auch der befürchtete Verlust semantischer Differenzierungsmöglichkeiten (*anscheinend* und *scheinbar*, *Worte* und *Wörter*, *derselbe* und *der gleiche*, *lehren* und *lernen* etc.) wird wiederholt erörtert (vgl. Dieckmann 1991: 363). Auf grammatischer Ebene erhitzen beispielsweise ein fehlerhaft eingefügtes oder auch fehlendes Fugen-s, das beobachtete Verschwinden des Genitivs[18] oder auch als falsch abgelehnte Verwendungen des Konjunktivs regelmäßig die Gemüter (vgl. Kilian/Niehr/Schiewe 2010: 79). In der Stilkritik geht es vielfach um einen zu vermeidenden Substantivstil, den als ausufernd betrachteten Umgang mit Adjektiven, unlesbare Schachtelsätze oder als negativ verschmähte Satzunterbrechungen durch Parenthesen (vgl. von Polenz 1999: 312).

Ebenso bezeichnend ist die beinahe durchgängig vorzufindende Kritik an der Verwendung sogenannter Modewörter. Bereits Wustmann widmet ihnen ein ganzes Kapitel und schreibt vorwurfsvoll: „Leider werden die meisten neuen Wörter von der großen Masse ohne alle Prüfung hingenommen, ja sie werden oft in kurzer Zeit zu Modewörtern" (Wustmann 1891: 96). Dies sieht er als problematisch an, denn „[d]ie Mode wird ja gemacht von Leuten, die gewöhnlich nicht den besten Geschmack haben" (Wustmann 1891: 97). Auch Schneider spricht das Stichwort *Modewörter* im Rahmen seiner Stil-Lektionen an und nennt sogleich ein Beispiel:

> Wer eigentlich hat entschieden, dass Millionen Deutsche nichts mehr verstehen, begreifen, erkennen, einsehen, kapieren, nachfühlen, nachempfinden, sich klarmachen, billigen – sondern es nachvollziehen? […] Seit etwa zwanzig Jahren hat sich diese Mode durch den deutschen Sprachraum gefressen. (Schneider 2012: 15)

18 Wustmann sorgt sich noch um den Dativ: „Zu beklagen ist es, daß in der starken Deklination immer mehr die Neigung um sich greift (wie es scheint von Süddeutschland aus), das Dativ-e wegzuwerfen […]." (Wustmann 1891: 36 f.)

4 Fazit und Schlussbemerkungen

In den vorangegangenen Ausführungen wurden einige wesentliche, wenn auch sicher nicht alle[19] Aspekte der konservativen Traditionslinie populärer Sprach- und Stilratgeber und ihrer pessimistischen Perspektive auf den Gegenstand *Sprache* schlaglichtartig beleuchtet:

Sprachberatende Texte, die dem Bereich der laienlinguistischen Sprachkritik zugeordnet werden können, artikulieren und reproduzieren, wie beispielhaft gezeigt wurde, auf der Grundlage einer konservativen Sprach- und Stilauffassung besonders eindringlich den Topos des Sprachverfalls; als Motivation kann ein Versuch der Beeinflussung des Sprachwandels angenommen werden. Die Themen und Sprachphänomene, die dabei angesprochen werden, die sprachkritischen Urteile, die gefällt werden, die (schriftsprachlichen) Maßstäbe, die herangezogen werden, und ebenso die Argumentationsmuster, die man vorfindet, sind oftmals dieselben und wiederholen sich immer wieder. Aus linguistischer Sicht ist diesbezüglich in erster Linie bedenklich, dass ausgehend von subjektiven Einzelbeobachtungen[20] und „Ad-hoc-Beschreibungen von Sprachverwendungen" (Kilian/Niehr/Schiewe 2010: 56) ein Verfall der deutschen Sprache insgesamt heraufbeschworen wird.

Auf einer solchen Grundlage aufbauende Sprach- und Stilratgeber orientieren sich ausdrücklich nicht am Sprachgebrauch, und es wird ein Bild von Sprache skizziert, das insbesondere aus Sicht einer pragmatisch orientierten Sprachwissenschaft nicht zu halten ist. Die Autorinnen und Autoren laufen dadurch stets Gefahr, reine Geschmacksurteile zu äußern, um diese anschließend zu Regeln zu stilisieren. Dies führt oftmals dazu, dass ein Nebeneinander von Varianten nicht akzeptiert wird (vgl. hierzu Meyer 1993: 276).

Am Ende bleibt festzustellen, dass jeder Versuch, richtiges und gutes Deutsch auf starre Regeln oder immer gültige Patentrezepte zurückführen zu wollen, von vornherein zum Scheitern verurteilt sein muss. In einer lesenswerten DUDEN-Stilfibel von Ulrich Püschel (2000: 25) findet man zu diesem Punkt den folgenden Satz: „Sich um gutes Deutsch zu bemühen, heißt, Formulierungsalternativen auszuprobieren."[21] Das bedeutet: Die Entscheidung für oder wider eine Formulierung kann man sich im konkreten Einzelfall nicht durch Rückgriff auf Pauschalurteile abnehmen lassen – auch wenn dies in populären Sprach- und Stilratgebern immer wieder suggeriert wird. Die Aufgabe eines gebrauchsorientierten Ratgebers in Sachen

---

19 In eine ausführlichere Betrachtung populärer Sprach- und Stilratgeber müssten in jedem Fall noch weitere Gesichtspunkte einfließen. Dazu gehört unter anderem der Umstand, dass „Kritik am Sprachverfall [...] stets *Fremdkritik*, Kritik am Sprachgebrauch der anderen" (Keller 2006: 194; Hervorhebung A. C.) ist. Und auch die Rolle der irreführenden *Organismus-Metaphorik* in den Argumentationsschemata der Ratgeberliteratur müsste eingehend untersucht werden (vgl. hierzu Schneider 2007: 12–18).

20 Sanders kommentiert die Subjektivität in der Ratgeberliteratur wie folgt: „Seine Entscheidungen stützt der Sprachkritiker so gut wie nie auf linguistisch begründete Einsichten, er verläßt sich durchweg auf seine persönliche Ansicht: sein ‚Sprachgefühl'. Dies wäre nicht weiter schlimm, wenn unser Sprachgefühl als eine einigermaßen vorurteilslose Instanz gelten könnte." (Sanders 2011: 24)

21 Auch Greule und Kessel (2009: 75) heben diese Formulierung Püschels hervor.

Sprache und Stil kann es doch eigentlich nur sein, mögliche Alternativen aufzuzeigen und für *Angemessenheit*[22] etwa im Umgang mit unterschiedlichen Textsorten zu sensibilisieren, um so letztlich ein Bewusstsein für die Möglichkeiten der Sprache zu fördern. Hier liegt ein Dreh- und Angelpunkt überzeugender und darüber hinaus sprachwissenschaftlich begründbarer Sprachberatung, der in populären Sprach- und Stilratgebern, in denen stets nach denselben Mustern verfahren wird, nach wie vor kaum erkennbar ist.

5 Literaturverzeichnis

Quellen

Püschel, Ulrich (2000): *Wie schreibt man gutes Deutsch? Eine Stilfibel.* 2. Aufl. Mannheim.

Schneider, Wolf (2012): Wie Sie besser schreiben. Eine Deutsch-Stilkunde in 20 Lektionen. Sonderbeilage in: *DIE ZEIT*, Jg. 67, Ausgabe 20.

Sick, Bastian (2009): *Der Dativ ist dem Genitiv sein Tod. Das Allerneueste aus dem Irrgarten der deutschen Sprache.* Folge 4. Köln.

Wustmann, Gustav (1891): *Allerhand Sprachdummheiten. Kleine deutsche Grammatik des Zweifelhaften, des Falschen und des Häßlichen. Ein Hilfsbuch für alle, die sich öffentlich der deutschen Sprache bedienen.* Leipzig.

Linguistische Sekundärliteratur

Antos, Gerd (1995): Warum gibt es normative Stilistiken? In: Gerhard Stickel: *Stilfragen.* Berlin/New York, S. 355-377.

Antos, Gerd (1996): *Laien-Linguistik. Studien zu Sprach- und Kommunikationsproblemen im Alltag. Am Beispiel von Sprachratgebern und Kommunikationstrainings.* Tübingen.

Corr, Andreas (2013): Über die konservative Traditionslinie populärer Sprach- und Stilratgeber. In: *Sprachreport*, Jg. 29, Heft 1-2, S. 13-18.

Davies, Winifred V./Langer, Nils (2006): *The Making of Bad Language. Lay Linguistic Stigmatisations in German: Past and Present.* Frankfurt a. M. u. a.

Dieckmann, Walther (1991): Sprachwissenschaft und öffentliche Sprachdiskussion. Wurzeln ihres problematischen Verhältnisses. In: Rainer Wimmer: *Das 19. Jahrhundert. Sprachgeschichtliche Wurzeln des heutigen Deutsch.* Berlin/New York, S. 355-373.

Greule, Albrecht (2000): »Deutsch fürs Leben«. Fünfhundert Jahre Sprachratgeber. In: Karin Eichhoff-Cyrus, Rudolf Hoberg: *Die Deutsche Sprache zur Jahrtausendwende. Sprachkultur oder Sprachverfall?* Mannheim u. a., S. 317-329.

Greule, Albrecht (2002): Die Textsortengruppe „Sprachratgeber". In: Franz Simmler: *Textsorten deutscher Prosa vom 12./13. Jahrhundert bis 18. Jahrhundert und ihre Merkmale. Akten zum internationalen Kongress in Berlin 1999.* Bern u. a., S. 589-601.

Greule, Albrecht/Kessel, Katja (2009): Gutes Deutsch fürs ganze Leben! Was sind Stillehren und sollten Schüler sie benutzen? In: *Der Deutschunterricht*, Jg. 61, Heft 1, S. 70-78.

Hoberg, Rudolf/Eichhoff-Cyrus, Karin M./Schulz, Rüdiger (2008): *Wie denken die Deutschen über ihre Muttersprache und über Fremdsprachen? Eine repräsentative Umfrage der Gesellschaft für deutsche Sprache in Zusammenarbeit mit dem Deutschen Sprachrat durchgeführt vom Institut für Demoskopie Allensbach.* Wiesbaden.

Keller, Rudi (2006): Ist die deutsche Sprache vom Verfall bedroht? In: *Aptum. Zeitschrift für Sprachkritik und Sprachkultur*, Jg. 2, Heft 3, S. 193-205.

22 Vgl. zu diesem Begriff als wesentlicher, wenn auch diffiziler Beurteilungsdimension linguistisch fundierter Sprachkritik Kienpointner (2005: 198-203).

Kessel, Katja (2009): *Die Kunst des Smalltalks. Sprachwissenschaftliche Untersuchungen zu Kommunikationsratgebern.* Tübingen.

Kienpointner, Manfred (2005): Dimensionen der Angemessenheit. Theoretische Fundierung und praktische Anwendung linguistischer Sprachkritik. In: *Aptum. Zeitschrift für Sprachkritik und Sprachkultur,* Jg. 1, Heft 3, S. 193-219.

Kilian, Jörg/Niehr, Thomas/Schiewe, Jürgen (2010): *Sprachkritik. Ansätze und Methoden der kritischen Sprachbetrachtung.* Berlin/New York.

Law, Claudia (2007): *Sprachratgeber und Stillehren in Deutschland (1923-1967). Ein Vergleich der Sprach- und Stilauffassung in vier politischen Systemen.* Berlin/New York.

Maitz, Péter/Elspaß, Stephan (2007): Warum der »Zwiebelfisch« nicht in den Deutschunterricht gehört. In: *Info DaF,* Jg. 34, Heft 5, S. 515-526.

Meinunger, André (2008): *Sick of Sick. Ein Streifzug durch die Sprache als Antwort auf den »Zwiebelfisch«.* Berlin.

Meyer, Kerstin (1993): Wustmanns ‚Sprachdummheiten'. Untersuchungen zu einem Sprachratgeber des 19. Jahrhunderts. In: *Sprachwissenschaft,* Jg. 18, S. 223-315.

Polenz, Peter von (1999): *Deutsche Sprachgeschichte vom Spätmittelalter bis zur Gegenwart.* Band III. 19. und 20. Jahrhundert. Berlin/New York.

Püschel, Ulrich (1991): Praktische Stilistiken – Ratgeber für gutes Deutsch? In: Eva Neuland, Helga Bleckwenn: *Stil – Stilistik – Stilisierung. Linguistische, literaturwissenschaftliche und didaktische Beiträge zur Stilforschung.* Frankfurt a. M. u. a., S. 55-68.

Sanders, Willy (2011): *Stilsalat und Wortgemenge – Eine Kritik der Sprachkritik.* 3., gegenüber der 2. unveränd. Auflage. Darmstadt.

Schlobinski, Peter (2009): Sprachverfall? Einführung in das Themenheft. In: *Der Deutschunterricht,* Jg. 61, Heft 5, S. 2-3.

Schneider, Jan Georg (2007): Sprache als kranker Organismus. Linguistische Anmerkungen zum Spiegel-Titel „Rettet dem Deutsch!". In: *Aptum. Zeitschrift für Sprachkritik und Sprachkultur,* Jg. 3, Heft 1, S. 1-23.

Schrodt, Richard (1995): *Warum geht die deutsche Sprache immer wieder unter? Die Problematik der Werthaltungen im Deutschen.* Wien.

Tietz, Heike (1997): Sprachratgeber für Schüler. Kompendien für sprachliche Fremdheit? In: *Der Deutschunterricht,* Jg. 49, Heft 6, S. 43-60.

Birte Arendt/Jana Kiesendahl

Sprachkritische Äußerungen in Kommentarforen – Entwurf des Forschungsfeldes „Kritiklinguistik"

0 Einleitung

Internetkommunikation gilt gemeinhin als normentoleranter als schriftbasierte Offlinekommunikation. Die im Vergleich zur geschriebenen Standardsprache von den SprachbenutzerInnen/UserInnen produzierten Normabweichungen stellen nach Dürscheid (2005a) sogar ein konstitutives Charakteristikum der Internetkommunikation dar. Im Gegensatz zu dieser „Fehler"-Toleranz finden wir in der Forenkommunikation aber auch fehlerdiagnostische und -korrektive Äußerungen, die wir als sprachkritische Stellungnahmen von Laien einordnen. In den Kommentaren werden Normverstöße markiert, durch Spott sanktioniert oder durch explizite Fremdkorrekturen bearbeitet. In den sprachkritischen Äußerungen zeigt sich also ein starkes Normbewusstsein.

25. Januar 2012 14:52

Zweimal Punkt-Abzug

Kaffeedose (14 Beiträge seit 26.05.10)

1.) "Sprache" ohne Artikel. Das geht gar nicht! Es heißt "die" Sprache oder "unsere" Sprache.

2.) "Unerquicklich". Solche Wörter wollen wir doch bitte bleiben lassen. Was kommt als nächstes? "Garstig"? Wir leben doch nicht mehr im Jahre 1842.

Abb. 1: Beispiel sprachkritischer Kommentar (Quelle: http://www.heise.de/tr/themen/foren/S-Zweimal-Punkt-Abzug/forum-220332/msg-21343316/read/[1])

Das obige Beispiel stammt aus einem Diskussionsforum für technikaffine UserInnen und beinhaltet eine Kritik an einer sprachlichen Äußerung, die im Forum getätigt wurde. Derartige metasprachliche Kommentare sind systematisch im Web 2.0 nachweisbar und bilden einen relevanten Baustein des alltäglichen medialen Sprachgebrauchs. Wir plädieren dafür, diese Kommentare auch als linguistischen Analysegegenstand anzunehmen und entsprechend kritiklinguistisch zu analysieren. Es ließe sich z. B. fragen: Was bewegt die Menschen dazu, den Sprachgebrauch anderer im Internet zu kritisieren? Sind die Sprachnormen etwa derart internalisiert, dass jede Abweichung von einem antizipierten Standard „geahndet" wird? Was wird mit welchen Begründungen kritisiert? Welches Sprach- und Normverständnis liegt den Kritiken zugrunde? Wie wird eine Äußerung als sprachkritische

1 Zur Beschreibung des Kontextes des Kommentars sowie seiner Analyse vgl. Arendt/Kiesendahl (i. Dr.).

markiert? Welchen klassifikatorischen Status besitzen die Äußerungen in Relation zu Textsorten oder kommunikativen Gattungen?

Der vorliegende Aufsatz versteht sich als programmatisches Plädoyer für die Etablierung einer kritiklinguistischen Forschung. Unter Kritiklinguistik verstehen wir eine sprachwissenschaftliche Forschung, die sich maßgeblich den sprachlichen Formen, pragmatischen Funktionen und der kontextuellen Wirkung von Kritik widmet und gleichzeitig den Kritikbegriff selbst, wie er sich z. B. in der Sprachkritik ebenso manifestiert wie in Ansätzen einer kritischen Diskursanalyse, zum Gegenstand linguistischer Reflexion macht.

Ziel dieses Beitrags ist es, anhand der Analyse sprachkritischer Äußerungen in Kommentarforen Formen, Funktionen und Wirkungsweisen sprachkritischer Kommentare von Laien im Web 2.0 auszuarbeiten und auf dieser Grundlage das sprachliche Normenverständnis von NichtlinguistInnen zu rekonstruieren, um damit *einen* Aspekt kritiklinguistischer Forschung zu präsentieren.

Nachfolgend skizzieren wir das Forschungsfeld der Kritiklinguistik – fokussiert auf Forenkommunikation – zunächst anhand forschungsleitender Fragen und Thesen (Kap. 1). Dem schließen sich neben dem Forschungsstand (Kap. 2) Ausführungen zur methodischen Umsetzung (Kap. 3) sowie eine Konkretisierung des wissenschaftlichen Potenzials des Untersuchungsgegenstandes (Kap. 4) an.

1 Problemaufriss und Fragestellungen

In diesem Abschnitt stellen wir forschungsleitende Fragen für eine Kritiklinguistik am Beispiel von sprachkritischen Äußerungen in Kommentarforen vor. Unser Anliegen ist es an dieser Stelle, für das Potenzial dieses Untersuchungsgegenstandes zu sensibilisieren. Wir beanspruchen nicht, zum jetzigen Stand der Untersuchung auf jede dieser Fragen ein empirisch gesichertes Ergebnis liefern zu können. Vielmehr formulieren wir Hypothesen, die es zu überprüfen gilt, und stellen erste sich abzeichnende Tendenzen dar.

1. Warum soll man Sprachkritik von Laien untersuchen?
LinguistInnen und Laien können sich über die Kenntnis und Akzeptanz der jeweils anderen Perspektive annähern.

Eine Aufgabe der Linguistik besteht darin, der Öffentlichkeit linguistisch begründete Bewertungsmaßstäbe nahezubringen, wie sie z. B. in der Sprachkritikforschung mit dem Konzept der Angemessenheit entwickelt wurden. Die Kommunikation zwischen Öffentlichkeit und Linguistik ist jedoch problematisch.[2] So wird die Linguistik zumeist als Akteur im Elfenbeinturm wahrgenommen und stattdessen werden Bastian Sick und andere SprachpflegerInnen als SprachexpertInnen in der Öffentlichkeit präsentiert und akzeptiert. Für eine fruchtbare Interaktion ist die Kenntnis und Akzeptanz der Normen und Sprachkonzepte der jeweils anderen InteraktionspartnerInnen Voraussetzung. Kritische Äußerungen und sprachkritische im Besonderen

2 Der vorliegende Sammelband ist ein beredtes Beispiel dafür, da er den konstatierten Problembefund explizit thematisiert und bearbeitet.

nehmen implizit oder explizit auf eine (Sprach-)Norm Bezug, die durch kritiklinguistische Analysen rekonstruktiv erfassbar ist. Die Linguistik ist damit in der Lage, die Perspektive von Laien auf Sprachgebrauch und Normen zu rekonstruieren. Erst durch das Aufnehmen und Akzeptieren der Bedürfnisse der Laien, z. B. nach Normierung und Orientierung, ist eine bilaterale Annäherung möglich.

- Stehen die Bewertungsmaßstäbe von Laienlinguistik und Fachwissenschaft sich diametral gegenüber oder sind sie vereinbar?
- Wo sind Anknüpfungspunkte linguistischer Positionen an die Bedürfnisse von Laien?

Hypothese: Die Wahrnehmung von Sprache ist in der Öffentlichkeit und der Linguistik unterschiedlich, aber nicht unvereinbar. Ein zentrales Konzept der Linguistik ist die Kontextgebundenheit sprachlicher Äußerungen, die von Laien häufig nicht wahrgenommen wird, was zu pauschalen Bewertungen führt.

2. Was leisten sprachkritische Kommentare für die Analyse des Normverständnisses von Laien?

In den sprachkritischen Kommentaren werden Normen der linguistischen Laien sichtbar.

Die meisten Menschen haben eine ungefähre Vorstellung von sprachlichen Normen, die der alltäglichen Kommunikation zugrunde liegen, empfinden es aber oft als schwierig, diese explizit zu formulieren. Viele Versuche, die Norm zu erfassen, bleiben daher allgemein und vage (vgl. Kiesendahl 2011: 187). Was ist die sprachliche Norm, und was also ist der Maßstab für die Bewertung von sprachlicher Kommunikation? In welcher Beziehung steht das linguistische Konzept der Angemessenheit zur sprachlichen Norm?

Unter Sprachnormen verstehen wir mit Larrew (2005: 106) zwei verschiedene Sachverhalte:

> Zum einen wird mit dem Begriff ‚Norm' das kodifizierte Regelwerk der Standardsprache bezeichnet, dem die Funktion einer Sozialnorm zukommt, durch Institutionen gesichert wird und Produkt einer historischen Entwicklung ist [...]. Zum anderen wird der Normbegriff auf sprachliche Erscheinungen bezogen, die zum Sprachgebrauch gehören, jedoch nicht kodifiziert und institutionell nicht gesichert sind.

Die Unterscheidung zwischen Sprachsystem- und Sprachgebrauchsnorm sehen wir als außerordentlich notwendig an. Sprachgebrauchsnormen erhalten ihre Legitimation durch ihre häufige Verwendung (vgl. Larrew 2005: 106).

Die Beschreibung von Sprachnormen ist Aufgabe der Linguistik. LinguistInnen können die zugrunde liegenden Sprachnormen sowohl durch die Beobachtung des konkreten Sprachhandelns als auch durch die Analyse metasprachlicher Äußerungen rekonstruieren und beschreiben. Letztere Analysepraktik etabliert sich in Ansätzen in der jungen linguistischen Disziplin der Wahrnehmungslinguistik und maßgeblich im Forschungsfeld der Kritiklinguistik, die beide auf die Rekonstruktion von (Sprach-)Normen aus den verbalisierten *Reaktionen* auf sprachliche Phänomene abzielen. Die Normen sind in den kritischen Äußerungen im Allgemeinen und in den sprachkritischen im Besonderen mit Schlussregeln in Argumentationen vergleichbar: Sie bilden die Basis der Plausibilität sowohl der Sprachkritik als auch der Argumentation. In den Schlussregeln ist das nicht begründungsbedürftige Wissen von kulturell vorgeprägten Sachverhaltszusammenhängen gespeichert, was zumeist implizit bleibt. In Analogie dazu können Sprachnormen, auf die in den Kommentaren zumeist nur implizit rekurriert wird, als plausibilisierendes Fundament kollektiv geteilten Wissens begriffen werden, das selbst nicht explizit begründet werden muss. Indem die Laien z. B. eine fehlende Majuskel als Fehler wahrnehmen und markieren, zeigen sie, dass die Großschreibung eine orthographische Norm für den konkreten Kommunikationsbereich darstellt. Diese Normen und Sprachkonzepte lassen sich u. a. durch das Methodeninstrumentarium der Diskurslinguistik aufdecken.

- Welche sprachlichen Normen spiegeln sich in sprachkritischen Äußerungen wider?
- Referieren die AkteurInnen eher auf Sprachsystem- oder Sprachgebrauchsnormen?
- Wird auf der Grundlage eines binären (richtig/falsch) oder skalierten Maßstabes bewertet?
- Wird das markierte Phänomen als Kompetenz- oder Performanzproblem eingeordnet?

Hypothese: Anlass zur Kritik bieten v. a. Abweichungen von orthographischen und semantischen Normen. Der Bezug liegt dabei auf den Normen des Sprachsystems, also den schriftlich kodifizierten Normen (z. B. im Duden – die deutsche Rechtschreibung, in Grammatiken oder in Bedeutungswörterbüchern). Die schriftliche Kodifizierung wiederum führt zu einem binären Bewertungsschema in ‚richtig' und ‚falsch'. Das, was schriftlich kodifiziert ist, ist für die meisten NichtlinguistInnen gültig und damit richtig. Der Normenverstoß wird daher i. d. R. nicht als Performanzproblem, sondern als Kompetenzdefizit gewertet. Sprachgebrauchsnormen indes sind weniger oder gar nicht Gegenstand der Kritik.

3. Wieso ist Sprachkritik im Allgemeinen und Kritiklinguistik im Besonderen ein relevantes Forschungsfeld?

Sprachkritik bildet einen relevanten Baustein des alltäglichen Sprachgebrauchs.

Sprachkritische Äußerungen stellen keineswegs willkürliche und unbedeutende Randerscheinungen des Sprachgebrauchs dar. Tagtäglich werden kritische Äußerungen zur Sprachverwendung in unterschiedlichen Kontexten, wie z. B. in den Medien realisiert. Dazu gehören sowohl grammatische Korrekturen, wie „Das heißt nicht wegen dem, sondern wegen des!" als auch explizite Wortgebrauchskritik. Die linguistische Beschreibung von Sprachkritik als eine Form der Kritiklinguistik fokussiert diese konkrete Form alltäglichen Sprachgebrauchs und stellt gegenstandsadäquate Analysekriterien bereit. Die Realisation von sprachkritischen Äußerungen in ihrer formalen Vielfalt ist demnach ein linguistisch relevanter Untersuchungsgegenstand, der die Frage nach den verbalisierten Oberflächenstrukturen von Kritik beantworten hilft. Da die Kritik als potenziell begründungsbedürftige

Handlung begriffen werden kann, ermöglicht die Kritiklinguistik gleichzeitig eine empirische Befruchtung der Argumentationsforschung in authentischen interaktiven Zusammenhängen, was noch immer ein Desiderat der Argumentationsforschung darstellt (vgl. Deppermann 2003).

Jede Äußerung wird als komplexes sprachliches Zeichen wahrgenommen und interpretiert. Aus der Art und Weise, *wie* jemand spricht, werden auch Schlüsse über den Produzenten gezogen. Sprachgebrauch fungiert somit als indexikalisches Zeichen, dessen Bedeutung in sprachkritischen Äußerungen sichtbar wird.

- Wie wird Sprachkritik selbst sprachlich markiert?
- Wie wird (Sprach-)Kritik argumentativ gestützt?
- Welche Phänomene werden wie kommentiert und korrigiert?
- Welche Inferenzen werden aus dem kritisierten Sprachgebrauch über die SchreiberInnen gezogen?

Hypothese: Über die Bewertung des Sprachgebrauchs erfolgt implizit/explizit die Bewertung sowohl des Geäußerten (propositionaler Gehalt) als auch der Äußernden. Da Sprache nicht als Epiphänomen, sondern nur in seiner konkreten Realisierung wahrgenommen wird, wird auch eine Sprachgebrauchskritik nicht nur an die Äußernden gerichtet, sondern auch maßgeblich mit ihnen verknüpft. Die Kritisierten können mit den Kommentaren aufgeklärt, aber auch beleidigt und diffamiert werden, etwa wenn die identifizierten sprachlichen Mängel als Anzeichen moralischer oder kognitiver Defizite gerahmt werden. Es ist die Aufgabe der Linguistik, derartige sprachlich motivierte Diskriminierungsprozesse – auch kritisch – zu beschreiben.

4. Was ist das funktionale Potenzial sprachkritischer Äußerungen?

Sprachkritische Äußerungen sind polyfunktional.

Sprachkritische Äußerungen erfüllen im Kontext der Interaktion diverse Funktionen: Wer Sprachkritik übt, kritisiert eine unangemessene Sprachverwendung. Sprachkritische Äußerungen dienen der Sicherung des Verstehens ebenso wie des Verstanden-Werdens. Es gibt aber auch Fälle, bei denen auf der Sachebene das Verständnis durchaus gesichert ist und dennoch kritische Äußerungen erfolgen, z. B. um sich als SprachexpertIn zu inszenieren, um zu belustigen oder auch um zu provozieren etc. Sprachkritische Kommentare sind aufgrund ihrer kontextualisierenden Wirkung somit nicht mono- sondern polyfunktional und erfüllen je nach Kontext typische oder spezifische Funktionen. Sprachkritische Äußerungen in Kommentarforen sind Teil der sog. „interaktiven Schriftlichkeit“, die wiederum konstitutiv für Internetforen ist:

> Interaktive Schriftlichkeit ist bestimmt dadurch, dass die einzelnen schriftlichen Beiträge nicht nur eine kommunikative Funktion besitzen, sondern sie in stärkerem Maße aufeinander bezogen, voneinander abhängig und miteinander verschränkt sind. (Tophinke 2008: 153)

Unter pragmalinguistischer Perspektive erscheint eine Untersuchung der Markierungen sprachkritischer Handlungen notwendig.

- Welche Funktionen haben sprachkritische Äußerungen?
- Wie werden die Interaktionsrollen ‚KritikerIn'/‚Kritisierte/r' sprachlich hergestellt?
- Welche Wirkungen erzeugen sprachkritische Äußerungen beim/bei der Kritisierten?
- Was leisten sprachkritische Äußerungen z. B. in Bezug auf die Identitätsinszenierung (Perspektive der KritikerInnen)?
- Wie erfolgt die Markierung der sprachkritischen Handlung in ihren spezifischen Funktionen?

Hypothese: Es geht in sprachkritischen Äußerungen weniger um die Sicherung des Verstehens als vielmehr um die Darstellung einer Identität, und zwar einer wissenden und damit statushohen Identität, wodurch die sprachkritischen Äußerungen einen entscheidenden Beitrag zu relationalen Positionierungsaktivitäten liefern. Aus dem Fundus an Requisiten für die Statusetablierung werden sprachkritische Äußerungen bewusst als Instrument gewählt, um sich gegenüber seinen Interaktionspartnern höher zu positionieren. Zur Erfassung des Funktionsspektrums bedarf es einer systematischen Beschreibung auch identitätskonstitutiver Aspekte.

5. Was begründet die Untersuchung von Onlineforen als Materialgrundlage?

Ein Zugang zu einem breiten Spektrum an sprachkritischen Kommentaren von Laien ist über Forenkommunikation möglich.

Die Onlinekommunikation erfährt eine zunehmende Bedeutung in der alltäglichen Kommunikationspraxis der Laien und besitzt besonderes Potenzial für die Korpusbildung zur Analyse sprachkritischer Äußerungen. Das Web 2.0 ermöglicht den UserInnen vielfältige Rezeptions- aber auch Produktionspraktiken, die längere Zeit öffentlich abrufbar sind. Somit stehen uns schriftliche Produktionsdaten von einer breiten UserInnenschicht bereit.

Kommunikation im Web 2.0 gilt gemeinhin als normenvielfältiger und normentoleranter und scheint somit eher am sprech- als am schriftsprachlichen Standard orientiert, vor allem, wenn in Foren oder in Social Networks (wie z. B. Facebook) kommuniziert wird. Im Gegensatz zu dieser „Fehler"-Toleranz finden sich in der Online- und speziell in der Forenkommunikation aber auch fehlerdiagnostische und -korrektive Äußerungen, die wir als sprachkritische Stellungnahmen von Laien einordnen und analysieren können.

In Kommentarforen z. B., als einer möglichen Kommunikationsform innerhalb des Web 2.0, die primär das vielstimmige Kommentieren und damit kollaboratives Textproduzieren in Relation zu einem Ausgangstext oder -video zur Aufgabe hat, erfolgt die Inszenierung der Online-Identität fast ausnahmslos mit sprachlichen Mitteln, denn die UserInnen werden nur sichtbar, indem sie sich äußern. Sie können nur auf Aspekte seiner Offline-Identität zurückgreifen, wenn sie sie – potenziell schriftlich – kommunizieren. Der kommunikative Raum, den das Web 2.0 mit seinen diversen Kommunikationsformen bietet, ist mit seinen vielfältigen Textsorten, sprachlichen Interaktionsmöglichkeiten, Verweisstrukturen etc. linguistisch erst ansatzweise beschrieben. Eine Erfassung der sprachlichen Handlungsmöglichkeiten ist hier ebenso nötig wie eine terminologische Präzisierung. Anhand des vorliegenden Untersuchungsgegenstandes lassen sich einschlägige Aspekte der Onlinekommunikation fokussiert erfassen und konkretisieren.

In den Kommentarforen ist also mit einer Zuspitzung aller sprachlichen Problemfelder der Onlinekommunikation und damit potenziell auch sprachkritischer Bemerkungen zu rechnen, was es als ertragreiche Analysegrundlage so wertvoll macht. Die Äußerungen sind öffentlich und medial schriftlich, was rechtliche und datenverarbeitungstechnische Vorteile bietet. Da die Forschung zur Forenkommunikation (vgl. Kap. 2) bisher noch immer weitgehend ein Desiderat sprach- und kommunikationswissenschaftlicher Analysen darstellt, stellt die Untersuchung auch in diesem Forschungsraum eine Bereicherung dar.

- Beziehen sich die sprachkritischen Kommentare primär auf den Initialtext des Forums bzw. des Threads oder auf Kommentare anderer UserInnen?
- Welche Relationen zwischen den Kommentaren werden durch die sprachkritischen Kommentare realisiert?
- Welches Potenzial kommt dem „Gefällt mir"-/"like"-Button zu?

Hypothese: Sprachkritische Äußerungen erfüllen je nach Relation zum Bezugsobjekt unterschiedliche Funktionen. Als Kritik am Initialtext etablieren sie ein allgemeines Abgrenzungspotenzial gegen eine Institution (z. B. gegen einen Text bei Bild.de). Als Kritik am Kommentar einer UserIn fungiert die Äußerung als spezifische und u. U. persönliche Kritik mit der Funktion, das Gesagte infrage zu stellen und eine spezifische Online-Identität zu inszenieren. Beide Formen bilden Möglichkeiten der Kollektivierung, was durch Anschlusskommentare oder den „like"-Button realisiert werden kann. Diese komplexen Interaktionen ermöglichen nicht nur Einsichten in die Rezeption und Akzeptanz sprachlicher Phänomene, sondern auch von sprachkritischen Kommentaren.

6. Welchen Einfluss hat der Forentyp auf Vorkommen und Art sprachkritischer Äußerungen?

Forenspezifische Aspekte lassen sich mittels sprachkritischer Äußerungen herauspräparieren.

Onlineforen lassen sich in verschiedene Subtypen einteilen. Unter anderem wird zwischen Diskussions-, Kommentar- und Ratgeberforen unterschieden. Die unterschiedlichen Funktionsbereiche sprechen unterschiedliche KommunikantInnen an, sodass von unterschiedlichen Kontextfaktoren, insbesondere soziodemographischer Art (Alter, Geschlecht, Beruf, Hobbies), auszugehen ist. Es stellt sich die Frage nach einer möglichen Forentypik oder gar -spezifik, die über den Geltungsbereich der Ergebnisse entscheidet. Vorkommen und Art sprachkritischer Äußerungen sind ein sensibler Indikator für die Art der Foren. Das begründet sich wie folgt: Die Onlinegemeinschaft, die sich aus KonsumentInnen themenspezifischer Foren bildet, konstituiert sich auch über einen spezifischen Sprachgebrauch, der auf Normen beruht, der Normverstöße und somit potenziell sprachkritische Äußerungen einschließt. Letztere geben Auskunft über das Selbstverständnis der

Community, wie es sich im Sprachgebrauch zeigt bzw. zeigen soll. Genderspezifische Aspekte müssen hierbei (soweit aus möglichen Themen, wie z. B. Schwangerschaft, und UserInnenstatistiken rekonstruierbar) ebenso Berücksichtigung finden wie alters- und schichtspezifische Differenzen.

- Welche sprachlichen Phänomene werden in den einzelnen Kommentarforen besonders häufig und wie kommentiert?
- Lassen sich signifikante Korrelationen zwischen dem Vorhandensein und der Form von sprachkritischen Äußerungen und der Forenspezifik und/oder Genderaspekten und/oder Altersdifferenzen etc. feststellen?
- Lassen sich dennoch forenübergreifende Merkmale sprachkritischer Äußerungen nachweisen?

Hypothese: Ausgehend von der Genderforschung kann vermutet werden, dass es zum klassischen männlichen Rollenbild gehört, mehr statussichernde Aktivitäten durchzuführen, was sich in der Häufung und hohen Explizitheit sprachkritischer Kommentare zeigt. Da die Inszenierung von Bildung durch die Inszenierung von Sprachkompetenz realisierbar ist, können die sprachkritischen Kommentare zur Etablierung einer Differenz zwischen „bildungsfernen" und „bildungsnahen" Schichten eingesetzt und entsprechend analysiert werden.

2 Forschungsstand

Unser Projekt reiht sich in Forschungen zu Sprachkritik (vgl. Kilian/Niehr/Schiewe 2010), Sprachnormen (vgl. Bartsch 1987; Hartung 1977; Kiesendahl 2011, 2012), Spracheinstellungen (vgl. Arendt 2010, 2011; Neuland 1988; Riehl 2000), language ideology (vgl. Woolard/Schieffelin 1994; Cameron 1995), folk linguistic (vgl. Preston 2010) und Wahrnehmungslinguistik (vgl. Anders 2010; Anders/Hundt/Lasch 2010) ebenso ein wie zur Onlinekommunikation bzw. CMC (vgl. Fraas 2012; Androutsopoulos 2006, 2010; Dürscheid 2005a, b; Beck 2006; Meißelbach 2009) sowie zur interaktiven Identitäts- und Rollenkonstruktion (Goffman 1999; Kiesendahl 2011; Lucius-Hoehne/Deppermann 2004) und nicht zuletzt zu Kritik in diskurslinguistischer Perspektive (Foucault 1992, 2003; Dreesen 2012). Die bisherigen Forschungen messen dem Kontext jeder Äußerung im Allgemeinen und jeder metasprachlichen Äußerung im Besonderen einen immanenten Stellenwert zu, was sich im Terminus „Kontextsensitivität" zeigt (vgl. Tophinke/Ziegler 2006, Arendt 2011). Es wird davon ausgegangen, dass sprachkritische Äußerungen in einem systematischen Zusammenhang mit dem Kontext stehen, indem sie dort ganz typische und u. U. spezifische Funktionen erfüllen. In Übereinstimmung mit den bisherigen Forschungen gehen wir davon aus, dass die sprachkritischen Äußerungen einerseits vom Kontext geprägt sind, z. B. in Form systemgenerierter Kommunikationsmodi und vorgegebener Themen, andererseits dass die Äußerungen selbst spezifische – zumeist sequenzielle – Kontexte konstituieren, was sich in Positionierungen als KritikerIn und Kritisierte/r äußert. Die Onlinekommunikation stellt mit ihren verschiedenen Kommunikationsformen und -modi diverse spezifische Kontexte bereit, die u. a. durch folgende Merkmale geprägt sind: Pseudonymität der

Kommunikation (vgl. Beck 2006), Statusegalisierung (Höflich/Gebhardt 2001) und Vielfalt sprachlicher Normen (vgl. Dürscheid 2005a). Allerdings weisen die Forschungen auch Lücken auf. Zwar hat sich Dieckmann (2012) mit sprachkritischen Kommentaren auf *tagesspiegel.de* beschäftigt, allerdings primär unter dem Gesichtspunkt der Motivation dieser Kommentare. Zudem beziehen sich die Kommentare ausschließlich auf Sprachglossen des Tagesspiegel-Redakteurs Bernd Matthies. Der Wirkungsaspekt dieser sprachkritischen LeserInnenkommentare, eine systematische Kategorisierung dieser sowie die Untersuchung forentypischer (im Sinne forenunterscheidender) Merkmale werden nicht berücksichtigt. Auch das Konzept der Kontextsensitivität bedarf weiterer Differenzierungen und einer konsequenten Operationalisierung. Darüber hinaus sehen wir es als dringend erforderlich an, den Untersuchungsgegenstand der „verbal hygiene", also der „Practices [...], born of an urge to improve or 'clean up' language" (Cameron 1995: 1), stärker in den wissenschaftlichen Fokus zu rücken und ihr Potenzial für die Beschreibung aber auch Herausbildung von (Sprach-)Normen herauszustellen.

Auf der Grundlage der Befunde definieren wir sprachkritische Äußerungen als „reaktive Sprachthematisierungen, die maßgeblich auf die ausdrucksseitige Realisation Bezug nehmen und diese retrospektiv als zumeist negativ bewertete Abweichung von Erwartungen rahmen. Grundlegend ist ein kontrastierendes Prinzip der In-Bezugsetzung von wahrgenommenem sprachlichen Ausdruck und den Erwartungen und Ansichten über explizite und implizite Sprachnormen. Auf der Grundlage einer differenzierten Mittel-Zweck-Relation ist von einem polyfunktionalen Potenzial sprachkritischer Kommentare auszugehen. Das heißt, dass die sprachkritischen Kommentare z. B. als Belustigung, Aufklärung, Normentradierung und -regulierung oder zur Beseitigung von Verständigungsproblemen eingesetzt werden." (Arendt/Kiesendahl i. Dr.)

Mit der Untersuchung von sprachkritischen Äußerungen in Onlineforen sollen damit schwerpunktmäßig die folgenden Fragen beantwortet werden:

- Welche Phänomene („Fehler") werden wie kommentiert und korrigiert?
- Welches (Sprach-)Normbewusstsein liegt den kritischen Äußerungen zugrunde?
- Welche Funktionen haben diese sprachkritischen Äußerungen?
- Welche Wirkung wird mit den Äußerungen erzeugt?

Damit ist es möglich, den Blick der NichtlinguistInnen auf Sprache, ihren Gebrauch, ihr Normenverständnis und ihre Bedürfnisse zu rekonstruieren, um auf dieser Grundlage in einen fruchtbaren Dialog mit ihnen eintreten zu können.

3 Methodische Vorgehensweise: Kommentarkorpus und kritiklinguistische Analyse

3.1 Terminologische Einordnung

Die terminologische Beschreibung der Daten erscheint vor dem Hintergrund ihrer kontextuellen Besonderheiten weder banal noch trivial. Es stellt sich nämlich die Frage, ob und ggf. wie die bisherigen textlinguistischen, pragma- oder gesprächsanalytischen Begriffe, wie Kommunikationsform, Textsorte und kommunikative Gattung ausreichen und in der Lage sind, um die relevanten Phänomene wie z. B. Kommentar, (sprach-)kritischer Kommentar im Web 2.0, konkret in Foren, definitorisch zu erfassen.[3] Aufgrund der zahlreichen Interaktionsmöglichkeiten von heterogenen AkteurInnen und kollaborativen Schreibtechniken mit mehrdimensionalen Verweisstrukturen ist es schwierig, hier eindeutige Zuordnungen vorzunehmen. Unsere Einordnung basiert maßgeblich auf Gansel (2011: 42 f.), die sich auf Löffler 2008 bezieht und Texte hinsichtlich der Kategorien Textklasse, Textordnung, Textfamilie, Textsorte und Textsortenvariante klassifiziert. Wir begreifen Kommentarforen als Kommunikationsform, in der die Kommentare eine Textfamilie bilden, die funktional differenziert ist. Innerhalb einer Textfamilie können sich wiederum verschiedene Textsorten versammeln. Die sprachkritischen Kommentare in Foren lassen sich u. E. als eigene Textsorte erfassen und folgendermaßen charakterisieren: Sie sind alle dem Kommunikationsbereich Öffentlichkeit zuzuordnen, werden massenmedial über den vernetzten Computer verbreitet und richten sich an die gesamte LeserInnenschaft. Die VerfasserIn[4] ist gleichzeitig LeserIn des redaktionellen Artikels und prototypisch keine linguistische ExpertIn, sondern Laie. Inhaltlich wird der Sprachgebrauch anderer Personen einer Kritik unterzogen, wobei die Themenentfaltung zumeist direktiv, teilweise auch deskriptiv ist. Die Funktion sprachkritischer Kommentare ist variabel, womit das größte Problem der Zuordnung als Textsorte angesprochen ist. Sie können sowohl eine appellative als auch informative Funktion oder Ausdrucksfunktion haben. Wir setzen die appellative Textfunktion dominant, da wir davon ausgehen, dass die Kritik an einer sprachlichen Äußerung auch das Ziel verfolgt, diese in Zukunft zu unterlassen.

3 Auch Foucault (2003) hat sich ausführlich mit dem Kommentar und seiner Funktion befasst. Für ihn ist der Kommentar eine Form der internen Abstufungsprozedur zur Kontrolle und Einschränkung des Diskurses (vgl. Foucault 2003: 17). Diese Perspektive fokussiert und reduziert das funktionale Potenzial in einer unsere Zielstellung nur tangierenden Weise. Eine dezidierte Auseinandersetzung kritiklinguistischer Fragestellungen mit Positionen von Foucault betrachten wir gleichwohl als ertragreiche Forschungsmöglichkeit – insbesondere zur empirischen Anwendung Foucaultscher Überlegungen.

4 Für die Personenreferenz mit Binnen-I im Singular verwenden wir im Folgenden aus Lesbarkeitsgründen das feminine Genus.

3.2 Daten

Das Korpus setzt sich aus verschiedenen sprachkritischen Kommentaren aus Kommentarforen zusammen. Ein erstes Korpus mit über 150 sprachkritischen Kommentaren liegt bereits vor. Bei den Kommentarforen wird nach Zielgruppe und Themenkreis unterschieden, um die oben erwähnte Forenspezifik untersuchen zu können. Die bislang vorliegenden Daten stammen u. a. aus den Foren von BILD.de, heise-online.de, web.de, tagesschau.de, 20min.ch und dem Gamerforum d2jsp.de. Eine Ausweitung auf andere Onlineforen ist vorgesehen.

Kommentare zu einem redaktionellen Artikel können in drei verschiedenen Formen auftauchen: Sie können sich 1. inhaltlich mit dem Thema des Artikels befassen, sie können 2. eine rein sprachliche Bewertung sein oder aber 3. eine Mischung aus inhaltlicher Stellungnahme und sprachlicher Bewertung. Für unsere Untersuchung sind Kommentare der zweiten und dritten Form relevant. Zudem muss unterschieden werden, ob sich der sprachkritische Kommentar auf den redaktionellen Beitrag oder aber auf einen anderen UserInnenkommentar bezieht, da die AkteurInnen jeweils unterschiedlich sind. Solche Äußerungen der zweiten Form nennen wir Ko-Kommentare.

Abb. 2: Untersuchungsgegenstand: Daten in sequenzieller Einbettung

Das Modell in Abb. 2 beleuchtet erstens durch die lineare Anordnung der Kommentare die Abfolge in einer zeitlichen Dimension. Eine Bezugsäußerung – die mit gesprächsanalytischer Terminologie als Vorfall klassifizierbar ist – „bewirkt" einen sprachkritischen Kommentar einer anderen UserIn, mit Goffman (1981: 72) als *response* zu deklarieren, der als „Veranlassung" konkretisiert werden kann. Als nächste sequenziell mögliche Reaktion (in der dritten Spalte) kann die kritisierte UserIn in einer Rechtfertigung die Kritik zurückweisen – oder eine andere UserIn tut dies. Die dritte Spalte beinhaltet die Kommentare zweiter Ordnung, die wir als Ko-Kommentare klassifizieren. Eine weitere ko-kommentierende Reaktionsmöglichkeit besteht in der Honorierung der sprachkritischen Äußerung durch andere

UserInnen. Aus der bisherigen Analyse ergibt sich das in Abb. 2 visualisierte Interaktionsmuster, wobei die Rechtfertigung durch den/die Kritisierte/n in den Daten kaum zu finden ist. Auch selbstinitiierte Selbstkorrekturen sind äußerst selten, tauchen aber durchaus auf, wenn z. B. die UserIn *Hihi* zur Nachricht von der erneuten Krebserkrankung der Künstlerin Anastacia am 28.2.2013 auf 20min.ch postet: „Oh neinn. Ich wünsche anastacja Sorry wenn ich das falsch schreibe ganz viel Gesundheit" (vgl. http://www.20min.ch/people/international/story/22800275). Auch Dieckmann (2012: 173) verweist auf einen Kommentar, in dem eine UserIn ihren eigenen Kommentar, in dem sie von einem *Volonteur* schrieb, selbst korrigierte: „Berichtigung Ich meinte natürlich: Volontär Volontär Volontär Vertippdepp grüßt." Eine selbstinitiierte Korrektur ist folglich auch in geschriebener Sprache möglich.

Die Pfeile unter der modellierten Äußerungsfolge deuten die möglichen Analyserichtungen an. Mit der rekonstruktiven Beschreibung der sprachkritischen Interaktion ist es möglich, nicht nur die Rezeption sprachlicher Normabweichungen und damit die Produktion sprachkritischer Äußerungen mitsamt ihren „Auslösern" zu erfassen, sondern wir können sowohl durch die Auswertung der „likes" als auch der expliziten Ko-Kommentare die Perzeptionspraktiken sprachkritischer Kommentare erfassen. Wir sehen damit, was wie in welchem Kontext perzipiert und als Fehler (Vorfall) bzw. als Äußerungsproblem klassifiziert wird, indem es (sprach-)kritisch kommentiert wird. Gleichzeitig sind anhand der Daten die sprachkritischen Produktionspraktiken mit ihren spezifischen Markierungen, interaktiven Abläufen und funktionalen Potenzialen rekonstruierbar.

Das folgende Beispiel von 20min.ch (Bsp. 3: Artikel vom 10.3.2013 „Deutsche Profs warnen vor Schweizer Uni") illustriert das in Abb. 2 dargestellte Interaktionsmuster und damit zugleich die retrospektive Sinnkonstitution durch die Kommentare und Ko-Kommentare.

Das Beispiel zeigt, wie ein sprachkritischer Kommentar selbst als Vorfall gerahmt wird, wodurch die vorgängige Rahmung der Bezugsäußerung als bewusstes Fehlerverhalten revidiert wird. Im Einzelnen: In der Äußerung der UserIn *haris* im Beispiel 3 lassen sich Tippfehler (*sit*), grammatische (*das*, fehlendes Komma), orthographische (*blat*) und syntaktische Abweichungen (*vors mund*) vom schriftlichen Standard feststellen, die im Einzelnen von der UserIn[5] *Kattti* nicht korrigiert, sondern mit der Äußerung „Erstmal schreiben lernen" als grundsätzliches Kompetenzproblem gerahmt werden. Mit der implizit realisierten konditionalen Struktur, dass nämlich die Schreibkompetenz Voraussetzung für das Verfassen von Kommentaren ist, rahmt sie die Äußerung von *haris* als sprachlich unangemessen und für die Kommentarfunktion als nicht adäquat. Die Kritik weitet sie auch auf inhaltliche Aspekte des Bezugsausdrucks aus (*rassistische Äußerungen*). Diese Kombination einer Sprachkritik mit einer Inhaltskritik ist ein häufig zu beobachtendes Phänomen. Die kritische Äußerung von *Kattti* wird daraufhin von der UserIn *Lucia* selbst als Vorfall markiert und damit retrospektiv als unangemessenes Verhalten

5 Wir sprechen hier von UserIn, auch wenn der Nickname *Kattti* eine weibliche Userin suggeriert. In der pseudonymen Onlinekommunikation ist das tatsächliche Geschlecht nicht eindeutig bestimmbar.

gerahmt, wodurch die Bewertung des ursprünglichen Bezugskommentars als Ausdruck mangelnder Schreibkompetenz in den Ausdruck eines pathologischen Befundes gewandelt wird. Die Eigenverantwortung für das sprachliche Fehlverhalten wird der UserIn *haris* damit abgesprochen. Die Rahmung der genannten Befunde als Abweichungen von der Standardnorm aber bleibt bestehen, wodurch die Wirksamkeit orthographischer und grammatischer Sprachnormen unangetastet bleibt.

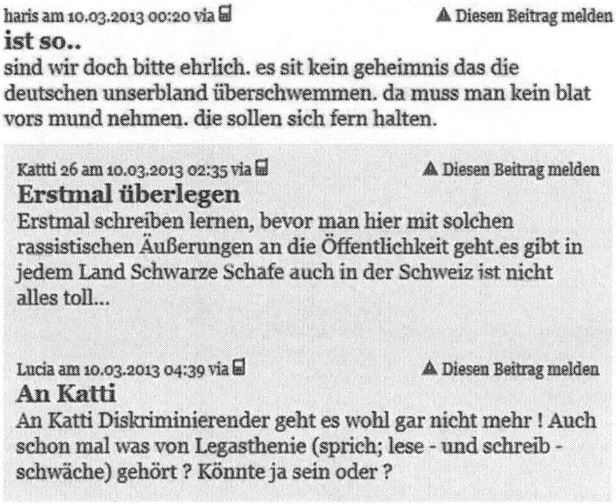
haris am 10.03.2013 00:20 via ▲ Diesen Beitrag melden

ist so..

sind wir doch bitte ehrlich. es sit kein geheimnis das die deutschen unserbland überschwemmen. da muss man kein blat vors mund nehmen. die sollen sich fern halten.

Kattti 26 am 10.03.2013 02:35 via ▲ Diesen Beitrag melden

Erstmal überlegen

Erstmal schreiben lernen, bevor man hier mit solchen rassistischen Äußerungen an die Öffentlichkeit geht.es gibt in jedem Land Schwarze Schafe auch in der Schweiz ist nicht alles toll...

Lucia am 10.03.2013 04:39 via ▲ Diesen Beitrag melden

An Katti

An Katti Diskriminierender geht es wohl gar nicht mehr ! Auch schon mal was von Legasthenie (sprich; lese - und schreib - schwäche) gehört ? Könnte ja sein oder ?

Abb. 3: Kritische Rezeption eines sprachkritischen Kommentars (Quelle: http://www. 20min.ch/schweiz/news/story/17156953)

3.3 Analysekriterien

Die bisher vorgestellten theoretischen wie auch empirischen Aspekte haben wir in einem kritiklinguistischen Analysemodell zusammengefasst (Abb. 4). Wir gehen davon aus, dass dieses Modell sowohl zentrale Aspekte des Gegenstandes erfasst als auch, dass es in der Lage ist, kontextuelle Besonderheiten herauszupräparieren. Die Analysekategorien wurden sowohl deduktiv (insbesondere aus gesprächsanalytischer Forschungsliteratur) als auch induktiv (aus dem Untersuchungsmaterial) gewonnen. Eine Methodenkombination aus Inhaltsanalyse, Sprechhandlungsanalyse und Diskursanalyse lieferte die relevanten Untersuchungskategorien unseres Modells. Die Analyseaspekte lassen sich grob drei Dimensionen zuordnen: Die unteren Ebenen beziehen sich auf formale Aspekte, die mittlere Ebene dient primär der Beschreibung funktionaler Merkmale und die dritte Ebene fokussiert die interaktionale Dimension und Beziehungsgestaltung, indem wir dort Wirkungsaspekte beleuchten.

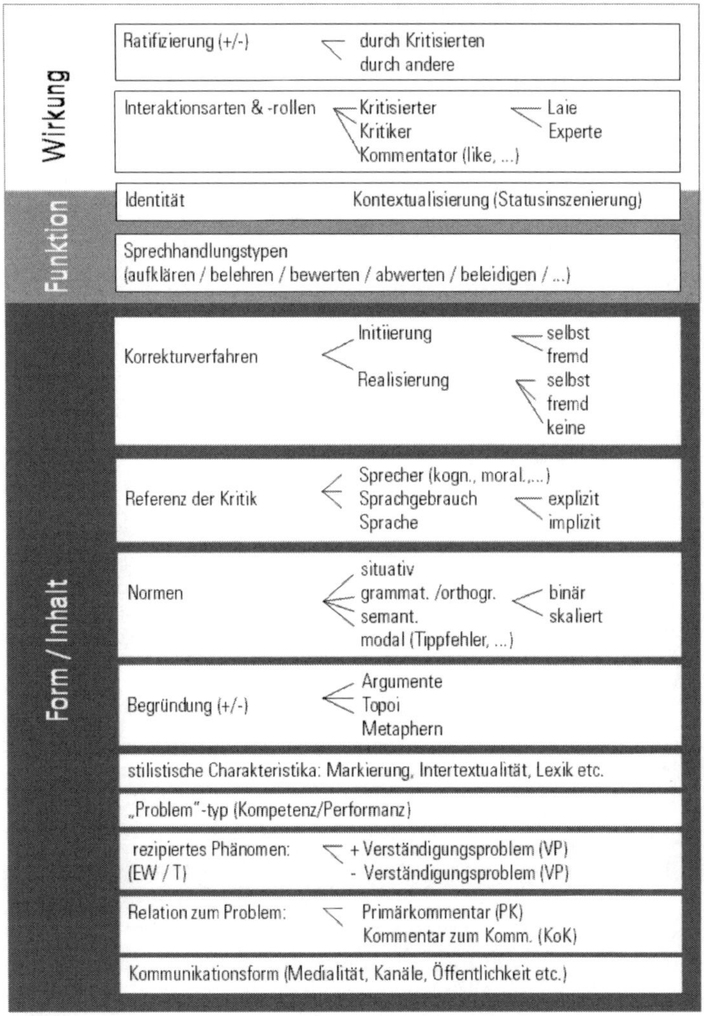

Abb. 4: Kritiklinguistisches Mehrebenenmodell (mit Fokus auf Sprachkritik)

Zur Erläuterung des Modells dienen folgende Daten aus dem Bild.de-Kommentarforum vom 11.10.2012. Diese beziehen sich auf einen redaktionellen Beitrag zu einer Hundewette bei der Samstagabendshow „Wetten dass ...?", bei der ein Hund nach dem Auftritt verstorben ist:

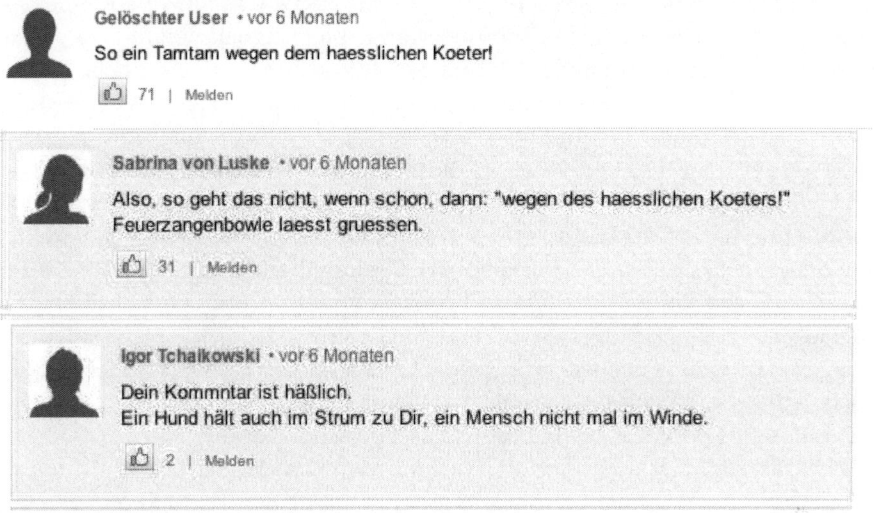

Abb. 5: Sprachkritische Kommentare auf Bild.de (Quelle: http://www.bild.de/unterhaltung/tv/wetten-dass/wetten-dass-pudel-zur-obduktion-26646962.bild.html)

Wenn wir sprachkritische Äußerungen beschreiben, müssen wir zunächst zentrale Charakteristika der Kommunikationsform benennen. Für das Kommentarforum von Bild.de hieße das bspw., dass es sich um ein öffentliches Forum handelt, in dem schriftbasierte Äußerungen getätigt werden können, wenn man sich zuvor als Mitglied registriert hat. Grundsätzlich ist unter kontextspezifischen Gesichtspunkten von pseudonymer Kommunikation nach dem Prinzip many-to-many auszugehen, in der die UserInnen – anders als z. B. im ExpertInnenforum – als linguistische Laien agieren. Aufgrund der räumlichen Distanz und der Asynchronität der Kommunikation steht nur eine begrenzte Anzahl an Kommunikationskanälen – auch als Kanalreduktion bezeichnet – zur Verfügung, nämlich primär der verbale Kanal, der auf das Schriftbild begrenzt ist. Paraverbale Elemente sind gleichwohl z. B. durch Majuskeln kommunizierbar und nonverbale durch Smiley etc. Das funktionale Potenzial dieser Kanalsubstitutionen ist jedoch geringer als in der Face-to-face-Kommunikation.

Sprachkritische Kommentare lassen sich nach der Relation zum kritisierten Sachverhalt in zwei Gruppen einteilen: Sie können sich direkt auf die zu kritisierende Äußerung beziehen und somit einen Primärkommentar bilden, wie in dem Kommentar von *Sabrina von Luske* oder *Igor Tchaikowski*. Gleichzeitig gibt es häufig Kommentare, die die sprachkritischen Kommentare selbst thematisieren, was wir als metakritische Ko-Kommentierung (KoK) werten, wie z. B. die Äußerung von *Lucia* in Bsp. 2 („An Katti Diskriminierender geht es wohl gar nicht mehr! Auch schon mal was von Legasthenie (sprich; lese- und schreib-schwäche) gehört? ...“). Der Terminus metakritisch ist in Analogie zu *metasprachlich* und *metapragmatic* (vgl. Culpeper 2011: 74) gebildet und bezieht sich hier auf eine Äußerung, die selbst eine

Kritik wertend thematisiert. Metakritisch meint hier also, dass die Kritik selbst zum Gegenstand der Reflexion gemacht wird, womit also etwas *über* die Kritik ausgesagt wird. Da es sich in aller Regel um wertende Stellungnahmen handelt, können sie als „-kritisch" und durch die Relation zur Bezugsäußerung als „meta-" klassifiziert werden. Anhand dieser Unterscheidung lässt sich mindestens zweierlei zeigen: Erstens ist damit beschreibbar, wie sprachkritische Sequenzen prozessiert werden, wodurch ihre interaktive Struktur rekonstruierbar ist, wenn sie – wie in den Daten sichtbar – eine „Eigendynamik" entwickeln. Diese Eigendynamik ist als typischer Interaktionsverlauf zu erfassen und gibt Aufschluss über die interaktiven kollaborativen Praktiken des polyphonen Kommentierens im Web 2.0. Zweitens lässt sich mit der Unterscheidung in Primärkommentar und Ko-Kommentar zeigen, wie sich in den explizierten Reflexionen das Bezugsobjekt „wandelt" und somit prospektiv und retrospektiv Sinnstrukturen etabliert werden. So kann sich die verbale Attestierung eines Kompetenzproblems selbst in eine kritikwürdige Handlung wandeln, wenn es – wie in Bsp. 2 – als Vorfall gerahmt wird.

Es ist dann danach zu fragen, ob eine Einzelwortkritik oder Textkritik ausgeübt wird und ob dieses kritisierte Einzelwort (EW) oder der Text (T) ein Verständigungsproblem (VP) erzeugt oder nicht. Damit kann gezeigt werden, *was* von den UserInnen als „Fehler" wahrgenommen wird und welche Rollen vorhandene bzw. antizipierte Verständigungsprobleme spielen. Wie die Beispiele bereits in diesem Aufsatz belegen, liegen auf der Verstehensebene kaum wirkliche „Gefährdungen" vor. Um die Funktionalität der sprachkritischen Kommentare und ihrer Kommentierungen adäquat zu erfassen, ist ein Ausschluss tatsächlicher Verstehenshürden, die einen sprachkritischen Kommentar vor dem Hintergrund wechselseitiger Kooperation funktional erscheinen lassen, unumgänglich.

Die KritikerIn lässt durch ihre Argumentation üblicherweise Rückschlüsse darauf zu, ob sie das manifestierte sprachliche Problem als Kompetenz- oder Performanzfehler betrachtet und zeigt damit auf, *wie* die „Fehler" interpretiert werden. Eine Analyse legt die zumeist unbewussten indexikalischen Attribuierungsprozesse offen, die aufgrund eines wahrgenommenen Sprachgebrauchs realisiert werden. Die Äußerungen, die auf die Zuschreibung mangelnder grammatischer Normenkenntnis verweisen (*Sabrina von Luske:* „Also, so geht das nicht, wenn schon, dann: „wegen des haesslichen Koeters!" Feuerzangenbowle laesst gruessen."), sind als Indikator für eine Wahrnehmung resp. Rahmung als Kompetenzproblem lesbar. Für eine formale Beschreibung sprachkritischer Äußerungen können auch stilistische Charakteristika aufschlussreich sein, so z. B. wenn eine UserIn Intertextualität (Feuerzangenbowle) oder Redewendungen und Sprichwörter nutzt (*Igor Tchaikowski*: „Ein Hund hält auch im Strum (sic!) zu Dir, ein Mensch nicht mal im Winde"). Die Beschreibung der sprachlichen Markierung von Kritik im Allgemeinen und von Sprachkritik im Besonderen erweist sich als wichtiger Untersuchungsaspekt, der zur Gegenstandskonstitution von (Sprach-)Kritik ebenso beitragen kann wie zur formalen Erfassung von laienlinguistischen Sprachreflexionen.

Ein weiterer Analyseschritt ist die Frage nach der inhaltlichen Einordnung der Problemmanifestationen in sprachkritischen Äußerungen. Welche sprachlichen Normen werden berührt? Sind es überwiegend grammatisch-orthographische

Normen, die Anlass für Kritik liefern, wie bei „wegen des haesslichen Koeters", oder wird eher auf situative Norm(abweichungen) Bezug genommen, wie bei *Igor Tchaikowski*: „Dein Kommentar ist häßlich."? Daran schließt sich die Frage an, ob die Bewertung der Normabweichung binär in „richtig/falsch" oder skaliert („meistens", „oftmals", „selten") erfolgt. Die Äußerung „Also, so geht das nicht" folgt beispielsweise einem streng binären Bewertungsmuster, für das fehlende Abschwächungs- oder Relativierungssignale ein Indikator sind.

Aufschlussreich ist auch die Analyse des Referenzobjektes innerhalb des propositionalen Aktes einer sprachkritischen Äußerung: Wer oder was wird eigentlich kritisiert? Die SchreiberIn, ihr Sprachgebrauch oder die Sprache als System? Wird deskriptiv oder präskriptiv kommuniziert?

Ein weiterer Analyseaspekt ist die formale Beschreibung des Korrekturverfahrens. Bei der Korrektur ist mit Schegloff/Jefferson/Sacks (1977) danach zu unterscheiden, wer das Korrekturverfahren initiiert und wer die „Fehler"-korrektur tatsächlich ausführt. Anders aber als bei Schegloff/Jefferson/Sacks (1977) und Selting (1987) unterscheiden wir auf der Realisationsebene nicht nur Fremd- und Selbstkorrektur, sondern auch die ausbleibende Korrektur. Diese Unterkategorie haben wir induktiv aus unseren Befunden generiert, denn es zeigt sich – und dies ist keine singuläre Beobachtung –, dass Korrekturverfahren zwar initiiert, aber nicht realisiert werden, d. h. es wird keine Alternative zu der kritisierten Sprachverwendung angeboten. Im obigen Beispiel wird die Korrektur realisiert, was insbesondere für das Bild.de-Kommentarforum eine Ausnahme darstellt.

Die zweite Dimension unseres kritikanalytischen Modells nimmt funktionale Aspekte in den Blick. Auf der Grundlage einer Sprechhandlungsanalyse wird beschrieben, was die SchreiberIn tut, indem sie sich äußert: Will sie aufklären/belehren/abwerten/beleidigen ...? Kritische Äußerungen decken dahingehend ein breites Spektrum von Sprechhandlungen ab. Es ist die Aufgabe der kritiklinguistischen Analyse, dieses Potenzial anhand der typischen oder sogar spezifischen Markierungen und sequenziellen Zusammenhänge zu rekonstruieren. Zudem stellt sich die Frage, ob der sprachkritische Kommentar mit dem Ziel der Statusinszenierung als elementarer Identitätsbaustein getätigt wird. Diese Dimension enthüllt das Funktionsspektrum sprachkritischer aber auch allgemein metasprachlicher Äußerungen. So präsentiert sich die KritikerIn *Sabrina von Luske* im obigen Beispiel als sprachlich kompetenter, indem sie *Gelöschter User* erstens durch die Redewendung „Also, so geht das nicht ..." zurechtweist und sich damit höher positioniert. Die Sprechhandlung des Zurechtweisens ist typisch für asymmetrische Beziehungskonstellationen. Mittels dieser Sprechhandlung werden Asymmetrien und damit Statusunterschiede aktiv hergestellt.

Die dritte Ebene unseres Modells fokussiert verschiedene Wirkungsaspekte des Kommunikats und beleuchtet primär die wechselseitige Konstruktion der interaktiven Beziehung – nicht nur unter den UserInnen im Web 2.0. Welche Interaktionsrollen werden sprachlich hergestellt und damit vor allem auch dem Kritisierten zugewiesen? Durch die Interaktionsrollen ‚Kritiker'/‚Kritisierte/r' werden reziprok und aktiv Hierarchien und damit Statusunterschiede etabliert. Unter dem Aspekt der Wirkung interessiert zudem die Frage, ob, wie und von wem der sprachkritische Kommentar ratifiziert wird. So ermöglicht das Anklicken des „Gefällt mir"-Buttons eine Ratifizierung durch andere, ohne dass diese eigenständig einen Kommentar formulieren müssen. Weiterhin kann der/die Kritisierte selbst auf die Kritik reagieren. Die verschiedenen Ratifizierungsaktivitäten bilden ein zentrales Analyseobjekt auf der Wirkungsdimension von sprachkritischen Äußerungen. Wir sehen an diesem Beispiel, dass der sprachkritische Kommentar von *Sabrina von Luske* bezüglich grammatischer Normen 26 Mal geliked wird und damit häufiger als andere Kommentare, die sich direkt auf die Äußerung von *Gelöschter User* beziehen. Die Analyse der drei Ebenen Form, Funktion und Wirkung ermöglicht u. E. eine multiperspektivische Beschreibung sprachkritischer Äußerungen.

4 Linguistisches Potenzial von sprachkritischen Äußerungen in Kommentarforen und ihrer kritikanalytischen Beschreibung

4. 1 Wahrnehmungslinguistisches Potenzial: Was wird in welchem sequenziellen Kontext wie als Fehler gerahmt?

Ausgangspunkt zur Akzentuierung des wahrnehmungslinguistischen Potenzials kritiklinguistischer Analysen ist die empirisch gewonnene Erkenntnis, dass formal identische Äußerungen, und damit ein potenziell gleicher Fehlertyp, in ein und demselben Forum heterogen behandelt werden – mal werden sie kommentiert, mal berichtigt, mal ignoriert. Wir gehen davon aus, dass die Kommentierung nicht zufällig erfolgt, sondern ihr eine rekonstruierbare Regelhaftigkeit zugrunde liegt. Das heißt, es gibt systematische Zusammenhänge zwischen den produzierten Abweichungen (Form und Anzahl), ihrem sequenziellen Äußerungskontext (Inhalt der Äußerungen + Relation und Ausrichtung zur Bezugsäußerung) und den sprachkritischen Kommentaren. Ziel ist es, die Voraussetzungen und Regeln der Perzeption zu beschreiben, die zu sprachkritischen Produktionen führen. Sinnvoll ist hierfür die Verknüpfung mit der Salienzforschung (vgl. Purschke 2011), die sich in der Wahrnehmungsdialektologie (perceptual dialectology) (vgl. Anders 2010; Anders/Hundt/Lasch 2010) etabliert hat. Der Kommentar kann als Ausdruck bzw. Effekt hoher Salienz begriffen werden, da ein sprachliches Merkmal verbal explizit thematisiert wird. Der kommunikative Aufwand ist enorm. Gleichzeitig kann die Salienz aber auch auf einer inhaltlichen Ebene dergestalt angesiedelt sein, dass der Inhalt der Äußerung den eigenen Erwartungen widerspricht und deshalb erhöhte Aufmerksamkeit erfährt. Nach der sozialpsychologischen Theorie zur erwartungskongruenten Bewertung von Informationen (soziale Kognition) werden erwartungskonträre Äußerungen intensiv „durchleuchtet", was wiederum die Wahrscheinlichkeit erhöht, Schwachstellen – hier sprachlicher Art – zu finden (vgl. Greitemeyer 2012: 40). Gleichzeitig kann die Rahmung als Abweichung von einer Sprachnorm sehr bewusst inszeniert sein und rein strategische Funktionen erfüllen (vgl. Kap. 4.3). Wie ist das Spannungsverhältnis zwischen diesen beiden Polen zu beschreiben? Konkret sind Fragen beantwortbar, wie: Wird etwas als Sprachfehler gerahmt, weil primär eine Sprachnorm als verletzt angesehen wird und/oder weil der Inhalt der Äußerung nicht mit der Ansicht der KommentatorIn kongruiert? Wie ist diese Unterscheidung aus der Markiertheit und dem sequenziellen Kontext rekonstruierbar – wenn überhaupt? Das Spannungsverhältnis betrifft den Status der Sprachnorm für die KommentatorIn, d. h. wird die artikulierte Norm tatsächlich als derart bindend erlebt, wie sie verbal kommuniziert wird? Damit läge der Grund des sprachkritischen Kommentars tatsächlich in der Art der Sprachnormverletzung. Am anderen Pol ist die artikulierte Verletzung nur Mittel zum Zweck.[6] Der Status der Sprachnorm wäre somit ungleich geringer. Auffällig ist nämlich der Befund, dass die KritikerInnen oftmals selbst „Normverstöße" begehen, die wiederum nicht durch andere kritisiert werden, wie Bsp. 6 zeigt (uneinheitliche Groß- und Kleinschreibung, *das* vs. *dass*, Kommafehler, Tippfehler *überflutete*):

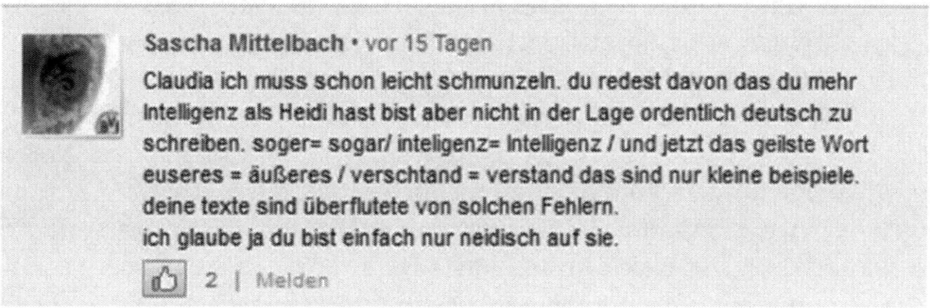

Abb. 6: Nicht sanktionierter Normverstoß in sprachkritischem Kommentar (Quelle: http://www.bild.de/ka/p/ugc/22461038/comment/popular)

Damit bestehen auch Anknüpfungspunkte zur Fehlerlinguistik (vgl. Cherubim 1980; Hennig 2012), die durch die Analyse fehlerdiagnostischer Prozesse von Laien Aufschluss darüber geben kann, welche Abweichungen als Fehler wahrgenommen werden und inwiefern ein schulisch etablierter Umgang mit sprachlichen Normabweichungen auch im WWW tradiert wird und zu einer Inszenierung einer statushohen Lehrperson genutzt wird (vgl. Kap. 4.3). Das im Beitrag entworfene Forschungsfeld trägt zum reflexiven Umgang mit „Fehlern" und der Dynamisierung ihrer Konzeption bei. Zusammenfassend lässt sich sagen, dass die ersten Analyseergebnisse keine erkennbaren Muster dergestalt offenbaren, dass es allein an den sprachstrukturellen Eigenschaften der gemachten Normabweichungen liegt, ob etwas als sprachlicher Fehler gerahmt wird oder nicht. Die Klassifikationspraxis ist dahingehend heterogen. Vielmehr sind sowohl die Erwartungen zum Inhalt der Aussagen als auch die stereotypen Einstellungen zur UserIn für die Kommentierung entscheidend. Ein Muster scheint darin zu bestehen, dass bei inhaltlich von der eigenen Meinung abweichenden Kommentaren und negativen Annahmen

6 In Arendt/Kiesendahl (i. Dr.) haben wir gezeigt, wie sprachkritische Kommentare als argumentum ad hominem eingesetzt werden und damit den Kritisierten diffamieren, wodurch der kritisierende Opponent von einer inhaltlich plausiblen Argumentationslast entbunden wird.

über die UserIn etwas eher als Sprachfehler klassifiziert wird. Diese Erkenntnis bestätigt aktuelle Studien, die das Konzept der kulturellen Passung dynamisieren, wie es vor allem in der Bildungssprachforschung realisiert wird (vgl. Heller 2012).[7]

Bsp. 7 belegt die heterogene Klassifikationspraxis. Die folgenden Äußerungen stammen aus demselben Thread wie die Kommentare von Bsp. 3 „Deutsche Profs warnen vor Schweizer Uni". Sie enthalten ähnliche Abweichungen von der schriftlichen Standardsprachnorm wie der oben kritisierte Kommentar und partiell auch inhaltlich eine ähnliche Position – eine Kommentierung bleibt allerdings aus. Das ist insofern relevant, als dass auch eine ausbleibende Kritik bei potenzieller Kritikwürdigkeit – die sich aus den Mustern der Daten von vergleichbaren Kontexten ergibt –, in die kritiklinguistische Analyse einzubeziehen ist. Erst dadurch ist die Komplexität des Auslösers von Kritik ganzheitlich zu erfassen. Im Kommentar der UserIn *Piloupilou* lassen sich orthographische (*mühe, Inlander, gultig*) und auch grammatische (fehlendes Komma nach *suchen*) Abweichungen feststellen. Im Kommentar von *Basil Bertschmann* ist eine ähnlich national orientierte Position wie im Bsp. 3 zu finden und auch orthographische (*Ausländischen, Standart*), grammatische (*Übereinkommen*) und syntaktische (*durchwässert. Von*, fehlendes Komma nach *dürfen*) Abweichungen vom schriftsprachlichen Standard. Ähnliche Normabweichungen werden somit unterschiedlich behandelt, was einen erklärungsbedürftigen Befund darstellt. Eine kritiklinguistische Analyse, die den sequenziellen Kontext konsequent in die Analyse miteinbezieht und z. B. nach wiederkehrenden UserInnen sucht, kann u. E. die Regelhaftigkeit der kritischen Kommentierung aus den Daten herauspräparieren und damit Muster laienlinguistischer Sprachkritik rekonstruieren.

Basil Bertschmann am 10.03.2013 01:33 via ▯ ⚠ Diesen Beitrag melden

Verwässerung

Meiner Meinung nach wird die schweizer Qualität immer mehr durchwässert. Von all den Ausländischen Arbeitern sowie Professoren die wegen des Dubliner Übereinkommen in der Schweiz arbeiten dürfen auch wenn Ihre Ausbildung nie unseren Standart erreicht.

Piloupilou am 10.03.2013 05:06 ⚠ Diesen Beitrag melden

Nur ZH ... wo ist der rest der CH ????

Nicht nur die Unis haben das Problem, ob finanz, Gastro, Gross/-kleinhandel, usw.. alle HR Departement geben sich nicht mehr die mühe Inlander mit gleicher kompetenz zu suchen und dies ist gultig auch für die Romandie und Tessin, weil es zu viel kostet.

Abb. 7: Unkommentierte Normabweichungen auf 20min.ch (Quelle: http://www.20min.ch/schweiz/news/story/17156953)

7 So konnte Heller (2012) nachweisen, dass die Reaktion der Lehrperson auf eine SchülerInnenäußerung nicht allein von der Oberflächenstruktur derselben abhängt, sondern ebenso von Hintergrunderwartungen über die SchülerIn gesteuert wird.

4.2 Normreflexives Potenzial: *Welche* Sprachnormen werden *wie* artikuliert?

Ausgangspunkt der Begründung eines normanalytischen Potenzials der kritiklinguistischen Forschung ist die Erkenntnis, dass Normen bzw. normativ angereicherte Erwartungen explizit artikuliert oder implizit präsupponiert werden. Aus den Kommentaren sind somit auch Aussagen über die Sprachnormen selbst ableitbar, die in den Markierungen und Begründungen der Fehlerhaftigkeit etabliert werden.

In den Daten zeigt sich allerdings, dass die kritisierte Normabweichung häufig nicht begründet, sondern lediglich konstatiert wird. Beispielsweise enthalten sprachkritische Kommentare auf Bild.de zumeist keine Begründung.[8] Diese Beobachtung deckt sich mit Dieckmanns Ergebnis, demzufolge viele Kommentare nicht auf die Klärung eines Sachverhaltes abzielen und daher nur ein sehr schwaches oder gar kein argumentatives Potenzial besitzen (vgl. Dieckmann 2012: 169). Dennoch lassen sich über sprachkritische Äußerungen die für gültig gehaltenen Sprachnormen identifizieren. Da es sich bei Normen um im Bewusstsein verankerte „gedankliche Festsetzungen" handelt (Hartung 1977: 12), die im Laufe der Sozialisation erworben werden, ist deren Zugang oftmals schwierig. Nicht jede Norm ist schriftlich kodifiziert. Insbesondere die (Sprach-)Gebrauchsnormen sind dies gerade nicht und erhalten ihre Legitimation durch ihr regelmäßiges Auftreten. Erst in der Abweichung einer für gültig befundenen Norm wird diese überhaupt sichtbar. Indem eine UserIn also eine Normabweichung wahrnimmt und diese zum Gegenstand ihrer Kritik macht, markiert sie die verletzte Norm als gültige Norm. Gerade im Bereich der Sprachnormen scheint es unterschiedliche Wahrnehmungen und Einschätzungen zwischen Laien und LinguistInnen zu geben. Sprachkritische Äußerungen in Kommentarforen ermöglichen uns den Zugang zu als gültig artikulierten Normen der Laien. Die Erforschung dessen ist wichtig, will man den Dialog zwischen LinguistInnen und der sprachinteressierten Öffentlichkeit befördern.

Im folgenden Bsp. 8 sehen wir, dass die UserIn *The Dancinlutin* und *Hein Blöd* Normverstöße der UserIn *tomy Bieber* kommentieren:

8 Detailliert gehen wir auf diesen Befund in Arendt/Kiesendahl (i. Dr.) ein.

Abb. 8: Sprachnormen in sprachkritischen Kommentaren (Quelle: http://www.bild.de/ geld/wirtschaft/apple/apple-zeigt-schwaeche-absatz-bricht-ein-tim-cook-25330968.bild.html)

The Dancinlutin bemängelt die fehlerhafte Orthographie des Lexems *Maß* sowie situative Normen der medialen Realisierungsart, die er auch explizit macht: Die Großschreibung im Internet gilt als schreien. Wer schreit, verhält sich nicht normenadäquat. Die Großschreibung – so lässt sich schließen – ist zu vermeiden, will man sich normenadäquat verhalten. Auch eine zweite UserIn, *Hein Blöd,* kommentiert die Großschreibung, indem sie ironisch erfragt, ob bei Apple-Produkten auch die Kleinschreibung funktioniere. Auch diese Äußerung ist nur dann relevant, wenn mittels Implikaturverfahren erschlossen wird, dass die Großschreibung einen Normverstoß darstellt.

Eine andere Möglichkeit, die Normen zu rekonstruieren, sind die Netiquetten der Foren und ihre präskriptiven Regeln. So heißt es z. B. in der Netiquette zum Forum von 20min.ch, einem Schweizer Kanal, dass dialektale Äußerungen generell gelöscht werden und die schriftliche Standardsprache die Norm darstellt (vgl. Abb. 9).

«Warum wurde mein Kommentar gelöscht?»

Womöglich wurde der Beitrag in Dialekt verfasst. Damit alle deutschsprachigen Leser den Kommentar verstehen, ist Hochdeutsch bei uns Pflicht. Sofort gelöscht werden Beiträge, die Beleidigungen, Verleumdungen oder Diffamierungen enthalten. Auch Kommentare, die aufgrund mangelnder Orthografie quasi unlesbar sind, werden das Licht der Öffentlichkeit nie erblicken. (oku)

Abb. 9: Präskriptive Kommentarregel aus der Netiquette von www.20min.ch (Quelle: http://www.20min.ch/ schweiz/news/story/17156953)

Die dialektale Realisierung wird als erster Grund für eine Löschung genannt, was den priorisierten Status der Sprachregel markiert. Da die Sprachverhältnisse in der Schweiz anders sind als in Deutschland, ist dies eine mögliche Erklärung für die Regel aber nicht unbedingt eine plausible Begründung für den ausschließenden Umgang mit den Kommentaren. In den Forenregeln finden sich gehäuft normthematisierende Äußerungen, die die Basis von Kritik darstellen können, wenn z. B. auf die Forenregeln Bezug genommen wird, oder es als Anlass zum „melden" genutzt werden kann. Es handelt sich hierbei um sprachbasierte Ausschlussprozeduren, die im Sinne von Foucault (2003: 26 f.) als ritualisierte Selektion der sprechenden Subjekte dergestalt zu verstehen sind, dass die Qualifikation für die Äußerungsproduktion abgesprochen wird, wie z. B. mit der Äußerung „Erstmal schreiben lernen, bevor..." aus Bsp. 2.[9] Indem durch die Sprachkritik den anderen UserInnen die Qualifikation zur Teilhabe am Diskurs abgesprochen wird, wird gleichermaßen die Wirksamkeit ihrer Aussage reduziert (vgl. auch Arendt/Kiesendahl i. Dr.).

4.3 Pragmalinguistisches Potenzial: Welche kontextualisierenden Wirkungen sind sprachkritischen Äußerungen immanent, und wie werden sie markiert?

Eine kritiklinguistische Analyse ist in der Lage, insbesondere das spezifische Kontextualisierungspotenzial kritischer Äußerungen zu erfassen. Die sprachkritischen Äußerungen rahmen die Bezugsäußerung retrospektiv als unangemessen – jeweils bezogen auf die unterschiedlichen Ebenen, auf denen die Sprachnorm als verletzt gilt (vgl. Kap. 4.2). Sie bilden insofern den Kontext für die Äußerungen und realisieren eine explizite Sinnzuschreibung bzw. gerade die Zuschreibung von Un-Sinn. Die sprachkritischen Kommentare erster bis n-ter Ordnung besitzen insofern eine

9 Foucault (2003: 27) definiert die selektierende Macht des Rituals wie folgt: „Das Ritual definiert die Qualifikation, welche die sprechenden Individuen besitzen müssen [...], es definiert die Gesten, die Verhaltensweisen, die Umstände und alle Zeichen, welche den Diskurs begleiten müssen; es fixiert schließlich die vorausgesetzte oder erzwungene Wirksamkeit der Worte, ihre Wirkung auf ihre Adressaten und die Grenzen ihrer zwingenden Kräfte."

kontextualisierende, d. h. rahmenbildende Funktion, indem sie retrospektiv die Bezugsäußerung klassifizieren und prospektiv neue interaktive sequenzielle Fortsetzungsmöglichkeiten eröffnen.[10]

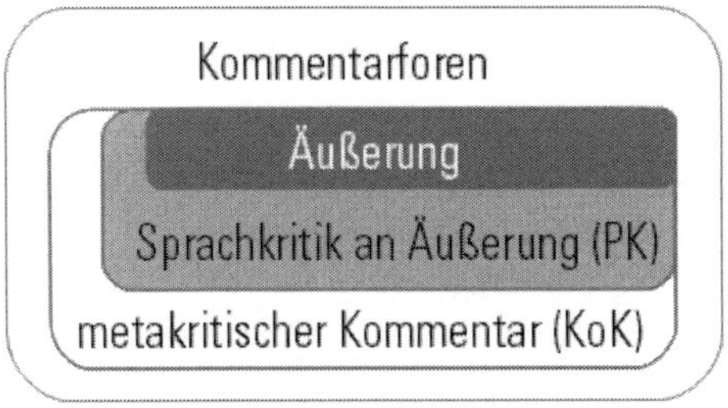

Abb. 10: Kontextualisierende Funktion der sprach- und metakritischen Kommentare

Abb. 10 illustriert die kontextualisierende Funktion der Kommentare, indem sie sie gleichsam wie Rahmen umgeben. Die vertikale Anordnung soll die Anordnung im Kommentarthread imitieren. Die Äußerung wird mit der Sprachkritik an der Äußerung (PK) retrospektiv als sprachlich unangemessen gerahmt. Die Bezugsäußerung wird in ihrem Status als relevanter Kommentar ebenso verändert wie in ihrer Bedeutung. Die Bedeutungsveränderung erfolgt dergestalt, dass in der Regel nicht auf das *Was* der Äußerung (Bedeutungsgehalt) eingegangen wird, sondern primär auf das *Wie* (sprachliche Form). Der Sinngehalt der Äußerung wird somit weitgehend nivelliert (vgl. auch Kap. 4.2 zur selektierenden Funktion der kritischen Äußerung). Weitere Interaktionsmöglichkeiten innerhalb des sprachkritischen Threads sind metakritische Stellungnahmen (KoK), die den sprachkritischen Kommentar selbst verbal explizit in einem eigenen Kommentar thematisieren bzw. durch andere Formen bewerten (vgl. Bsp. 2). Jegliche Bewertungsprodukte, wie z. B. das Aufkommen an „likes", die sich auf den sprachkritischen Kommentar beziehen, können als metakritischer Kommentar gedeutet werden, der den bisherigen sequenziellen Verlauf im Ganzen „rekontextualisiert". Die Analyse sprachkritischer Äußerungen ermöglicht demnach sowohl die Befruchtung der Kontextualisierungsforschung (vgl. Gumperz 2000, Auer 1986), die den Kontext als dynamisches Produkt eines interaktiven Herstellungsprozesses begreift, als auch die Erfassung des funktionalen Spektrums metasprachlicher Kommentare. Damit ist auch die rollenzuschreibende, konkret die statusetablierende, Wirkung bezogen auf die AkteurInnen gemeint. Da die Kommunikation im Web 2.0 im Vergleich zur Face-to-face-Kommunikation als zunächst „ent-kontextualisiert" beschreibbar ist (vgl. Beck 2006: 155) und die im kreativen Schreibprozess hergestellten Identitäten sowohl dynamisch als auch flexibel sind, übernehmen die Kommentare eine kontextualisierende Funktion in dreifacher Weise: Sie rahmen erstens die Bezugsäußerung retrospektiv als sprachlich unangemessen und schaffen so einen formal definierten Äußerungskontext. Sie rahmen zweitens die Bezugsäußerung – zumeist auf

10 Anders aber als in der Face-to-face-Kommunikation können im Thread folgende Kommentare neue Aspekte des Ausgangstextes aufgreifen und sind insofern nicht an die projizierten Fortsetzungsmöglichkeiten der Sprachkritik gebunden.

der Basis der artikulierten Abweichung – als auch inhaltlich unangemessen und schaffen so einen inhaltlich definierten Kontext dessen, was sagbar ist. Drittens leisten die sprachkritischen Kommentare multidimensionale Identitätsarbeit: Durch den Kommentar wird die UserIn sicht- bzw. lesbar und zwar (1) als männlich oder weiblich, i. d. R. durch den Nickname oder Selbstreferenzen,[11] (2) als SprachexpertIn, womit sie eine epistemisch begründete Autorität inszeniert (vgl. Enfield 2011) und (3) als allgemeine Autorität, der die Beurteilung anderer Kommentare obliegt. Das heißt, dass die sprachkritischen Kommentare für die Identitätsinszenierung und Beziehungsgestaltung unter den Interaktanten relevant sind. „KritikerIn" und „Kritisierte/r" sind reflexive Produkte eines kritisch fundierten Herstellungsprozesses, was mit Status- und Hierarchieetablierung einhergeht.

Was sprechaktanalytisch mit Illokutionsindikator klassifiziert wird und die grundsätzliche Markierung sprachlicher Äußerungen zur Artikulation der Funktionalität auf der Oberfläche meint, bildet im Zusammenhang mit Kritik und mit Sprachkritik sowie ihren vielfältigen Realisierungsformen einen wichtigen Untersuchungsgegenstand. So können sprachkritische Äußerungen implizit ohne realisierte Negationen allein durch die Zitation des Bezugsausdrucks realisiert werden auch ohne den Verweis auf die kritisierte Form. Bei Letzterem entscheidet der sequenzielle Kontext maßgeblich über die Zuordnung als sprachkritische Äußerung wie in Bsp. 11.

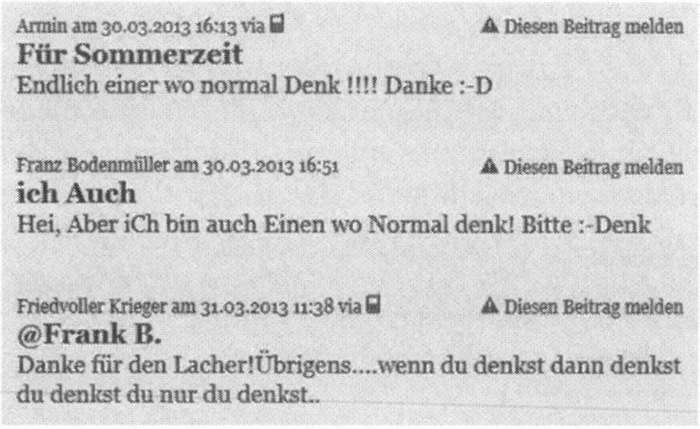

Abb. 11: „Die Zeitumstellung macht uns alle ganz konfus" (Quelle: http://www.20min.ch/wissen/news/story/13802201)

Die Kommentare stammen aus dem Forum 20min.ch zum Artikel „Schmelzendes Eis sorgt für kälteres Wetter" vom 29.3.2013. Die UserIn *Franz Bodenmüller* übt an der Äußerung von *Armin* Sprachkritik, indem sie die Bezugsäußerung (*einer wo normal Denk !!!!*) mit minimalen graphematischen und morphologischen Abweichungen (*iCh bin auch Einen wo Normal denk!*) und das ikonische Zeichen des lachenden Mundes (:-D) wiederholt, ohne sie als Zitat zu markieren. Die Imitation hat eine belustigende Funktion. Allein die Äußerung *„Bitte:-Denk"* realisiert implizit eine wertende Stellungnahme, die durch den KoK von der UserIn *Friedvoller*

11 Die Zuordnung des Geschlechts kann allerdings immer nur vermutet werden und setzt voraus, dass sich der Nickname oder ggf. das Bild am tatsächlichen biologischen Geschlecht orientiert.

Krieger als humorvoll (*Danke für den Lacher!*) ratifiziert wird. Mittels schriftlich realisierter Mittel wird somit eine humorvolle Interaktionsmodalität erzeugt, die eine sprachliche Äußerung zum Gegenstand hat.

Die kommunikativen Möglichkeiten führen zu vielfältigen sprachspielerischen Realisierungsformen, die mit den zur Verfügung stehenden Zeichentypen und Interaktionsstrukturen kreativ umgehen.

4.4 Medienspezifisches Potenzial: Welche kommunikativen Muster sprachlicher Interaktionen sind anhand der sprachkritischen Kommentare als typisch für die Onlinekommunikation beschreibbar?

Da es sich bei den Daten um Äußerungen der Onlinekommunikation handelt, eröffnet die Analyse ein breites Spektrum zur Charakterisierung der Onlinekommunikation. Über die in 4.3 beschriebenen Aspekte zur Kontextualisierung und Inszenierung einer Online-Identität hinaus erfasst die kritiklinguistische Analyse zentrale computergestützte systemgenerierte Interaktionsmuster. Durch die diversen Interaktionsmöglichkeiten (Ko-Kommentare, liken, verlinken, melden ...) ist auch eine Ausdifferenzierung der möglichen ProduzentInnen- und RezipientInnenrollen möglich. Auf dieser Grundlage sind forentypische oder sogar -spezifische UserInnentypen beschreibbar, die genutzt werden können, um die Gruppe der UserInnen differenzierter zu erfassen und zu beschreiben. So gibt es Foren, in denen den UserInnen abhängig von der Anzahl der getätigten Kommentare ein systemgenerierter Status zugewiesen wird (z. B. durch Sterne oder spezifische Benennungen). Zudem lassen sich im Rahmen einer kritiklinguistischen Analyse medienspezifische Phänomene wie bspw. neue Korrekturverfahren aufdecken, wie das folgende Beispiel aus einem Gamerforum zeigt, in dem die UserIn *Templehure* einen Thread mit der folgenden Frage eröffnet: „Kann Es Sein Das Gürüstebauer Seid Dem Anfang irgentwas mit güros zu tun hat?“[12] Das Korrekturverfahren, das innerhalb dieses Threads mehrfach auftaucht, hat das Format „FehlerKorrektur.de“ und damit den Charakter eines Hyperlinks:

12 Möglicherweise hat die UserIn in der Rolle eines *Trolls* ganz bewusst sprachkritische Kommentare provoziert, um andere UserInnen zu ärgern oder um Aufmerksamkeit zu bekommen. Die Reaktionen sind in jedem Fall authentische Daten, die damit auch auswertbar sind.

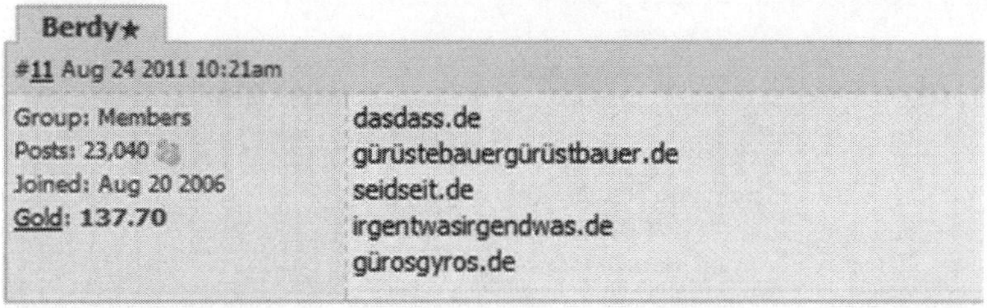

Abb. 12: Medienspezifisches Korrekturverfahren „FehlerKorrektur.de" (Quelle: http://forums.d2jsp.org/topic.php?t=57181572&f=149)

Auf den Webseiten www.seitseid.de und www.das-dass.de kann man sich über die verschiedenen Verwendungsweisen von *seit* und *seid* bzw. *das* und *dass* informieren. Die Angabe eines vermeintlichen Hyperlinks fungiert als Korrekturverfahren, indem der/die Kritisierte implizit dazu aufgefordert wird, sich auf der angegebenen Webseite über die korrekte Verwendung der jeweiligen Schreibweise zu informieren. Man kann zunehmend beobachten, dass aufgrund dieser beiden tatsächlich existierenden Webseiten das Korrekturformat „FehlerKorrektur.de" stellvertretend für sämtliche orthographische Korrekturen verwendet wird, obwohl es die vermeintliche Webseite gar nicht gibt. Gürüstebauergürüstbauer.de, irgentwasirgendwas.de und gürosgyros.de sind zum jetzigen Zeitpunkt keine existierenden Webseiten, auch wenn sie formal den Anschein machen. Es handelt sich hierbei um eine Form der Sprachkritik, die sich nur durch die Entwicklung des Internets herausbilden konnte und deshalb medienspezifisch ist.

5 Fazit

Die bisherigen Ergebnisse zeigen, dass sprachkritische Äußerungen in Kommentarforen ein bedeutender Untersuchungsgegenstand für die Erforschung von (Sprach-)Kritik, Argumentationstechniken, Normen, Status- und Hierarchieetablierung, Identitätskonstruktionen, Wahrnehmungs- und Wirkungsforschung sind.

Die vorgeschlagene kritiklinguistische Forschung geht von einem dynamischen reflexiven Kontextbegriff aus: Den reaktiven sprachkritischen und metakritischen Äußerungen wohnt ein immenses Kontextualisierungspotenzial inne, was in Abb. 13 durch die Rahmen visualisiert wird. Kritiklinguistische Analysen mit dem Fokus auf sprachkritische Äußerungen nehmen durch ihren spezifischen Untersuchungsgegenstand sowohl Produktions- als auch Rezeptionspraktiken sprachlicher wie auch sprachkritischer Äußerungen, ihre sprachlichen Realisierungsformen und spezifischen Funktions- und Wirkungsweisen in den Blick und beleuchten damit einen wichtigen Baustein alltäglichen Sprachhandelns.

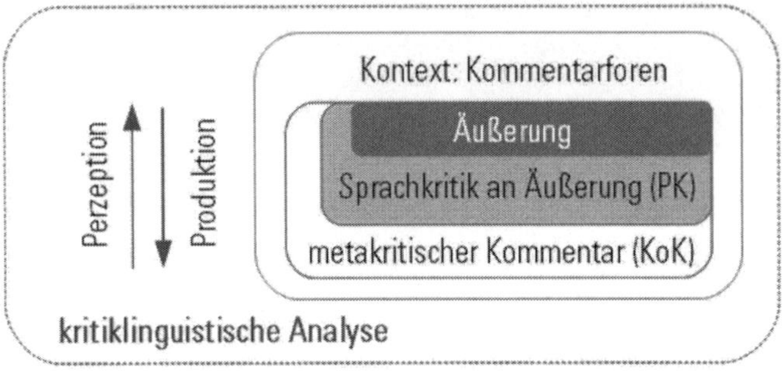

Abb. 13: Potenzial und Praktik kritiklinguistischer Analyse

Zusammenfassend zeigt sich ein reiches Anwendungs- und Verknüpfungsfeld kritiklinguistischer Forschung, die weit über den hier avisierten Untersuchungsgegenstand sprachkritischer Äußerungen in Kommentarforen hinausgeht. Wir haben im vorliegenden Entwurf primär das deskriptiv und rekonstruktiv orientierte Potenzial einer Kritiklinguistik umrissen. Eine eher normativ orientierte Interpretation kritiklinguistischer Forschung bietet auch Anknüpfungsmöglichkeiten an dezidiert sprachkritische Ansätze, wie sie sich innerhalb der Linguistik zu Recht etablieren. Eine weitere Konturierung des Forschungsfeldes sehen wir als ebenso notwendig an wie eine Fundierung und Reflexion des Kritikbegriffes selbst. Wie Dreesen (2012) gezeigt hat, sind die Ansätze kritischer Forschung zwar heterogen, aber nicht unvereinbar. Eine Kritiklinguistik, die nicht ausschließlich *sprach*kritische Äußerungen fokussiert und die Kritik zu ihrem maßgeblichen Gegenstand macht, ihre Formen, Funktionen und Wirkungen mit linguistischen Mitteln beschreibt, kann sowohl die fachinterne sprachwissenschaftliche Diskussion bereichern als auch die Kommunikation mit der sprachinteressierten Öffentlichkeit voranbringen – nämlich genau dann, wenn die Kritik nicht nur negiert, sondern analysiert, reflektiert und ggf. auch beantwortet wird.

6 Literaturverzeichnis

Anders, Christina A./Hundt, Markus/Lasch, Alexander (Hg.) (2010): *Perceptual Dialectology: Neue Wege der Dialektologie.* Berlin/New York.

Anders, Christina A. (2010): *Wahrnehmungsdialektologie. Das Obersächsische im Alltagsverständnis von Laien.* Berlin/New York.

Androutsopoulos, Jannis (2010): Localizing the Global on the Participatory Web. In: Nikolas Coupland (Hg.): *The Handbook of Language and Globalisation.* Oxford, S. 203-231.

Androutsopoulos, Jannis u.a. (Hg.) (2006): *Neuere Entwicklungen in der linguistischen Internetforschung.* Hildesheim.

Arendt, Birte (2010): *Niederdeutschdiskurse. Spracheinstellungen im Kontext von Laien, Printmedien und Politik.* Berlin.

Arendt, Birte (2011): Laientheoretische Konzeptionen von *Sprache* und *Dialekt* am Beispiel des Niederdeutschen. Eine kontextsensitive Analyse von Spracheinstellungsäußerungen sowie ihre methodologische Fundierung. In: *Niederdeutsches Wort. Beiträge zur niederdeutschen Philologie,* Bd. 51, S. 133-162.

Arendt, Birte/Kiesendahl, Jana (i.Dr.): Sprachkritische Kommentare in der Forenkommunikation. Form, Funktion und Wirkung. In: Jörg Bücker/Elke Diedrichsen/Constanze Spieß (Hg.): *Perspektiven linguistischer Sprachkritik*. Stuttgart.

Auer, Peter (1986): Kontextualisierung. In: *Studium Linguistik* 19, S. 22-47.

Bartsch, Renate (1987): *Sprachnormen. Theorie und Praxis*. Tübingen.

Beck, Klaus (2006): *Computervermittelte Kommunikation im Internet*. München/Wien.

Cameron, Deborah (1995): *Verbal Hygiene*. London.

Cherubim, Dieter (1980): *Fehlerlinguistik. Beiträge zum Problem der sprachlichen Abweichung*. Tübingen.

Culpeper, Jonathan (2011): *Impoliteness. Using Language to Cause Offence*. Cambridge.

Deppermann, Arnulf (2003): Desiderate einer gesprächsanalytischen Argumentationsforschung. In: Derselbe/Martin Hartung (Hg.): *Argumentieren in Gesprächen*. Tübingen, S. 10-26.

Dieckmann, Walther (2012): *Wege und Abwege der Sprachkritik*. Bremen.

Dreesen, Philipp (2012): Kritik als Erkenntnismodus, Praxis und Untersuchungsgegenstand in der Diskurslinguistik. In: Ulrike Meinhof/Martin Reisigl/Ingo H. Warnke (Hg.): *Diskurslinguistik im Spannungsfeld von Deskription und Kritik*. Berlin, S. 169–201.

Dürscheid, Christa (2005a): Normabweichendes Schreiben als Mittel zum Zweck. In: *Muttersprache* 115, Heft 1, S. 40-53.

Dürscheid, Christa (2005b): Medien, Kommunikationsformen, kommunikative Gattungen. In: *Linguistik online* 22. In: https://bop.unibe.ch/linguistik-online/article/view/752/1283. [Stand: 08/2014]

Foucault, Michel (1992): *Was ist Kritik?* Berlin.

Foucault, Michel (2003): *Die Ordnung des Diskurses*. 9. Aufl. Frankfurt a. M.

Fraas, Claudia/Meier, Stefan/Pentzold, Christian (2012): *Online-Kommunikation*. München.

Gansel, Christina (2011): *Textsortenlinguistik*. Göttingen.

Goffman, Erving (1981): Replies and Responses. In: Derselbe: *Forms of Talk*. Philadelphia, S. 5-77.

Goffman, Erving (1999): *Interaktionsrituale. Über Verhalten in direkter Kommunikation*. 5. Aufl. Frankfurt a. M.

Greitemeyer, Tobias (2012): *Sozialpsychologie*. Stuttgart.

Gumperz, John J. (2000): Contextualization and Understanding. In: Alessandro Duranti/Charles Goodwin (Hg.): *Rethinking Context. Language as an Interactive Phenomenon*. Cambridge, S. 231-252.

Hartung, Wolfdietrich (1977): Zum Inhalt des Normbegriffs in der Linguistik. In: Derselbe (Hg.): *Normen in der sprachlichen Kommunikation*. Berlin.

Heller, Vivien (2012): *Kommunikative Erfahrungen von Kindern in Schule und Unterricht*. Tübingen.

Hennig, Mathilde (2012): Was ist ein Grammatikfehler. In: Susanne Günthner u.a. (Hg.) (2012): *Kommunikation und Öffentlichkeit. Sprachwissenschaftliche Potenziale zwischen Empirie und Norm*. Berlin/Boston, S. 121-148.

Höflich, Joachim/Gebhardt, Julian (2001): Der Computer als Kontakt- und Beziehungsmedium. Theoretische Verortung und explorative Erkundungen am Beispiel des Online-Chats. In: *Medien & Kommunikation* 49, Heft 1, S. 24-43.

Kiesendahl, Jana (2012): Normabweichungen und ihre Wirkungsweisen am Beispiel universitärer E-Mail-Kommunikation. In: Susanne Günthner u.a. (Hg.) (2012): *Kommunikation und Öffentlichkeit: Sprachwissenschaftliche Potenziale zwischen Empirie und Norm*. Berlin/New York, S. 205-225.

Kiesendahl, Jana (2011): *Status und Kommunikation. Ein Vergleich von Sprechhandlungen in universitären E-Mails und Sprechstundengesprächen*. Berlin.

Kilian, Jörg/Niehr, Thomas/Schiewe, Jürgen (2010): *Sprachkritik*. Berlin/New York.

Larrew, Olha (2005): *Norm, Normen, Normabweichungen. Eine historische und empirische Untersuchung zur wissenschaftlichen Bewertung morphosyntaktischer Konstruktionen im Deutschen*. Hamburg.

Löffler, Doreen (2008): Ratgebungstexte und Öffentlichkeit im Spannungsfeld der sozialen Systeme Erziehung, Familie und Massenmedien. In: Christina Gansel (Hg.): *Textsorten und Systemtheorie*. Göttingen, S. 251-272.

Lucius-Hoene, Gabriele/Deppermann, Arnulf (2004): Narrative Identität und Positionierung. In: *Gesprächsforschung – Online-Zeitschrift zur verbalen Interaktion*, S. 166-183.

Meißelbach, Christoph (2009): *Web 2.0 – Demokratie 3.0? Demokratische Potentiale des Internets*. Baden-Baden.

Neuland, Eva (1988): „Wie hört der sich denn an?!" Spracheinstellungen als Gegenstand der Sprachreflexion. In: *Diskussion Deutsch*, Heft 99, S. 53-73.

Preston, Dennis R. (2010): Perceptual Dialectology in the 21st Century. In: Christina A. Anders/Markus Hundt/Alexander Lasch (Hg.): „Perceptual Dialectology". Neue Wege der Dialektologie. Berlin/New York, S. 1-27.

Purschke, Christoph (2011): *Regionalsprache und Hörerurteil. Grundzüge einer perzeptiven Variationslinguistik.* Stuttgart (=ZDL-Beihefte, Bd. 149).

Riehl, Claudia Maria (2000): Spracheinstellungen und Stereotype im Licht diskursiver Praxis. In: Szilvia Deminger u. a. (Hg.): *Einstellungsforschung in der Soziolinguistik und Nachbardisziplinen*. Frankfurt a. M., S. 141-160.

Tollefson, James (1999): Language Ideology and Language Education. In: www.languages.ait.ac.th/hanoi_proseedings/ tollefson.html. [nicht mehr online]

Tophinke, Doris (2008): Regional schreiben: Weblogs zwischen Orthographie und Phonographie. In: Helen Christen/Evelyn Ziegler (Hg.): *Sprechen, Schreiben, Hören. Zur Produktion und Perzeption von Dialekt und Standardsprache zu Beginn des 21. Jahrhunderts.* Wien, S. 153-180.

Tophinke, Doris/Ziegler, Evelyn (2006): „Aber bitte im Kontext!" Neue Perspektiven der dialektologischen Einstellungsforschung. In: Anja Voeste/Joachim Gessinger (Hg.): *Dialekt im Wandel. Perspektiven einer neuen Dialektologie.* Duisburg, S. 203-222.

Schegloff, Emanuel/Jefferson, Gail/Sacks, Harvey (1977): The Preference for Self-Correction in the Organisation of Repair in Conversation. In: *Language* 53, S. 361-382.

Schiewe, Jürgen/Wengeler, Martin (2005): Einführung der Herausgeber zum ersten Heft. In: *Aptum. Zeitschrift für Sprachkritik und Sprachkultur*, Jg.1, Heft 1, S. 1-13.

Schwitalla, Johannes (2008): Sprachkritik im Gespräch. In: *Aptum. Zeitschrift für Sprachkritik und Sprachkultur*, Jg. 4, Heft 1, S. 21-42.

Selting, Margret (1987): Fremdkorrekturen als Manifestationsformen von Verständigungsproblemen. In: *Zeitschrift für Sprachwissenschaft*, S. 37-58.

Woolard, Kathryn A./Schieffelin, Bambi (1994): Language Ideology. In: *Annual Review of Anthropology*, S. 55-82.

Alexander Keus

Der linguistische *SprAachenblog* – ein digitaler Leuchtturm. Eine Möglichkeit für die Sprachwissenschaft in der externen Wissenschaftskommunikation 2.0

Wissen und Wissenschaft sind heute populärer als jemals zuvor. Und inzwischen muss man für diesen Befund nicht einmal mehr in die Röhre bzw. auf die Einschaltquoten der entsprechenden Formate im (Vor-)Abendprogramm der öffentlichen und privaten Fernsehsender schauen. Es sind vielmehr die Entwicklungen der letzten Jahre im Internet – allen voran die Online-Enzyklopädie *Wikipedia* –, die unter dem Schlagwort *Web 2.0* zusammengefasst illustrieren, dass sich das Netz zum gesellschaftlichen Wissensarchiv emanzipiert. Niemals zuvor, so die Befürworter dieser Digitalisierung kulturellen und kommunikativen Wissens[1], ist der Zugang zu Informationen und Wissen so leicht gewesen, niemals zuvor die Chance zur Partizipation am kollektiven Wissensschatz so groß: Für das Jahr 2012 konstatieren Eimeren und Frees in ihrer seit 1997 jährlich durchgeführten Onlinestudie, dass 75,9 % aller Deutschen (53,4 Millionen Menschen) ab 14 Jahren das Internet zumindest gelegentlich nutzen (vgl. Eimeren/Frees 2012: 362). Damit hat sich die Zahl der sogenannten *Onliner*, die sich vorrangig immer noch auf der Suche nach Informationen befinden oder das Web für die private Kommunikation nutzen, in den letzten zwölf Jahren verdreifacht (vgl. Eimeren/Frees 2012: 363 ff.).

Doch nimmt man die institutionalisierte Wissenschaft und insbesondere die universitäre Wissenschaft in den Blick, so zeigt sich, dass diese hieran fast unbeteiligt ist und den Schritt in die Web-Öffentlichkeit bislang weitestgehend vermieden hat. Es stellt sich die Frage, was hinter dieser offensichtlichen Skepsis steht. Welche Vorbehalte bestehen seitens der Wissenschaft gegenüber einer Öffnung hin zum neuen (Mitmach-)Netz und dessen prominenten sozialen Medien wie *Social Networks* oder *Weblogs*? Sind es lediglich vorläufige Abwehrhaltungen oder handelt es sich um Reflexe eines Systems, das sich gegen den Versuch, frischen Wind in die Gemäuer des wissenschaftlichen Elfenbeinturms zu pusten und die Fenster nach draußen zu öffnen, wehrt?

Auch wenn diese Fragen diskussionswürdig sind, wird im Rückblick auf die Tagung *Einmal Elfenbeinturm und zurück – das schwierige Verhältnis von Sprachwissenschaft und Sprachkritik* im Gegensatz dazu von einer Wissenschaft ausgegangen, die zumindest im Hinblick auf das Thema *Sprachkritik* eine Kommunikation mit der Öffentlichkeit nicht nur für notwendig hält, sondern diese auch suchen und fördern möchte.

Dieser Eindruck entstand auch aufgrund der von den Tagungsteilnehmern im Vorfeld eingereichten Thesen. So ging Prof. Dr. Thomas Niehr davon aus, dass „Sprachkritik [...] eine Angelegenheit von gesellschaftlicher Relevanz [ist] und [...] auf großes öffentliches Interesse [stößt]. Die Linguistik sollte dies als Chance be-

1 Zum Begriff eines digitalen *kollektiven Gedächtnisses* siehe etwa Winkler (1997).

greifen und sich in den entsprechenden öffentlichen Diskursen mit ihrem Fachwissen vernehmlich zu Wort melden." Für ihn stellte sich die grundsätzliche Frage, wie sich die Sprachwissenschaft überhaupt Gehör verschaffen kann. Auch Prof. Dr. Jochen Bär ging davon aus, dass es ein „großes öffentliches Interesse an Sprache und Sprachen [gibt]. Die Linguistik sollte [daher] nach Mitteln suchen, dieses Interesse in sinnvoller Weise zu bedienen." Seine Fragen nach angemessenen Inhalten und Formen griff Jana Tereick auf, indem sie ein mögliches strategisches Vorgehen linguistischer Sprachkritik aufzeigte:

> Analyse und Bewertung [...] müssen auch nicht im selben Text auftreten, sondern können sich zum Beispiel in einen ‚deskriptiven Wissenschaftstext' und einen bewertenden Beitrag an der Schnittstelle zur Öffentlichkeit (Blogs, Podiumsdiskussionen, massenmediale Beiträge, Interviews) aufteilen.

Wissenschaftliche Blogs, so die hieran anknüpfende These, sind demnach ein adäquates Instrument, um zum einen wissenschaftliche Erkenntnisse öffentlich zu kommunizieren und zum anderen einen fruchtbaren Dialog zwischen Wissenschaft und Gesellschaft zum Thema Sprache herzustellen. Sie sind der geeignete Ort, um vor dem Hintergrund sprachwissenschaftlicher Analysen selbstständig kritische Bewertungen vorzunehmen und gleichzeitig die (populär-)sprachkritischen Beiträge von Laienlinguisten im öffentlichen Diskurs adäquat zu beurteilen. Linguistische Weblogs können, in Anlehnung an die im Titel der Tagung verwendete Metaphorik, somit als digitale Leuchttürme neben den Elfenbeinturm gebaut werden und die Öffentlichkeit auf gefährliche Passagen im öffentlichen Diskurs über Sprache aufmerksam machen.

Als Ergebnisse der Tagung wurden daher nicht nur die Aachener Erklärung zur Rolle der Sprachwissenschaft in der Gesellschaft veröffentlicht und der Arbeitskreis Linguistische Sprachkritik[2] gegründet, sondern auch der linguistische SprAachenblog[3] initiiert. Dessen Konzept eines hochschulübergreifenden Projekts der externen Wissenschaftskommunikation 2.0 wird im Folgenden vorgestellt und das mittlerweile einjährige Bestehen des Projekts rückblickend kurz zusammengefasst. Eingangs müssen hierfür jedoch zunächst die zentralen Begriffe externe Wissenschaftskommunikation 2.0 und Weblog erläutert werden.

Die Systemtheorie Luhmanns geht davon aus, dass Wissenschaft mehr ist als die bloße Produktion von Wissen in Universitäten und Forschungseinrichtungen. Wissenschaft ist vor allem ein Kommunikationssystem und vollzieht sich als Effekt des kontinuierlichen Diskurses der Scientific Community. Luhmann zufolge muss sich das System *Wissenschaft* über den eigenen Wissensstand vergewissern und den aktuellen Stand der Forschung präsent halten. Dies geschieht über fortwährende Kommunikationsakte (vgl. Luhmann 1990: 432 f.). Wissenschaft kann nach Luhmann nur über das eigene Publikationssystem erhalten werden, denn „erst in der Form wissenschaftlicher Publikationen erreicht die moderne Wissenschaft auto-

2 Siehe hierzu *Arbeitskreis Linguistische Sprachkritik*; www.ak-sprachkritik.de (Stand: 15.11.2013).
3 Sieht hierzu *SprAachenblog*; www.spraachenblog.wordpress.com (Stand: 15.11.2013).

poietische Anschlußfähigkeit" (Luhmann 1990: 432). In Anlehnung an Paul Watzlawick kann vor dem Hintergrund dieses Verständnisses behauptet werden, dass Wissenschaft nicht nicht kommunizieren kann.

Diese Kommunikations- und Publikationsakte sind allerdings nur ein Teilbereich der Wissenschaftskommunikation, der als *interne Wissenschaftskommunikation* bezeichnet werden kann. Denn es handelt sich hierbei vornehmlich um den fachlichen Binnendiskurs zwischen Experten einer Disziplin – auch wenn immer mehr Diskurse interdisziplinär verortet werden können. Die Adressaten der Publikationen sind die betreffenden (Fach-)Kollegen, die ihrerseits – in der Terminologie Luhmanns – mit Zustimmung oder Kritik anschließen.

Solange es um diesen Aspekt der Wissenschaftskommunikation geht, spielen *Weblogs* keine Rolle. Es hat sich aus guten Gründen bewährt, dass innerhalb des Fachdiskurses im Wesentlichen nur Forschungsergebnisse relevant sind, die in Büchern oder Fachzeitschriften publiziert werden und dort wenigstens redaktionell überprüft wurden. Da Blogs jedoch zumeist vollkommen autonom geführt werden, oftmals keine Redaktion besitzen und für gewöhnlich kein kompetenter Fachkollege die Artikel im Sinne eines *peer-review* überprüft, sind Blogs sicherlich kein Ersatz für das traditionelle Publikationssystem. Weblogs können und sollen Fachzeitschriften nicht ersetzen! Blogposts können und sollen wissenschaftliche Publikationen nicht ersetzen!

> *Externe Wissenschaftskommunikation* – als zweiter Teilbereich – bezeichnet demgegenüber die „Kommunikation ‚der' […] Wissenschaft mit einer unspezifizierten aber möglichst breiten Öffentlichkeit". (Pansegrau/Taubert/Weingart 2011: 3)

Im Hinblick auf das vorgestellte Konzept eines linguistischen Weblogs besteht diese *Öffentlichkeit* vorrangig aus interessierten Laien.[4] Die häufigste Form externer Wissenschaftskommunikation ist der empirischen Studie Pansegrau u. a. folgend der Vortrag für ein fachfremdes Publikum. Während 80 % der befragten Wissenschaftler im Jahr 2010 Wissen ihrer Disziplin auf diese Weise einer Teilöffentlichkeit präsentierten, haben nur die Hälfte von ihnen eine Pressemitteilung herausgegeben, 30 % im Wissenschaftsteil oder Feuilleton einer Zeitung publiziert und lediglich 15 % ein populärwissenschaftliches Buch herausgebracht (vgl. Pansegrau/Taubert/Weingart 2011: 10).

Während beim Vortrag durchaus noch terminierte Kanäle der Rückkopplung und Möglichkeiten der unmittelbaren Anschlusskommunikation bestehen[5] (z. B. durch Applaus, Lachen, etwaige Zwischenrufe und anschließende Diskussionsrunden), sind die anderen in der Studie erfassten Formen externer Wissenschaftskommunikation primär unidirektional ausgerichtet. Da ein tatsächlicher Dialog zwischen Wissenschaft und Öffentlichkeit nicht zustande kommt, kann folgerichtig von *externer Wissenschaftskommunikation 1.0* gesprochen werden.

---

4 Aus systemtheoretischer Sicht wiederum könnte *Öffentlichkeit* auch andere autopoietische Systeme, wie z. B. Politik, Recht oder Wirtschaft meinen.

5 Hierzu etwa Luhmann (1996: 11 f.).

Die *externe Wissenschaftskommunikation 2.0* hingegen ist durch den Rückgriff auf soziale Medien grundsätzlich bidirektional ausgerichtet. Der Wissenschaftler eröffnet durch die Auswahl entsprechender Kommunikationskanäle bewusst zahlreiche Möglichkeiten der direkten und interaktiven Anschlusskommunikation. Ein soziales Medium, welches hierfür genutzt werden kann, ist das *Weblog*.[6]

Sprachkritiker Wolf Schneider sieht insbesondere in dieser prominenten Anwendung im Web 2.0 eine Ursache für die seiner Meinung nach alarmierende Entwicklung der Sprache:

> Die zweite Entwicklung, die allen Freunden der Sprache Sorgen machen muss, ist mit dem Internet über uns hereingebrochen: Mail, Blog, Tweet, Chat haben die Zahl der geschriebenen Wörter dramatisch vermehrt und die Sorgfalt im Umgang mit ihnen dramatisch vermindert. Die Mailer und die Seriösen unter den Bloggern (die gibt es ja) können zwei Nachteile kaum bestreiten: Man huscht über die Tasten eines Geräts, das immer auf dem Schreibtisch steht – kein Papier mehr zurechtlegen, vom Kuvert zu schweigen; dazu mit dem schönen Gefühl: Und beim Empfänger kommt das Geschriebene sofort an, so wie die gesprochene Sprache. Der hat sich die geschriebene damit angenähert – mit allen Vorzügen der Spontaneität und allen Nachteilen der Schwatzhaftigkeit, des Nicht-mehr-Zögerns, Nicht-mehr-Feilens, Nicht-mehr-Korrigierens. Das Blog hat anstelle des Adressaten ein diffuses Publikum, und der Absender muss sich nicht identifizieren. […] Aus beiden Nachteilen folgt millionenfach die Versuchung, loszupoltern, ja herumzupöbeln; die Sprache also in Tiefen zu zerren, die früher allenfalls dem Ohr zugemutet wurden – dem Auge nie. (Schneider 2012: 5)

Aus einzelnen Weblogs Rückschlüsse auf Funktionen, Inhalte und Stil ‚der Blogs' zu ziehen, ist jedoch ebenso zulässig, „wie über das Medium Papier ein Urteil zu fällen, nachdem man einen Groschenroman und ein Telefonbuch durchgeblättert hat" (Sixtus 2004: 150). Deshalb dürfen Weblogs auch nicht als Textsorte mit einheitlicher Funktion und vergleichbarem Stil aufgefasst werden. Vielmehr können sich in einem Weblog mehrere Textsorten manifestieren. Ein Weblog kann folgerichtig metaphorisch als Gefäß verstanden werden, welches unterschiedliche Funktionen übernehmen und mit vielfältigen Inhalten gefüllt werden kann.

In Abgrenzung zu den Kriterien *Inhalt* und *Stil* wählen unterschiedliche Autoren eher formale Definitionsansätze. So geht etwa Blood davon aus, dass *Weblogs* häufig aktualisierte Webseiten sind, (1) auf denen kurze Einträge umgekehrt chronologisch angeordnet (2) und mit anderen Publikationen im WWW verlinkt (3) werden (vgl. Blood 2002: 39). In Übereinstimmung hiermit betont Schmidt überdies die inhärente Möglichkeit der Anschlusskommunikation. Für ihn handelt es sich bei Weblogs um

> [...] regelmäßig aktualisierte Webseiten, die Inhalte [...] in umgekehrt chronologischer Reihenfolge darstellen. Die Beiträge sind einzeln über URLs adressierbar und bieten

6 Einen Überblick über Wissenschaftsblogs innerhalb der Blogosphäre bieten unterschiedlichste Portale, teils Linksammlungen, teils eigenständige Plattformen, auf denen die Wissenschaftler bloggen. Hierzu etwa *Scienceblogs*: „Auf ScienceBlogs schreiben Forscher, was sie bewegt. Journalisten veröffentlichen unredigiert. Das ist die Basis für einen neuen Dialog aus erster Hand über die Rolle der Wissenschaft in Politik, Religion, Philosophie, Kunst und Wirtschaft." *Scienceblogs*; www.scienceblogs.de (Stand: 15.11.2013).

> in der Regel die Möglichkeit, Kommentare zu hinterlassen. Dadurch, sowie durch Verweise auf andere Weblogs [...] bilden sich Netzwerke von untereinander verbundenen Texten und Webseiten heraus. (Schmidt 2006: 13)

Diese Texte können Nardi u. a. folgend multimedial aufbereitet werden. Die Autoren stellen zudem fest, dass der Blogger im Vergleich zu anderen Autoren mit seinem eigenen Wissen und seiner persönlichen Sichtweise in den Vordergrund rückt: „Some Blogs utilize photos and other media. Blogs combine the immediacy of up-to-the-minute posts, latest first, with a strong sense of the author's personality, expertise, and point of view" (Nardi u. a. 2004).

In Erweiterung dieser Definitionsansätze kann insbesondere in den technischen Eigenschaften ein Alleinstellungsmerkmal von Weblogs gegenüber anderen internetbasierten Kommunikationsmitteln gesehen werden. Denn nicht nur durch die Kommentarfunktion – als elektronischer Leserbrief an den Blogger und somit funktional interaktionsbezogenes Element nach Jakobs (vgl. Jakobs/Lehnen 2005: 162) –, sondern auch durch *externe Hyperlinks*, *Trackback*[7], *Ping*[8] und *RSS*[9] eröffnen sich weitere Möglichkeiten für die interaktive Anschlusskommunikation zwischen Blogger und Öffentlichkeit über die Grenzen des eigentlichen Weblogs hinaus. Im Rückgriff auf die Terminologie Storrers[10] können Weblogs aus textlinguistischer Perspektive verstanden werden als:

1. **Text-in-Bewegung**, da über regelmäßige aktualisierte Inhalte, die Möglichkeit der Bearbeitung und Ergänzung von bereits publizierten Medientexten sowie die Option der internen Anschlusskommunikation (Kommentar) die Abgeschlossenheit der Materialität des Papiertextes überwunden werden kann.
2. **Interaktiver-Text**, da durch die Kommentarfunktion ein ständiger Kanal der Rückkopplung geöffnet ist und Feedback ermöglicht wird. Neben dieser internen Anschlusskommunikation wird durch die Funktion des Trackbacks zusätzlich externe Folgekommunikation auf anderen Weblogs unterstützt.
3. **Mehr-als-Text**, da über interne und externe Hyperlinks Intertextualität zu anderen Hypertexten erzeugt werden kann. So entsteht ein Netzwerk aus Medientexten zu einem Thema.

---

7 Auf die Intertextualität wissenschaftlicher Publikationen übertragen, würden Trackbacks einer automatischen Benachrichtigung der Primärliteratur bei Zitation durch eine Sekundärliteratur entsprechen. Sowohl Autoren (bzw. Blogger) als auch Leser können durch diese *Zweiweg-Vernetzung* leicht nachvollziehen, an welcher Stelle Bezug auf einen Medientext genommen wird, Anschlusskommunikation in Form von Kommentaren stattfindet, und sich aktiv in die Diskussion einschalten. Die Technologie des Trackbacks bringt alle Diskutanten zusammen und rückt den gesamten Diskussionshorizont in greifbare Nähe.

8 Der *Ping* kann als Signal des Weblogs und als Hinweis für Suchmaschinen auf einen neuen Blogeintrag verstanden werden. Suchmaschinen folgen diesem Appell, erfassen den neuen Medientext und präsentieren ihn der Öffentlichkeit bei entsprechenden Suchanfragen.

9 Die Kurzform *RSS* steht für *Really Simple Syndication*, also die *wirklich einfache Verbreitung* von Medieninhalten. Mittels *RSS-Feeds* können die im Weblog publizierten Medieninhalte unabhängig von Layout, Format und Kontext vom Leser abonniert und rezipiert werden. Hierzu Gillmor (2004: 40).

10 Hierzu Storrer (1999).

Auch in Referenz auf Ongs Verständnis von *Text* ist ein Blogeintrag mehr als ein Text im klassischen Sinne. Ong geht noch davon aus, dass

> [m]an einen Text nicht unmittelbar zur Verantwortung ziehen [kann]. Nach totaler und vernichtender Kritik bleibt er doch stets der alte. Dies ist ein Grund dafür, daß der Ausdruck ‚Es steht geschrieben' gewöhnlich wie der Ausdruck ‚es ist wahr' verstanden wird. [...] Wenn ein Text etwas behauptet, das der Meinung der ganzen Welt zuwiderläuft, dann tut er das, solange er als Text existiert. Texte sind per se widerspenstig. (Ong 1982: 81)

Durch die Kommentarfunktion kann ein Blogger jedoch durch seine Leserschaft ständig be- und hinterfragt werden. Alternative Sichtweisen ergänzen den ursprünglichen Eintrag und Trackbacks tragen die Diskussion in andere Umfelder. Text wird innerhalb des Internets „öffentlich, angreifbar, seine Entstehung ist an andere Bedingungen geknüpft als andere Textformen" (Alby 2007: 28). Dies bedeutet gleichzeitig, dass im Internet und der Blogosphäre[11] von der Erwartung, etwas Geschriebenes sei „a priori wahr, mehr und mehr Abstand genommen werden muss" (Alby 2007: 28).

Das Konzept des linguistischen *SprAachenblogs* greift auf diese technischen Eigenschaften von Weblogs als Text zurück, um mit einer am Thema *Sprache* interessierten Öffentlichkeit in einen direkten Kontakt und Austausch zu treten. Der inhaltliche Fokus liegt auf der Vermittlung von wissenschaftlich fundierten Informationen über aktuelle Sprachentwicklungstendenzen sowie auf der Kommentierung aktueller sprachkritischer Diskurse. Hierbei werden allgemeinverständliche und für linguistische Laien geeignete und multimedial aufbereitete Präsentationsformen gewählt.[12] Neben dem fachlichen Binnendiskurs bietet der *SprAachenblog* also grundsätzlich die Möglichkeit, wissenschaftliche Erkenntnisse in einer für den potenziellen Adressaten sinnvollen Art und Weise, sowohl inhaltlich als auch formal, zu präsentieren.

Ziel des *SprAachenblogs* ist es, einen nachhaltigen Beitrag zur Schließung der großen Kluft zwischen linguistischem Laien- und Expertenwissen zu liefern. Das kollaborative Projekt wird dabei inhaltlich bisher von sieben Sprachwissenschaftlern deutscher Hochschulen (drei promovierte Hochschulangehörige, drei wissenschaftliche Mitarbeiter, eine externe Doktorandin) getragen. Eine redaktionelle Überprüfung der Blogeinträge gibt es vor der Publikation nicht.

Obwohl der *SprAachenblog* sich nicht als Ort für die Veröffentlichung relevanter wissenschaftlicher Ergebnisse versteht[13], besitzt er als Publikationsplattform zwei große Vorteile:

Aktualität: Während im wissenschaftlichen Alltagsgetriebe viele Prozeduren zu beachten sind, können die Linguisten als Blogger ihre Artikel unabhängig von Platz- und Redaktionsbeschränkungen auf dem *SprAachenblog* einstellen und sind

---

11 Der Begriff *Blogosphäre* bezeichnet die Gesamtheit aller Weblogs.

12 Hierzu Punkt 10 der Aachener Erklärung zur Rolle der Sprachwissenschaft in der Gesellschaft; http://www.ak-sprachkritik.de/aachener_erklaerung.htm (Stand: 15.11.2013).

13 Weblogs sind kein Ersatz für Fachzeitschriften. Blogeinträge können und sollen wissenschaftliche Publikationen nicht ersetzen.

damit prinzipiell in der Lage, eine Geschichte vor allen anderen zu platzieren und auf Geschichten anderer sowie öffentliche Diskurse unmittelbar zu reagieren. In seinem Blogeintrag *Pipi, die Südseeprinzessin?* vom 17.1.2013 diskutiert und kommentiert Schilden etwa ein Interview in der aktuellen Ausgabe der Wochenzeitung *Die Zeit*. Auf Basis linguistischer Erkenntnisse nimmt Schilden Stellung zur Frage, ob ein Eingriff in ein Kunstwerk (hier: Kinderliteratur) im Sinne der politischen Korrektheit legitim ist. Er bewertet die Argumente der Interviewten kritisch und schlägt einen möglichen Umgang mit dieser Frage vor.[14]

Resonanzfähigkeit: Auf dem *SprAachenblog* können die Leser unmittelbar in den Dialog mit Sprachwissenschaftlern treten, Anmerkungen machen, Fragen stellen oder ihre Skepsis zum Ausdruck bringen. In seinem Blogeintrag *Gedanken und Bemerkungen zum Schimpfen* vom 29.7.2013 greift Meinunger eine aktuelle Kolumne aus *Die Zeit* auf und stellt am Ende seiner Ideensammlung konkrete, offene Fragen. In den folgenden zwei Wochen wird dieser Text durch acht Kommentare – eine interne Anschlusskommunikation zwischen Autor und Lesern – erweitert und diskutiert. Hier zeigt sich eindrücklich, dass wissenschaftliche Weblogs Dialog- und Kommunikationsforen darstellen können.

Insgesamt wurden die seit Juni 2012 bis September 2013 veröffentlichten Blogeinträge 71 Mal kommentiert und *SprAachenblog* von ca. 22 000[15] Lesern besucht. Die 27 Artikel lassen sich bisher hinsichtlich der Textsorten *Hinweise, Kommentare, Berichte, Rezensionen, Ideensammlungen* und *Werbung* (Personen, Institute, Hochschulen, Vereine, Aktionen etc.) differenzieren. Etwa ein Drittel der Leser dieser Blogeinträge hat den *SprAachenblog* über eine Suchmaschinenanfrage gefunden. Die häufigsten Suchanfragen waren hierbei *türkendeutsch* (143), *besser schreiben* (53), *anglizismenkritik* (41) und *bastian sick sprachverfall* (39). Darüber hinaus folgten etwa 1000 Besucher den auf *Facebook*[16] veröffentlichten externen Hyperlinks auf die Permalinks[17] der Blogeinträge. Die von 254 Personen abonnierte Seite im sozialen Netzwerk *Facebook* fungierte den bloggenden Linguisten bisher primär als flankierendes Medium zur Steigerung der Reichweite. Mit der Publikation eigenständiger, kürzerer Beiträge auf *Facebook* wurde aber auch eine zweite Diskussionsplattform und Anlaufstelle für eine an Sprache interessierte Teilöffentlichkeit im Web 2.0 eingerichtet.

Neben Suchmaschinen und *Facebook* waren drittens andere wissenschaftliche Weblogs dafür verantwortlich[18], dass der *SprAachenblog* gefunden wurde. Denn

---

14 Vgl. *SprAachenblog;* http://spraachenblog.wordpress.com/2013/01/17/pippi-die-sudseeprinzessin/ (Stand: 15.11.2013). In einem Nachtrag ergänzt Schilden seine Ausführungen, indem er auf einen anderen Medientext zum Thema (Audio-Interview mit Prof. Niehr im InforadioRBB) hinweist. Hier zeigt sich der *SprAachenblog* eindrücklich als Text-in-Bewegung und Mehr-als-Text.

15 Das dem *SprAachenblog* zugrunde liegende Blogsystem *Wordpress* liefert Besucherstatistiken.

16 Der *SprAachenblog* ist unter www.facebook.com/SprAACHENblog seit Juni 2012 auch auf Facebook vertreten.

17 Der Begriff *Permalink* bezeichnet den dauerhaften Identifikator einer Adresse im WWW, also die einzigartige URL eines Hypertextes, die ihn von allen anderen Hypertexten im Internet unterscheidet. In Weblogs erhält jeder Blog-Eintrag durch die Blog-Software einen automatisch generierten Permalink.

18 Etwa 1300 Besucher kamen über externe Hyperlinks auf anderen (sprach)wissenschaftlichen Weblogs.

mit der deutschsprachigen Blogosphäre insgesamt ist in den letzten Jahren auch die Anzahl der Weblogs gewachsen, die sich aus wissenschaftlicher Sicht mit sprachlichen Phänomenen befassen.[19] Auch sie verdeutlichen nachdrücklich, dass Weblogs als ein adäquates und erfolgreiches Kommunikationsmittel in der externen Wissenschaftskommunikation 2.0 eingesetzt werden können.

Künftig könnten/sollten auf dem *SprAachenblog* nicht nur weitere Linguisten aus den Reihen des wissenschaftlichen Personals, sondern auch Studierende unterschiedlicher Bachelor- und Masterstudiengänge (z. B. ‚Sprach- und Kommunikationswissenschaft') sowie Lehramtsstudierende im Fach *Deutsch* beteiligt werden[20]. Hierdurch würden die Studierenden sowohl Form, technische Eigenschaften und Funktionen einer Web 2.0-Anwendung für die externe Wissenschaftskommunikation in der Praxis kennenlernen als auch vor dem Hintergrund wissenschaftlicher Analysen zur Formulierung einer sprachreflexiv-kritischen Haltung gebracht werden. Überdies hat sich gezeigt, dass ein digitaler Leuchtturm wie der *SprAachenblog* nicht von alleine brennt. Sowohl die Frequenz als auch die Regelmäßigkeit publizierter Artikel sind wichtig, um Leser an einen Weblog zu binden. Dieses Ziel kann am leichtesten durch mehr Autoren erreicht werden. Der Leuchtturm steht, aber weitere Leuchtturmwärter müssen gewonnen werden.

Literaturverzeichnis

Alby, Tom (2007): *Web 2.0. Konzepte, Anwendungen, Technologien.* München/Wien.

Blood, Rebecca (2002): *The Weblog Handbook: Practical Advice On Creating And Maintaining Your Blog.* Cambrige/Massachusetts.

Eimeren, Birgit van /Frees, Beate (2011): Drei von vier Deutschen im Netz – ein Ende des digitalen Grabens in Sicht? Ergebnisse der ARD/ZDF-Onlinestudie 2011. In: *Media Perspektiven* 7-8/2011.

Gillmor, Dan (2004): *We the media – Grassroots Journalism By The People, For The People.* Sebastopol.

Jakobs, Eva-Maria/Lehnen, Katrin (2005): Hypertext – Klassifikation und Evaluation. In: Susanne Günthner u. a. (Hg.): *Websprache.net. Sprache und Kommunikation im Internet.* Bd. 10. Berlin.

Luhmann, Niklas (1990): *Die Wissenschaft der Gesellschaft.* Frankfurt a. M.

Nardi, Bonnie u. a. (2004): *I'm Blogging This – A Closer Look Why People Blog.* Communications of the Association for Computing Machinery. Online im Internet: http://www.ics.uci.edu/~jpd/classes/ics234cw04/nardi.pdf [Stand: 15. 11.2013].

Ong, Walter (1982): *Oralität und Literalität. Die Technologisierung des Wortes.* Opladen.

Pansegrau, Petra/Taubert, Nils/Weingart, Peter (2011): *Wissenschaftskommunikation in Deutschland. Ergebnisse einer Onlinebefragung. Eine Untersuchung im Auftrag des Deutschen Fachjournalisten-Verbandes (DFJV).* Online im Internet: http://www.dfjv.de/fileadmin/user_upload/pdf/DFJV_Studie_Wissenschaftskommunikation_in_Deutschland.pdf [Stand: 15.11.2013].

Schmidt, Jan (2006): *Weblogs – Eine kommunikationssoziologische Studie.* Konstanz.

19 Allen voran das *Sprachlog*, welches seit Ende 2012 vier ehemals eigenständige linguistische Projekte vereint. Das *Sprachlog* bietet neben regelmäßigen Blogeinträgen zudem in einem monatlichen Blogspektogramm einen Überblick über relevante und interessante linguistische Beiträge in der Blogosphäre. Vgl. *Sprachlog*; www.sprachlog.de (Stand: 15.11.2013).

20 Im Rahmen von Seminaren und Vorlesungen zu den Themen ‚Sprachkritik', ‚Öffentlicher Sprachgebrauch' oder auch ‚Grammatik' könnten die Studierenden z. B. veranstaltungsbegleitend unterschiedliche (Hyper-)Textsorten des Blogs kennenlernen und kollaborativ an der adressatenorientierten Textproduktion beteiligt werden. Auf diese Weise werden die Lehr- und Lernkonzepte der unterschiedlichen Veranstaltungstypen durch den Einsatz neuer sozialer Medien weiterentwickelt und breitenwirksam eingesetzt.

Schneider, Wolf (2012): *Wie Sie besser schreiben – Eine Deutsch-Stilkunde in 20 Lektionen*. Sonderbeilage in DIE ZEIT 20/2012.

Sixtus, Mario (2004): *Kontrolleure für die Kontrolleure. Watchblogger in den USA kritisieren Journalisten – nicht immer auf feinfühlige Art.* Online im Internet: http://sixtus.net/article/9_0_2_0_C/ [Stand: 15.11.2013].

Storrer, Angelika (1999): Kohärenz in Text und Hypertext. In: Henning Lobin (Hg.): *Text im digitalen Medium. Linguistische Aspekte von Textdesign, Texttechnologie und Hypertext Engineering*. Wiesbaden.

Winkler, Hartmut (1997): *Docuverse. Zur Medientheorie der Computer.* München.

Ekkehard Felder/Katharina Jacob

Die Praxis wertender Sprachreflexion in europäischen Gesellschaften als Spiegel ihres Selbstverständnisses. Das Projekt *Europäische Sprachkritik Online* (ESO)*

Durch die gegenseitige Abhängigkeit des Gedankens, und des Wortes von einander leuchtet es klar ein, dass die Sprachen nicht eigentlich Mittel sind, die schon erkannte Wahrheit darzustellen, sondern weit mehr, die vorher unerkannte zu entdecken. Ihre Verschiedenheit ist nicht eine von Schällen und Zeichen, sondern eine Verschiedenheit der Weltansichten selbst. Hierin ist der Grund, und der letzte Zweck aller Sprachuntersuchung enthalten. (Wilhelm von Humboldt 1820/1905: 27).

1 Einleitung

Sprachkritik als Praxis wertender Sprachreflexion und damit als Mentalitätsindikator einer Gesellschaft zu sehen, stellt sprach- und kulturvergleichend in Europa ein Desiderat dar. Sprachen und ihr Gebrauch sind Indikatoren individueller und kollektiver Denkhaltungen – in Sprache vollzieht sich Verstehen gleichermaßen wie Missverstehen. Von daher steht die Erforschung und vergleichende Beschreibung des Wechselverhältnisses von Sprachbewusstheit und (national)kulturellem Selbstverständnis in vier europäischen Sprachkulturen[1] (vorerst im Deutschen, Englischen, Französischen und Italienischen)[2] im Mittelpunkt des Projektes *Europäische Sprachkritik Online* (ESO). Unter Bezugnahme auf Greule 2004 referiert der

---

* Die am *Europäischen Zentrum für Sprachwissenschaften* (EZS) angesiedelte Projektgruppe *Europäische Sprachkritik Online* (ESO) besteht neben den Autoren dieses Aufsatzes aus folgenden Personen, die die hier dargestellten Ideen gemeinsam entwickelt haben: Prof. Dr. Beatrix Busse und Dr. des. Annette Mantlik (Anglistik, Universität Heidelberg), Prof. Dr. Sybille Große (Romanistik, Universität Heidelberg), Prof. Dr. Edgar Radtke, Dr. Till Stellino, Dr. Daniela Pietrini, Dr. Nelson Puccio, Alexander Freihaut (Romanistik, Universität Heidelberg), Prof. Dr. Sebastian Padó (Computerlinguistik, Universität Heidelberg), Dr. Horst Schwinn (Germanistik, Institut für Deutsche Sprache, Mannheim), Prof. i. R. Dr. Rainer Wimmer (Germanistik, Universität Trier). Neben den nationalen und internationalen Kooperationspartnern (http://www.ezs-online.de/programmbereiche-des-ezs/textwelten/136-ezs-arbeitsgruppe-zu-europaeischer-sprachkritik, Stand: 30.03.2013) seien hier auch die Stipendiaten und Kollegiaten des ESO-Promotionskollegs „Sprachkritik als Gesellschaftskritik in europäischer Perspektive“ genannt, die durch Promotionsprojekte und Qualifikationsschriften einen wichtigen Beitrag zur Projektarbeit leisten: Johannes Funk, Christoph Graf, Luisa Larsen, Maria Mast, Pierre Schwidlinski, Verena Weiland, Kathrin Wenz.

1 Unter *Sprachkultur* wird hier die Sprache und Kommunikation einer Sprachgemeinschaft verstanden. In den Forschungsbeiträgen werden dem Sprachkulturbegriff zwei gegenläufige Attribute zugeschrieben. Dient der Sprachkulturbegriff andernorts dazu, den Sprach- und Kommunikationszustand einer Sprachgemeinschaft als „angestrebt[en] Entwicklungsstand“ (Janich 2004: 16) zu bewerten, so benutzt der vorliegende Beitrag den Sprachkulturbegriff zur beschreibenden „Charakterisierung der Sprachsituation“ (Janich 2004: 16). *Sprachkultur* meint hier also das Sprachsystem und den Sprachgebrauch von Sprachgemeinschaften aus deskriptiver und kontrastiver Perspektive (Greule 2004).

2 Wenn im Folgenden von der Praxis wertender Sprachreflexion im Deutschen, Englischen, Französischen und Deutschen gesprochen wird, dann liegt der Untersuchungsschwerpunkt zwar jeweils auf der historisch und geographisch zu verortenden Sprache (bezogen auf die Gegenwartssprache

Sprachkulturbegriff also auf das Sprachsystem und den Sprachgebrauch von Sprachgemeinschaften aus deskriptiver und kontrastiver Perspektive.

***Sprachkritik* definieren wir hier als *Praxis wertender Sprachreflexion* und verstehen darunter veröffentlichte und öffentlich zugängliche Äußerungen, in denen Sprecherinnern oder Sprecher – explizit oder implizit – eine bestimmte Spracheinstellung oder ein bestimmtes Sprachverhalten als angemessene oder unangemessene Norm festsetzen bzw. durchzusetzen suchen.**[3]

Im europäischen Einigungsprozess werden Diskussionen um einheitsstiftende Momente einer europäischen Kultur zum Dreh- und Angelpunkt politisch und wirtschaftlich motivierter Integrationsstrategien. Sprache ist das bedeutendste identitätsstiftende Moment (Gardt 2002a, ²2004), Sprachen sind die zentralen Kulturbausteine Europas (Greule/Janich 2002)! Das kulturelle Selbstverständnis in Bezug auf die jeweils eigene Sprache wird dabei in den einzelnen Nationen mitunter aus dem Blick verloren und schon gar nicht im europäischen Vergleichskontext gesehen. Wie eine Nation sprachpolitische Fragen beispielsweise unter Einbeziehung von Sprachakademien und Sprachgesellschaften oder gesellschaftliche Konflikte und kulturelle Herausforderungen beispielsweise im Diskurs um den europäischen Rettungsschirm (engl. *bailout fund*, frz. *plan de sauvage* und span. *fondo de rescate*) unter sprachlichen Gesichtspunkten reflektiert und dabei Sprache selbst zum Gegenstand der Diskussionen wird, kann als Indiz für die Art des spezifischen Denkens und der kulturellen Eigenart gesehen werden.

Im Projekt *Europäische Sprachkritik Online* (ESO) wird dies zum Anlass genommen, das kulturelle Selbstverständnis von Nationen durch die systematische Erfassung der Sprachkritik in Europa, also durch die Beschreibung einer europäischen Sprachkritik, in den Mittelpunkt der Untersuchung zu stellen. Erst durch den europäischen Vergleich lassen sich sprachkulturelle Konvergenzen und Divergenzen erschließen.

Der Projektname *Europäische Sprachkritik Online* (ESO) wie auch das Projektziel einer **europäischen Sprachkritikschreibung** mutet zunächst einmal anmaßend an,

---

also auf dem Deutschen in Deutschland, dem Englischen in England, dem Französischen in Frankreich und dem Italienischen in Italien). Die transnationale Perspektive wird jedoch nicht vernachlässigt (z. B. das Deutsche in Österreich oder der Schweiz). Je nach Relevanz der transnationalen Perspektive für die einzelnen Eintrags- bzw. Vergleichstexte der Online-Plattform wird der gesamte Sprachraum einer Sprachkultur mit einbezogen.

3 Unser Verständnis von Kritik (als Analyse der Leistungsfähigkeit sprachlicher Zeichen im Kontext) und Werten (als teilweise oder vollständig akzeptierte Vorstellungen von etwas Gewünschtem oder Erstrebtem) ist dabei auf dem Kontinuum zwischen Sprachbeschreibung und -bewertung zu verorten, da wir Formen der Sprachkritik jeglicher Provenienz (linguistischer wie auch laienlinguistischer) untersuchen. Die Praxis wertender Sprachreflexion ist damit eine durch Kriterien geleitete Reflexion der Sprache, in der konkrete Äußerungen im Kontext von Wertefragen (Sprachbeschreibung) oder Wertungsfragen (Sprachbewertung) erörtert werden. Sie kann also nicht nur der negativen oder positiven Beurteilung der Sprache unterliegen, sondern ebenso der aufklärenden Reflexion der Sprache, die Kommunikationsmöglichkeiten aufzeigt.

weil vorerst nur vier Sprachen (Deutsch, Englisch, Französisch und Italienisch) untersucht werden.[4] Auch wenn wir nicht alle europäischen Sprachen in diesem Projekt bearbeiten können, so halten wir unsere Programmatik doch für so grundlegend und weitreichend, dass die Betonung der europäischen Dimension gerechtfertigt ist. Daher beansprucht zwar ESO als Akronym für *Europäische Sprachkritik Online* einen holistischen Ansatz, der im Projekt aus leicht nachvollziehbaren Gründen der zur Verfügung stehenden Arbeitsressourcen aber vorerst nur partiell zu realisieren sein wird. Die ESO-Projektgruppe hat zwar die vielfältige und komplexe (Sprach-)Kulturlandschaft Europas im Blick, die es in einem sprachwissenschaftlichen Projekt mit synchronem und diachronem Anspruch durchaus auch unter historischen und geographischen Gesichtspunkten zu präzisieren und reflektieren gilt (vgl. dazu die hilfreichen eurolinguistischen Beiträge in Hinrichs 2010), bearbeitet jedoch nur Ausschnitte einer europäischen Sprachkritik. Wenn also im Folgenden von der *Europäischen Sprachkritik Online* (ESO) und einer europäischen Sprachkritikschreibung gesprochen wird, ist trotz des ausschnitthaften Charakters des Projektes der programmatische Anspruch betont.

Sprachkritik wird im ESO-Projekt als Praxis wertender Sprachreflexion definiert, da der Terminus *Sprachkritik* zwar einen Fachterminus des Deutschen (vgl. die differenziert zusammengestellten Bibliographien von Dieckmann 1992, Spitzmüller u. a. 2002 und Janich/Rhein 2010), nicht aber einen einschlägig verwendeten Terminus im linguistischen bzw. laienlinguistischen Bereich des Englischen, Französischen und Italienischen darstellt. Wie sich die Praxis wertender Sprachreflexion also in europäischen Kulturlandschaften manifestiert, wird als Ausgangspunkt der Analyse genommen. Da Sprache seit jeher eine „bedeutende Rolle bei der Bestimmung der nationalen Identität von Gemeinschaften" spielt – „[d]as gilt selbstverständlich nicht nur für die deutsche Sprache" (Gardt 2002a: 125) –, liefert sie Hinweise auf das Selbstverständnis einer Sprachkultur. Der in der Öffentlichkeit thematisierte und textuell in Dokumenten geronnene Umgang mit Sprache und seine sprachliche Aushandlungspraxis beleuchten gesellschaftliche und kulturhistorische Denkhaltungen nationaler oder gegebenenfalls auch europäischer Provenienz und geben über den Umgang mit Identitätsfragen einer Sprach- und Kulturgemeinschaft aus dem Blickwinkel der Sprache Aufschluss (Gardt 2000, 2002a, ²2004; Baumgärtner u. a. 2007).

Die Projektgruppe *Europäische Sprachkritik Online* (ESO), die im *Europäischen Zentrum für Sprachwissenschaften* (EZS)[5] angesiedelt ist, interessiert sich insbesondere für die Einstellungen, die Kulturgemeinschaften ihrer Sprache als Erkenntnis bedingendes und Identität stiftendes Medium entgegenbringen und als Sprach-

4 Seit November 2013 wird die süd- und westeuropäische Ausrichtung des ESO-Projekts durch eine weitere mittel- und osteuropäische Sprachkultur (Tschechisch, Kroatisch) erweitert, die Prof. Dr. Jadranka Gvozdanovic (Slavistik, Universität Heidelberg) vertritt.

5 Das *Europäische Zentrum für Sprachwissenschaften* (EZS) ist eine Kooperation des Instituts für Deutsche Sprache in Mannheim (IDS) und der Ruprecht-Karls-Universität Heidelberg. Es bündelt die sprachwissenschaftlichen Forschungs- und Lehraktivitäten der beiden Einrichtungen in multilingual-europäischer Perspektive (http://www.ezs-online.de; Stand: 18.6.2013).

und Verhaltensnorm in die praktizierte Sprachreflexion einbringen, und untersucht, wie sich Kulturspezifika in nationalsprachlichen Sprachreflexionen vor dem Hintergrund einer gesamteuropäischen Sprachkultur erfassen lassen.

Um eine derart breit angelegte Fragestellung bearbeiten zu können, hat sich die Projektgruppe auf den Aufbau einer multilingualen und multimodalen Online-Plattform verständigt. Auf dieser Plattform sollen Einträge zu einschlägigen sprachkritischen Schlüsselwörtern mit Schibboleth-Charakter (wie z. B. sprachkritische Termini, Konzepte, Akteure, Institutionen, Quellen und Schriften) in den vorerst vier Untersuchungssprachen (dem Deutschen, dem Englischen, dem Französischen und dem Italienischen) den jeweiligen sprachinteressierten Öffentlichkeiten zugänglich gemacht werden, indem zwei Sichtweisen stark gemacht werden: Jede Benutzerin und jeder Benutzer der Online-Plattform kann sich einerseits durch einzelne Einträge zu einschlägigen sprachkritischen Schlüsselwörtern über die Relevanz des Phänomens in den jeweiligen Einzelsprachen informieren (einzelsprachliche Darstellung). Andererseits können die Plattformbesucher zusätzlich mithilfe von Vergleichstexten die von der Projektgruppe intendierte europäische Perspektive nachvollziehen (mehrsprachige Darstellung), die sich mosaikartig aus den Einzelsprachen und ihrer Zusammenschau ergibt und zu einem weitaus größeren Teil in der ESO-Projektgruppe erst erarbeitet werden muss.

Der folgende Beitrag gliedert sich wie folgt:

2 Sprachkulturelle Prämisse, Erkenntnisinteresse und Untersuchungsgegenstand einer europäischen Sprachkritikschreibung

Wie Nationen über ihre Sprache nachdenken und diese Reflexion in der Öffentlichkeit artikulieren, steht im Erkenntnisinteresse der hier anvisierten **europäischen**

Sprachkritikschreibung[6]. Das Humboldt'sche Konzept, in welchem der Sprache eine indizierende Funktion im Hinblick auf Denk- und Deutungsweisen einer Sprachkultur zugeschrieben wird, fungiert im ESO-Projekt als sprachkulturelle Prämisse. Sprachkritik wird als Kristallisationspunkt für Denk- und Deutungsweisen einer Sprachkultur angesehen. Wenn allein die Sprachen in ihrer objektsprachlichen Funktion einen Spiegel der individuellen und kollektiven Weltansichten darstellen, in welch verdichteter Form manifestieren sich erst Weltansichten im Sprechen über Sprachen? Das Humboldt'sche Konzept wird also auf die Sprachkritik als eine Form der Metasprache übertragen, indem das Erkenntnisinteresse auf sprachwertende Äußerungen in zunächst vier europäischen Sprachen (im Deutschen, im Englischen, im Französischen und im Italienischen) gerichtet wird. Folglich liegt das Erkenntnisinteresse auf ausgewählten europäischen Sprachkritiken als Bestandteilen europäischer Sprachkulturen.

Unter *Sprachkritik* wird hier (s. o.) die kommunikative Praxis wertender Sprachreflexion verstanden, worunter wir veröffentlichte und öffentlich zugängliche Äußerungen fassen, in denen Sprecherinnen oder Sprecher – explizit oder implizit – eine bestimmte Spracheinstellung oder ein bestimmtes Sprachverhalten als angemessene oder unangemessene Norm festsetzen bzw. durchzusetzen suchen. Normen werden hier in Anlehnung an Bartsch (1987) als soziale Realitäten von Korrektheitsbegriffen definiert, die im Spannungsverhältnis von System und Gebrauch zu verorten sind (Coseriu 1975). Sie sind also als regulierende Elemente zwischen Sprachsystem und -gebrauch zu fassen (Keller 2009) und beziehen sich folglich sowohl auf „die Richtigkeitsnormen für Einheiten der langue“ als auch auf „die Angemessenheitsnormen für Einheiten der parole“ (Becker 2001: 82).

Wertende Sprachreflexionen können sich aus linguistischer Perspektive auf sprachliche Einheiten von der Mikro- über die Meso- hin zur Makroebene des Sprachsystems wie auch des Sprachgebrauchs beziehen (Bär 2001; Dieckmann 2012; Felder 2009b; Kilian/Niehr/Schiewe 2010; Tereick 2009; Wengeler 2011). Grund für Sprachkritik kann ein Mangel an Angemessenheit, Richtigkeit, Sachlichkeit, Differenziertheit, Verstehbarkeit, Höflichkeit, Ehrlichkeit oder Schönheit sein – je nach linguistischer oder laienlinguistischer Herkunft der Kritik (Gardt 2002b: 43 f.). Auf dem Kontinuum zwischen linguistischer und laienlinguistischer Sprachkritik wird in unterschiedlichen Kommunikationsbereichen Sprache und ihr Gebrauch kritisch in den Blick genommen (vgl. zum Forschungsnetzwerk „Sprache und Wissen“ Felder 2008). Sei es im Bereich der Bildung, der Politik, des Rechts, der Verwaltung und der Massenmedien, sei es in philosophischen und literarischen Texten – Sprachkritik ist ein immer wiederkehrendes Phänomen der Sprachpraxis, welches quer zu den unterschiedlichen Kommunikationsbereichen verläuft.

6 Obwohl wir die Praxis wertender Sprachreflexion in den vier europäischen Sprachkulturen beschreiben, sprechen wir hier dennoch von Sprachkritikschreibung. Dies liegt im Forschungsschwerpunkt des ESO-Projekts begründet: Während unsere Vorgehensweise innerhalb der Einzelsprachen beschreibend ist, erfolgt aus der ebenso beschreibenden Vergleichsperspektive eine bislang nicht schriftlich niedergeschriebene europäische Sprachkritik. Die vorbereitende einzelsprachliche und sprachvergleichende Sprachkritikbeschreibung mündet also in einer europäischen Sprachkritikschreibung.

In der Sprachkritik sind meist **Akteure** (z. B. einzelne Personen, Gruppen, Institutionen) zu verzeichnen, die in sprachwertenden Äußerungen **sprachliche oder kommunikative Gegenstände** (z. B. Wörter, Verwendungsweisen von Wörtern) anhand bestimmter **Kriterien** (z. B. Richtigkeit, Ästhetik, Konvention, Norm, Gleichberechtigung und Wertschätzung) unter Bezugnahme auf **Instanzen** (z. B. Grammatiken, Wörterbücher, Enzyklopädien, Sprachratgeber, literarischer Vorbilder, Institutionen) reflektieren und kritisieren (Dieckmann 2012; Tereick 2009). An dieser quer zu verschiedenen Kommunikationsbereichen liegenden Praxis wertender Sprachreflexionen in Europa setzt die ESO-Projektarbeit an und macht die Sprachkritiken der vorerst vier Sprachkulturen zu ihrem Untersuchungsgegenstand. Dabei werden zwei Schwerpunkte verfolgt: Zum einen werden bisher unerschlossene Quellen mit Äußerungs- und Kommunikationsweisen dokumentiert und bereitgestellt und zum anderen bereits vorliegende einzelsprachliche Forschungsbeiträge zu Themen der Sprachreflexion und Sprachkritik erfasst, gebündelt und für den europäischen Vergleich herangezogen.

Ausgehend von der soeben skizzierten sprachkulturellen Prämisse, dem daraus abgeleiteten Erkenntnisinteresse und Untersuchungsgegenstand lässt sich die Zielsetzung in der Projektarbeit anhand von drei Dimensionen einer europäischen Sprachkritikschreibung – (nämlich) anhand einer gesellschaftlichen, kulturhistorischen und epistemischen Dimension – erläutern, auf die in den folgenden beiden Unterkapiteln näher eingegangen wird. Im Anschluss erfolgt die Darstellung der Dokumentation einer europäischen Sprachkritikschreibung durch eine multilinguale und multimodale Online-Plattform.

2.1 Die gesellschaftliche und kulturhistorische Dimension einer europäischen Sprachkritikschreibung

Das zunehmende Interesse an einer von der Gesellschaft praktizierten Sprachkritik verleiht der von der Sprachwissenschaft praktizierten Sprachkritik in mehrfacher Hinsicht Relevanz, denn eine „Sprachwissenschaft, die sich der Auseinandersetzung mit den Fragen des aktuellen öffentlichen Interesses als Ganze entzöge, würde sich gerade zur Zeit in den Augen der Öffentlichkeit verzichtbar machen" (Bär 2002: 225). Sprache und ihr Gebrauch kann und muss also zum Gegenstand von linguistischer (bzw. linguistisch begründeter) Sprachkritik werden (Antos 1996: 6; Bär 2002: 225; Dieckmann 2012: 43; Eichinger 2009: 201; Felder 2009b: 163 f.; Gardt 2002b: 39 ff.; Hoberg 2002: 19; Jacob 2013: 11; Janich 2004, Schiewe 2011: 7 f.; Schwinn 2005: 39 f.; Spitzmüller/Roth/Leweling/Frohning 2002: 1; Tereick 2009: 364; Wimmer 2003: 417). Der Mensch ist nicht nur in der Lage, „reflexionsthematisch" (Köller 2004: 22) dem Phänomen Sprache zu begegnen (Köller 2004, 2006, 2012), er erfasst und deutet diese, seitdem es Sprache gibt, oder wie Tereick treffend formuliert: „Sprachkritik ist wahrscheinlich fast so alt wie die Sprache selbst" (Tereick 2009: 365).

Die Beschäftigung mit Sprachkritik ist also nicht nur von gesellschaftlicher und sprachwissenschaftlicher Relevanz. Indem in gelehrten Kreisen der Vergangenheit wie auch in linguistischen und laienlinguistischen Bereichen der Gegenwart Sprache reflektiert und kritisiert wird (Bär 1999; Gardt 1994; Schiewe 1998; von Polenz 1991-1999, 2000), fungiert Sprache nicht nur als Spiegel eines abbildenden, schematisierenden und zeitweilig aufleuchtenden Reflexionsmoments – wie häufig der Spiegelmetapher für Sprache kritisch entgegnet wird (Köller 2012: 482). Wie Köller treffend beobachtet und erläutert, werden der Sprache Eigenschaften eines Speichers und Schlüssels zugeschrieben (Köller 2012: 361-397, 180-184). Die vergangene und gegenwärtige Praxis wertender Sprachreflexion schreibt sich in Texte und Diskurse ein, wird darin wie in einem Speicher aufbewahrt und kann texthermeneutisch erschlossen werden (Köller 2012: 383–385). Gerade das Wechselverhältnis zwischen synchroner und diachroner Untersuchung der sich in Texten manifestierenden Praxis wertender Sprachreflexion verleiht einer Sprachkritikschreibung kulturhistorische Relevanz. Die Arbeit im Projekt *Europäische Sprachkritik Online* (ESO) zeigt, dass die Sprachkritik als sprachwissenschaftliche Teildisziplin in der Germanistik besonders profiliert ist, als sprachkulturelles und kulturhistorisches Phänomen selbstredend in vielen Sprachen praktiziert wird und daher einen komparatistischen Beschreibungsansatz in einem internationalen Rahmen ermöglicht. Wenn auch die Sprachkritik in der Sprachwissenschaft der Anglistik und Romanistik kein etabliertes Forschungsfeld darstellt, so wird Sprache und ihr Gebrauch in der englischen, französischen und italienischen Sprache ebenso facettenreich reflektiert und kritisiert wie in der deutschen; die Praxis wertender Sprachreflexion kann auch hier als Spiegel der Gesellschaft angesehen werden (Busse 2010; Große 2009, 2010; Radtke 2001).

Vor dem Hintergrund des skizzierten Erkenntnisinteresses und der sprachwissenschaftlichen, gesellschaftlichen und kulturhistorischen Relevanz einer europäischen Sprachkritikschreibung, welche sich zum Ziel setzt, die Praxis wertender Sprachreflexion sowohl synchron und diachron als auch über vier europäische Sprachen erstreckend zu untersuchen, bedarf es eines klaren Untersuchungszuschnitts. Im Projekt *Europäische Sprachkritik Online* (ESO) wird die forschungsinterne Auseinandersetzung mit einer theoretischen und methodischen sprachwissenschaftlichen Fundierung von Sprachkritik zwar nicht aus dem Blick verloren, der Schwerpunkt wird jedoch auf eine gesellschaftliche und kulturhistorische Fragestellung gelegt. Es wird also nicht gefragt, **ob und wie** in der (Sprach-)Wissenschaft Sprache zu kritisieren ist, sondern **wo und wie** Sprache reflektierend kritisiert wird. Wenn Sprachkritik als eine wertende Auseinandersetzung mit Sprache über Sprache (Metasprache) aufgefasst wird (Kilian/Niehr/Schiewe 2010: 1), dann stellt sich die ESO-Projektgruppe nicht die Frage, wie sie mit welchen sprachwissenschaftlichen Parametern Sprache und ihren Gebrauch reflektieren und kritisieren kann, sondern sie untersucht auf einer übergeordneten Beschreibungsebene, wie in der Vergangenheit und Gegenwart Sprache wertend reflektiert wurde und wird (Deskription der Metasprache). Mit dem Ziel einer europäischen Sprachkritikschreibung, welche die Sprachpraxis wertender Sprachreflexionen in Bezug auf ihre Terminologien, Konzeptualisierungen und Argumentationsstrategien empirisch untersucht bzw. die bereits vorliegenden einzelsprachlichen Forschungsbeiträge zu Themen der Sprachreflexion und Sprachkritik bündelt und erfasst, stehen die beiden folgenden Fragenkomplexe im Fokus des Forschungsinteresses:

- Welche Einstellungen bringen Kulturgemeinschaften ihrer Sprache als Erkenntnismedium und Kommunikationsmittel einerseits und in ihrer identitätsstiftenden Funktion andererseits entgegen? Welche sprachkulturellen Konvergenzen und Divergenzen lassen sich im europäischen Vergleich erschließen?
- Welchen Beitrag leistet eine europäische Sprachkritikschreibung für die in den Gesellschaften und Sprachwissenschaften praktizierte Sprachkritik? Wie kann eine mehrsprachige Perspektive auf Sprachkritik die einzelsprachliche in der Art ergänzen, dass sie Anregungen zur theoretischen und methodischen sprachwissenschaftlichen Fundierung von Sprachkritik bietet?

2.2 Die epistemische Dimension einer europäischen Sprachkritikschreibung

Um zu veranschaulichen, wie Sprachkritik im Projekt *Europäische Sprachkritik Online* (ESO) definiert und sprachvergleichend als Untersuchungsgegenstand herangezogen wird, soll eine modifizierte Darstellung des semiotischen Dreiecks nach Ogden/Richards (1974: 18) herangezogen werden:

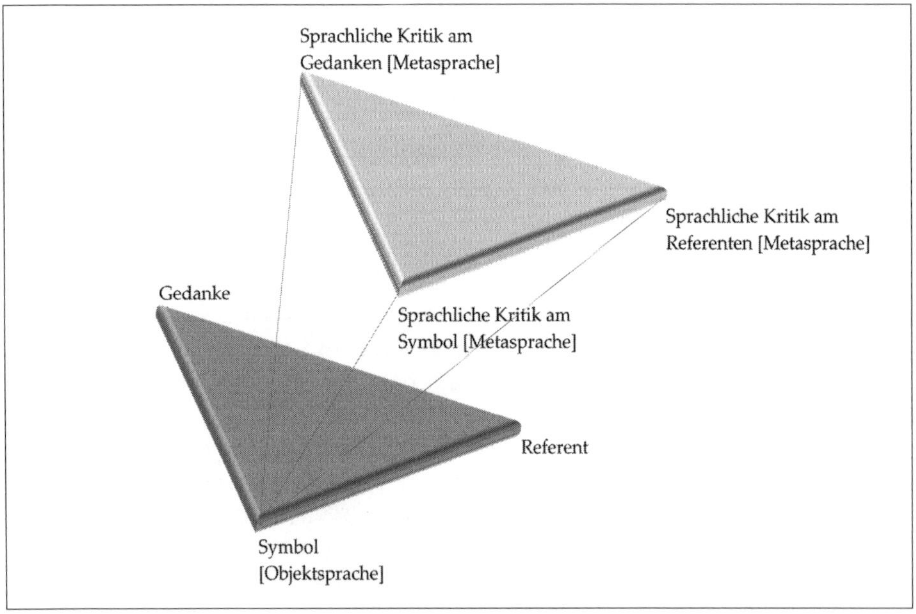

Abb. 1: Modifikation des semiotischen Dreiecks nach Ogden/Richards (1974: 18)

Wie in dem Schaubild zu sehen ist, schiebt sich über das objektsprachliche Dreieck ein metasprachliches. Die Darstellung verfolgt einen zweifachen Zweck: Einerseits will sie die Perspektiven auf den Zusammenhang von Sprache, Denken und Welt im Wechselverhältnis zwischen Objekt- und Metasprache verdeutlichen. Damit soll transparent gemacht werden, wie sich die Praxis wertender Sprachreflexion zwischen objektsprachlich diagnostizierten Ist-Zuständen und metasprachlich eingeforderten Soll-Zuständen aufspannt (Jacob 2013: 11). Andererseits soll die Darstellung die verschiedenen Ausgangspunkte für Sprachkritik herausarbeiten: Ausgangspunkt einer sprachkritischen Argumentation kann ein Unbehagen der Sprache und ihrem Gebrauch gegenüber sein – Gegenstand der Sprachkritik könnten dabei Sprech- und Schreibweisen, Wörter, Wortverbindungen, Sätze, Texte und Diskurse sein (Bär 2001; Felder 2009b; Tereick 2009; Wengeler 2011), die aus sprachsystematischer oder pragma-kommunikativer Perspektive reflektiert werden (im Schaubild die Ecke des hellgrauen Dreiecks mit der Bezeichnung *Sprachliche Kritik am Symbol* wie z. B. die Kritik an der Wortschöpfung *Handy* als anbiederndem Pseudo-Anglizismus, die nicht das Referenzobjekt selbst, also den Gegenstand, trifft). Auch ist denkbar, dass die angemessene Bezeichnung von Inhalten, von Konzepten des Sprechers oder Hörers oder von Denkweisen einer Gesellschaft im Fokus der Sprachkritik steht (im Schaubild die Ecke des hellgrauen Dreiecks mit der Bezeichnung *Sprachliche Kritik am Gedanken*) wie z. B. Kritik an dem Begriff *Leitkultur*, die in ihm einen ausgrenzenden und Kulturen hierarchisierenden Gedanken erkennt.

Des Weiteren ist es möglich, dass sich die Sprachkritik darauf bezieht, wie angemessen Worte semasiologisch auf Sachverhalte Bezug nehmen oder wie angemessen Sachverhalte onomasiologisch in Worte gefasst werden (im Schaubild die Ecke des hellgrauen Dreiecks mit der Bezeichnung *Sprachliche Kritik am Referenten* wie z. B. die an dem Wort *Kollateralschaden* insinuierte Wortkritik am Sachverhalt selbst, wenn Andersdenkende im Gewand einer semasiologischen Sprachkritik Sachkritik betreiben). In einem ähnlichen, aber anders gelagerten Fall der *Sprachlichen Kritik am Referenten* üben Andersdenkende eine onomasiologische Sprachkritik am Sachverhalt, indem sie den Sachverhalt selbst sprachlich desavouieren, wie beispielsweise durch die abwertende Wortschöpfung *Herdprämie* bzw. *stay-at-home premium* für das in der Politik kontrovers diskutierte und in der deutschen und englischen Presse thematisierte Betreuungsgeld (Jacob/Mattfeldt in Vorb.).

Als heuristischer Orientierungs- und Verständigungsrahmen kann das semiotische Dreieck aufzeigen, dass Formen der expliziten und impliziten Sprach-, Denk- und Sach-, aber vor allem auch der Referenzkritik in vielen Fällen sehr eng beieinander liegen und hermeneutisch nicht immer klar voneinander abgegrenzt werden können (Dieckmann 2006; Greiffenhagen 1980; Spitzmüller u. a. 2002). Um die ausgeblendete Akteursperspektive bei der Illustrierung mithilfe des semiotischen Dreiecks ins Spiel zu bringen, denken wir uns bei jedem Diskursakteur ein spezifisches semiotisches Dreieck, das mehr oder weniger Überschneidungen mit semiotischen Dreiecken anderer Individuen aufweist und somit ein Teil des gesamtgesellschaftlichen oder kollektiven Dreiecks ist (modelliert als Vereinigungs- und Schnittmenge).

Ein weiterer bereits skizzierter heuristischer Nutzen, der durch die modifizierte Darstellung des semiotischen Dreiecks im Rahmen des ESO-Projektes entsteht, ist, das Wechselverhältnis zwischen Objekt- und Metasprache zu verbildlichen: Ein alle Eckpunkte des metasprachlichen Dreiecks (im Schaubild das hellgrau gefärbte

Dreieck) verbindendes Element ist die Verbindung zum Eckpunkt mit der Bezeichnung *Symbol* des objektsprachlichen Dreiecks (im Schaubild das dunkelgrau gefärbte Dreieck). Unabhängig davon, ob Sprach-, Denk-, Sach- oder Referenzkritik vorliegt, die Kritik erfolgt über das Medium der Sprache. Während im dunkelgrauen, objektsprachlichen Dreieck davon ausgegangen wird, dass Sprache ein Medium der Bedeutungs- und Sachverhaltskonstitution ist (Ogden/Richards 1974: 18; Felder 2006: 15), ist jede Sprach-, Denk-, Sach- und Referenzkritik, die im ESO-Projekt als Untersuchungsgegenstand herangezogen wird, eine sprachlich bzw. textuell in Dokumenten konstituierte Sprachreflexion oder -kritik (im Schaubild durch die drei verbindenden Linien zwischen dem hellgrauen, metasprachlichen Dreieck und dem Eckpunkt mit der Bezeichnung *Symbol* des dunkelgrauen, objektsprachlichen Dreiecks markiert).

Während obiges Schaubild die Praxis wertender Sprachreflexion in einer Einzelsprache darstellt, veranschaulicht das folgende nun die Betrachtungsebene, die im Projekt *Europäische Sprachkritik Online* (ESO) eingenommen wird: die Deskription einer europäischen Sprachkritik, exemplifiziert an den Metasprachen von vorerst vier Sprachkulturen. Auf dieser Betrachtungsebene wird zunächst das Wechselverhältnis zwischen Objekt- und Metasprache einzelsprachlich, also das Deutsche (Sprachkultur 1), Englische (Sprachkultur 2), Französische (Sprachkultur 3) und Italienische (Sprachkultur 4) für sich, in den Blick genommen, um dann in einem zweiten Schritt vier europäische Sprachkritiken beschreibend zu vergleichen. Dies soll folgendes Schaubild verdeutlichen:

Deskription einer europäischen Sprachkritik

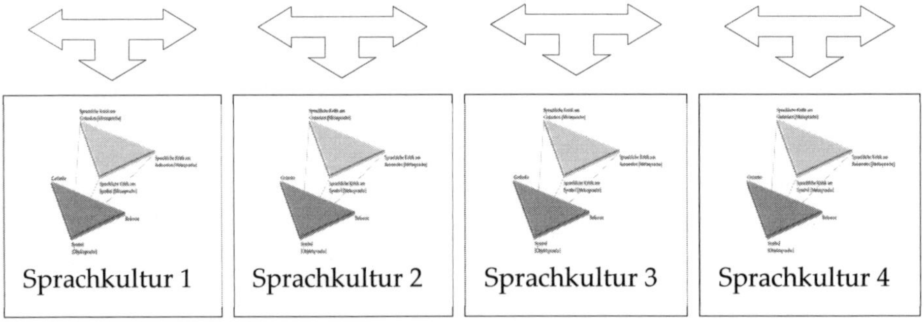

Abb. 2: Deskription einer europäischen Sprachkritik

2.3 Die Dokumentation einer europäischen Sprachkritikschreibung durch eine multilinguale und multimodale Online-Plattform

Wie bereits oben skizziert, werden im Rahmen des Projektes *Europäische Sprachkritik Online* (ESO) unterschiedliche Kommunikationsbereiche auf dem Kontinuum zwischen linguistischer und laienlinguistischer Sprachkritik untersucht. Diese Bereiche, verstanden als gesellschaftliche Domänen linguistischer und laienlinguistischer Sprachkritik, erstrecken sich von der literarischen und erkenntnistheoretischen über die politische und feministische Sprachkritik hin zur feuilletonistischen Sprachkritik (germanistische Beiträge beispielsweise in Burkhardt 2002, 2011; Niehr 2011; von Polenz 1983; Roth 2004; Schiewe 1998; Schmidt 2002; Wermelskirchen 2002). Auch sind Formen der Sprachkritik in den Bereichen der Bildung, des Rechts, der Verwaltung und der Neuen Medien zu verzeichnen (germanistische Beiträge beispielsweise in Arendt/Kiesendahl 2011; Jacob/Vogel 2014; Hoffmann 1992; Roth 2002). All diese Bereiche werden an Schlüsselwörtern, die für die entsprechenden gesellschaftlichen Domänen einer Sprachkultur Schibboleth-Charakter aufweisen, greifbar. Die hier skizzierten sprachkritischen Schlüsselwörter drücken das „Selbstverständnis und die Ideale einer Gruppe oder einer ganzen Epoche“ aus (Liebert 2003: 59). Von den vielschichtigen Forschungsbeiträgen zum Schlüsselwortbegriff wird das Merkmal des sprachkulturellen Charakters für die ESO-Projektarbeit fruchtbar gemacht. Wie bereits in Kapitel 2 ausführlich dargelegt, reflektieren oder kritisieren zumeist Akteure in sprachwertenden Äußerungen sprachliche oder kommunikative Gegenstände anhand bestimmter Kriterien und unter Bezugnahme auf Instanzen (Dieckmann 2012; Tereick 2009). Davon ausgehend lassen sich die sprachkritischen Schlüsselwörter im ESO-Projekt in drei Kategorien systematisieren, welche auch für die Darstellung der einzelsprachlichen und sprachvergleichenden Online-Plattform übernommen werden:

1. **Termini und Konzepte der Sprachkritik** (z. B. *Angemessenheit, Sprachpurismus, Sprachverfall* im Deutschen; *Plain English Debate, Stylistics, Verbal Hygiene* im Englischen; *Bataille de l'orthographe, Bon usage, Crise du français* im Französischen; *Purismo linguistico, Questione della lingua, Volgare* im Italienischen),
2. **Akteure und Institutionen der Sprachkritik** (z. B. *Gesellschaft für Deutsche Sprache, Verein Deutsche Sprache, Fritz Mauthner* für das Deutsche; *Deborah Cameron, Norman Fairclough, Queen's English Society* für das Englische; *Académie française, Michel Foucault, Pierre Bourdieu* für das Französische; *Accademia della Crusca, Dante, Umberto Eco* für das Italienische) und
3. **Quellen und Schriften von sprachkritischer Relevanz** (z. B. *Chandos-Brief, Dudenband „Richtiges und gutes Deutsch“, Aptum* für das Deutsche; *Politics and the English Language, Usage guides* für das Englische; *Défense et illustration de la langue française, Guide du français* für das Französische; *La Crusca per voi, Manuale di stile* für das Italienische).

Im ESO-Projekt wird Sprachkritik (Metasprache) als Praxis wertender Sprachreflexion definiert, und da sich diese Praxis durch sprachkritische Termini, Konzepte, Akteure, Institutionen, Quellen und Schriften auszeichnet, werden diese im Bereich der Metasprache verortet und als metasprachliche bzw. sprachkritische Schlüsselwörter bezeichnet und im Projekt zum Untersuchungsgegenstand gemacht. Einerseits werden sie durch empirische Studien erläutert, andererseits werden sie aus bereits vorliegenden einzelsprachlichen Forschungsbeiträgen, die Aspekte der wertenden Sprachreflexion behandeln, herausgezogen und gebündelt. Auf der Grundlage des recherchierten empirischen Materials und der Sondierung einzelsprachlicher Forschungsbeiträge zu Themen der Sprachreflexion und

Sprachkritik wird die europäische Sprachkritikschreibung auf sprachwertende Äußerungen untersucht. Jedes Schlüsselwort, welches für die Praxis wertender Sprachreflexion relevant erscheint, wird als Eintrag auf der Online-Plattform der sprachinteressierten Öffentlichkeit zugänglich gemacht. Über die Vergleichstexte, durch welche das bereits skizzierte Forschungsinteresse des ESO-Projektes und das Forschungsdesiderat berücksichtigt wird, kann die sprachinteressierte Öffentlichkeit eine sprachvergleichende Verbindung zwischen den einzelsprachlichen Eintragstexten nachvollziehen.

3 Das Projekt *Europäische Sprachkritik Online* (ESO): Herausforderungen an Beispielen erläutert

Der europäische Fokus impliziert eine besondere Herausforderung: die Vielfalt europäischer Nationalsprachen. Sprachkritische Schlüsselwörter sind in den verschiedenen Sprachen jeweils unterschiedlich gefasst, sodass sich schlicht ein Problem der Vergleichbarkeit derartiger Einheiten ergibt, zumindest auf der ausdruckseitigen Ebene. Metasprachliche Termini, die in die objektsprachliche Praxis als wertendes Moment mit einfließen, lassen sich in den einzelnen Sprachkulturen zwar ermitteln, nicht aber in einem Eins-zu-eins-Verhältnis vergleichend gegenüberstellen. Das zeigt sich schon allein darin, dass die im Deutschen etablierte Bezeichnung *Sprachkritik* zwar in andere europäische Sprachen übersetzt werden kann (engl. *Critique of language*, frz. *Critique de la langue*, ital. *Critica della lingua*), die Übersetzung jedoch keinen Fachterminus für die genannten Sprachen darstellt, weil sich dort bisher eine Disziplin der Sprachkritik nicht klar etabliert hat (vgl. Methodik im Rahmen der vergleichenden Schlagwortforschung in Niehr 2013).

Um die Unterschiede und Gemeinsamkeiten zwischen den wertenden Sprachreflexionen der vorerst vier europäischen Sprachen aufzudecken, ist ein Vergleich zwischen den Eintragstexten erforderlich, die zunächst für jede Einzelsprache eigenständig zu recherchieren, zu verfassen und zu diskutieren sind. Erst wenn jeder Eintragstext, verstanden als das explizierte Konzept des sprachkritischen Schlüsselwortes, einzelsprachlich vorliegt, können die Eintragstexte sprachvergleichend in den Blick genommen werden. Dies geschieht bei dem einen Eintrag, indem ein einzelsprachliches sprachkritisches Schlüsselwort (z. B. *Sprachnormenkritik*) auf der Konzeptebene mit den anderen Sprachen verglichen wird. Bei einem anderen Eintrag kann der Vergleich von einem anderen einzelsprachlichen sprachkritischen Schlüsselwort ausgehen (z. B. *Standardisierung*). Der Vergleich erfolgt also nicht in einem direkten Vergleich auf der Ausdrucksebene, sondern in einem partiellen Vergleich auf der Konzeptebene und mündet in einem die Eintragstexte verbindenden Vergleichstext.

3.1 Einzelsprachliche Eintragstexte zu sprachkritischen Schlüsselwörtern und die sprachvergleichende Herausforderung

Wie eingangs erläutert, resultieren aus der Vielfalt europäischer Nationalsprachen sprachvergleichende Herausforderungen: Sprachkritische Schlüsselwörter, die

Schibboleth-Charakter für eine einzelsprachliche Praxis wertender Sprachreflexion aufweisen, lassen sich nicht eins zu eins auf die anderen Sprachkulturen übertragen. Der europäische Vergleich kann folglich nicht auf der ausdruckseitigen Ebene der sprachkritischen Schlüsselwörter angesetzt werden. Mithilfe des in Kapitel 2.2 dargelegten modifizierten semiotischen Dreiecks können sprachkritische Schlüsselwörter (z. B. sprachkritische Termini, Konzepte, Akteure, Institutionen, Quellen und Schriften) auf der Ebene der Objektsprache (in Kapitel 2.2 dunkelgrau gefärbtes Dreieck) identifiziert werden. Die an den entsprechenden sprachkritischen Schlüsselwörtern festgemachte Praxis wertender Sprachreflexion ist dann auf der Ebene der Metasprache (in Kapitel 2.2 hellgrau gefärbtes Dreieck) zu verorten. Auf der Ebene der Deskription dieser Metasprachen werden nun die Sprachkritiken in den vier Untersuchungssprachen beschrieben und der europäische Vergleich angesetzt. Die Problem- und Fragestellungen, die sich daraus ergeben, sollen nun an den sprachkritischen Schlüsselwörtern *Sprachnormenkritik* und *Standardisierung* veranschaulicht werden.

Der Terminus *Sprachnormenkritik* ist in der germanistischen Sprachkritik ein einschlägiges Schlüsselwort. Er wurde 1972 von Peter von Polenz in die sprachwissenschaftliche Diskussion um die Sprachkritik eingebracht. Von Polenz bezog die Sprachnormenkritik allerdings nur auf den morphosyntaktischen Bereich und den Bereich der Wortbildung. Von Polenz erachtet das Verfechten von Normen gesellschaftspolitisch für ein „Mittel der Herrschaft von Menschen über Menschen" (von Polenz 1982: 85). Unter Einfluss der linguistisch-pragmatischen Diskussion der 1970er- bis 1990er-Jahre wurde der Terminus *Sprachnormenkritik* von der morphosyntaktischen und wortbildnerischen Ebene auf die Sprachgebrauchsebene übertragen (Heringer 1982). In den 1980er-Jahren entwickelt Rainer Wimmer das programmatische Konzept einer ›linguistisch begründeten Sprachkritik‹ in der Sprachwissenschaft (Wimmer 1982). Dieses Konzept formuliert einen reflektierten Sprachgebrauch als oberstes Ziel der Sprachkritik (Wimmer 1982: 298-302). Die linguistisch begründete Sprachkritik versteht sich als Sprachnormenkritik und will konfliktlösend in Normenkonflikte eingreifen; und zwar will sie dies insofern, als sie die (Sprach-)Normenkonflikte sichtbar machen will. Idealisierend formuliert sie in den 1980er-Jahren folgenden Anspruch: „Sprachnormen einer Gruppe sollen innerhalb einer jeweils zu beschreibenden Kommunikation nicht zum Nachteil einer anderen Gruppe durchsetzbar sein" (Schwinn 1997: 40). Im gegenwärtigen Forschungskontext der linguistischen Sprachkritik sind Bestrebungen zu verzeichnen, die dieser rein deskriptiven Sprachnormenkritik auf der Grundlage von sprachwissenschaftlichen Parametern zusätzlich eine Wertung an die Seite stellen (Felder 2009b; Dieckmann 2012; Kilian/Niehr/Schiewe 2010; Schiewe 2011; Spitzmüller u. a. 2002; Tereick 2009).

Wenn nun der europäische Vergleich auf der Ebene der sprachkritischen Schlüsselwörter angesetzt wird, dann ergibt sich folgende Problem- und Fragestellung. Der Terminus *Sprachnormenkritik* kann zwar in die anderen Sprachen übersetzt werden (*Criticism of language norms* im Englischen; *Critique de la norme linguistique* im Französischen; *Problema della norma linguistica* im Italienischen), die übersetzten Ausdrücke entsprechen aber nicht dem Konzept der germanistischen

Sprachkritik. Dennoch ist auch in diesen Sprachen die Normproblematik und damit einhergehende sprachlich gefasste Kritik von grundlegender Bedeutung, wenngleich sie terminologisch nicht so klar gefasst ist wie im Deutschen. Das germanistische Konzept der Sprachnormenkritik wird auf die anderen Untersuchungssprachen mit dem Ziel projiziert, Bestandteile dieses Konzepts dort zu eruieren.

Das Gleiche – für das Deutsche nur in umgekehrter Richtung – gilt für das sprachkritische Schlüsselwort *Standardisierung*. Ausgehend vom Englischen, Französischen und Italienischen wird dieser Terminus im Kontext der Praxis wertender Sprachreflexion als grundlegend erachtet. Im Deutschen ist der Terminus *Standardisierung* ebenfalls elementar, aber unter anderen Vorzeichen. Während *Standardisierung* einen zentralen terminologischen Aspekt im Forschungsbereich der Sprachgeschichte und Varietäten- bzw. Soziolinguistik beleuchtet (Mattheier/Radtke 1997), steht er im Kontext der linguistischen Sprachkritik germanistischer Provenienz nicht im Zentrum (den expliziten Zusammenhang zwischen Standardisierung und Sprachkritik stellt Orgeldinger 1999 her, im Forschungskontext eine inspirierende Ausnahme). Von daher ergibt sich hier die folgende Problem- und Fragestellung: Wenn der Terminus selbst nicht einschlägig in der linguistischen und laienlinguistischen Praxis wertender Sprachreflexion des Deutschen verwendet wird, in welchen anderen Ausdrücken manifestiert sich das entsprechende Konzept? Da ausgehend von dem Englischen, Französischen und Italienischen der Terminus *Standardisierung* als sprachkritisch relevant eingeschätzt wird, ist es nun Aufgabe der germanistischen Projektmitglieder, linguistische und laienlinguistische Beiträge zu Standardisierungsfragen unter sprachkritischen Gesichtspunkten zu untersuchen. Da sich die Projektgruppe in diesem konkreten Fall mit Standardisierungsfragen in Bezug auf die jeweilige sprachkulturelle Praxis wertender Sprachreflexion befasst, wird der Eintragstext die Überschrift mit dem sprachkritischen Schlüsselsyntagma *Standardisierung und Sprachkritik* tragen.

Folgende Aspekte sind für das Deutsche zu beobachten: Der Terminus der Standardisierung bezeichnet den Kodifizierungsprozess im Rahmen der deutschen Standardsprachen und hängt unmittelbar mit Standardnormen zusammen (Mattheier 1997). Geraten Standardnormen in den Fokus sprachkritischer Überlegungen, kann dies einen unmittelbaren Einfluss auf die Standardisierungsprozesse haben (Felder 2003). Standardisierung ergibt sich aus historisch legitimierten und institutionalisierten Maßstäben einer Sprach- und Kommunikationsgemeinschaft und fokussiert auch in der Gegenwart vor allem Grammatik, Stil, Aussprache und Rechtschreibung. Standardisierungskriterien betreffen sowohl das Mündliche als auch das Schriftliche, wie auch die verbreiteten Maximen *Man spricht hochdeutsch* oder *Man schreibt (orthographisch und grammatisch) richtig sowie allgemein verständlich* indizieren. Neben diesen quer liegenden Manifestationen der Medialität (gesprochene, geschriebene Sprache) lassen sich Standardisierungskriterien ex negativo präzisieren. Solche Kriterien dienen der Nichtmarkiertheit in Bezug auf die regionale, soziale und funktionale Dimension des Sprachgebrauchs oder anders ausgedrückt: Standardisierungskriterien zeichnen sich durch Nichtregionalität oder Überregionalität aus, durch keine spezifische Auffälligkeit im Bereich des Sozialen und durch keine extrem differenzierte Fachlichkeit (Terminologien nach Steger 1988; Felder 2009a). Standardisierung ist also ein Prozess, der sich an abstrakten Kriterien in Bezug auf Dia- bzw. Regiolekte, Soziolekte und Funktiolekte ausrichtet. Konkrete sprachliche Erscheinungsformen dieses Prozesses sind als überregional, als sozial nicht milieuspezifisch markiert und als funktional unterdeterminiert zu charakterisieren. Um die Genese dieser abstrakten Kriterien vor dem Hintergrund des Sprachgebrauchs und -wandels beschreiben zu können, sind Sprachreflexionen erforderlich. Sprache und ihr Gebrauch wird metasprachlich thematisiert, um sie unter Einbeziehung des Standards und der ihm zugehörigen abstrakten Kriterien (im linguistischen Fall) problematisieren oder auch (im laienlinguistischen Fall) einfordern zu können.

Ein europäischer Vergleich ist folglich nicht auf der ausdrucksseitigen Ebene der sprachkritischen Schlüsselwörter, sondern auf der Ebene der Deskription der Sprachkritik anzusetzen. Wenn auch der europäische Vergleich von der objektsprachlichen Realisierung eines metasprachlichen Schlüsselwortes ausgeht (im Fall von *Sprachnormenkritik* ausgehend vom Deutschen; im Fall von *Standardisierung und Sprachkritik* ausgehend vom Englischen, Französischen und Italienischen), so vollzieht sich der europäische Vergleich im Projekt *Europäische Sprachkritik Online* (ESO) auf der Ebene der vergleichenden Beschreibung der sprachkritischen Schlüsselwort-Konzepte.

Die Idee, die der Projektarbeit *Europäische Sprachkritik Online* (ESO) zugrunde liegt, und die damit einhergehende Hypothese, dass sich ein derart ausgestalteter europäischer Vergleich thematisch wie auch methodisch lohnt, bestätigt sich derzeit in dem 2012 bewilligten Promotionskolleg „Sprachkritik als Gesellschaftskritik im europäischen Vergleich".[7] Hier verfassen seit Januar 2013 Stipendiaten und Kollegiaten eine Dissertation zu Themen, welche die Praxis wertender Sprachreflexionen einzelsprachlich oder sprachvergleichend in den Blick nehmen.

3.2 Aufbau der multilingualen und multimodalen Online-Plattform und Zugänge für die sprachinteressierte Öffentlichkeit

Die derzeit noch benutzergeschützte Online-Plattform wird nach der ersten Recherche-, Schreib- und Vergleichsphase von circa zehn Eintragstexten in den vorerst vier europäischen Sprachkulturen über den Link www.eso.ezs-online.de einsehbar sein. Sie trägt im ESO-Projekt zwei Anforderungen Rechnung: Einerseits soll sie für die sprachinteressierte Öffentlichkeit ein multilinguales und multimodales Nachschlagewerk zur europäischen Sprachkritikschreibung und somit ein Lektüreangebot für die einzelsprachliche und sprachvergleichende Perspektive auf

---

7 Das ESO-Promotionskolleg „Sprachkritik als Gesellschaftskritik im europäischen Vergleich: Critique of Language as Critique of Society – a European Perspective" ist seit Januar 2013 zentraler Bestandteil des Projekts *Europäische Sprachkritik Online* (ESO). Es wird aus Mitteln der Landesgraduiertenförderung finanziert und von der Graduiertenakademie der Universität Heidelberg unterstützt. Folgender Link führt zu der Homepage des Kollegs: http://www.ezs-online.de/programmbereiche-des-ezs/textwelten/166-promotionskolleg-eso (Stand: 27.4.2013). Folgender Link führt zu dem Blog, auf welchem die Stipendiaten und Kollegiaten sprachkritische Beiträge zur Diskussion stellen: http://www.blog-eso.de (Stand: 27.4.2013).

die Praxis wertender Sprachreflexionen in den vier europäischen Sprachkulturen sein. Andererseits fungiert sie als Verständigungsmedium der ESO-Projektgruppe, das zum einen die Textgenese und zum anderen den Austausch mit den nationalen und internationalen Beraterinnen und Beratern des Projektes über die Ländergrenzen hinaus bewerkstelligt. Daraus ergeben sich **zwei Bereiche der Online-Plattform**: zum einen **der öffentliche Bereich**, über den die sprachinteressierte Öffentlichkeit die Eintrags- und Vergleichstexte durch verschiedene Zugänge multilingual und multimodal rezipieren kann, und zum anderen **der interne Bereich**, über den die ESO-Projektgruppe mit nationalen und internationalen Expertinnen und Experten in Austausch bleibt. Im internen Bereich werden empirische Einzelstudien der europäischen Sprachkritik intensiv erforscht. Sobald darin Aspekte auftreten, die für die sprachinteressierte Öffentlichkeit aufbereitet werden können, werden diese in Form von Eintrags- und Vergleichstexten im öffentlichen Bereich der Online-Plattform einsehbar. Während die Arbeit am internen Bereich der Online-Plattform durch Promotionsprojekte, Qualifikationsschriften und Aufsatz-Projekte geprägt ist und im Kontext von national und international ausgerichteten Vorträgen und Workshops unter europäischen Gesichtspunkten diskutiert wird, soll nun auf den öffentlichen Bereich der Online-Plattform näher eingegangen werden.

Die Präsentations- und Publikationsform *Europäische Sprachkritik Online* (ESO) ist ein multilinguales und multimodales Nachschlagewerk zur europäischen Sprachkritikschreibung. Die einzelsprachliche und sprachvergleichende Praxis wertender Sprachreflexionen in europäischen Sprachkulturen soll der sprachinteressierten Öffentlichkeit kontinuierlich zugänglich gemacht werden. Die ESO-Plattform richtet sich an eine Öffentlichkeit, die sich für das Wechselverhältnis von textuell gefasster Sprachbewusstheit und (national)kulturellem Selbstverständnis europäischer Sprachkulturen einerseits und für die vergleichende Beschreibung wertender Sprachreflexionen in ausgewählten Konfliktherden europäischer Gesellschaften andererseits interessiert. Dabei ist von besonderer Bedeutung, dass es bisher keine gesamteuropäische Öffentlichkeit gibt, sondern (noch) vorwiegend nationale „Einzelöffentlichkeiten“. Diese Vielfalt erfordert nicht nur einen einzelsprachlichen und sprachvergleichenden Zugang, sondern vor allem auch eine mono- und multilinguale Umsetzung der Online-Plattform. Die Arbeits- und Referenzsprache im ESO-Projekt ist zwar Deutsch, dennoch werden die Eintrags- und Vergleichstexte umgehend in alle weiteren Untersuchungssprachen übersetzt. In der momentanen Projektphase entstehen für jeden Eintrag sieben Texte. Ein Eintrag, hier an *Sprachnormenkritik* exemplifiziert, wird dann in folgenden Sprachen auf der Online-Plattform zu lesen sein:

- Der erste Text *Sprachnormenkritik im Deutschen* in deutscher Sprache
- Der zweite Text *Sprachnormenkritik im Englischen* in deutscher Sprache
- Der dritte Text ist die englische Übersetzung des zweiten Textes (*Criticism of language norms*)
- Der vierte Text *Sprachnormenkritik im Französischen* in deutscher Sprache
- Der fünfte Text ist die französische Übersetzung des vierten Textes (*Critique de la norme linguistique*)

- Der sechste Text *Sprachnormenkritik im Italienischen* in deutscher Sprache
- Der siebte Text ist die italienische Übersetzung des sechsten Textes (*Problema della norma linguistica*)

Somit können alle Sprachinteressenten des Deutschen, Englischen, Französischen und Italienischen in ihrer jeweiligen Sprache auf der Online-Plattform einen Zugang zu der einzelsprachlichen Sprachkritik des jeweiligen Landes finden. Dem deutschsprachigen Benutzer werden in der momentanen Projektphase die Inhalte zu allen vier einzelsprachlichen Sprachkritiken dargeboten, sodass er über die einzelsprachlichen Darstellungen einen ersten Eindruck von einer europäischen Sprachkritik erhält, welche die Projektgruppe explizit in den oben erwähnten Vergleichstexten verfassen möchte. In einer darauf folgenden Projektphase sollen dann auch die Eintragstexte des Englischen, Französischen und Italienischen – um bei dem Beispiel des Eintrages zu *Sprachnormenkritik* zu bleiben – in alle am Projekt beteiligten Untersuchungssprachen übersetzt werden. Der Vergleichstext wird bereits in der ersten Projektphase in den derzeit vier beteiligten Untersuchungssprachen verfasst.

Neben dem Aspekt des mehrsprachigen Aufbaus der Online-Plattform sind verschiedene einzelsprachliche und sprachvergleichende Zugänge möglich. Die verschiedenen Zugangswege zur europäischen Sprachkritik sollen der sprachinteressierten Öffentlichkeit ermöglichen, Sprachkritik einerseits als Spezifikum einer Sprachkultur und andererseits als transnationale Verbindung zwischen den europäischen Sprachkulturen zu entdecken und sich für sprachkulturelle Konvergenzen und Divergenzen zu sensibilisieren.

4 Schluss

Wie ausgewählte nationalstaatlich geprägte Kulturgemeinschaften über Sprache und Sprachen explizit sprechen und implizit reflektieren, ist der Untersuchungsgegenstand des Projektes *Europäische Sprachkritik Online* (ESO). Dies geschieht in einem europapolitischen Kontext, in dem vor allem Politiker von einer europäischen Kulturgemeinschaft sprechen. Die Sprachbewusstheit und das damit verbundene (national)kulturelle Selbstverständnis schlagen sich in historischen und gegenwärtigen Sprachdokumenten nieder, die im ESO-Projekt zusammengetragen, systematisch analysiert und kontrastiv projiziert werden sollen. Auf der Grundlage der sprachkulturellen Prämisse, dass sich in Sprachen Weltansichten und in Metasprachen über Sprachen gebündelte Weltansichten manifestieren, setzt sich die Projektgruppe eine europäische Sprachkritikschreibung in Ausschnitten zum Ziel.

Sprachkritik wird im Projekt als Praxis wertender Sprachreflexion definiert. In dieser können sich einerseits spezifische Eigenarten einer oder mehrerer Sprachkultur(en) manifestieren, da Sprache und kommunikative Gepflogenheiten als gesellschaftlicher und kulturhistorischer Speicher aufschlussreicher Kulturspezifika aufgefasst werden kann. Andererseits eröffnet die Analyse der Praxis wertender Sprachreflexion die Möglichkeit, Konvergenzen und Divergenzen zwischen europäischen Sprachkulturen sprachvergleichend zu erschließen und aufzudecken. Die

Praxis wertender Sprachreflexion wird somit zum Spiegel des Selbstverständnisses europäischer Gesellschaften.

Die ESO-Projektgruppe recherchiert und untersucht empirisches Material ebenso wie bereits vorliegende einzelsprachliche Forschungsbeiträge zu vergangener und gegenwärtiger Sprachreflexion und Sprachkritik. Über die Explikation von sprachkritischen Schlüsselwörtern, die sprachwertende Äußerungen in destillierter Weise fassen, können einzelsprachliche und mehrsprachige Eintrags- und Vergleichstexte einen beschreibenden und vergleichenden Einblick in europäischen Sprachkritiken geben. Sprachen und die mit den jeweiligen Sprachen verbundene Kulturen sind also gesamtgesellschaftlich als Steuerungsmittel einer (national)kulturellen und europäischen Identitätsverständigung zu sehen und werden systematisch unter bestimmten Aspekten in der multilingualen und multimodalen Online-Plattform *Europäische Sprachkritik Online* (ESO) der sprachinteressierten Öffentlichkeit zugänglich gemacht.

6 Literaturverzeichnis

Antos, Gerd (1996): *Laien-Linguistik. Zum Verhältnis von Laien und Experten in der Sprachwissenschaft. Studien zu Sprach- und Kommunikationsproblemen im Alltag am Beispiel von Sprachratgebern und Kommunikationstrainings.* Tübingen.

Arendt, Birte/Kiesendahl, Jana (Hg.) (2011): *Sprachkritik in der Schule. Theoretische Grundlagen und ihre praktische Relevanz.* Göttingen.

Baumgärtner, Ingrid u. a. (2007): *Nation, Europa, Welt. Identitätsentwürfe vom Mittelalter bis 1800.* Frankfurt a. M.

Bär, Jochen A. (1999): *Sprachreflexion der deutschen Frühromantik. Konzepte zwischen Universalpoesie und Grammatischem Kosmopolitismus.* Mit lexikographischem Anhang. Berlin/New York (Studia Linguistica Germanica, Bd. 50).

Bär, Jochen A. (2001): Gegenstände der Sprachkritik: Wörter – Worte – das Wort. In: *Sprachreport* 17/2001, S. 14-20.

Bär, Jochen A. (2002): Darf man als Sprachwissenschaftler die Sprache pflegen wollen? Anmerkungen zu Theorie und Praxis der Arbeit mit der Sprache, an der Sprache, für die Sprache. In: *Zeitschrift für Germanistische Linguistik* 30/2002, S. 222-251.

Bartsch, Renate (1987): *Sprachnormen. Theorie und Praxis.* Tübingen.

Becker, Andrea (2001): *Populärmedizinische Vermittlungstexte. Studien zu Geschichte und Gegenwart fachexterner Vermittlungsvarietäten.* Tübingen (Reihe Germanistische Linguistik, Bd. 225).

Burkhardt, Armin (2002): Politische Sprache. Ansätze und Methoden ihrer Analyse und Kritik. In: Jürgen Spitzmüller u. a. (Hg.): *Streitfall Sprache. Sprachkritik als angewandte Linguistik?* Mit einer Auswahlbibliographie zur Sprachkritik (1990 bis Frühjahr 2002). Bremen, S. 75-114.

Burkhardt, Armin (2011): Linguistisch begründetes Missvergnügen. Über systembezogene und polit(olinguist)ische Sprachkritik. In: Jürgen Schiewe (Hg.): *Sprachkritik und Sprachkultur: Konzepte und Impulse für Wissenschaft und Öffentlichkeit.* Bremen (Greifswalder Beiträge zur Linguistik, Bd. 6), S. 97-124.

Busse, Beatrix (2010): Language, Literature and Stylistics. In: Dan McIntyre, Beatrix Busse (Hg.): *Language and Style.* London, S. 3-14.

Coseriu, Eugenio (1975): System, Norm und Rede. In: Derselbe: *Sprachtheorie und allgemeine Sprachwissenschaft.* München, S. 11-101.

Dieckmann, Walther (1992): *Sprachkritik.* Heidelberg (Studienbibliographien Sprachwissenschaft, Bd. 3).

Dieckmann, Walther (2006): Sprachkritik – ein Haus mit vielen Wohnungen. Spielarten wortbezogener Sprachkritik. In: *Der Deutschunterricht*, 58.5/2006, S. 17-26.

Dieckmann, Walther (2012): *Wege und Abwege der Sprachkritik.* Bremen.

Eichinger, Ludwig M. (2009): Vom rechten Deutsch: Wer darf die Sprache kritisieren? In: Wolf-Andreas Liebert, Horst Schwinn (Hg.): *Mit Bezug auf Sprache. Festschrift für Rainer Wimmer.* Tübingen (Studien zur deutschen Sprache, Bd. 49), S. 201–217.

Felder, Ekkehard (2003): Das Spannungsverhältnis zwischen Sprachnorm und Sprachvariation als Beitrag zu Sprach(differenz)bewusstheit. In: *Wirkendes Wort* 53/2003, S. 473-499.

Felder, Ekkehard (Hg.) (2006): *Semantische Kämpfe. Macht und Sprache in den Wissenschaften.* Berlin/New York (Linguistik – Impulse und Tendenzen, Bd. 19).

Felder, Ekkehard (2008): Das Forschungsnetzwerk »Sprache und Wissen«: Zielsetzung und Inhalte. In: *Zeitschrift für Germanistische Linguistik (ZGL)* 36.2/2008, S. 270-276.

Felder, Ekkehard (2009a): Sprachliche Formationen des Wissens. Sachverhaltskonstitution zwischen Fachwelten, Textwelten und Varietäten. In: Ekkehard Felder, Marcus Müller (Hg.): *Wissen durch Sprache. Theorie, Praxis und Erkenntnisinteresse des Forschungsnetzwerks »Sprache und Wissen«.* Berlin/New York (Sprache und Wissen, Bd. 3), S. 21-77.

Felder, Ekkehard (2009b): Linguistische Sprachkritik im Geiste linguistischer Aufklärung. In: Wolf-Andreas Liebert, Horst Schwinn (Hg.): *Mit Bezug auf Sprache. Festschrift für Rainer Wimmer.* Tübingen, S. 163-185.

Gardt, Andreas (1994): *Sprachreflexion in Barock und Frühaufklärung. Entwürfe von Böhme bis Leibniz.* Berlin/New York (Quellen und Forschungen zur Sprach- und Kulturgeschichte der germanischen Völker, Bd. 108).

Gardt, Andreas (2000): *Nation und Sprache. Die Diskussion ihres Verhältnisses in Geschichte und Gegenwart.* Berlin/New York.

Gardt, Andreas (2002a): Sprache und nationale Identität. In: *Jahrbuch der Deutschen Akademie für Sprache und Dichtung* 2001. Göttingen, S. 124-132.

Gardt, Andreas (2002b): Sprachkritik und Sprachwissenschaft. Zur Geschichte und Unumgänglichkeit einer Einflußnahme. In: Jürgen Spitzmüller u. a. (Hg.): *Streitfall Sprache. Sprachkritik als angewandte Linguistik?* Mit einer Auswahlbibliographie zur Sprachkritik (1990 bis Frühjahr 2002). Bremen, S. 39–58.

Gardt, Andreas ([2]2004): Nation. In: Ulrich Ammon u. a. (Hg.): *Soziolinguistik/Sociolinguistics. Ein internationales Handbuch zur Wissenschaft von Sprache und Gesellschaft/An International Handbook of the Science of Language and Society.* Berlin/New York (Handbücher zur Sprach- und Kommunikationswissenschaft, Bd. 3,1), S. 369-377.

Greiffenhagen, Martin (Hg.) (1980): *Kampf um Wörter? Politische Begriffe im Meinungsstreit.* München/Wien.

Greule, Albrecht (2004): Europäische Sprachkulturen. Aspekte einer vergleichenden Sprachkultur-Forschung. In: Stojan Bračič u. a. (Hg.): *Linguistische Studien im Europäischen Jahr der Sprachen.* Akten des 36. Linguistischen Kolloquiums in Ljubljana 2001. Frankfurt a. M., S. 27-36.

Greule, Albrecht/Janich, Nina (Hg.) (2002): *Sprachkulturen in Europa. Ein internationales Handbuch.* Tübingen.

Große, Sybille (2009): *Les manuels épistolographiques français entre traditions et normes: étude historique XVIe - XXIe siècle* (Habilitationsschrift, Potsdam).

Große, Sybille (2010): Ist die clarté wirklich klar? – Forderungen in den französischen Briefstellern. In: Kristin Reinke, Carsten Sinner (Hg.): *Sprache als Spiegel der Gesellschaft. Festschrift für Johannes Klare zum 80. Geburtstag.* München, S. 134-152.

Heringer, Hans J. (Hg.) (1982): *Holzfeuer im hölzernen Ofen. Aufsätze zur politischen Sprachkritik.* Tübingen.

Hinrichs, Uwe (2010): *Handbuch der Eurolinguistik.* Wiesbaden (Slavistische Studienbücher, Bd. 20).

Hoberg, Rudolf (2002): Braucht die Öffentlichkeit die Sprachwissenschaft? In: Jürgen Spitzmüller u. a. (Hg.): *Streitfall Sprache. Sprachkritik als angewandte Linguistik?* Mit einer Auswahlbibliographie zur Sprachkritik (1990 bis Frühjahr 2002). Bremen, S. 19-37.

Hoffmann, Ludger (1992): Wie verständlich können Gesetze sein? In: Günther Grewendorf (Hg.): *Rechtskultur als Sprachkultur. Zur forensischen Funktion der Sprachanalyse.* Frankfurt a. M., S. 122-154.

Humboldt, Wilhelm von (1820/1905): Über das vergleichende Sprachstudium in Beziehung auf die verschiedenen Epochen der Sprachentwicklung. In: Derselbe: *Wilhelm von Humboldts Gesammelte Schriften.* Vierter Band. Hg. von Albert Leitzmann. Berlin, S. 1-34.

Jacob, Katharina (2013): Ethik und Sprachkritik. Sach- und Sprachthematisierungen im Diskurs um Verantwortung. In: *Sprachreport* 1-2/2013, S. 6-12.

Jacob, Katharina/Mattfeldt, Anna (in Vorb.): Mehrsprachige Zugänge zu gesellschaftspolitischen Kontroversen. Ein siebenschrittiges Verfahren zur auto- und synsemantischen Erschließung diskursiver Konflikte am Beispiel einer deutsch- und englischsprachigen Mediendiskursanalyse zum Betreuungsgeld. In: Friedemann Vogel, Janine Luth, Stefaniya Ptashnyk (Hg.): *Linguistische Zugänge zu Konflikten in europäischen Sprachräumen. Korpus – Pragmatik – kontrovers.* Heidelberg (Schriften des Europäischen Zentrums für Sprachwissenschaften).

Jacob, Katharina/Vogel, Friedemann (2014): Sprachkritik im Internet. Aushandlungsprozesse und Spracheinstellungen auf den Diskussionsseiten der deutschsprachigen Wikipedia. In: *Aptum. Zeitschrift für Sprachkritik und Sprachkultur* 1/2014, S. 1-32.

Janich, Nina (2004): *Die bewusste Entscheidung. Eine handlungstheoretische Theorie der Sprachkultur.* Tübingen.

Janich, Nina/Rhein, Lisa (2010): *Sprachkultur, Sprachkultivierung, Sprachkritik.* Tübingen (Studienbibliografien Sprachwissenschaft, Bd. 37).

Keller, Rudi (2009): Konventionen, Regeln, Normen. Zum ontologischen Status natürlicher Sprachen. In: Marek Konopka, Bruno Strecker (Hg.): *Deutsche Grammatik – Regeln, Normen, Sprachgebrauch.* Berlin/New York, S. 9-22.

Kilian, Jörg/Niehr, Thomas/Schiewe, Jürgen (2010): Sprachkritik. Ansätze und Methoden der kritischen Sprachbetrachtung. Berlin/New York (Germanistische Arbeitshefte, Bd. 43).

Köller, Wilhelm (2004): *Perspektivität und Sprache. Zur Struktur von Objektivierungsformen in Bildern, im Denken und in der Sprache.* Berlin/New York.

Köller, Wilhelm (2006): *Narrative Formen der Sprachreflexion. Interpretationen zu Geschichten über Sprache von der Antike bis zur Gegenwart.* Berlin/New York (Studia Linguistica Germanica, Bd. 79).

Köller, Wilhelm (2012): *Sinnbilder für Sprache. Metaphorische Alternativen zur begrifflichen Erschließung von Sprache.* Berlin/New York (Studia Linguistica Germanica, Bd. 109).

Liebert, Wolf-Andreas (2003): Zu einem dynamischen Konzept von Schlüsselwörtern. In: *Zeitschrift für Angewandte Linguistik* 38/2003, S. 57-83.

Mattheier, Klaus J. (1997): Über Destandardisierung, Umstandardisierung und Standardisierung in modernen europäischen Standardsprachen. In: Klaus J. Mattheier, Edgar Radtke (Hg.): *Standardisierung und Destandardisierung europäischer Nationalsprachen.* Frankfurt a. M., S. 1-9.

Mattheier, Klaus J./Radtke, Edgar (Hg.) (1997): *Standardisierung und Destandardisierung europäischer Nationalsprachen.* Frankfurt a. M.

Niehr, Thomas (2011): Politische Sprache und Sprachkritik. In: *Mitteilungen des Deutschen Germanistenverbandes* 3/2011, S. 278-288.

Niehr, Thomas (2013): Möglichkeiten und Grenzen internationaler Schlagwortforschung. In: Heidrun Kämper, Jörg Kilian (Hg.): *Wort - Begriff - Diskurs: Deutscher Wortschatz und europäische Semantik.* Bremen, S. 241-256.

Ogden, Charles K./Richards, Ivor A. (1974): *Die Bedeutung der Bedeutung. Eine Untersuchung über den Einfluß der Sprache auf das Denken und über die Wissenschaft des Symbolismus.* Frankfurt a. M.

Orgeldinger, Sibylle (1999): *Standardisierung und Purismus bei Joachim Heinrich Campe.* Berlin/New York (Studia Linguistica Germanica, Bd. 51).

Polenz, Peter von (1982): Sprachkritik und Sprachnormenkritik. In: Hans J. Heringer (Hg.): *Holzfeuer im hölzernen Ofen. Aufsätze zur politischen Sprachkritik.* Tübingen, S. 70-93.

Polenz, Peter von (1983): Die Sprachkrise der Jahrhundertwende und das bürgerliche Bildungsdeutsch. In: *Sprache und Literatur in Wissenschaft und Unterricht* 52/1983, S. 3-13.

Polenz, Peter von (1991-1999): *Deutsche Sprachgeschichte vom Spätmittelalter bis zur Gegenwart.* Berlin/New York.

Polenz, Peter von (2000): *Sprachgeschichte und Sprachkritik.* Schliengen (Jahrbuch der Henning-Kaufmann-Stiftung 2000).

Radtke, Edgar (2001): Gesellschaftswandel = Sprachwandel im heutigen Italienisch? In: *Horizonte* 6/2001, S. 129-137.

Roth, Kersten S. (2002): Sprachwissenschaft, Sprachkritik, und Sprachdidaktik. In: Jürgen Schiewe (Hg.): *Sprachkritik und Sprachkultur: Konzepte und Impulse für Wissenschaft und Öffentlichkeit.* Bremen (Greifswalder Beiträge zur Linguistik, Bd. 6), S. 153-166.

Roth, Kersten S. (2004): *Politische Sprachberatung als Symbiose von Linguistik und Sprachkritik. Zu Theorie und Praxis einer kooperativ-kritischen Sprachwissenschaft.* Tübingen (Reihe Germanistische Linguistik, Bd. 249).

Schiewe, Jürgen (1998): *Die Macht der Sprache. Eine Geschichte der Sprachkritik von der Antike bis zur Gegenwart.* München.

Schiewe, Jürgen (Hg.) (2011): *Sprachkritik und Sprachkultur: Konzepte und Impulse für Wissenschaft und Öffentlichkeit.* Bremen (Greifswalder Beiträge zur Linguistik, Bd. 6).

Schmidt, Claudia (2002): Wie wirken Wörter? Psycholinguistische Ansätze in der (feministischen) Sprachkritik. In: Jürgen Spitzmüller u. a. (Hg.): *Streitfall Sprache. Sprachkritik als angewandte Linguistik?* Mit einer Auswahlbibliographie zur Sprachkritik (1990 bis Frühjahr 2002). Bremen, S. 61-74.

Schwinn, Horst (1997): *Linguistische Sprachkritik. Ihre Grenzen und Chancen.* Heidelberg (Sammlung Groos, Bd. 65).

Schwinn, Horst (2005): Sprachkritik ist begründbar! Über die Verortung einer linguistischen Sprachkritik. In: *Aptum. Zeitschrift für Sprachkritik und Sprachkultur* 1/2005, S. 37-51.

Spitzmüller, Jürgen u. a. (2002): Einleitung. In: Derselbe u. a. (Hg.): *Streitfall Sprache. Sprachkritik als angewandte Linguistik?* Mit einer Auswahlbibliographie zur Sprachkritik (1990 bis Frühjahr 2002) Bremen (Freiburger Beiträge zur Linguistik, Band 3), S. 1-15.

Steger, Hugo (1988): Erscheinungsformen der deutschen Sprache. „Alltagssprache" – „Fachsprache" – „Standardsprache" – „Dialekt" und andere Gliederungstermini. In: *Deutsche Sprache. Zeitschrift für Theorie, Praxis,* Dokumentation 16.4/1988, S. 289-319.

Tereick, Jana (2009): Sprachkritik und Sprachmagie. Eine Kategorisierung von Formen der Sprachkritik vor dem Hintergrund des Streits zwischen Sprachkritikern und Sprachwissenschaftlern. In: Ekkehard Felder (Hg.): *Sprache.* Berlin/Heidelberg (Heidelberger Jahrbücher, Bd. 53), S. 364-403.

Wengeler, Martin (2011): Linguistische Diskursanalyse – deskriptiv, kritisch oder kritisch durch Deskription? In: Jürgen Schiewe (Hg.): *Sprachkritik und Sprachkultur: Konzepte und Impulse für Wissenschaft und Öffentlichkeit.* Bremen (Greifswalder Beiträge zur Linguistik, Bd. 6), S. 35-48.

Wermelskirchen, Axel (2002): Soviel Floskel war nie. Sprachkritik als journalistische Praxis. In: Jürgen Spitzmüller u. a. (Hg.): *Streitfall Sprache. Sprachkritik als angewandte Linguistik?* Mit einer Auswahlbibliographie zur Sprachkritik (1990 bis Frühjahr 2002). Bremen, S. 115-122.

Wimmer, Rainer (1982): Überlegungen zu den Aufgaben und Methoden einer linguistisch begründeten Sprachkritik. In: Hans J. Heringer (Hg.): *Holzfeuer im hölzernen Ofen. Aufsätze zur politischen Sprachkritik.* Tübingen, S. 290-313.

Wimmer, Rainer (2003): Wie kann man Sprachkritik begründen? In: Angelika Linke, Hanspeter Ortner, Paul R. Portmann (Hg.): *Sprache und mehr. Ansichten einer Linguistik der sprachlichen Praxis.* Tübingen (Reihe Germanistische Linguistik, Bd. 245), S. 417-450.

Falco Pfalzgraf

Sprachwissenschaft und Sprachkritik in der britischen Hochschulgermanistik

1 Vorbemerkung

Ich möchte mit einer sprachkritischen Bemerkung beginnen, indem ich herausstelle, dass ich in diesem Artikel nicht von der britischen *Auslandsgermanistik* schreiben werde. Ich werde dies nicht machen, weil in den letzten Jahren eine – teilweise emotional recht aufgeheizte – Debatte über den Sinn der Unterscheidung von *Inlandsgermanistik* und *Auslandsgermanistik* stattfand, wobei kritisiert wurde, dass eine solche Unterscheidung die Überlegenheit ersterer über letztere suggeriere (vgl. Jaworska 2009: 14; Sitta 2004; Fandrych 2006). Deshalb soll hier von der *britischen Hochschulgermanistik* die Rede sein.

Die nun folgenden Ausführungen sind als Zustandsbericht anzusehen. Dass bei einem solchen hin und wieder anekdotische Evidenz – die von mir stets als solche gekennzeichnet wird – vorgebracht werden muss, liegt in der Natur der Sache.

2 Zur Präsenz der Sprachwissenschaft

Zunächst einmal muss hinsichtlich der britischen Hochschulgermanistik konstatiert werden, dass sie zum weitaus größten Teil nicht aus Sprachwissenschaftlern, sondern aus Literaturwissenschaftlern besteht.[1] Dies liegt zum einen daran, dass die deutsche Hochschulgermanistik, die zur Zeit der Entstehung der britischen Hochschulgermanistik einen starken Einfluss auf letztere hatte, traditionell der Literaturwissenschaft mehr Raum gab (vgl. Ehlich 1994). Zum anderen haben sich in den 1960er- und 1970er-Jahren zahlreiche Linguisten[2] von den Modern Languages abgewandt und eigenständige Departments of Linguistics gegründet (vgl. Lodge 2000).

Dieses Ungleichgewicht zwischen der Literatur- und Sprachwissenschaft in der britischen Hochschulgermanistik zeigt sich auch immer wieder daran, dass letztere auf den jährlichen Konferenzen der Association for German Studies in Great Britain and Ireland (AGS; vormals Conference of University Teachers of German in Great Britain and Ireland [CUTG]) zumeist nur äußerst schwach vertreten ist: So fand sich auf der 74. Jahrestagung der AGS, die im Jahr 2011 am Queen Mary College der University of London stattfand, unter den 14 Panels mit insgesamt 42 Beiträgen nur ein einziges linguistisches Panel mit drei Beiträgen – was gerade einmal rund 7 % aller Konferenzbeiträge ausmacht.[3]

1 Die im Text durchgehend verwendete maskuline Form schließt natürlich alle femininen Formen mit ein.

2 Wir schließen uns Hoberg (2002: 19) an und gebrauchen die Begriffe *Sprachwissenschaft* und *Linguistik* „synonym, wie dies heute meist geschieht".

3 Vgl. http://www.ags.ac.uk/pastmeet.htm (Stand: 15.3.2013).

Allerdings gibt es seit 1994 auch das Forum for Germanic Language Studies (FGLS), es „functions informally as the British and Irish subject association for academics in the field of Germanic Linguistics".[4] In dieser Organisation und auf den von ihr organisierten Konferenzen fühlen sich die meisten Linguisten der britischen Hochschulgermanistik offenbar besser aufgehoben als in der AGS. Es stellt sich natürlich die Frage, ob dieses Forum, das zu seiner Gründungszeit noch „German" statt „Germanic" im Namen führte, gegründet wurde, weil es schon vorher zu einer Entfremdung der Linguisten von der AGS (seinerzeit noch CUTG) gekommen war, oder ob die Gründung des FGLS zu einer Abkehr der Germanistischen Linguistik von der AGS führte. Doch kann und soll auf diese Huhn-Ei-Frage hier nicht weiter eingegangen werden.

Vielmehr möchte ich nach diesen einführenden Bemerkungen zur Situation der Sprachwissenschaft in der britischen Hochschulgermanistik im Folgenden versuchen, anhand eines konkreten Beispiels, nämlich des German Departments der School of Languages, Linguistics and Film (SLLF) des Queen Mary Colleges der University of London (QMUL), auf das Problem der Präsenz der Sprachwissenschaft aufmerksam zu machen. Wie dieser spezielle Einzelfall im Hinblick auf die gesamte britische Hochschulgermanistik einzuordnen ist, werde ich anschließend darstellen.

Einleitend sei Folgendes angemerkt: Im Jahr 2004 erließ Ruth Kelly, Kultusministerin (Secretary of State for Education and Skills) der regierenden Labour Party, „dass vom Jahr 2004 an der Fremdsprachenunterricht in den Sekundarschulen ab dem 9. Schuljahr nicht mehr obligatorisch sein sollte". (Durrell 2011: 187) Diese für das Fremdsprachenlehren und -lernen im Vereinigten Königreich katastrophale Entscheidung, die übrigens immer noch nicht revidiert worden ist, führte dazu, dass 2011 nur noch halb so viele Schüler einen Realschulabschluss (General Certificate of Secondary Education = GCSE) bzw. ein Abitur (Advanced Level General Certificate of Education = A-level) im Fach Deutsch abgelegt haben, als dies zehn Jahre zuvor der Fall war. Und diese Zahl geht weiterhin zurück (vgl. Durrell 2011).

Wie zu erwarten, sind im Vereinigten Königreich daher auch die Studentenzahlen in den Modern Languages in den letzten zehn Jahren etwas gesunken.[5] In der allgemeinen, von den Modern Languages unabhängigen Sprachwissenschaft sind sie aber leicht gestiegen.

Diese Makrostruktur spiegelt sich in der Mikrostruktur des QMUL wider. Was die deutsche Abteilung betrifft, so ist mein Eindruck – und hier kann ich leider nur mit anekdotischer Evidenz aufwarten –, dass sich in den letzten fünf Jahren der Anteil der Studierenden, die sich für linguistische Veranstaltungen interessieren, leicht erhöht hat. Doch insgesamt sind es immer noch die Lehrveranstaltungen der Literaturwissenschaft – und neuerdings auch der Komparatistik –, die die überwiegende Mehrheit der Studierenden anziehen.

---

4 Vgl. http://www.fgls.ac.uk (Stand: 15.3.2013).

5 Vgl. Universities UK (2011). Eine Ausnahme stellt hierbei übrigens das Spanische dar: Hier sind die Studentenzahlen gestiegen.

In der deutschen Abteilung des QMUL gibt es derzeit – nämlich im akademischen Studienjahr 2012/13 – sechs Kolleginnen und Kollegen, die sich in einem akademischen Vertragsverhältnis befinden; von denen jedoch zwei mindestens zur Hälfte für die Komparatistik, die auch für die Lehrenden ein immer attraktiveres Feld darstellt, arbeiten. Tatsächlich handelt es sich großzügig gerechnet also um fünf volle akademische Stellen, von denen vier zur Literaturwissenschaft und eine zur Linguistik gerechnet werden können. Die Linguistik macht demnach 20 % bzw. ein Fünftel der Akademiker in der deutschen Abteilung des QMUL aus.

Dies spiegelt sich im derzeitigen Lehrangebot wider:[6] Im ersten Studienjahr gibt es fünf optionale Kurse, von denen einer (also 20 %) linguistischen Inhalts ist. Im zweiten Studienjahr ist es nur noch einer von sieben (14 %), im letzten Studienjahr wieder einer von fünf (20 %). Jedes Jahr wird am QMUL also nur eine sprachwissenschaftliche Option angeboten, d. h. noch nicht einmal eine pro Semester – im Gegensatz zu jährlich vier bis sechs anderen, meist literaturwissenschaftlich orientierten Kursen.

Dieser etwas enttäuschende Einzelbefund ist jedoch kein Ausnahmefall. Vielmehr sieht es in der Germanistik an anderen britischen Universitäten für die Sprachwissenschaft noch bedeutend düsterer aus: Laut einer Untersuchung meiner Kollegin Sylvia Jaworska (2009: 23) sind nur 12 % der Akademiker in der britischen Hochschulgermanistik Linguisten. Nimmt man auch die Nichtakademiker hinzu, fällt diese ohnehin schon geringe Zahl sogar auf 10 % ab. Hinzu kommt die Tatsache, dass 39 % (also rund zwei von fünf) Deutsch-Abteilungen im Vereinigten Königreich überhaupt keine Linguisten haben; darunter sehr hoch angesehene Universitäten. Diese Fakten und Zahlen sind auch derzeit noch zutreffend.[7]

Wenn wir hier von „Akademikern" sprechen, so sind damit – wie schon zuvor gesagt – Kolleginnen und Kollegen, die sich in einem akademischen Vertragsverhältnis befinden, gemeint. Zu diesen zählen die DAAD-Lektoren nicht: Zwar sind viele Lektorate von promovierten Kolleginnen und Kollegen besetzt, doch befinden sich diese nicht in einem akademischen Vertragsverhältnis.

Persönlich ist mir aufgefallen, dass die in der deutschen Abteilung des QMUL angestellten Lektorinnen zwar immer promoviert hatten – jedoch nicht in Germanistik – und schon gar nicht in Sprachwissenschaft. In den letzten zehn Jahren hatten wir am QMUL drei Lektorinnen (ich arbeite dort seit 2004), von denen eine in britischer Geschichte und zwei in englischer Literaturwissenschaft promoviert haben.

Aufgrund dieser Tatsache habe ich im Sommer 2012 den DAAD kontaktiert, um anzufragen, wie viele DAAD-Lektorate es in Großbritannien und Irland gibt, und

6 Vgl. QMUL – Department of German, „Undergraduate", http://www.sllf.qmul.ac.uk/german/current/undergraduate/index.html (Stand: 1.6.2012).

7 Ähnliche Durchschnittswerte hat eine von mir im Frühjahr 2012 durchgeführte, nicht repräsentative Mini-Umfrage unter germanistischen Linguisten im Vereinigten Königreich gezeigt; vgl., https://www.jiscmail.ac.uk/cgi-bin/webadmin?A2=ind1204&L=FGLS&F=&S=&P= 761 (Stand: 15.3.2013).

wie viele dieser mit promovierten Sprachwissenschaftlern besetzt sind.[8] Die Antwort ist:

> Ab September [2012] werden wir [...] insgesamt 50 Lektoren in der Region sein, davon 7 in der Republik Irland (das letzte Lektorat in Nordirland musste leider 2010 schließen).

Unter diesen 50 Lektoren gibt es laut DAAD „derzeit leider niemanden in der Region, der/die im Bereich Sprachwissenschaft promoviert ist".[9] Angesichts solcher Zahlen ist es nur wenig tröstlich, „dass einige der LektorInnen mit sprachwissenschaftlichem Hintergrund an ihrer Promotion arbeiten [...]". Der DAAD wird mich

> [...] in Kenntnis setzen, wenn ein amtierender Lektor im Bereich Sprachwissenschaft promoviert, oder falls eine [sic!] neuer Lektor in der Region eine sprachwissenschaftliche Promotion mit ins Lektorat bringt.

Zu all dem kommt erschwerend die Tatsache hinzu, dass sich die meisten Studierenden in der Schule zwar mehr oder weniger intensiv mit deutscher Literatur beschäftigt haben; doch ist den allermeisten – um nicht zu sagen: allen – die Sprachwissenschaft oftmals vollkommen unbekannt. Sie kommen in der in den BA-Studiengang einführenden Pflichtveranstaltung des ersten Studienjahres erstmals mit der Sprachwissenschaft in Kontakt.

Doch sollte dies nicht einseitig nur als negativ zu bewertende Tatsache angesehen werden: Bietet sich doch hier für die Linguistik eine großartige Gelegenheit, auf sich und die Vorzüge des Faches aufmerksam zu machen. Von außerordentlicher Wichtigkeit sind dabei die Auswahl und Präsentation der linguistischen Inhalte und Fragestellungen, denn gerade sie sind entscheidend dafür, welche optionalen Kurse die Studierenden in ihren kommenden Studienjahren wählen: ob sie bei der ihnen vertrauten Literatur bleiben – oder sich auf das unbekannte Gebiet der Linguistik wagen. Letzteres wird wohl nur dann der Fall sein, wenn die von uns angebotenen Themen einen Bezug zur Lebenswirklichkeit der Studierenden haben.

Jedenfalls kann mithin gefolgert werden, dass es der Sprachwissenschaft innerhalb der britischen Hochschulgermanistik an Präsenz, und damit auch an Einfluss, fehlt. Was die Folgen davon für den Umgang mit und für die Reflexion über Sprachkritik[10] im Unterricht sind, wird der nun folgende Abschnitt zeigen.

---

8 E-Mail-Kommunikation vom 25.6.2012 mit Mag. Christian Strowa, Lektor z.b.V./Programme Coordinator, German Academic Exchange Service (DAAD), 1 Southampton Place, London WC1A 2DA.

9 Hervorhebung von mir – F. P.

10 Unter ‚Sprachkritik' verstehen wir in diesem Aufsatz stets ‚laienlinguistische Sprachkritik' und schließen uns dabei der Definition von Kilian/Niehr/Schiewe (2010: 56) an: „Unter ‚laienlinguistischer' Sprachkritik wird im Folgenden die Kritik an bestimmten Sprachnormen verstanden, die von Nicht-Linguisten meist ohne theoretisch-methodische Grundlage und ohne eine empirisch gesicherte Untersuchung des Sprachgebrauchs geäußert wird. [...] Der Ausdruck ‚laienlinguistisch' soll jedoch keineswegs pejorativ verstanden werden [...]."

3 Laienlinguistische Sprachkritik und universitäre Lehre

Traditionell unterscheidet man an britischen Universitäten in den zu den Modern Languages zählenden Fächern hinsichtlich der universitären Lehre zwischen ‚language teaching' (also Sprachausbildung) und ‚content teaching', d. h. inhaltsorientierter Lehre; z. B. verschiedener Gebiete, Aspekte etc. der Literatur- oder Sprachwissenschaft. Von wenigen Ausnahmen abgesehen, unterrichten Personen, die sich in einem akademischen Vertragsverhältnis befinden, in den jeweiligen BA-Studiengängen zumeist beides. Personen, die sich nicht in einem akademischen Vertragsverhältnis befinden, unterrichten im Normalfall zwar Sprache, nicht aber fachspezifische Inhalte – ein Problem, auf das ich gleich noch zu sprechen komme. Wer Teil der britischen Hochschulgermanistik ist, unterrichtet also neben dem zu seinem jeweiligen Fachgebiet gehörenden ‚content' fast immer auch ‚language'; konkret: Deutsch als Fremdsprache (DaF). Selbstverständlich wird dabei immer wieder unter anderem auf den *Duden* verwiesen, wenn es um Normfragen oder sprachliche Zweifelsfälle aller Art geht. Im DaF-Unterricht betätigt sich jeder Hochschulgermanist also immer auch als „Normenüberwacher und (oft zugleich) -sanktionierer" (von Polenz 1999: 230).

Dies gilt natürlich auch für uns Sprachwissenschaftler. Aber: Wann immer es um Normfragen geht, ist dies auch eine sehr gute Gelegenheit für uns, erläuternd einzugehen auf: den Unterschied zwischen präskriptiver und deskriptiver Grammatik und die daraus resultierenden Folgen für die Norm; die Unterschiede bezüglich verschiedener Register; die Berechtigung mehrerer Varianten nebeneinander; die historische Herkunft und Entwicklung von Normen; deren Sinn und Zweck; die möglichen sozialen Folgen von Normverstößen; usw.

Wie die Erfahrung zeigt – anekdotische Evidenz! – haben vor allem die Literaturwissenschaftler in der britischen Hochschulgermanistik allerdings ein eher eng gefasstes Normverständnis und neigen zudem oft dazu, ihre eigenen literarisch-ästhetischen Maßstäbe auch an den universitären Sprachunterricht anzulegen und so diese Maßstäbe an die Studierenden weiterzugeben – stets wohlmeinend, natürlich. Dabei kommt es aus studentischer Sicht natürlich immer wieder zu widersprüchlichen Aussagen – sowohl zwischen Sprach- und Literaturwissenschaftlern als auch zwischen den Literaturwissenschaftlern selbst. Widersprüchliche Aussagen, die die Studierenden z. B. in ihren Essays, mündlichen Prüfungen usw. berücksichtigen müssen, um eventuell drohende Punktabzüge zu vermeiden.

Verallgemeinernd ausgedrückt ist es in der britischen Hochschulgermanistik immer wieder so, dass vor allem die Literaturwissenschaftler oftmals ganz praktisch laienlinguistische Sprachkritik und -pflege betreiben – vielleicht sogar mit Verweis auf vermeintliche ‚Autoritäten' wie Bastian Sick und andere. Die meisten Linguisten hingegen versuchen, den DaF-Studierenden auf kritisch-reflektierende Weise die für sie notwendigen Normen und Regeln des Deutschen beizubringen – und dabei zugleich eine kritisch-aufmerksame Haltung zu laienlinguistischer Sprachkritik aufzubauen.

Inwiefern Letzteres gelingen kann, ist unklar. So stellt das im vorherigen Abschnitt aufgezeigte Fehlen von Präsenz und Einfluss der Linguistik in der britischen Hochschulgermanistik natürlich ein großes Problem dar: Es gibt ganz einfach zu wenige linguistische und zu viele andere – meist literaturwissenschaftliche – Kurse im Angebot, und sofern sprachwissenschaftliche Kurse angeboten werden, stellt sich die Frage, inwieweit in diesen laienlinguistische Sprachkritik überhaupt in einer Weise behandelt werden kann, die prägend auf die Studierenden wirken könnte.

Selbst wenn man ein auf das Problem zugeschnittenes, spezifisches Seminar anböte – was überhaupt erst im letzten Studienjahr geschehen könnte – stellt sich die Frage, wie viel Prozent der Studierenden eines Jahrgangs man damit erreichen würde. Studierende, die zu einem großen Teil als Deutschlehrer arbeiten werden – eine Tatsache, auf die wir im nächsten Abschnitt zurückkommen werden.

Zusammenfassend kann gefolgert werden, dass die Sprachwissenschaft in der britischen Hochschulgermanistik deutlich präsenter wäre, wenn der gesamte deutsche Sprachunterricht in ihren Händen läge.[11] Nun herrscht aber, wie bereits gesagt, im Vereinigten Königreich (auch) an Universitäten die Vorstellung, dass jeder, der eine Fremdsprache spricht, diese auch unterrichten kann. So kommt es, dass man – anekdotische Evidenz! – immer wieder deutsche Muttersprachler katastrophalen Deutschunterricht geben sieht, weil sie nur wenig oder gar kein linguistisches Grundwissen haben.

Fairerweise – und zum Glück! – muss man sagen, dass Letzteres bei den meisten Literaturwissenschaftlern nicht der Fall ist. Doch gibt es immer wieder Situationen im universitären DaF-Lehrbereich, wo ausschließlich ein Linguist fachlich korrekte, präzise Auskunft geben kann. Der universitäre DaF-Unterricht sollte folglich nur von sprachwissenschaftlich gut qualifizierten Akademikern gegeben werden – was zugleich auch für eine stärkere Präsenz der Linguistik und damit zu einer gerechteren Verteilung von Sprach- und Literaturwissenschaftlern in den deutschen Abteilungen führen würde.

4 Laienlinguistische Sprachkritik, universitäre Lehre und zukünftige Lehrerschaft

Wer im Vereinigten Königreich als Deutschlehrer arbeitet, hat in den allermeisten Fällen zuvor einmal Deutsch (ggf. als Fremdsprache) studiert, und zwar oftmals an einer britischen Universität. Die derzeitigen und künftigen Deutschlehrer waren bzw. sind unsere Studenten: eben jene Studenten, die während ihres Studiums kaum oder gar nicht mit der Linguistik in Kontakt kommen bzw. gekommen sind.

11 Leider gibt es auch unter Linguisten in der britischen Hochschulgermanistik Kolleginnen und Kollegen, die sich gegen das Erteilen von Sprachunterricht sträuben, weil sie sich dadurch ‚zum Sprachlehrer degradiert' fühlen. Diese Kolleginnen und Kollegen sind lediglich an ihrer Forschung (und vielleicht gerade noch an der damit zusammenhängenden ‚content'-Lehre) interessiert. Eine Einstellung, die langfristig verhängnisvoll für die Linguistik in der britischen Hochschulgermanistik sein dürfte.

Ihre Vorstellungen von sprachlicher Richtigkeit und davon, wie man mit sprachlichen Varianten und/oder Fehlern umzugehen hat, haben sich im Laufe ihres drei- bis vierjährigen Bachelorstudiums über das Lehrpersonal in den jeweiligen deutschen Abteilungen aufgebaut – wenn auch vielleicht nicht ausschließlich darüber, so doch zumindest zu einem großen Teil.

Ganz gleich, ob diese Deutschlehrer bereits während ihres Studiums eine differenzierte Haltung zu sprachkritischen Fragen entwickelt haben oder nicht: Es gilt, sie auch weiterhin an die universitäre Sprachwissenschaft zu binden. Dies sollte möglich sein, weil jeder Deutschlehrer abgesehen von der hoffentlich existierenden Liebe zum Fach zumindest auch ein berufsbedingtes Interesse daran hat, sich über gegenwärtige Entwicklungen im Fach zu informieren – und hier haben wir als germanistische Linguisten anzusetzen.

Die meisten deutschen Abteilungen an britischen Universitäten führen öffentliche Veranstaltungen durch. Oft sind diese, bedingt durch die deutliche linguistische Minderheit, zumeist literarisch-kultureller Natur. Doch liegt es bei uns, der Minderheit, sich in einem Maße zu engagieren, dass wir eine ähnlich breite Öffentlichkeit erreichen können.

Hierzu als anekdotische Evidenz wieder ein Beispiel vom QMUL, stellvertretend für andere Deutsch-Abteilungen im Vereinigten Königreich: Sofern meine Studenten damit einverstanden sind, versuche ich, auch nach dem Ende des Studiums Kontakt mit ihnen zu halten. Dies kann auf sehr unaufdringliche Weise über soziale Netzwerke wie Mailinglisten, Twitter und (hauptsächlich) Facebook erreicht werden.[12] So sind ehemalige wie derzeitige Studenten stets über die am QMUL mehrmals pro Jahr angebotenen Veranstaltungen des Centre for Anglo-German Cultural Relations (CAGCR) und des Londoner Zweiges der Gesellschaft für deutsche Sprache (GfdS) informiert. Und unter diesen Veranstaltungen finden sich viele, die sich mit sprachkritischen Fragestellungen auf sprachwissenschaftlicher Grundlage auseinandersetzen.

Gelingt es uns, unsere ehemaligen Studierenden an uns zu binden, so gelingt es uns auch, bei ihnen eine Sensibilität für sprachkritische Fragestellungen zu erzeugen und diese eventuell auch dauerhaft aufrechtzuerhalten. Dies geschieht jedoch nicht von selbst. Es ist an uns, uns dafür entsprechend zu engagieren (vgl. Pfalzgraf 2011).

12 Das Centre for Anglo-German Cultural Relations (CAGCR) hat sowohl eine eigene Twitter-Seite <https://twitter.com/CAGCR_QMUL> als auch seine eigene Facebook-Seite <https://www.facebook.com/anglogerman>. Veranstaltungen des Londoner Zweiges der Gesellschaft für deutsche Sprache (GfdS) werden über die akademische Mailingliste von *Jiscmail* an derzeit 60 Abonnenten verbreitet <https://www.jiscmail.ac.uk/GFDS-LONDON>. Über die „German List" von *Jiscmail* <https://www.jiscmail.ac.uk/GERMAN-STUDIES>, mit derzeit 1.335 Abonnenten, werden sowohl Veranstaltungen der GfdS als auch des CAGCR bekannt gemacht (Stand aller genannten URLs: 15.3.2013).

5 Literaturverzeichnis

Literatur und Quellen

Durrell, Martin (2011): Deutsch und Englisch in Europa: Die Probleme der ‚alten' Nationalsprache und der ‚neuen' Globalsprache. In: *Aptum. Zeitschrift für Sprachkritik und Sprachkultur*, Jg. 7, Heft 2, S. 177-192.

Ehlich, Konrad (1994): Deutsch als Fremdsprache — Profilstrukturen einer neuen Disziplin. In: *Info DaF*, Jg. 21, Heft 1, S. 3-24.

Fandrych, Christian (2006): Germanistik — pluralistisch, kontrastiv, interdisziplinär. In: *Deutsch als Fremdsprache*, Jg. 44, Heft 2, S. 71-78.

Hoberg, Rudolf (2002): Braucht die Öffentlichkeit die Sprachwissenschaft? In: Jürgen Spitzmüller u.a. (Hg.): *Streitfall Sprache. Sprachkritik als angewandte Linguistik?* Mit einer Auswahlbibliographie zur Sprachkritik (1990 bis Frühjahr 2002). Bremen (Freiburger Beiträge zur Linguistik, Bd. 3), S. 19–37.

Jaworska, Sylvia (2009): Where have all the linguists gone? The position of Linguistics in British German Studies from the mid-19th century until 2000. In: Falco Pfalzgraf (Hg.): *English in Contact with Varieties of German.* Frankfurt a. M. u. a., S. 13-33.

Kilian, Jörg/Niehr, Thomas/Schiewe, Jürgen (Hg.) (2010): *Sprachkritik. Ansätze und Methoden der kritischen Sprachbetrachtung.* Berlin/New York (Germanistische Arbeitshefte, Bd. 43).

Lodge, Anthony (2000): Higher Education. In: Simon Green (Hg.): *New Perspective on Teaching and Learning Modern Languages.* Clevedon, S. 105-123.

Pfalzgraf, Falco (2011): Anglizismen als Thema der Sprachwissenschaft und Sprachkritik. In: *Aptum. Zeitschrift für Sprachkritik und Sprachkultur*, Jg. 7, Heft 2, S. 160-176.

Polenz, Peter von (1999): *Deutsche Sprachgeschichte vom Spätmittelalter bis zur Gegenwart.* Band 3. Das 19. und 20. Jahrhundert. Berlin/New York.

Sitta, Horst (2004): Inlandsgermanistik — Auslandsgermanistik. Was für einen Sinn hat eine solche Unterscheidung? In: *Deutsch als Fremdsprache*, Jg. 41, Heft 4, S. 195-198.

Universities UK (Hg.) (2011): *Patterns and Trends in UK Higher Education 2011.* London. Online verfügbar unter <http://www.universitiesuk.ac.uk/Publications/Documents/PatternsAndTrendsin UKHigherEducation.pdf> (Stand: 15.3.2013).

Internet

AGS – The Association for German Studies in Great Britain and Ireland (Hg.): Past Meetings. <http://www.ags.ac.uk/pastmeet.htm>. (Stand: 15.3.2013)

E-Mail-Kommunikation vom 25.06.2012 mit Christian Strowa, Lektor z.b.V./Programme Coordinator. German Academic Exchange Service (DAAD), 1 Southampton Place, London WC1A 2DA.

Facebook (Hg.): Anglo-German Cultural-Relations. <https://www.facebook.com/anglogerman>. (Stand: 15.3.2013)

FGLS – The Forum for Germanic Language Studies (Hg.) (2012): Forum for Germanic Language Studies. <http://www.fgls.ac.uk>. (Stand: 15.3.2013)

JISCMAIL – National academic mailing service, facilitating discussion, collaboration and communication within the UK academic community (Hg.): Ergebnisse: Wie viele Linguisten gibt es in Eurer deutschen Abteilung? <https://www.jiscmail.ac.uk/cgi-bin/webadmin?A2=ind1204&L=FGLS&F=&S=&P=761>. (Stand: 15.3.2013)

JISCMAIL – National academic mailing service, facilitating discussion, collaboration and communication within the UK academic community (Hg.): London branch of the Gesellschaft für deutsche Sprache (GfdS): <https://www.jiscmail.ac.uk/GFDS-LONDON>. (Stand: 15.3.2013)

JISCMAIL – National academic mailing service, facilitating discussion, collaboration and communication within the UK academic community (Hg.): Research and teaching in academic German Studies. <https://www.jiscmail.ac.uk/GERMAN-STUDIES>. (Stand: 15.3.2013)

Queen Mary, University of London (Hg.): Department of German – Undergraduate. <http://www.sllf.qmul.ac.uk/german/current/undergraduate/index.html>. (Stand: 1.6.2012)

Twitter (Hg.): CAGCR@QMUL. The Centre for Anglo-German Cultural Relations (CAGCR) at Queen Mary, University of London. <https://twitter.com/CAGCR_QMUL>. (Stand: 15.3.2013)

Jörg Kilian

Sprachtheorie, sprachliches Wissen und kritische Sprachbetrachtung.
Grundlagen einer didaktischen Sprachkritik in der Lehrer(fort)bildung

1 Sprachkritik im Deutschunterricht

Linguistisch begründete Sprachkritik ist die auf fachlichem Wissen ruhende Unterscheidung, Analyse und begründete Bewertung a) der Leistungen von Sprache, b) des eigenen Sprachgebrauchs, c) des Sprachgebrauchs anderer.

Man kann die genannten Handlungen der Unterscheidung, Analyse und Beurteilung als *kritische Sprachbetrachtung* bezeichnen; die Fähigkeit dazu kann als *Sprachkritikkompetenz* gefasst werden (vgl. Kilian/Niehr/Schiewe 2010: 115 ff.). Für beides – für die Handlung der kritischen Sprachbetrachtung wie auch für die Befähigung dazu – ist sprachliches Wissen als deklaratives *fachliches Wissen* eine unabdingbare Grundlage, denn nur das fachliche Wissen kann den Zugang zu einer Metaebene eröffnen, von der aus die kritische Sprachbetrachtung erfolgt. In sprachdidaktischen Zusammenhängen spricht man in Bezug auf diese Metaebene von *Sprachbewusstheit* (vgl. Ossner 2007).

Eine auf fachlichem Wissen ruhende kritische Sprachbetrachtung bedarf daher einer linguistischen Begründung der Unterscheidung, Analyse und Bewertung von Sprache und Sprachgebrauch. Eine entfaltete Sprachkritikkompetenz ist dementsprechend eine Fähigkeit zur linguistisch begründeten Unterscheidung, Analyse und Bewertung von Sprache und Sprachgebrauch. Diese Fähigkeiten seien stichwortartig erläutert:

a) Die Fähigkeit zur linguistisch begründeten Unterscheidung zeigt sich zum Beispiel darin, dass ein Sprecher/Schreiber bzw. Hörer/Leser in der Lage ist, die Möglichkeit und Praxis des „Anderssagens“ (von Polenz 1973: 146) als verschiedene Sprachgebrauchsformen (Stile und Register sowie Varianten und Varietäten) wahrzunehmen und situativ einzuordnen.
b) Die Fähigkeit zur linguistisch begründeten Analyse zeigt sich zum Beispiel darin, dass der Sprecher/Schreiber bzw. Hörer/Leser dann in der Lage ist, dieses „Anderssagen“ aus der Perspektive der sprachlichen Normen, aus der Perspektive der inneren und äußeren Mehrsprachigkeit sowie gegebenenfalls aus der Perspektive der sprachhistorischen Genese und Entwicklung zu betrachten bzw. sich entsprechende Informationen zu verschaffen (vgl. Kilian 2001: 306 ff.; Kilian 2006: 76).
c) Die Fähigkeit zur linguistisch begründeten Bewertung schließlich zeigt sich dann zum Beispiel darin, das wahrgenommene und analytisch erklärte „Anderssagen“ mit Blick auf Zusammenhänge im Sprachsystem, auf der Ebene der Sprachnormen sowie im Sprachgebrauch in Bezug auf seine Leistung zu beurteilen und zu bewerten. Als Maßstab der Bewertung kann zum Beispiel das Konzept der funktionalen Angemessenheit dienen (vgl. Kilian/Niehr/Schiewe

2010: 39 ff.); ein anderer Maßstab, zum Teil mit Erstgenanntem verflochten, ist der Maßstab der sprachlichen Korrektheit.

Die Befähigung von Schülerinnen und Schülern zur Unterscheidung, Analyse und Bewertung von Sprache und Sprachgebrauch wurde in bildungspolitischen Entwürfen für den Deutschunterricht seit der Aufnahme eines Arbeitsbereichs „Reflexion über Sprache" in den hessischen Bildungsplan von 1969 immer wieder Gegenstand didaktischer und unterrichtsmethodischer Erörterungen und Entwürfe (vgl. Kilian/Niehr/Schiewe 2010: 100 ff.). Bereits diese Kontinuität von Erörterungen und Entwürfen deutet an, dass das Konzept „Reflexion über Sprache" zumindest in Bezug auf die Erzeugung einer Sprachkritikkompetenz in den letzten gut vierzig Jahren nicht den Lerneffekt erzielt hat, den es erzielen sollte.[1] Empirische Untersuchungen dazu liegen jedoch noch nicht vor. Im Rahmen solcher empirischen Untersuchungen wären noch vor umfangreichen Langzeiterhebungen zur sprachdidaktischen Effektivität und Effizienz kritischer Sprachbetrachtungen im Deutschunterricht zunächst mögliche laienlinguistische Sprachnormeinstellungen von Schülerinnen und Schülern, aber auch deren mögliche intuitive Zugänge zu sprachkritischen Unterscheidungen, Analysen und Bewertungen in den Blick zu nehmen. Beobachtungen zum Sprachgebrauch von Schülerinnen und Schülern in unterschiedlichen Kommunikationssituationen legen zumindest die Vermutung nahe, dass sie in ihrem eigenen Sprachgebrauch durchaus Kriterien der funktionalen Angemessenheit befolgen, dass sie jedoch, wenn sie explizit – und zumal in schulischen Kontexten – Stellung zu Sprache und Sprachgebrauch nehmen sollen, sich unbewusst an laienlinguistischen Sprachtheorien (z. B. einer organischen Sprachauffassung) und laienlinguistischen Bewertungskriterien (z. B. einer ausschließlich binären Richtig-oder-falsch-Bewertung) orientieren.

In den aktuellen nationalen Bildungsstandards für den Deutschunterricht der Sekundarstufe I findet das Wort Sprachkritik zwar keine Erwähnung, doch wird Sprachkritik in einem weiteren Sinne, nämlich im Sinne des erwähnten älteren Lehr- und Lernbereichs „Reflexion über Sprache" erneut mitgedacht (vgl. KMK 2004: 9; zum Zusammenhang vgl. Kilian/Niehr/Schiewe 2010: 101 ff.).[2] Die nationalen Bildungsstandards für die Sekundarstufe II vom 18.10.2012 fordern demgegenüber explizit „sprachkritische Texte" als Lektüre und eröffnen damit Wege einer kritischen Sprachbetrachtung im engeren Sinne: Die Schülerinnen und Schüler sollen „auf der Grundlage sprachkritischer Texte Entwicklungstendenzen der Gegenwartssprache beschreiben und bewerten" können (KMK 2012: 25 u. ö.). Die Schülerinnen und Schüler sollen demnach die eingangs genannten Fähigkeiten zur Unterscheidung, Analyse und Bewertung von Sprache, Sprachnormen und Sprachgebrauch erwerben; der Deutschunterricht soll diese Fähigkeiten erzeugen (helfen). Dazu liegen – zur Sprachkritik im weiteren Sinne mehr, zur Sprachkritik im engeren Sinne weniger – wissenschaftliche sprachdidaktische

---

1 Dieselbe Feststellung muss in Bezug auf einen Lerneffekt des Konzepts „Reflexion über Sprache" als Alternative zum traditionellen Grammatikunterricht getroffen werden, vgl. Kilian (2013a).

2 Zur Differenzierung zwischen didaktischer Sprachkritik im weiteren Sinne der Erzeugung einer „Sprachreflexionskompetenz" (Klotz 2004) und im engeren Sinne der Erzeugung einer Sprachkritikkompetenz vgl. Kilian (2009).

Modellierungen und methodische Entfaltungen für die Unterrichtspraxis sowie Einheiten in Lehrwerken für den Deutschunterricht vor (vgl. Kilian/Niehr/Schiewe 2010: Kap. 4.2).

2 Sprachkritik in der Lehrer(fort)bildung

Eine unabdingbare Voraussetzung für die Erzeugung von sprachkritischem Wissen und Können bei Schülerinnen und Schülern ist und bleibt das weit darüber hinausgehende fachliche und fachdidaktische Wissen und Können von Lehrkräften (vgl. dazu z. B. Blömeke 2004; Baumert/Kunter 2006). Im Vergleich zu den eben erwähnten sprachdidaktischen Modellierungen und methodischen Entfaltungen zur kritischen Sprachbetrachtung im Deutschunterricht, die in Monographien, Sammelband- und Zeitschriftenartikeln verfügbar sind, bleibt die Suche nach wissenschaftlich fundierten Konzepten zur Erzeugung sprachkritischen Wissens und Könnens in der Lehrerbildung und Lehrerfortbildung jedoch weitestgehend erfolglos. Theoretische Ansätze mit dem Ziel, die kritische Sprachbetrachtung als sprachdidaktischen Zugriff systematisch kompetenzorientiert und curricular im Rahmen eines sprachdidaktischen Gesamtkonzepts aus linguistischer, sprachdidaktischer, lerntheoretischer und entwicklungspsychologischer Perspektive zu entfalten und zu begründen, sind entweder annähernd vierzig Jahre alt[3] oder lediglich auf eine Sprachkritik im weiteren Sinne als Alternative zum Grammatikunterricht mit dem Ziel der Erzeugung von „Sprachreflexionskompetenz“ bzw. „Sprachbewusstsein“/„Sprachbewusstheit“ konzentriert.[4] Empirisch validierte Hinweise auf eine Dominanz laienlinguistischer Sprachnormkonzepte im Rahmen der Bewertung sprachlicher Leistungen von Schülerinnen und Schülern durch Lehrerinnen und Lehrer (vgl. Davies 2006) verstärken zudem die Vermutung, dass die linguistisch begründete Unterscheidung, Analyse und Bewertung von Sprache und Sprachgebrauch noch immer nicht zum festen Bestand der Lehrerbildung wie auch des Deutschunterrichts gehören.

Die Literaturlage stützt diese Annahme. Während es für den Deutschunterricht, wie erwähnt, durchaus eine relativ solide wissenschaftliche Basis für das „Lernziel Sprachkritik“ (Neuland 2006) – zumindest im weiteren Sinne – gibt, ist das Feld eines „Lehrziels Sprachkritik“, d. h. das Feld eines auf die kritische Sprachbetrachtung bezogenen Professionswissens von Lehrkräften, bis auf wenige Ausnahmen wissenschaftlich noch nicht erschlossen und auf den aktuellen Forschungsstand gebracht. Im Gegenteil: Es ist angesichts der Rolle, die der kritischen Sprachbetrachtung, zumindest derjenigen im weiteren Sinne, im Deutschunterricht zugeschrieben wird, geradezu erstaunlich, wie wenig Beachtung die Sprachkritik in der Lehrerinnen- und Lehrerbildung erfährt, sei es in der ersten Phase, dem Lehramtsstudium, sei es in der zweiten Phase, dem Referendariat, sei es in der dritten Phase, der Lehrerfortbildung. Systematische Untersuchungen dazu, ob und inwiefern die kritische Sprachbetrachtung in der Praxis der Lehrer-

3 Vgl. z. B. Ivo (1970) [zuerst 1969]; Weisgerber (1975) [zuerst 1972], Ivo (1975).
4 Vgl. z. B. Ingendahl (1999); zum Begriff „Sprachreflexionskompetenz“ vgl. Klotz (2004).

bildung tatsächlich Berücksichtigung findet, stehen zwar noch aus. Die bildungspolitischen Normtexte zur Lehrerinnen- und Lehrerbildung wie auch erste Ergebnisse zum Professionswissen angehender Lehrkräfte scheinen den negativen Befund indes zu bestätigen. Die „Ländergemeinsamen inhaltlichen Anforderungen für die Fachwissenschaften und Fachdidaktiken in der Lehrerbildung" der Kultusministerkonferenz etwa lassen allenfalls mittelbar den Schluss zu, dass Sprachkritik mitgemeint sein könnte, wenn im Studium des Faches Deutsch/Germanistik für das Lehramt auch „soziale, kulturelle und historische Aspekte von Sprache und Sprachgebrauch" behandelt werden sollen; etwas begründeter scheint dieser Schluss bei der Angabe „Sprache – Denken – Wirklichkeit: Sprachphilosophische Grundlagen".[5]

Die groß angelegte Studie zum Professionswissen von Lehramtsstudentinnen und -studenten „Teacher Education and Development Study: Learning to Teach" (TEDS-LT) hat, wohl auch weil es die erste Studie dieser Art ist, sprachkritisches Wissen und Können nicht erhoben. Die „Ausdifferenzierung der Linguistik" als Grundlage der Gewinnung der Items in dieser verdienstvollen Studie beruht auf einer Auswertung gängiger Einführungen in die (germanistische) Linguistik. Als Teildisziplinen für die Gewinnung von Items werden Phonologie, Morphologie, Syntax, Semantik und Pragmatik ausgewählt. Mit dem Verweis auf die Angaben in den bereits erwähnten „Ländergemeinsamen inhaltlichen Anforderungen für die Fachwissenschaften und Fachdidaktiken in der Lehrerbildung" der KMK ist zudem ein Plausibilitätsnachweis dafür erbracht, dass diese genannten Teildisziplinen auch zum Professionswissen von Deutschlehrkräften gehören (sollen).[6] Soweit bislang bekannt, erfolgt im Laufe des Lehramtsstudiums aber keine systematische Hinführung zu linguistisch und sprachdidaktisch begründeten Ansätzen und Methoden der kritischen Sprachbetrachtung und auch keine systematische Bewusstmachung von Kriterien zur Bewertung sprachlicher Schülerleistungen. Erste Ergebnisse deuten vielmehr darauf hin, dass selbst in sprachlichen Fächern keine Steigerung der Kompetenz von Lehramtsstudierenden zur Bewertung sprachlicher Leistungen erworben wird (vgl. z. B. Hochholzer/Fölling-Albers 2007; Anselm, 2011, Kap. 4.2.2.4). Damit schließt sich im Grunde der Kreis wiederum hin zum bildungspolitisch als relevant konstituierten Wissen und Können von Lehrerinnen und Lehrern – wozu sprachkritisches Wissen und Können auch über vierzig Jahre nach der Etablierung eines Lehr-Lern-Bereichs „Reflexion über Sprache" im Deutschunterricht immer noch nicht – zumindest noch nicht ausdrücklich – gehört.

Bleibt man einmal im Rahmen des in den ländergemeinsamen inhaltlichen Anforderungen für das Fach Deutsch sowie in den sprachgermanistischen Einführungswerken für die Lehrerinnen- und Lehrerbildung als gesellschaftlich und wissenschaftlich wertvoll konstruierten und konstituierten Wissens, so wird indes auch Sprachkritik als didaktischer Zugriff zur Auseinandersetzung mit diesem Wissen keiner systematischen Entfaltung für wert befunden. Dabei böte eine

---

5 Vgl. KMK (2010: 22 f.).

6 Vgl. Bremerich-Vos u. a. (2011).

solche systematische Kritik der sprachlichen Lehr- und Lerninhalte sowie der auf sie bezogenen Kompetenzformulierungen einen substanziellen Ansatzpunkt für ein Fachgespräch zwischen Hochschulgermanist(inn)en und Deutschlehrer(inne)n, dessen Ziel es wäre, den Deutschunterricht wieder an den aktuellen Stand der Sprachwissenschaft und Sprachdidaktik heranzuführen, aber auch Sprachwissenschaft und Sprachdidaktik auf besondere Fragestellungen des Deutschunterrichts aufmerksam zu machen (vgl. DGV 2013). Die Diskussion etwa über die grammatische Terminologie sollte nicht allein von Linguist(inn)en und Didaktiker(inne)n geführt, sondern auch von Lehrerinnen und Lehrern kritisch mitgestaltet werden (vgl. Ossner 2012). Diese Terminologie soll grundsätzlich theorieoffen sein – doch gerade das kann Ansätze der Kritik grammatischer Zeichen auch stören insofern, als eine theorieoffene Terminologie vom Phänomen, der Sprache, vorgegebene und überschneidungsfrei definierbare Kategorien suggeriert, während diese doch in Wirklichkeit theoriegebunden sind. Bereits die kritische Auseinandersetzung über terminologische Fassungen grammatischer Phänomene – z. B. über die didaktische Leistung scheinbar synonymer Termini wie *Wiewort, Eigenschaftswort, Adjektiv* – kann im Deutschunterricht sehr wohl zur kritischen Beurteilung der Leistungsfähigkeit der Termini innerhalb theoretisch begründeter Systeme führen – und fast nebenbei zu explizitem grammatischen Wissen.

Auf eine solche kritische Betrachtung des zu vermittelnden sprachlich gebundenen Wissens und seiner terminologischen Fassung(en) müssen angehende Lehrerinnen und Lehrer indes vorbereitet werden. Dazu müssen Ansätze und Methoden der linguistisch begründeten Sprachkritik sowie Ansätze und Methoden der darauf beruhenden didaktischen Sprachkritik zum festen Bestand der Lehrerbildung in der ersten, zweiten und dritten Phase erklärt werden. In der ersten Phase der Lehrerbildung, dem Studium des Faches Deutsch/Germanistik für das Lehramt, besetzt Sprachkritik grundsätzlich keinen festen Platz in der Lehre. In den Anfangssemestern dominieren die oben erwähnten linguistischen Teildisziplinen (Phonologie, Morphologie, Syntax, Semantik und Pragmatik), die entsprechend auch in den Einführungswerken die Kapitel füllen. Da Sprachkritik als angewandte Sprachwissenschaft quer zu diesen Teildisziplinen und ihren Gegenständen steht, setzt die linguistisch begründete Sprachkritik deren Kenntnis als fachliches Wissen auch voraus. Sprachkritisches Wissen und Können ist indes nicht allein für die Vorbereitung und Durchführung entsprechender Einheiten im Deutschunterricht für angehende Lehrkräfte von Bedeutung; vielmehr gehört, wie angemerkt, die sprachkritische Unterscheidung, Analyse und Bewertung der sprachlichen Leistungen von Schülerinnen und Schülern zum Professionswissen von Deutschlehrerinnen und Deutschlehrern. Aus diesem Grund ist der linguistisch begründeten Sprachkritik ein eigener Stellenwert in der Bildung und Ausbildung der ersten und zweiten Phase zuzuweisen.

Im Bereich der Lehrerfortbildung (der sog. dritten Phase) sind u. a. im Zusammenhang mit dem Rahmenthema „Sprachkritik“ im Zentralabitur einiger Bundesländer (vgl. Kilian 2009: 117 ff.) Ansätze zur Erarbeitung von Grundlagen sprachkritischen Wissens zu verzeichnen; Schulbuchverlage haben darüber hinaus Unterrichtsmaterialien ins Angebot aufgenommen. Das folgende Beispiel ist beliebig herausgegriffen, darf zumindest im Rahmen einer unsystematischen Sichtung der Angebote indes als repräsentativ gelten. Auf dem „Lehrer/innen-Fortbildungs-Server" der „Landesakademie für Fortbildung und Personalentwicklung an Schulen" des Landes Baden-Württemberg wird im „Fachportal Deutsch Gymnasium" für die Kursstufe eine größere Auswahl an Informationsmaterial zu Peter Stamms „Agnes" angeboten, auf das Lehrkräfte zur Vorbereitung dieses als Pflichtlektüre vorgesehenen Romans zurückgreifen können. Als ein „typisches Merkmal" der Postmoderne wird u. a. „Sprachkritik" angeführt. Dazu können fortbildungsinteressierte Lehrkräfte u. a. folgende Informationen erhalten, die dieses Merkmal erläutern sollen:

> Sprachkritik: Die Sprachlosigkeit, vor allem des Schweizers, ist auch auf eine Unfähigkeit zurückzuführen, Emotionen in Worte zu fassen. Häufiges Aneinandervorbeireden, z. T. aber auch strategisch eingesetzt.[7]

> **Sprachkritik:** Die Sprache wird der Vielfalt und der Komplexität der Welt nicht gerecht, z. B. ist sie niemals eindeutig; sie führt ein Eigenleben, das sich dem Zugriff des Sprechers entzieht. D. h. Sprache wirkt sich oft anders aus als vom Sprecher beabsichtigt. Hierzu gehört auch, dass viele Wendungen ‚verbraucht' oder abgegriffen wirken, was es dem Sprecher erschwert, sich authentisch auszudrücken: Vom eigenen Empfinden führt kein befriedigender Weg mehr zu seinem sprachlichen Ausdruck, was die Kommunikation, gerade von Emotionen, erschwert.[8]

Im ersten Fall handelt es sich um den Versuch, den Sprachgebrauch literarischer Figuren als Indiz für sprachkritisches Denken und Handeln des Erzählers (möglicherweise auch des Autors) zu deuten. Im zweiten Fall handelt es sich um den Versuch, ein Konzept von Sprachkritik in möglichst operationalisierbare Zugriffe für die Textanalyse zu zerlegen, die wiederum, sofern die Zugriffe Funde im Text zu Tage fördern, zu Indizien für sprachkritisches Denken und Handeln des Erzählers (möglicherweise auch des Autors) führen sollen. Auf diese Weise sollen Lehrkräfte darauf vorbereitet werden, spezifische Kompetenzen bei ihren Schülerinnen und Schülern zu erzeugen, im vorliegenden Fall zum Beispiel die Schwerpunktkompetenzen „literaturtheoretisches Basiswissen und poetologisches Vokabular zur präzisen Beschreibung von Texten anwenden" sowie „Bedingungen gelingender und misslingender Kommunikation erkennen und in ihr eigenes Sprachhandeln einbeziehen".[9] Es mag sein, dass die Merkmallisten zum Auffinden sprachkritischer Aspekte im Roman anleiten. Zu Sprachkritik als Gegenstand sprachlich-literarischer Bildung (mit eigenem Bildungswert) wie auch als didaktisch-methodischer Zugriff auf Sprache und Sprachgebrauch mit dem Ziel der Unterscheidung, Analyse und Bewertung führen sie indes nicht.

---

7 http://lehrerfortbildung-bw.de/faecher/deutsch/gym/fb2/03_agnes/06_post/6_4_typisch/ (Stand: 16.5.2014).

8 http://lehrerfortbildung-bw.de/faecher/deutsch/gym/fb2/03_agnes/06_post/6_4_typisch/aufgabe/index.html (Stand: 16.5.2014).

9 http://lehrerfortbildung-bw.de/faecher/deutsch/gym/fb2/01_grund/01_plan/01-kompetenzen_kursstufe.doc (Stand: 16.5.2014).

Insgesamt darf man den Status der Sprachkritik in der Lehrerbildung vor diesem Hintergrund als prekär bezeichnen. Jürgen Schiewe hat deshalb im Zusammenhang von konzeptionellen Überlegungen zur „Sprachkritik in der Schule" wiederholt die Forderung nach einer systematischen Verankerung des Themas „Sprachkritik" in der Lehrerbildung aufgestellt und begründet. Im Jahr 2011 hat er diese Forderung erneuert und u. a. wie folgt begründet:

> Das Profil der universitären Deutschlehrerausbildung muss um das Segment ‚Sprachkritik' erweitert werden, um die künftigen Deutschlehrerinnen und -lehrer zu befähigen, ihren Unterricht zeitgemäß, ansprechend und dauerhaft wirkungsvoll zu gestalten. Erst wenn die Schülerinnen und Schüler grundsätzlich erfahren und beurteilen können, was angemessener Sprachgebrauch überhaupt ist, werden sie auch erkennen, dass in bestimmten Situationen ‚richtiger' (d. h. am Standard orientierter) Sprachgebrauch der angemessene ist.[10]

Um diese Forderung der Etablierung eines „Segments ‚Sprachkritik'" in der Lehrerbildung zu erfüllen, kann in Bezug auf die linguistischen Grundlagen grundsätzlich auf den oben erwähnten festen Bestand an Gegenständen des sprachgermanistischen Studiums zurückgegriffen werden, wie er etwa in den bereits erwähnten „Ländergemeinsamen inhaltlichen Anforderungen für die Fachwissenschaften und Fachdidaktiken in der Lehrerbildung" umrissen wird, in den Einführungswerken in die germanistische Sprachwissenschaft im großen Ganzen zur Darstellung gelangt und die sprachgermanistischen Einführungskurse an den Hochschulen in der Regel dominiert. Innerhalb dieses festen Bestandes der germanistischen Linguistik sollten grundsätzlich, in den Lehramtsstudiengängen nach Möglichkeit obligatorisch, die Disziplinen Grammatik, Orthographie, Textlinguistik und Lexikologie eine besondere Wertschätzung erfahren – und quer zu ihnen das „Segment ‚Sprachkritik'". Diese Auswahl ist, zum einen, mit der zentralen Bedeutung zu begründen, die Grammatik, Rechtschreibung, Textproduktion und Wortschatz im Rahmen des sprachlichen Lernens und der sprachlichen Bildung im Deutschunterricht zukommt. Die besondere Wertschätzung ist, zum anderen, aber auch gerade mit Blick auf das „Segment ‚Sprachkritik'" zu begründen insofern, als Grammatik, Textproduktion und Wortschatz, aber auch die Rechtschreibung sowohl in der Linguistik wie auch in der Öffentlichkeit die herausragenden Gegenstandsfelder der kritischen Sprachbetrachtung bilden.

3 Ein Desiderat: Sprachtheoretische Grundlagen in der Lehrerbildung

Was bislang ganz und gar fehlt, und zwar in allen bisher genannten Referenztexten für die Lehrerinnen- und Lehrerbildung: in den ländergemeinsamen Anforde-

---

10 Schiewe (2011: 28). Der erwähnte Forschungszusammenhang ist dokumentiert in einer Reihe von gemeinsamen und gemeinsam abgestimmten Arbeiten von Kilian, Niehr und Schiewe, die das Ziel verfolgen, Sprachkritik im (und für den) Deutschunterricht linguistisch zu begründen, didaktisch zu modellieren und methodisch zu entfalten. Vgl. z. B. die Beiträge Schiewe (2009), Kilian (2009) und Niehr/Funken (2009) im Themenheft „Sprachkritik in der Schule" der Zeitschrift „Aptum" (2/2009), Kilian/Niehr/Schiewe (2010), die Beiträge Schiewe (2011), Niehr (2011), Kilian (2011) in Arendt/Kiesendahl (2011) sowie Kilian/Niehr/Schiewe (2013).

rungen für die Lehrerbildung und den nationalen Bildungsstandards für den Deutschunterricht, in den Einführungen in die Germanistische Linguistik wie auch in Angeboten der Lehrerbildung in der zweiten Phase und in der Lehrerfortbildung, ist eine systematische sprachtheoretische Grundlegung der Sprachbetrachtung, insbesondere der kritischen Sprachbetrachtung. Die sprachreflexive wie die sprachkritische Unterscheidungsfähigkeit, Analysefähigkeit und Bewertungsfähigkeit bedürfen indes als wissenschaftlich fundierte Fähigkeiten der theoretischen Erfassung des Phänomens, dessen Strukturen und Leistungen unterschieden, analysiert und bewertet werden sollen. Um dieses Desiderat zu füllen, ist es nicht unmittelbar notwendig, die Geschichte der Sprachtheorie im Germanistikstudium detailliert und substanziell zu erarbeiten. Es genügt, im Zuge der linguistischen und sprachdidaktischen Lehrerbildung einen Begriff davon zu erarbeiten, was Sprache als Phänomen und in einzelsprachlichen Systemen (im Deutschunterricht das System der deutschen Sprache) ist und was sie in ihren verschiedenen Existenzweisen und Existenzformen leisten kann (und was nicht). Dieses sprachtheoretische Wissen bietet die Grundlage sowohl für eine kritische Auseinandersetzung mit laienlinguistischen Sprachauffassungen und Sprachnormvorstellungen wie auch für die linguistisch begründete kritische Sprachbetrachtung. Für die Lehrerinnen- und Lehrerbildung wie auch dann für den Deutschunterricht eröffnen sich zahlreiche Möglichkeiten, zumal auch im Zusammenspiel mit literarischen Texten, die zu einem nicht geringen Teil entweder selbst sprachtheoretische, sprachphilosophische und sprachkritische Fragen ansprechen oder Ergebnisse sprachtheoretisch-poetologischer Konzeptionen sind (man muss nicht stets zu Hugo von Hofmannsthals „Ein Brief", dem sog. „Chandos-Brief", greifen).

Bei dieser sprachtheoretischen Grundlegung sollte in Bezug auf ein „Segment ‚Sprachkritik'" in der Lehrerbildung der Begriff der „Sprachnorm" eine besondere Rolle spielen. Dafür wiederum grundlegend sind die Differenzierungen von Existenzweisen von Sprache, wie sie Hermann Paul mit seiner Differenzierung zwischen „usuell" und „okkasionell" getroffen hat und wie sie etwas modifiziert, aber doch nahe verwandt in Ferdinand de Saussures Differenzierung zwischen „Langue" und „Parole" wieder erscheint (vgl. Kilian 2013b). Erst auf solcher Grundlage wird es überhaupt möglich, ein „Anderssagen" nicht allein wahrzunehmen, sondern zu analysieren und zu bewerten, denn jedes Andere kann nur anders sein als Anderes von etwas, mit dem es etwas gemein hat.

Peter von Polenz hat zur theoretischen Erfassung der „Norm" auf der Grundlage u. a. der Ansätze von Ferdinand de Saussure und Eugenio Coseriu eine linguistisch fundierte und didaktisch wie unterrichtspraktisch wertvolle Differenzierung zwischen „Sprachsystem", „Sprachverkehr", „Sprachkompetenz" und „Sprachverwendung" entfaltet, denen er als metasprachliche Existenzweisen von Sprache „Sprachnorm" und „Sprachbrauch" hinzufügt. Dieser Ansatz stellt, zusammen mit der sprachtheoretischen Differenzierung, die Hermann Paul liefert, eine zugleich substanzielle wie auch handhabbare sprachtheoretische Basis für das „Segment ‚Sprachkritik'" in der Lehrerbildung zur Verfügung; er sei deshalb etwas ausführlicher beschrieben (vgl. von Polenz 1973; die Darstellung und Erläuterung des Modells weitgehend aus Kilian/Niehr/Schiewe 2010: 9-11).

		virtuell (abstrakt)		
	realisiert (konkret)	**metasprachlich institutionalisiert: deskriptiv:**	**präskriptiv:**	**objektsprachlich-funktionell:**
individuell:	SPRACHVERWENDUNG			SPRACHKOMPETENZ
kollektiv:	SPRACHVERKEHR	SPRACHBRAUCH	SPRACHNORM	SPRACHSYSTEM

Sprache erscheint demnach als „Sprachverwendung“ einzelner Sprecher/Schreiber (in der aktuellen Sprachwissenschaft wird für diese Existenzweise zumeist der Terminus „Sprachgebrauch“ gewählt, bei Paul ist dies die okkasionelle Existenzweise von Sprache) und als „Sprachverkehr“ einer Sprechergruppe oder Sprachgesellschaft. „Sprachverkehr“ darf durchaus als Summe der Sprachverwendungen begriffen werden. Sprache erscheint ferner als „Sprachkompetenz“ im Sinne der sprachlichen Fähigkeiten und Fertigkeiten eines Sprechers/Schreibers und als „Sprachsystem“ im Sinne der Möglichkeiten, die eine Sprache ihren Sprechern/Schreibern für die Sprachverwendung im Sprachverkehr anbietet. Das Sprachsystem wird ausdrücklich nicht als Summe der Sprachkompetenzen, sondern als darüber hinausgehendes Diasystem definiert (vgl. von Polenz 1973: 122).

Insofern, als der einzelne Sprecher/Schreiber im Sprachverkehr nicht stets seine gesamte Sprachkompetenz zum Einsatz bringt, sondern eine je spezifische Auswahl trifft, und insofern, als der Sprachverkehr nicht lediglich eine realisierte Spiegelung des virtuellen Sprachsystems darstellt, sondern historisch und kulturell je spezifische Auswahlen aus den Möglichkeiten des Sprachsystems manifestiert, bedarf es einer Instanz, die die Auswahlen regelt. Diese Instanz wird als „Sprachnorm“ bezeichnet. Die Sprachnorm „kann nicht zum Realisierten gerechnet werden“ (ebd.: 124), ist also eine virtuelle Existenzweise von Sprache. Von Polenz übernimmt zu ihrer grundlegenden Bestimmung eine Definition Coserius: Die Sprachnorm ist demnach ein „System der obligatorischen Realisierungen der sozialen und kulturellen ‚Auflagen‘“ (Coseriu 1971: 69; bei Paul ist das der Usus). Da unter „Norm“ jedoch selbst vor dem Hintergrund dieser Definition sowohl das ‚Normale, Übliche‘ wie auch das ‚Normative, Gewünschte‘ verstanden werden kann, differenziert von Polenz innerhalb der Norm zwischen 1.) einer „deskriptiven“ Norm, die die Auswahlen des ‚Normalen, Üblichen‘ regelt und zum „Sprachbrauch“ (sic) führt, und 2.) einer „präskriptiven“ Norm, die die Auswahlen des ‚Normativen, Gewünschten‘ regelt und zur „Sprachnorm“ führt. Es gibt demnach „Sprachverwendungen“, die „deskriptiv“ dem „Sprachbrauch“ folgen, jedoch „präskriptiv“ nicht der „Sprachnorm“. Bei der Verwendung von Formen wie *dem Rektor sein Auto* etwa sei dies der Fall (vgl. von Polenz 1973: 127 f.).

Das Modell hat verschiedentlich konstruktive Kritik erfahren, die hier nicht zu entfalten ist (zur Modifikation des Modells Kilian 2001, zur didaktischen Wertigkeit Kilian 2008). Hervorgehoben werden soll hier vielmehr, dass von Polenz der skizzierten Differenzierung des Phänomens „Sprache" entsprechend schließlich das Phänomen „Kritik" differenziert: Er unterscheidet zwischen:

- „Sprachverwendungskritik": „Hier werden einzelne Sätze bestimmter Sprecher, oder ihre Teile, manchmal ganze Texte, nach dem Verhältnis zu anderen Realisierungen für das gleiche Gemeinte beurteilt." Diese Form der Sprachkritik sei „das tägliche Geschäft der Sprachlehrer" (von Polenz 1973: 129);
- „Sprachverkehrskritik": Darunter versteht von Polenz die „Kritik an den mit dem Sprachbrauch nicht übereinstimmenden Teilen des Sprachverkehrs" (ebd.: 131), wie sie etwa von Gustav Wustmann betrieben worden sei;
- „Sprachkompetenzkritik": Sie erscheine als „Kritik an der sprachlichen ‚Begabung' einer Person" und werde „institutionell geübt in Sozialisationsprozessen wie denen in Schule und Beruf" (ebd.: 133);
- „Sprachsystemkritik": Hier sei „zu unterscheiden zwischen der Kritik an den Möglichkeiten aller natürlichen Sprachen überhaupt [...] und der Kritik an einer einzelnen Sprache" (ebd.: 133);
- „Sprachbrauchskritik": Sie hinterfragt kritisch das sprachlich Übliche und Normale und könne auf diese Weise „zur Befreiung vom kollektiven Denken und zur Nutzung aller noch ungenutzten Möglichkeiten der Sprache" führen (von Polenz 1973: 140 ff.); die kritischen Sprachbetrachtungen Leibniz' (vgl. Kapitel 2) und Mauthners etwa können als besonders berühmte Beispiele genannt werden;
- „Sprachnormenkritik": Ihr vornehmster Gegenstand sei die Kritik der normativen „Restriktion freier Variation" (ebd.: 151; im Original gesperrt). „Freie Variation ist die Alternative zwischen zwei auf der Ausdrucksseite der Sprache verschiedenen Realisierungen einer sprachlichen Einheit, wobei die Wahl der einen oder anderen Variante auf der Inhaltsseite mit keinem Bedeutungsunterschied verbunden ist" (ebd.). Ein Beispiel dafür sei die Kritik an der normativen Restriktion der freien Variation zwischen *brauchen* mit *zu* und *brauchen* ohne *zu*. In diesem Zusammenhang spricht von Polenz (ebd.: 152) auch eine wichtige methodologische Warnung aus:
- „Linguistische Normenkritik darf sich allerdings nicht damit begnügen, nur den Sprachbrauch gegen die Sprachnorm geltend zu machen. Argumente aus dem Sprachsystem (durch Strukturanalyse), ferner auch aus der allgemeinen langfristigen Entwicklungstendenz des Sprachsystems [...] sollten die Priorität vor Argumenten aus der statistischen Frequenzuntersuchung haben."

Insbesondere in Bezug auf die „Sprachnormenkritik" wendet sich von Polenz mehrfach an die „Deutschlehrer". Und dies zu Recht. Denn das Unterscheiden kann nun auch didaktisch modelliert werden als Wahrnehmung von Unterschieden von Sprachverwendungen im Sprachverkehr; das Analysieren durch deren Beschreibung mit Bezug auf Strukturen im Sprachsystem der Sprechergruppe und im Sprachvermögen (der Sprachkompetenz) des Individuums; das Bewerten durch Vergleich des Beschriebenen mit der kollektiven „Sprachnorm" oder einem gruppenspezifischen „Sprachbrauch".

Um darüber hinaus Möglichkeiten und Grenzen (der Leistungen) von Sprache allgemein und einer Einzelsprache im Besonderen oder aber auch das Sprachvermögen des Menschen und sein sprachliches Lernen sprachtheoretisch erfassen zu können, bieten sich die sprachtheoretischen und sprachphilosophischen Klassiker an: Johann Gottfried Herders „Abhandlung über den Ursprung der Sprache" (1772) zur „Erfindung" der Sprache durch den Menschen (vgl. Kilian 2007), Wilhelm von Humboldts Akademierede „Ueber das vergleichende Sprachstudium in Beziehung auf die verschiedenen Epochen der Sprachentwicklung" (1810) sowie seine Abhandlung „Ueber die Verschiedenheit des menschlichen Sprachbaues [...]" (1836) zur Verschiedenheit der menschlichen Weltansichten durch die Verschiedenheit sprachlicher Konzeptualisierungen, Hermann Pauls „Prinzipien der Sprachgeschichte" (1880, 5. Aufl. 1920) zur Veränderung sprachlicher Systeme, Normen, Kompetenzen und Gebräuche aufgrund der „Wechselwirkung der Individuen" (vgl. Kilian 2013b), Karl Bühlers „Sprachtheorie" (1934) zu den Funktionen, denen Sprache dient, wenn „der eine dem anderen etwas über die Dinge" sagt. Die genannten sprachtheoretischen Arbeiten können an dieser Stelle keine vertiefende Würdigung erfahren. Es liegt aber auf der Hand, dass Lehrerinnen und Lehrer, wenn sie bei Schülerinnen und Schülern Sprachkritikkompetenz erzeugen sollen, selbst darüber verfügen müssen. Zum Professionswissen von Deutschlehrkräften gehört daher die eingangs genannte, auf Sprache und Sprachgebrauch bezogene Unterscheidungsfähigkeit, Analysefähigkeit und Bewertungsfähigkeit – und diese Fähigkeiten wiederum bedürfen der sprachtheoretischen Fundierung.

4 Sprachkritik in der Praxis

Jürgen Schiewe spricht in oben zitiertem Passus nicht zufällig von „angemessenem Sprachgebrauch", der in bestimmten Situationen „richtiger" sei. Diese Formulierung verweist auf einen tiefen Graben zwischen germanistischer Linguistik und Deutschunterricht. Während die Linguistik die Frage nach „richtigem" und „falschem" Sprachgebrauch zumeist nicht der näheren Würdigung für wert befindet, steht eine Bewertung von Sprache und Sprachgebrauch auf der Grundlage dieser binären Kriterien nicht selten im Zentrum des sprachkritischen Handelns in der Praxis des Deutschunterrichts. Lehrkräfte des Faches Deutsch müssen in mehrfachem Sinne Sprachkritiker(innen) sein: Es wird von ihnen erwartet, dass sie ein sprachliches Vorbild abgeben (eigener Sprachgebrauch), sodann sind sie täglich Sprachkritiker(innen) bei der didaktisch begründeten Bewertung und Beurteilung sprachlicher Leistungen der Schüler (als Sprachgebrauch Anderer); und schließlich müssen sie sich kritisch mit dem im wahrsten Sinne des Wortes *wesentlichen* Gegenstand ihres Faches auseinandersetzen können: der Sprache (Beurteilung der Leistungen von Sprache). Dass Lehrerinnen und Lehrer in ihrer sprachkritischen Praxis mitunter normativer agieren als es auf der Grundlage der linguistischen Beschreibung auch standardsprachlicher Normen erforderlich wäre, ist in empirischen Studien belegt (s. o. den Hinweis auf Davies 2006). Die Frage, ob und inwiefern dafür auch laienlinguistisch geprägte Sprachnormvorstellungen von Eltern und Schüler(inne)n verantwortlich sind, die als sprachgesellschaftliche Erwartungen in Bezug auf sprachliche Normierungen im Deutschunterricht an Lehrkräfte herangetragen werden, bedarf noch einer empirisch gesättigten Beantwortung.

Eine Konsequenz für die Bewertungspraxis, die aus dem in der Lehrerbildung zu erwerbenden sprachtheoretischen Wissen zu erhoffen ist, ist die kritische Reflexion bipolarer Bewertungen sprachlicher Leistungen von Schülerinnen und Schülern. Damit ist nicht gemeint, dass ein Fehler nicht mehr als Fehler bezeichnet werden soll. Was relativ zur Norm, die in einer Kommunikationssituation Gültigkeit beanspruchen darf, unangemessen ist, ist unangemessen; und was innerhalb dieses Rahmens falsch ist, ist falsch. Im Selbstverständnis nicht weniger Deutschlehrkräfte, aber auch im gesellschaftlichen Verständnis von deren Aufgaben im Deutschunterricht dominiert indes eine Vorstellung von Sprachkritik als defizitorientierter Fehlersuche. Und es scheint in weiten Teilen der Elternschaft, Schülerschaft, aber auch Lehrerschaft eine Art monolithischer Vorstellung von deutscher Sprache vorzuherrschen, derzufolge es ein einziges „richtiges" Deutsch als Sprachsystem gebe und jede Varianz als fehlerhafte Abweichung davon anzusehen sei. Auf der Grundlage sprachtheoretischen Wissens kann demgegenüber deutlich werden, dass der Bezug auf Sprachnormen gerade nicht als Etablierung einer Autorität gemeint ist, die auf der Ebene des Sprachsystems vorgibt, was richtig und was falsch sei. Und es kann deutlich werden, dass man auch aus der Norm ausbrechen kann, ohne dass der Sprachgebrauch deshalb „falsch" wird. Diese andere, positive Seite der Befähigung zur linguistisch begründeten Unterscheidung, Analyse und Bewertung von Sprache und Sprachgebrauch kommt im Deutschunterricht bislang zu kurz und wird grundsätzlich nur mit Bezug auf literatursprachliches „Anderssagen" thematisiert.

Eine zweite Konsequenz, die aus dem skizzierten sprachtheoretischen Wissen zu ziehen ist, ist vor diesem Hintergrund daher die Bewusstmachung der inneren Mehrsprachigkeit sowie deren sprachkritische Analyse in der Lehrer(fort)-bildung. Es gibt viele Sprachen in der Sprache. Die Existenzweisen und Existenzformen von Sprache, die von Polenz ausweist, wie auch die individualpsychologische Sicht auf viele Millionen Eigensprachen und ihre gesteuerte wie ungesteuerte Entwicklung bedürfen einer linguistisch begründeten kritischen Begleitung. Daraus ist zu folgern, dass das Sprachspiel, die sprachliche Variation, der kreative Umgang mit Sprache, die innere und äußere Mehrsprachigkeit nicht dem Literaturunterricht vorbehalten bleiben dürfen, in dem Texte gelesen werden, in denen Menschen sprechen und schreiben, wie sie es relativ zur (fiktionalen) Kommunikationssituation für richtig halten. Aus diesen literarischen Freiheiten ist vielmehr zu lernen, ebenso frei und doch gebunden an die Anforderungen der funktionalen Angemessenheit und innerhalb derselben der sprachlichen Korrektheit sprachlich zu handeln.

5 Literaturverzeichnis

Anselm, Sabine (2011): *Kompetenzentwicklung in der Deutschlehrerbildung. Modellierung und Diskussion eines fachdidaktischen Analyseverfahrens zur empiriegestützten Wirkungsforschung*. Frankfurt a. M. u. a.

Arendt, Birte/Kiesendahl, Jana (Hg.) (2011): *Sprachkritik in der Schule. Theoretische Grundlagen und ihre praktische Relevanz.* Göttingen.

Baumert, Jürgen/Kunter, Mareike (2006): Stichwort: Professionelle Kompetenz von Lehrkräften. In: *Zeitschrift für Erziehungswissenschaft*, 9 (4), S. 469-520.

Blömeke, Sigrid (2004): Empirische Befunde zur Wirksamkeit der Lehrerbildung. In: Sigrid Blömeke u. a. (Hg.): *Handbuch Lehrerbildung*. Bad Heilbrunn, S. 59-91.

Bremerich-Vos, Albert u. a. (2011): Professionelles Wissen von Studierenden des Lehramts Deutsch. In: Sigrid Blömeke u. a. (Hg.): *Kompetenzen von Lehramtsstudierenden in gering strukturierten Domänen. Erste Ergebnisse aus TEDS-LT.* Münster, S. 47-76.

Davies, Winifred V. (2006): Normbewusstsein, Normkenntnis und Normtoleranz von Deutschlehrkräften. In: Eva Neuland (Hg.): *Variation im heutigen Deutsch: Perspektiven für den Deutschunterricht.* Frankfurt a. M. u. a., S. 483-491.

DGV (2013): Germanistik und Deutschunterricht. Positionspapier der beiden Teilverbände des Deutschen Germanistenverbandes. In: *Mitteilungen des Deutschen Germanistenverbandes*. 59. Jg., H. 3, S. 277-298.

Fölling-Albers, Maria/Hochholzer, Rupert (2007): Sprachbewusstheit und Sprachwissen in der Deutschlehrerausbildung. In: Sandra Reimann/Katja Kessel (Hg.): *Wissenschaften im Kontakt. Kooperationsfelder der Deutschen Sprachwissenschaft.* Tübingen, S. 55-77.

Ingendahl, Werner (1999): *Sprachreflexion statt Grammatik. Ein didaktisches Konzept für alle Schulstufen.* Tübingen.

Ivo, Hubert 1970 [zuerst 1969]: *Kritischer Deutschunterricht.* 2. Aufl. Frankfurt a. M. u. a.

Ivo, Hubert (1975): *Handlungsfeld: Deutschunterricht. Argumente und Fragen einer praxisorientierten Wissenschaft.* Frankfurt a. M.

Kilian, Jörg (2001): Kritische Semantik. Für eine wissenschaftliche Sprachkritik im Spannungsfeld von Sprachtheorie, Sprachnorm, Sprachpraxis. In: *Zeitschrift für germanistische Linguistik* 29, S. 293-318.

Kilian, Jörg (2007): Wie der Mensch seine Sprache (er)findet: Herders „Abhandlung über den Ursprung der Sprache". In: *Deutschunterricht extra*. H. 4: Reflexion über Sprache (Sek II), S. 4-7.

Kilian, Jörg (2008): Kritische Semantik, sprachliches Lernen und sprachliche Bildung. Aspekte einer linguistisch fundierten kulturwissenschaftlichen Sprachdidaktik. In: Gerhard Härle/Bernhard Rank (Hg.): *„Sich bilden, ist nichts anders, als frei werden." Sprachliche und literarische Bildung als Herausforderung für den Deutschunterricht.* Baltmannsweiler, S. 261-283.

Kilian, Jörg (2009): Didaktische Konzepte zur Sprachkritik im Unterricht des Deutschen als Erstsprache. In: *Aptum. Zeitschrift für Sprachkritik und Sprachkultur*. 5. Jg., H. 2, S. 106-129.

Kilian, Jörg/Niehr, Thomas/Schiewe, Jürgen (2010): *Sprachkritik. Ansätze und Methoden der kritischen Sprachbetrachtung*. Berlin/New York.

Kilian, Jörg (2011): Durch Sprachkritik lernen. Sprachdidaktische Beiträge einer Kritik der Sprache. In: Birte Arendt/Jana Kiesendahl (Hg.): *Sprachkritik in der Schule. Theoretische Grundlagen und ihre praktische Relevanz*. Göttingen, S. 31-49.

Kilian, Jörg (2013a): Kritische Grammatik, sprachliches Lernen und sprachliche Bildung. Über Sprachreflexion und Sprachkritik im grammatikdidaktischen Sinne. In: Klaus-Michael Köpcke/Arne Ziegler (Hg.): *Schulgrammatik und Sprachunterricht im Wandel.* Berlin/Boston, S. 61-82.

Kilian, Jörg (2013b): Von „psychischen Organismen" und deren „Verschiebung" durch „die gewöhnliche Sprechtätigkeit". Hermann Pauls *Prinzipien der Sprachgeschichte* als Grundbuch der modernen Historio-, Kognitions- und Psycholinguistik. In: Alastair Walker (Hg.): *Classics revisited – Wegbereiter der Linguistik neu gelesen*. Frankfurt a. M. [im Druck].

Kilian, Jörg/Niehr, Thomas/Schiewe, Jürgen (2013): Es gibt kein Falsches im Angemessenen. Überlegungen zu einem sprachkritischen Analysemodell. In: *Mitteilungen des Deutschen Germanistenverbandes*. 60. Jg. 2013, H. 4, S. 300-320.

KMK 2004: *Bildungsstandards im Fach Deutsch für den Mittleren Schulabschluss*; http://www.kmk.org/fileadmin/veroeffentlichungen_beschluesse/2003/2003_12_04-BS-Deutsch-MS.pdf. (Stand: 29.1.2013)

KMK 2010: *Ländergemeinsame inhaltliche Anforderungen für die Fachwissenschaften und Fachdidaktiken in der Lehrerbildung*; http://www.kmk.org/fileadmin/veroeffentlichungen_beschluesse/2008/2008_10_16-Fachprofile-Lehrerbildung.pdf. (Stand: 29.1.2013)

KMK 2012: *Bildungsstandards im Fach Deutsch für die Allgemeine Hochschulreife*; http://www.kmk.org/fileadmin/veroeffentlichungen_beschluesse/2012/2012_10_18-Bildungsstandards-Deutsch-Abi.pdf. (Stand: 29.1.2013)

Klotz, Peter (2004): Sprachreflexionskompetenz und kompetenter Sprachgebrauch. In: Michael Kämper-van den Boogaart (Hg.): *Deutschunterricht nach der PISA-Studie*. Frankfurt a. M., S. 153-168.

Neuland, Eva (2006): Lernziel Sprachkritik. In: *Der Deutschunterricht* 58, H. 5, S. 2-5.

Niehr, Thomas (2011): Von der „Fremdwörterseuche" bis zur „Sprachpanscherei". Populäre Fremdwortkritik gestern und heute. In: Birte Arendt/Jana Kiesendahl (Hg.): *Sprachkritik in der Schule. Theoretische Grundlagen und ihre praktische Relevanz*. Göttingen, S. 91-104.

Niehr, Thomas/Funken, Jan (2009): Sprachkritik im Unterricht. Das Beispiel „Lexik und Semantik". In: *Aptum. Zeitschrift für Sprachkritik und Sprachkultur* 5. Jg., H. 2, S. 130-148.

Ossner, Jakob (2007): Sprachbewusstheit: Anregung des inneren Monitors. In: Heiner Willenberg (Hg.): *Kompetenzhandbuch für den Deutschunterricht. Auf der empirischen Basis des DESI-Projekts*. Baltmannsweiler, S. 134-147.

Ossner, Jakob (2012): Grammatische Terminologie in der Schule. Einladung zur Diskussion. In: *Mitteilungen des Deutschen Germanistenverbandes*. Jg. 59, H. 1, S. 73-90.

Polenz, Peter von (1973): Sprachkritik und Sprachnormenkritik. In: Gerhard Nickel (Hg.): *Angewandte Sprachwissenschaft und Deutschunterricht*. München, S. 118-167.

Schiewe, Jürgen (2011): Was ist Sprachkritik? Einige programmatische Überlegungen. In: Birte Arendt/Jana Kiesendahl (Hg.): *Sprachkritik in der Schule. Theoretische Grundlagen und ihre praktische Relevanz*. Göttingen, S.19-30.

Weisgerber, Bernhard (1975) [zuerst 1972]: *Elemente eines emanzipatorischen Sprachunterrichts*. 2., durchges. und erw. Aufl. Heidelberg.

Jana Tereick

Sick of Sicksickness!

Warum stilistische Sprachkritik nicht alles ist und wie politisch-moralisch begründete Sprachkritik eine linguistische Diskurskritik informieren könnte – am Beispiel der *N-Wort*-Debatte in Zeitungen und Blogs

1 Zusammenfassung

Die Linguistik interessiert sich zunehmend für Sprachkritik sprachwissenschaftlicher „Laien" und die dahinterliegende Sprachauffassung. Aber welcher Art von Sprachkritik widmet sie sich eigentlich? Der überwiegende Teil einschlägiger Veröffentlichungen und Stellungnahmen befasst sich mit stilistischer Sprachkritik – kurz gesagt: Irgendjemand nörgelt irgendjemand anderes für einen „falschen" Gebrauch von Grammatik, Orthographie etc. an oder perpetuiert auf sonstige Weise die Standardsprachideologie. Im Fokus der Aufmerksamkeit stehen Sprachwächter wie Wolf Schneider und besonders der Kolumnist Bastian Sick. Politische und moralische Sprachkritik hingegen bleiben weitgehend außen vor. Auch wenn die Linguistik versucht, bestimmte Formen von Sprachkritik sprachwissenschaftlich zu fundieren, handelt es sich meist um stilistische Sprachkritik.

Dieser Beitrag schlägt vor, neben der stilistischen Sprachkritik auch solche Formen von Sprachkritik, deren Maßstab soziale Normen sind, als Sprachkritik anzuerkennen und zu erforschen. Darüber hinausgehend wird argumentiert, dass die diskurstheoretisch fundierten Maßstäbe aktueller politisch-moralischer Sprachkritik, wie sie vor allem in der emanzipatorischen Blogosphäre betrieben wird, durchaus geeignet wären, auch einer linguistischen Diskurskritik bzw. einer kritischen Diskurslinguistik zugrunde gelegt zu werden. Im Übrigen lässt sich eine solche linguistische Diskurskritik durchaus auch anwenden, um Sick-Kritik zu betreiben.

2 Der linguistische Beißreflex

Zugegeben, ab einem gewissen Zeitpunkt ist es natürlich selektive Wahrnehmung. Doch sowohl auf der diesem Band zugrunde liegenden Tagung als auch in Publikationen zum Thema Sprachkritik konnte/kann man den Eindruck gewinnen, „Sprachkritik" in Deutschland sei quasi synonym mit dem Namen Bastian Sick. Die Beispiele für „populäre Sprachkritik" in Schneider (2011: 75 ff.): Sick. – „Aktuelle Vertreter und Tendenzen der öffentlichen laienlinguistischen Sprach- und Stilkritik" (neben Wolf Schneider und dem *Verein Deutsche Sprache*) in Kilian u. a. (2010: 78): Sick.[1]

---

1 Weitere Beispiele: Burkhardt (in diesem Band); Corr (in diesem Band); Maitz (in diesem Band); Meinunger (in diesem Band); Pfalzgraf (in diesem Band); Günthner u. a. (2012: 11); Dürscheid (2011: 169); Henning (2009: 15); Bredel (2007: 144) u. v. m.

Sick und kein Ende!? Dabei war doch spätestens mit Meinunger (2008) eigentlich schon alles gesagt, was zum Thema zu sagen ist. Trotzdem werden Sick, seine Kolumne *Zwiebelfisch* und die daraus kompilierten Veröffentlichungen zum Genitiv seinem Tode (Sick 2004 ff.) immer wieder als Kronzeuginnen einer „laienlinguistischen" Sprachauffassung angeführt. Von den sickspezifischen Publikationen (Schneider 2005; Maitz/Elspaß 2007; Topalović/Elspaß 2008; Ágel 2008; Schneider 2008 u. a.) ganz zu schweigen.

Handelt es sich möglicherweise um ein charakteristisch linguistisches Phänomen? Man stelle sich vor, eine Kolumnistin, die etwa die These aufstellte, Nacktmulle seien die hässlichsten Tiere, hätte sofort eine Horde empörter Biologen am Halse, die darlegten, dass das „laienbiologische" Anlegen ästhetischer Kriterien an Tiere anthropomorphisierend und grundsätzlich fehlgeleitet sei. Oder dass Physikerinnen beständig Essays darüber schreiben würden, dass die leichtfertige Redeweise von *Sonnenaufgang* und *Sonnenuntergang* die ptolemäische Standardgeozentrieideologie reproduziere. Die wesentlich heftiger leidgeplagten Naturwissenschaftler scheinen da irgendwie entspannter zu sein.

Wie auch immer, in diesem Beitrag soll es jedenfalls nicht um den *Zwiebelfisch* gehen, sondern um andere interessante Formen von Sprachkritik.

3 Sprachkritik in der (post)modernen (Gegen-)Öffentlichkeit

Was könnte man beobachten und analysieren, wenn man die Kiefersperre in Bezug auf Sick und Konsorten ein wenig lösen würde?

Im Web 2.0 gibt es eine Fülle neuartiger Diskurs- und Sprachkritik. Zu nennen wäre etwa die professionell betriebene Medienkritik, wie sie auf *BILDblog.de* und *stefan-niggemeier.de/blog* betrieben wird. Hier wird die große Lücke, die die deutsche Medienlandschaft in Bezug auf Selbstreflexion und -kritik aufweist (vgl. Malik 2007), geschlossen. Nicht selten geht es hier um Sprachgebrauchskritik. Aufgedeckt wird etwa die Strategie der *Bild*-Zeitung, Sachverhalte und moralische Beurteilungen in neologistischen Komposita zu kondensieren, wie zum Beispiel *Abschiebe-Mädchen, Killer-Schüler* oder *Sex-Lehrerin* (für eine Lehrerin, die einen Schüler sexuell missbraucht hat; BILDblog$_{09\text{-}12\text{-}09}$[2]).

In diesem Beitrag wird es vornehmlich um die politische Sprachkritik in emanzipatorischen[3] Blogs wie *Der Braune Mob, Femgeeks, fuckermothers, High on Clichés, Mädchenblog, Mädchenmannschaft, Noah Sow, Shehadistan, stop! talking, Viruletta* und anderen gehen, die den öffentlichen wie den eigenen Sprachgebrauch vor dem Hintergrund sozialer Gerechtigkeit und der Intersektionalität reflektieren.[4]

---

2 Zur Zitierweise vgl. S. 210 ff.

3 „Emanzipatorisch" bezeichnet eine Haltung, die sich kritisch mit gesellschaftlichen Macht-, Herrschafts- und Unterdrückungsstrukturen auseinandersetzt, mit dem Ziel der Emanzipation (Befreiung) von diesen.

4 Hier werden hauptsächlich deutschsprachige Blogs berücksichtigt. Im englischsprachigen Raum sind etwa *Feministe, Jezebel, Shakesville, Sociological Images, the f-word* und viele weitere zu nennen.

Ich werde jeweils den theoretischen Ausgangspunkt der dort betriebenen Sprachkritik vorstellen und anhand von Beispielen das Spektrum der verschiedenen sprachreflexiven Praktiken aufzeigen und in Bezug auf ihre Motivierung analysieren.

3.1 Sprachkritik mit dem Ziel *Social Justice*

Die meisten dieser Praktiken fußen in der poststrukturalistischen Diskurstheorie nach Foucault. Zentraler Bestandteil ist es, einzelne Diskriminierungsformen und Herrschaftsstrukturen nicht isoliert zu betrachten, sondern in ihrem Zusammenwirken zu analysieren. Es geht darum, ganz verschiedene *ismen auch im eigenen Denken aufzudecken und zu beschreiben; neben Rassismus, Sexismus und Antisemitismus beispielsweise Heteronormativität/Heterosexismus, Transphobie, Klassismus, Ageismus (Diskriminierung aufgrund von Alter), Ableismus (Diskriminierung aufgrund von Behinderung oder geringerer kognitiver Leistung) und Lookismus (Diskriminierung aufgrund von Aussehen).

Dies geht damit einher, sich den Besitz von Privilegien (vgl. Walgenbach 2012: 28-64) bewusst zu machen, wie beispielsweise eines *white privilege* oder *male privilege* – d. h. sich vor Augen zu führen, dass es einen gesellschaftlichen Vorteil darstellt, weiß, männlich, heterosexuell, *middle class*, *cisgender* (›nicht transgender‹), *ablebodied* oder neurotypisch (›ohne neurologische Erkrankungen‹) zu sein. Wer „Mensch-weiß-westlich-männlich-erwachsen-vernünftig-heterosexuell-Stadtbewohner-Sprecher einer Standardsprache" (Deleuze 1980: 27) ist, wird von der Gesellschaft meist als Standard behandelt, andere als Abweichung.

Mit dem Ziel, Minderheiten sichtbar zu machen und soziale Gerechtigkeit (*Social Justice*) durchzusetzen, wird positive Diskriminierung (*affirmative action*) angewendet und an Beispielen deutlich gemacht, wie beispielsweise Women of Color einer Mehrfachdiskriminierung ausgesetzt sind. Diese als Intersektionalität (vgl. Crenshaw 1989; Winker/Degele 2009; Kallenberg/Meyer 2012) bezeichnete Betrachtungsweise bedeutet keinesfalls, bestimmte Formen von Diskriminierung gleichzusetzen oder auch nur zu vergleichen. Beschrieben wird vielmehr das *Zusammenwirken* verschiedener Unterdrückungsmechanismen. Entsprechend wurde etwa die sprachliche Gleichsetzung von Prostitution und Shoah, wie ihn *Femen Germany* in Hamburg vorgenommen hatten, massiv kritisiert (vgl. e*vibes$_{13\text{-}01\text{-}29}$).

Sprachlich schlägt sich dies unter anderem in dem Bemühen nieder, Minderheiten mit einem Ausdruck zu bezeichnen, der emanzipatorische Reflexion indiziert (wie beispielsweise *People of Color*, *Menschen mit Behinderung*, *Frauen**[5]). Zudem entstehen neue Praktiken wie der *Gender Gap* (etwa in *Leser_innen*), der zwischen „Männern" und „Frauen" einen Platz für trans*, intersex* und labellose Personen offen lässt. Durch diese Auflösung von Binarismen grenzt sich die Sprachkritik des Third-Wave-Feminismus von älteren Formen feministischer Sprachkritik ab – genauso, wie er sich nicht mehr allein Frauen*rechte, sondern allgemein die Rechte unterprivilegierter Gruppen auf die Fahnen schreibt.

---

5 Der Asterisk markiert den hinter dem Ausdruck stehenden Begriff als Konstrukt und soll u. a. Transfrauen ermöglichen, mitgemeint zu sein.

Dies kann auch zur Auseinandersetzung mit Second-Wave-FeministInnen führen. Im Zuge des „Slutwalk" Berlin wurde die Appropriation (Aneignung von Symbolen, Kultur, Redeweisen einer unterprivilegierten Gruppe durch die hegemoniale Gruppe; vgl. Jezebel12-11-13) von Kopftüchern und anderen muslimischen Symbolen durch Nichtmusliminnen und *Blackfacing* von Demonstrantinnen kritisiert (Mob12-09-22) und in eine allgemeine Kritik am Second-Wave-Feminismus eingebettet, der sich sprachlich und argumentativ an *weißen, middle-class*-Frauen ausrichte (Shehadistan12-12-04). Dies veranlasste etwa Alice Schwarzer zu einer polemischen Reaktion, die die Intersektionalitätstheorie ablehnte:

> [A]ls die Neue Frauenbewegung Ende der 1960er/Anfang der 1970er Jahre antrat, da gab es wieder Wichtigeres: nämlich die Klassenfrage. [...] Und wenn eine es wagte, das Wort ‚Frauen' auszusprechen, bevor sie nicht mindestens dreimal rituell den Klassenkampf beschworen hatte – dann war sie eine ‚reaktionäre Bürgerliche' bzw. ‚Kleinbürgerin'. Vierzig Jahre später ist es in Deutschland mal wieder soweit. Zumindest im akademischen, sich als links verstehenden Feminismus, der allerdings an den Unis Hochkonjunktur feiert. Da gibt es wieder mal Wichtigeres als den Kampf gegen den Sexismus, nämlich: den Antirassismus. Und laut dieser Debatte haben alle ‚People of Colour' und ihre Gefolgsleute erst mal recht – und alle Weißen unrecht. Vor allem die ‚privilegierten weißen Mittelstandsfrauen', wie die, die in der Berliner Bloggerinnen-Szene zurzeit unter dem Diktat von Sektiererinnen kuschen. (Schwarzer 2013: 7)

Diese Stellungnahme ist nur vor dem Hintergrund der Geschichte der zweiten Frauenbewegung zu verstehen, da Anliegen der Feministinnen innerhalb der 1968er-Bewegung häufig mit Verweis auf Klassismusaspekte abgeschmettert worden waren (vgl. etwa die berühmte „Tomatenwurfrede" von 1968, Sander 1968). Die breite Mehrheit der Third-Wave-Feministinnen (vgl. Heywood 2006) lehnt es aber gerade explizit ab, „Oppression Olympics" zu betreiben (vgl. GeekFem12-05-29). Die Abgrenzung besteht lediglich darin, die Überlappung mit anderen Diskriminierungsformen nicht zu vernachlässigen. Dies deckt sich mit aktueller sozialwissenschaftlicher und soziolinguistischer Forschung, die etwa beobachtet, dass der Parameter ‚Geschlecht' allein nicht ausreicht, um marginalisierende Dynamiken zu beschreiben, und etwa für Frauen aus der *working class* ganz andere Gender-Praktiken gelten als für Frauen aus der *middle class* (vgl. Cameron 2005).

Zum Teil steht aktuelle politisch motivierte Sprachkritik aber durchaus in einer längeren Tradition. Die Kritik an gewaltvollen oder marginalisierenden Personenbezeichnungen schließt direkt an die feministische Sprachkritik und Sprachpolitik seit den 1970er-Jahren an (vgl. stellvertretend Guentherodt u. a. 1980). Auch die Umwertung belasteter und diskriminierender Ausdrücke wie *Hure* zu Eigenbezeichnungen hat ihren Ursprung in einem sprachkritischen Impetus, der in der Tradition früherer Umwertungen von *Stigmawörtern* zu *Fahnenwörtern* steht (vgl. Herrmanns 1982). Die bereits erwähnten (und durchaus nicht unumstrittenen, vgl. LesMigraS2011) „Slutwalks" sind ein solches Beispiel.

Die Auseinandersetzung mit sexueller Gewalt ist essenzieller Bestandteil der Diskussionskultur. Dazu gehört es, Redeweisen, etwa Witze, die Vergewaltigungen verharmlosen und als akzeptabel markieren und damit den Diskurs einer *rape culture* (vgl. Buchwald u. a. 1995) perpetuieren, zu kritisieren:

> Here is why I refuse to take rape jokes sitting down [...] A lot of people accuse feminists of thinking that all men are rapists. That's not true. But do you know who think all men are rapists? Rapists do. They really do. In psychological [...] studies, it comes out again and again. (Shakesville$_{11-03-02}$)

Hier wird auf – allerdings nicht genannte – Studien zum Zusammenhang von Sprache und Denken verwiesen, die aufzeigten, dass Vergewaltiger davon ausgehen, dass ihr Verhalten „normal" sei, und dass ausdrückliche gegenteilige Stellungnahmen entscheidend dazu beitragen, diesen Effekt zu minimieren (eine mögliche Referenz könnte Romero-Sánchez u. a. 2010 sein).

In diesem Zusammenhang wurde auch die sexistische Struktur des späteren „Unwortes des Jahres" *Opferabo*, dessen Verwendung nahelegte, Frauen würden vor Gericht begünstigt, entlarvt (MM$_{12-10-16}$). Weitere Sprachreflexionen betreffen die sprachliche Behandlung von Frauen* vor Gericht (vgl. MM$_{11-06-23}$; Foljanty/Lembke 2012) sowie die sprachlichen Praktiken rund um das Ausdrücken von *consent*, die nur „enthusiastic consent" als Einwilligung in sexuelle Handlungen gelten lässt (‚No means no and only yes means yes'; Nation$_{13-03-15}$; vgl. Konsens$_{2010}$).

Ähnlich ist es ein Ziel, Überlebende von Gewalt nicht durch die Verwendung oder das Zitieren gewaltvoller Sprache zu retraumatisieren und Erinnerungen zu *triggern*, sondern die Blogosphäre zu einem *Safe Space* (GeekFem$_{13-01-11}$) zu machen. Entsprechenden Einträgen oder Links wird eine *Trigger-Warnung* (*TW*) vorangestellt: „[TW: Gewalt gegen Frauen]" (MM$_{13-01-12}$).

Dazu gehört auch die Löschung von Kommentaren, deren Grundlagen meist ausführlich in einer Leitlinie begründet werden (z. B. http://maedchenmannschaft.net/netiquette/). Eine andere interessante Praxis ist es, derartige Kommentare nicht komplett unsichtbar zu machen, sondern in einen eigenen Raum zu „verbannen". Einen solchen Versuch stellt die Plattform *Hatr* dar, wo *istische Kommentare und Zusendungen veröffentlicht werden können:

> Die aufgerufene Seite beinhaltet nicht freigeschaltete Hass-Kommentare von u. a. feministischen und antirassistischen Blogs. Deren Inhalt kann stark triggern [...]. Die Inhaltswarnung bezieht sich insbesondere, aber nicht ausschließlich auf:
>
> - die explizite Beschreibung (sexualisierter) Gewalt bzw. Gewaltdrohungen
> - Sexismus, Rassismus, Ableismus, Antisemitismus, Homophobie, Lookismus, etc. in Form von Beleidigungen und Ausführungen
> - extrem gewaltvolle Sprache
>
> Hatr.org dokumentiert den Hass, dem Netzaktivist_innen ausgesetzt sind. Bitte überlege, bevor du weiter gehst, ob du dich damit konfrontieren möchtest. (http://hatr.org)

Klassismus, die Diskriminierung auf Grundlage der Zugehörigkeit zu einer sozialen Schicht, wird hier interessanterweise nicht explizit aufgeführt. Er rückte in der Tat erst in letzter Zeit vermehrt in den Fokus emanzipatorischer PublizistInnen – und die veröffentlichten Texte (ClassMatters$_{13-03-07}$; RM$_{13-03-07}$; Viruletta$_{13-03-10}$;

ClassMatters13-04-16) schienen einen wunden Punkt zu treffen. Deckten sie doch den *middle-class bias* der „Szene" auf – von der „Selbsterhöhung der eigenen Demosprüche über die ‚Stammtischparolen', die offenbar die Distinktionslinie [zwischen] dummen, saufenden, in Kneipen sitzenden Denkunfähigen und ach-so-tollen Politchecker_innen darstellen soll" (ClassMatters13-03-07) bis hin zur De-facto-Ausgrenzung, die die Verwendung von Wissenschaftssprache darstellt:

> Solange ihr [...] euch Intersektionalität auf eure Fahnen schreibt, Theorien darüber schwingt, akademisierte, verschwurbelte Texte darüber schreibt und zeitgleich Klassismus ignoriert und Klassismus in euren Reihen reproduziert, bleibt mir gestohlen und feiert euch weiter in eurer links- und queer-elitären Bubble ab. (Spoons13-03-10)

Sie dekonstruierten Kritik an einer solchen als „aggressiv" bezeichneten Redeweise als *tone arguments*: Sich äußernde Opfer werden nicht gehört, weil ihre Argumentationsform als zu emotionsgeladen und konfrontativ empfunden wird – eine Strategie, die auch gegen von Sexismus und Rassismus Betroffene häufig angewendet wird:

> Wir erfahren strukturelle Gewalt, von Institutionen, von Menschen. Wir werden wütend, erschöpft, ängstlich, verletzt, panisch, gestresst, wir wollen uns verstecken oder brüllen, wir weinen. Und dann wird das gegen uns verwendet. „Wenn du das nur anders/netter gesagt hättest, könnte ich dich ernst nehmen', sagt di:er Täter*in, di:er Übergriffige. (rumbaumeln12-11-14)

Die Betroffenen kritisieren eine Pseudo-Offenheit gegenüber „Armut" von „Akademiker-Antifa-Kiddies in Adidas-Jogginganzug" (RM13-03-07), die jedoch vielmehr eine Art von Appropriation darstelle. Eine ähnliche Kritik lässt sich an der Verwendung von „Ghettoslang" durch Angehörige der *middle class* äußern (vgl. Scarlet12-01-19) – dies verweist auf die häufige intersektionale Überlappung von Rassismus und Klassismus. Es kann ein emanzipatorischer Schritt sein, sich der Appropriation und der Kritik nicht mehr auszusetzen:

> Ich schreib ab jetzt nur noch Texte für UNS. Ja – ich kreiere ein ‚wir' – für die Tollen, die jeden Tag darum kämpfen, ihre Miete zusammen zu bekommen [...]. Für die, die in Plenas stumm gemacht werden, weil sie die ‚richtigen' Vokabeln nicht kennen oder gar nicht erst zu Plenas hin gehen, weil sie so genervt und sprachlos (gemacht) sind. [...] Ich will Krawall. Aber so richtig – bis wir nicht mehr weg ignoriert werden können. (ClassMatters13-03-07)

Dahinter steht die Erfahrung, dass Angehörige marginalisierter Gruppen nicht gehört werden, weil sie nicht den hegemonialen Code sprechen (wer bei *Plenas* zusammengezuckt ist, hat sich gerade selbst bei einem solchen Reflex erwischt).

Eine Möglichkeit, auf diese Kritik zu reagieren, ist der Versuch, die Debatte durch Sprachreflexion für mehr Teilnehmende zugänglich zu machen. Dazu gehört neben der Erklärung von Fremdwörtern auch der Hinweis auf Redewendungen, deren Kenntnis wie auch ein breiterer Wortschatz ebenfalls ein Klassenprivileg (sowie ein Privileg *abler* Personen, s. u.) darstellt (Markierung durch *RW* oder *Redewendung*, z. B. Viruletta13-03-10).

Kritik und Reflexion liegt die Überzeugung zugrunde, dass soziale Gerechtigkeit nur über tatsächliche Vielfalt (*Diversity*) zu verwirklichen ist – und zwar vor allem über eine Vielfalt der TeilnehmerInnen am öffentlichen Diskurs. Nach Geschlecht, Klasse, Hautfarbe, Alter etc. homogene Gruppen sind von vornherein *bias*-verdächtig und zur Selbstkritik angehalten.

3.2 Sprachkritik mit dem Ziel *Diversity*

Ziel ist es, den öffentlichen Diskurs insgesamt inklusiver zu machen. Neben der Kritik *istischen Sprachgebrauchs und der Erhöhung der sprachlichen Visibilität von Marginalisierten kann es ein Ziel von Sprachreflexion sein, die eigenen Texte insgesamt zugänglicher zu machen. Die Verständnisschwelle eines Textes durch die Verwendung von *Leichter Sprache* (Netzwerk Leichte Sprache 2011) oder durch angebotene Erklärungen abzusenken, erleichtert etwa auch Menschen mit einer kognitiven Behinderung das Verständnis der Texte. Es wird zudem versucht, Ausdrücke wie *blind sein* oder *autistisch* nicht als Metaphern für ›etwas übersehen‹ oder ›sozial unfähig‹ zu verwenden (vgl. gedankenträger$_{13-02-18}$).

Zur Inklusion gehört auch, die eigene Website barrierefrei zu gestalten und durch validen Code etwa für Screenreader, die von Lesenden mit Sehbeeinträchtigung verwendet werden, besser erfassbar zu machen.

Die Kritik an mangelnder Visibilität betrifft aber nicht nur den öffentlichen und politischen Sprachgebrauch, sondern auch Stereotypisierungen in fiktionalen Werken bzw. allgemein bestimmten kulturellen Narrativen. Der *Bechdel-Test* etwa, benannt nach der Künstlerin Alison Bechdel, ist ein Test zur Prüfung von Büchern, Filmen etc. auf die nicht-marginalisierende Repräsentation von Frauen*:

> 1. Spielen in dem [F]ilm mindestens zwei Frauen mit?
> 2. Sprechen diese Frauen miteinander?
> 3. Sprechen sie über etwas anderes als Männer?
>
> Nur Filme, die alle drei Bedingungen erfüllen, haben den Bechdel-Test bestanden. (Spreeblick$_{10-05-26}$)

Wenden Sie den Test einmal auf Ihre Lieblingsfiktionsprodukte an – erstaunlich wenige werden ihn bestehen. Das Video feministfrequency$_{09-12-07}$ macht anschaulich, dass so gut wie alle Hollywoodproduktionen den Test nicht bestehen. Gleiches gilt aber auch für die meisten belletristischen Werke.

Der *Finkbeiner-Test* gibt Regeln für das journalistische Schreiben über Frauen* in Naturwissenschaften an, der etwa voraussetzt, dass weder der Beruf des Ehemanns noch die Art ihrer Kinderbetreuung erwähnt werden (DXS$_{13-03-05}$). Beide Tests lassen sich auch auf andere marginalisierte Gruppen anwenden (vgl. z. B. RacialBechdel$_{2012}$).

3.3 Metadiskursive Reflexion

All diese Stellungnahmen eint die Vorstellung von einer Macht der Sprache und ihrer zentralen Bedeutung darin, gesellschaftliche Strukturen aufrechtzuerhalten – wie auch darin, sie zu verändern. Und diese Macht tragen die sprachlichen Äußerungen – da sie rekontextualisiert werden können und da zudem der genaue Kontext nie eindeutig rekonstruierbar ist – unabhängig von ihrer situationalen Einbettung in sich.

Dies bedeutet insbesondere, dass die Intention der veröffentlichten Person nicht relevant dafür ist, ob eine Äußerung kritisierbar ist. Der entsprechende Hinweis lautet: *Intent is not magic* (vgl. Genderbitch10-01-23) – in etwa: ›Deine Intention hat keine Zauberkraft!‹. Das heißt auch, dass eine Einordnung als „nicht so gemeint" an der Kritikwürdigkeit einer Äußerung nichts ändert (wohl aber natürlich an der Kritikwürdigkeit einer *Person* – aber darum geht es den meisten Stellungnahmen, da es sich um Sprachkritik handelt, ja auch gar nicht). Ebenso wird betont, dass eine „ironische" Reproduktion von Diskursen diese ebenso reproduziert. Ausführlich debattiert wurde dies in jüngerer Zeit am Beispiel der Fernsehserie *Who wants to fuck my girlfriend?*. Diese Sendung, in der (vermeintlich) Männer darum konkurrieren, wer die begehrenswerteste (= ‚fickbarste') Freundin habe, erhebt den Anspruch, die sexistische gesellschaftliche Struktur „ironisch" darzustellen und dadurch „der Gesellschaft den Spiegel vorhalten". Dem wurde in zahlreichen Stellungnahmen entgegengehalten, dass dies nichts daran ändert, dass sie die herabsetzenden Diskurse reproduziert, ganz abgesehen davon, dass es natürlich dieser Sendung ganz und gar nicht bedarf, entsprechende Strukturen aufzudecken (vgl. MM13-01-16).

Zu einer Reflexion dieser Gegebenheiten gehört auch, sich bewusst zu machen, dass es problematisch ist, sich das Anliegen unterprivilegierter Gruppen auf die Fahnen zu schreiben, wenn man selbst privilegiert ist. Scholz (2008) spricht vom „Paradox of the Participation of the Privileged" (Scholz 2008: 151 ff.) und führt mit Bezug auf Kruks (2001) aus:

> Taking her cue from Simone de Beauvoir, Sonia Kruks concludes that the participation of the privileged in social movements that do not directly affect them is fraught with ambiguity. [...] [T]here are risks that their participation might be counterproductive [...]. Kruks points out the risks of objectification, appropriation and overidentification with the victims of injustice. (Scholz 2008: 162)

Diese Ambiguität lässt sich nicht auflösen. Alle *allies* (so der Fachausdruck, vgl. GeekFem12-10-24, deutsch „Verbündete", „BündnispartnerInnen"), d. h. etwa Männer*, die sich als Feministen definieren, oder *Weiße*, die versuchen, *Critical Whiteness* (s. u.) umzusetzen, stehen vor dem Problem, dass sie es häufig „nicht richtig machen können", da sie ihre privilegierte Perspektive nicht verlassen können. Diese Unannehmlichkeit wird jedoch den Schwierigkeiten, die ein Privilegmangel auslöst, untergeordnet: „You're a white writer trying to do the right thing, but no matter what you do, it's wrong. And that's so unfair to you, isn't it? Welcome to a tiny taste of what it's like to be a person of color" (ClaireLight07-08-04). Somit zählt diese Problematik nicht als Gegenargument gegen emanzipatorische Sprachpraktiken.

Die AutorInnen beteiligen sich zudem an einem Metadiskurs zu ihrer eigenen Sprachkritik und begegnen etwa dem Vorwurf der „Political Correctness" und der Sprach- oder Denkverbote („I ♥ Political Correctness!", kleinerdrei13-02-06).

Ausführlich setzen sich die VertreterInnen auch mit der Kritik auseinander, dass etwa die Strategien der Sichtbarmachung marginalisierter Gruppen überhaupt erst deren Diskriminierung konstituierten bzw. dass Kritik am *ismus „der eigentliche *ismus" sei. Dem wird entgegnet, dass die Verhältnisse, solange sie nicht thematisiert werden, gefestigt werden und umgekehrt thematisiert werden müssen, um aufgelöst zu werden. Ein Beispiel ist die vermeintliche „Postgender"-Praxis der Piratenpartei (vgl. $\text{MM}_{10\text{-}05\text{-}18}$).

3.4 Übersicht

Maßstab der geäußerten Sprachkritik sind, wie gesagt, moralisch-politische Normen. Das genaue Motiv der Kritik lässt sich aber noch vielfach differenzieren. In der folgenden Tabelle seien einmal die hier erwähnten Beispiele nach dem jeweiligen spezifischen Ziel und Motiv der Kritik kategorisiert.

Nach der ideologischen Einbettung, der theoretischen Fundierung, der individuellen Ausformung, der Argumentstruktur und dem Skopus der kritisierten Äußerungen und Strukturen sind diese Beispiele von Sprachkritik insgesamt so komplex und variantenreich, dass eine analytische Auseinandersetzung damit durchaus lohnenswert erscheint.

Ziel	Motiv	Sprachliche Praxis	Beispiel
Social Justice	Hinweis auf Zusammenwirken verschiedener Diskriminierungsformen (Intersektionalität)	Prägung entsprechender Ausdrücke	*Ableismus, Lookismus*
		Kritik an Gleichsetzung oder Aufwiegen von Diskriminierungsformen	Kritik an Gleichsetzung von Prostitution und Holocaust, Kritik an „Oppression Olympics"
	Hinweis auf Privilegien	Privilegierten „Normalfall" nicht unmarkiert benennen, ggf. Prägung eines neuen Ausdrucks	*cis-gender, hetero, weiß*
		Kritik von Appropriation	Kritik an Verwendung von „Ghettoslang"
		Kritik von Ton-Argumenten	„‚Wenn du das nur anders/ netter gesagt hättest, könnte ich dich ernst nehmen', sagt di:er Täter*in" (rumbaumeln 12-11-14, 14. 11. 2012)
	Gewaltvolle Sprache vermeiden	Kritik an sprachlicher Diskriminierung	Kritik an N-Wort
		Umwertung diskriminierender Ausdrücke	*Slut, Hure, ho* als Eigenbezeichnungen
		Hinweis auf institutionalisierte Diskriminierung	Kritik an Rechtssprache
	Aufdeckung/ Verhinderung sexueller Gewalt	Kritik an Perpetuierung von *Rape culture*	Kritik an *Opferabo*, Vergewaltigungswitzen
		Enthusiastic consent, Deutungshoheit von Opfern	*No means no and yes means yes*
	Safe Spaces schaffen	Löschen bzw. Verbannen aggressiven Inhalts	Hatr.org
		Trigger-Warnungen	*TW*

Diversity	Binarismen auflösen	Gender Gap, Asterisk	*Leser_innen, Frauen**
	Visibilität von Unterprivilegierten erhöhen	Emanzipatorische Personenbezeichnungen	*People of Color*
		Kritik an exkludierenden kulturellen Narrativen	Bechdel-Test Finkbeiner-Test
		Kritik an exkludierenden kulturellen Stereotypen	Hinweis auf *Heteronormativität*
	Inklusion	*Leichte Sprache*	Erklärung von Fremdwörtern, Hinweis auf Redewendungen
		Benachteiligungen nicht als Metaphern für kognitive/soziale Defizite	Verzicht auf *blind, autistisch* als Metaphern
		Barrierefreie Websitegestaltung	Verwendung zertifizierten validen Codes, Gewährleistung von *screen-readability*
Metadiskurs	Selbstreflexion/ Selbstkritik	Kritik eigener Sprach- und Denkstrukturen	Hinweis auf eigenes *white privilege*
	Macht der Sprache aufdecken	Kritik an „Nicht-so-gemeint"-Argumenten	*„Intent is not magic"*
		Kritik an „ironischer" Reproduktion von Stereotypen	Kritik an *Who wants to fuck my girlfriend?*

Tab. 1: Ziele und Motive politisch-moralischer Sprachkritik und -reflexion

4 Warum wird moralisch begründete Sprachkritik vernachlässigt?

Man könnte den Blick also problemlos und mit Gewinn über den Sick-Tellerrand hinaus richten. Dass Sprachkritik wie die vorgestellte aber bei der linguistischen Analyse von Sprachkritik häufig nicht berücksichtigt wird, liegt nicht nur an einer Fokussierung auf stilistische, d. h. auf ästhetisch oder sprachnormativ begründete, Sprachkritik – welche sich im Übrigen natürlich auch nicht nur auf die Analyse von Sick-Aussagen beschränkt (auch Arendt/Kiesendahl in diesem Band beschäftigen sich etwa ohne Bezug auf Sick allein mit stilistischer Sprachkritik).[6]

Die Angemessenheit von Sprache an sich, von Aspekten des Sprachsystems, von Sprachmoden und von einzelnen Äußerungen kann nach verschiedenen Kriterien kritisiert werden. Eine Möglichkeit ist es, nach sozialen Normen zu urteilen, d. h. beispielsweise moralische oder politische Maßstäbe anzulegen. Aus der Sprachwissenschaft wird dieser Art der Sprachkritik häufig vorgeworfen, gar keine Sprachkritik, sondern Sach- oder Meinungskritik zu sein (vgl. dazu ausführlich Tereick 2009).

Diesem Vorwurf liegt die Auffassung zugrunde, die Angemessenheit einer Äußerung sei allein daran zu messen, ob das Gesagte die Intention des Sprechers optimal transportiert. Ein rassistischer Ausdruck könne, von einer rassistisch eingestellten Person geäußert, eben nicht kritisiert werden, da er deren Meinung

6 Ausnahmen sind z. B.: Schiewe (1998) – auch wenn Jäger/Jäger (2007: 18; Fn. 11) die Nichtberücksichtigung der Kritischen Diskursanalyse bemängeln – und Kapitzky (2000). Kilian u. a. (2010) erwähnen politisch-moralische Sprachkritik unter der Überschrift „Linguistische Ansätze". „Laienlinguistische Sprachkritik" ist jedoch synonym mit Stil- und Anglizismenkritik.

ja angemessen transportiere. Allenfalls könne eben diese Meinung kritisiert werden (vgl. Dieckmann 2006). Dies scheint jedoch den Einfluss der Sprache auf das Denken beträchtlich zu unterschätzen (vgl. Wengeler 2002: 10). Es kann, wie oben gezeigt und in Abschnitt 5 noch einmal veranschaulicht, durchaus plausibel angenommen werden, dass Sprache Diskurse und Ideologien *unabhängig von der Meinung der Sprecherin* transportiert. Entsprechend ist als Sprachkritik geäußerte Kritik, also eine negativ wertende metasprachliche Aussage, selbstredend als Sprachkritik zu werten. Dies schließt natürlich nicht aus (im Gegenteil), dass sie geäußert wird, um die Meinung anderer zu beeinflussen. Ganz genauso kann aber auch stilistische Sprachkritik lediglich ein Vehikel für Aussagen und Praktiken ganz anderer Art sein, beispielsweise Beleidigungen, soziale Sanktionen oder klassistische Abgrenzung.

Interessanterweise findet das vornehmliche Interesse für stilistische Sprachkritik in der Sprachkritikforschung sein Pendant in den meisten Ansätzen für eine linguistisch begründete Sprachkritik. Auch diese nehmen, wenn es etwa darum geht „Sprachkritik in die Schule" zu bringen, hauptsächlich Sprachnormen (und deren Infragestellung) in den Blick, zum Beispiel mit dem Ziel, das Varianzbewusstsein von Lehrenden zu erhöhen (vgl. Kilian u. a. 2010: 105 ff.).

Nimmt linguistische Forschung umgekehrt andere Maßstäbe in den Blick, lehnt sie häufig einen kritischen Standpunkt ab – so tendiert diskurstheoretisch fundierte Forschung dazu, „kritisch durch Deskription" (Wengeler 2011) oder rein deskriptiv (Warnke/Spitzmüller 2008: 22 f.; dazu metawissenschaftlich Vogel 2013) vorzugehen.

Ausnahmen sind im deutschsprachigen Raum die Kritische Diskursanalyse (KDA) der Duisburger/Dortmunder Schule (vgl. Jäger/Jäger 2007) sowie die Wahl zum „Unwort des Jahres" (http://www.unwortdesjahres.net/), die beide politisch Stellung beziehen und dabei ihre ideologischen Vorannahmen sichtbar machen. Das Ziel der KDA wie der „Unwort"-Aktion ist es, diskursive Prozesse nicht nur zu analysieren, sondern sich zu ihnen auch zu positionieren.

Wie dringend eine solche Kritik nötig ist, wurde durch den Aufklärungsskandal um die Verbrechen des sogenannten *Nationalsozialistischen Untergrunds* (*NSU*) offenbar. Die Kritik vonseiten der Sprachwissenschaft erfolgte retrospektiv, als *Dönermorde* 2011 zum „Unwort des Jahres" gewählt wurde. Doch hätte die rassistische Struktur der Benennung natürlich auch schon problemlos früher aufgedeckt werden können (dazu ausführlich Paul 2012). Eine engagierte, diskurslinguistisch fundierte Sprachkritik hätte hier dekonstruierend wirken können. Dafür benötigt sie natürlich Maßstäbe, die über eine Definition von Angemessenheit als ‚Die Intention des Sprechers wird abgebildet' hinausgeht. Wenn etwa *Spiegel Online* am 12. Dezember 2009 schrieb:

> Tatzeugen gab es nie, Angehörige beteuerten stets, das Opfer habe keine Feinde gehabt, sei weder verschuldet gewesen noch spielsüchtig. <u>Oder vielleicht doch</u>? Dass die Polizei keine Beweise fand, hat wohl <u>nicht viel zu sagen</u>. [...] Insofern ergäbe die Spur durchaus einen Sinn. Denn die einzige <u>Gemeinsamkeit der Opfer</u> war ihre <u>knappe Kasse</u>. Abdurrahim Ö., 48, Opfer Nummer zwei [...], arbeitet bei Siemens am Band. Seine Frau hatte ihn verlassen, Nachbarn berichten von einer <u>teuren</u> Schei-

> dung. Abends reparierte Ö. Reißverschlüsse [...] in seinem kleinen Schneideratelier. Dort wurde er im Juni 2001 auch erschossen [...]. (http://www.spiegel.de/panorama/justiz/0,1518,666670,00.html; Hervorhebungen durch Unterstreichen von mir – J. T.),

so träfe die Feststellung ‚Der Autor ist eben xenophob/rechtsstaatfeindlich und die Äußerung daher angemessen' keinesfalls den Kern. Die Berichterstattung zeigt vielmehr anschaulich, dass Diskurse völlig unabhängig von Meinungen und Einstellungen reproduziert werden können, und wie sich verschiedene Diskurse und strukturelle *ismen (hier: Rassismus, Klassismus und *victim blaming*) so überlagern können, dass ein gesamtgesellschaftlicher Blinder Fleck entsteht. So gab es beispielsweise bereits früh Demonstrationen, die die NSU-Morde unter dem Titel „Kein 10. Opfer!" im rechtsradikalen Milieu verorteten – diese blieben jedoch medial weitgehend unsichtbar (vgl. Bunjes 2006).

Das Potenzial einer solchen Diskurskritik wird im Folgenden an einem weiteren Beispiel veranschaulicht.

5 Die *N-Wort*-Debatte im Feuilleton und online

Die Debatte begann im Printfeuilleton.[7] Sie kam ins Rollen, nachdem der Thienemann-Verlag angekündigt hatte, in dem Kinderbuch *Die kleine Hexe* von Otfried Preußler in Absprache mit dem Autor eine Karnevalszene umzuschreiben, in der sich *weiße* Kinder unter anderem als „N[***]lein" verkleidet hatten. Schnell wurde sie auf weitere umgeschriebene Kinderbücher wie *Pippi Langstrumpf* des Oettinger-Verlages ausgeweitet. Den Höhepunkt erreichte sie mit dem Titel der *Zeit* vom 17. Januar („Unsere liebsten Kinderbücher werden politisch korrekt umgeschrieben", Zeit130117a) und dem zugehörigen Dossier. Bis auf *taz*130204b, *taz*130204c und *taz*130209 kam übrigens keiner der Artikel ohne die Nennung des Wortes aus (Tilgungen durch *[***]* in folgenden Zitaten stammen von mir, J. T.).

Obwohl vereinzelt von einer „sprachwissenschaftliche[n] Debatte" (*SZ*130128) die Rede war, meldeten sich SprachwissenschaftlerInnen, soweit ausgewertet, in Printmedien nicht zu Wort. Der fachnächste zitierte Experte war Hans-Heino Ewers, Direktor des Instituts für Jugendbuchforschung an der Universität Frankfurt am Main (*taz*130209, *FAZ*130205), der sich für eine Änderung der Bücher aussprach.

Die Mehrheit der meinungsbasierten[8] Artikel argumentierte für ein Verbleiben des Wortes in den Kinderbüchern. Man sprach von „Zensur" (*taz*130115), einem „Todesstoß durch die politische Korrektheit" (*BM*130120) oder „Moraldiktatur" (*Welt*130111) und zog Vergleiche mit Orwells *1984 (Welt*130227*)* oder der Sprengung

---

7 Für diese Analyse wurden systematisch alle Artikel berücksichtigt, die zwischen dem 1.1.2013 und dem 15.3.2013 in *taz, SZ, FAZ/FAS, Welt/WamS, Zeit, Spiegel* und *Focus* veröffentlicht wurden und die Wörter *N***, N-Wort, Preußler* oder (*Kinderbücher* UND *(Debatte ODER [rR]assis*)*) oder *Mesghena* enthielten (insgesamt 126, davon zur Debatte 76). Einige weitere Beiträge wie *BM*130120 wurden hinzugezogen. Die in Abschnitt 3 (S. 192 f.) genannten Blogs wurden für den gleichen Zeitraum manuell ausgewertet.

8 Meldungen wie *SZ*130108 und Berichte wie *taz*130105 kommen ohne Stellungnahme aus, verwenden aber stets das Wort, häufig bereits im Titel.

der Buddha-Statuen durch die Taliban (*Welt*$_{130111}$) – häufig waren es die prominentesten Stimmen (Leitartikel, Titeldossier, Titelglosse). Artikel, die inhaltlich abwichen[9], also die Streichung des *N*-Wortes befürworteten, verwendeten so gut wie ausschließlich ebenfalls das Wort. Lediglich *taz*$_{130204b}$, *taz*$_{130204c}$ und *taz*$_{130209}$, alle im Ressort *tazzwei* veröffentlicht, sprachen ausschließlich von „*N*-Wort". People of Color wurden nur vereinzelt als AutorInnen sichtbar (Ijoma Mangold in der *Zeit*$_{130117e}$ und, als Interviewte, Sharon Otoo in der *taz*$_{130220}$).

In der Blogosphäre wurde die Debatte anders geführt. Innerhalb des theoretischen Rahmens der *Critical Whiteness* (vgl. Arndt 2007), die versucht, sich das Privileg des *Weißseins* bewusst zu machen und es möglichst selten handlungsleitend werden zu lassen, wurde beispielsweise konsequent auf das Ausschreiben des *N*-Wortes verzichtet, eben weil es als Trigger wirken kann, unabhängig davon, ob es distanzierend verwendet wird oder nicht. Im Gegensatz zu den sich Äußernden in der Printmediendebatte (überwiegend *weiß*, männlich, *middle-class* etc.) kamen hier auch von Rassismus Betroffene selbst ausführlich zu Wort und wurden sichtbar.

Die AutorInnen adressierten verschiedenste Argumente des Mainstream-Diskurses und hoben die metasprachliche Debatte so auf eine neue Ebene[10]:

1. ‚Die Stellen können genutzt werden, um mit dem Kind über Rassismus zu diskutieren' (vgl. *FAZ*$_{130110}$). Genauso wie man nicht „Who wants to fuck my girlfriend" braucht, um sexistische Strukturen in der Gesellschaft offenzulegen, benötige man nicht ein Wort in einem Kinderbuch, um Alltagsrassismus zu thematisieren (vgl. Mutti$_{12-09-10}$, Bühnenwatch$_{13-01-21}$). Diese Bemerkungen setzen zudem so gut wie immer eine *weiße* Perspektive voraus, da impliziert wird, dass das Kind selbst nicht von Rassismus betroffen ist (s. u.).
2. ‚Der Text ist heilig' (vgl. *Zeit*$_{130117b}$). Dies entspricht entweder nicht der Wahrheit, da viele Bücher, vor allem Kinderbücher, beständig modernisiert werden, oder ist unrealistisch, da die notwendige Konsequenz wäre, die Bücher gar nicht mehr zu lesen (so z. B. *Welt*$_{130111}$). Letzteres lässt jedoch die kulturelle Bedeutung der Bücher außer Acht und entspricht nicht dem üblichen Umgang mit Kinderbüchern (fuckermothers$_{13-01-13}$, ähnlich *taz*$_{130204c}$). Zudem bleibt unberücksichtigt, dass in allen Fällen die RechteinhaberInnen selbst der Änderung zugestimmt haben – oder es wird angedeutet, dass diese sich lediglich politischem Druck gebeugt hätten.[11]
3. ‚Der Ausdruck war ursprünglich nicht rassistisch' (FAS$_{130113}$). Das *N*-Wort transportiert schon immer einen rassistischen Diskurs – es „kommt aus der Kolonialgeschichte, es war von Anfang an eine diskriminierende Bezeichnung, die mit Mord, Unterdrückung und Sklaverei verbunden war" (fuckermothers$_{13-01-13}$, vgl. ausführlich Der Braune Mob 2011, Ofuatey-Alazard/Arndt 2011). N***

9 *FAS*$_{130120}$, *Zeit*$_{130124}$, *taz*$_{130112}$, *Focus*$_{130128}$, *taz*$_{130204a}$, *SZ*$_{130202}$, *Spiegel*$_{130204}$, *SZ*$_{130209}$, *taz*$_{130220}$ und *Welt*$_{130111}$.

10 Ich referiere diese Argumente, stimme ihnen aber, wie Abschnitt 6 zeigen wird, inhaltlich auch zu. Entsprechend stammen auch Struktur und zum Teil Kondensierung von mir.

11 „Dem Wegfall der N[***]prinzessin haben Lindgrens Erben offenbar zugestimmt. Man will ja keinen Ärger" (*Zeit*$_{130117b}$).

erscheine lediglich deshalb als normales Wort, „weil vor 30 Jahren in Deutschland rassistische Gewalt eben so normal war, wie ihr sie heute immer noch findet" (MM13-01-29). MiGAZIN13-01-30 fasst die lange Tradition zusammen, in der die aktuelle Debatte steht, und in der sich Schwarze Menschen schon seit langem gegen die Verletzung durch das *N*-Wort wehren. Betroffene äußerten ihre Erschöpfung über die ständige Wiederholung der Diskussionen:

> Jegliche vorzubringende Argumente wurden aus mir raus gesaugt […]. Es wurde doch alles gesagt, denke ich. Warum kommt es nicht an? [...] Man(n) solle sich mit wichtigeren Dingen beschäftigen, das Wort gehört der Vergangenheit, die muss man(n) bewahren, man(n) solle eben mit den Kindern reden, darüber wie es früher war. Ich weiß nicht ob ich lachen oder weinen soll. (MM13-03-19)

> Und dann könnt ihr wieder ein paar Wochen so tun, als wäre das Anliegen, als Schwarze Person nicht in den eigenen Kinderbüchern, in Filmen, im Theater, in der Presse, auf dem Schulhof und in Schulbüchern oder im Unterricht mit rassistischen Beleidigungen konfrontiert zu werden jetzt ja ‚ganz neu', weil ihr ja immer alles nicht lest, was wir schreiben, aus Prinzip sozusagen. (MM13-01-29)

4. ‚Es handelt sich um ein Denkverbot/um *New Speak*' (vgl. *Zeit*130117b). Zum Teil werden noch schärfere Geschütze aufgefahren: „Wo man aber Wörter ausmerzt, merzt man am Ende auch Menschen aus" (*Welt*130116). Eine Bücherverbrennung oder Ausmerzung wurde aber nie gefordert – sie erscheint auch „durch die zigfache Verwendung des *N*-Wortes" in den Medienbeiträgen schnell widerlegt (MiGAZIN13-01-30). Noah Sow beruhigte ironisch:

   > das *Recht*, Menschen rassistisch zu bezeichnen, besteht weiterhin. Es ist durch eine vernünftige Verlagsentscheidung nicht in Gefahr. Ebenso bestehen bleiben das Recht, [...] Kinder rassistisch zu erziehen, und das Recht darauf, white supremacy durch die nächsten Jahrhunderte zu tragen. Was neuerdings wegfällt, und für viele Rassisten anscheinend schon unerträglich ist, ist lediglich das Recht, sich als Rassist bei 100 % der Mehrheitsbevölkerung beliebt zu machen. Es sind jetzt ein paar Prozent weniger. (NoahSow13-01-19)

   Die Beitragenden ziehen eine klare Grenze zwischen ‚Zensur' und ‚Kritik': „So, repeat after me: Criticizing sexist shows is not censorship, it's criticism. Criticizing Blackface is not censorship, it's criticism" (StopTalking13-01-18).

5. ‚Es handelt sich um eine unzumutbare sprachliche Einschränkung' (vgl. SPON13-04-25). Die AutorInnen verweisen darauf, dass es sich keinesfalls um einen großen Schritt, sondern lediglich um eine symbolische Handlung handelt:

   > Alle paar Jahrzehnte macht jemand aus eurer Mitte einen winzigen Vorstoß und eliminiert, sagen wir, einen rassistischen Begriff aus einem eurer liebsten Kinderbücher. Nur ein Wort. Die kolonialen Allmachtsfantasien dürfen bleiben. (MM13-01-29.)

6. ‚Die Verwendung des Wortes geschieht distanziert/als Zitat'. Dies ist vor allem eine Reaktion auf die Kritik an der Kritik – die (zu

Recht, s. o.) bemerkt hatte, dass *alle* Stellungnahmen zum Thema das Wort selbst verwendet hatten. Die JournalistInnen empfinden – entgegen anders gearteter Äußerungen der Betroffenen – die Verwendung in Zitaten offensichtlich unproblematisch. So kann es zu paradox anmutenden Aussagen wie der folgenden kommen:

> Es ist [...] ein Gebot der elementaren Höflichkeit, jemanden so zu nennen, wie er heißen will. Ein Nein seitens der Gemeinten sollte genügen, um alle Diskussionen um N[***] und Z[***] abzuschneiden. (*SZ*130115)

Die Verwendung wird auch explizit verteidigt:

> „Sobald einer dort, in einer Diskussion über die Verwendung des Wortes N[***], das Wort selbst hinschreibt, kriegt er Ärger. Man darf also nicht einmal mehr aussprechen, was einen stört. Man könnte von quasireligiöser Tabuisierung sprechen" (*FAS*130505)

Überspitzt gesagt, versuchen *weiße* AutorInnen People of Color zu erklären, dass sie sich von der Verwendung nicht verletzt fühlen sollten, da sie ja in distanzierenden Anführungszeichen geschehe (vgl. Wengeler in diesem Band).

7. ‚Es gibt Wichtigeres'. Axel Hacke betont „dass ich den Kampf gegen den Rassismus für zu ernst hielte, als dass man seine Zeit mit solchen Auseinandersetzungen vergeuden sollte" (*Zeit*130117d). Er lässt damit außer Acht, dass es sich um eine simple Geste handelt, die wenig aufwendig ist und eigentlich selbstverständlich sein sollte (vgl. MiGAZIN13-01-30).
8. ‚Damit begibt man sich auf den Slippery Slope der Political Correctness' (SPON13-01-17, *taz*130111). Es wird ein Dammbruch erwartet, bei dem immer mehr Wörter aus Empfindlichkeit „verboten" würden. Hier wird häufig nicht unterschieden zwischen willkürlichen Empfindungen und Widerstand gegen historische Unterdrückung – wenn etwa bemerkt wird, den Berlinern sei es schließlich auch „herzlich egal [...], wie die entsprechenden Krapfen heißen" (SPON13-01-17, dazu MM13-01-18).

Die Stellungnahmen in den Massenmedien zeichnen sich durch eine Perspektive aus, die häufig unreflektiert und geradezu demonstrativ *weiß* und *middle-class* ist.

> „Kinder, das sind keine N[***]! Unsere liebsten Kinderbücher werden politisch korrekt umgeschrieben" (*Zeit*130117a); „Ein Kind wird nicht zum Rassisten, weil es in Pippi Langstrumpf vom "N[***]könig" liest" (*Zeit*130117c); „Und selbst wenn sie die Igitt-Wörter ausspucken, ist die Urzelle des Rassismus dann schon in den Kopf der Kleinen gelegt? (*Welt*130111); „Wer Schwarze respektiert, wird sie nicht N[***] nennen. Wer seine Kinder in diesem Sinne erzieht, braucht ihnen keine Wörter zu verbieten" (*Welt*130131; ähnlich *FAS*130113); „Damit ist gemeint, dass die [...] Verwendung des Wortes ‚N[***]' den Samen des Rassismus sät, der, einmal in den Boden der kindlichen Seele gesenkt, böse Früchte trägt. Das, mit Verlaub, ist ein naiver Gedanke" (*Zeit*130117b). (Hervorhebungen durch Unterstreichen von mir – J. T.)

In diesen Stellungnahmen wird eindeutig deutlich, dass die Motivation, dass das Wort aus Respekt vor den Opfern und um von Rassismus Betroffene nicht zu verletzen, nicht zu verwenden sei, nicht verstanden wird. Hingegen wird als Motivation angenommen, Kinder vor dem Entwickeln rassistischer Gedanken zu schützen – Kinder, die sprachlichen Abgrenzungen zeigen es, die prototypisch *weiß* (s. o.) und *middle-class* sind:

> Sollte man die pädagogische Energie nicht besser auf das Heer jener Illiteraten richten, die von Pippi Langstrumpf noch nie etwas gehört haben und trotzdem genau wissen, wer der N[***] ist? (*Zeit*130117b)

Selbst wenn die Medien explizit auf die Perspektive der Betroffenen hingewiesen werden, übernehmen sie diese nicht. Der Hinweis an den Verlag war von dem Leser Mekonnen Mesghena gekommen, der seiner Tochter das Buch vorgelesen und von der rassistischen Sprache erschreckt war. Auch wenn dies erwähnt wird (etwa *taz*130105), wird dennoch das Wort verwendet. Ähnlich verhält es sich mit der Berichterstattung über den einflussreichen Leserbrief der neunjährigen Ishema Kane. Auch hier gelingt es der Berichterstattung, gleichzeitig von der Verletzung, die der Titel der Zeit hervorgerufen hat, zu berichten und das Wort zu verwenden: „Fragt man Ishema, wie sich das Wort ‚N[***]' für sie anhört, blickt sie ernst, verschränkt die Arme und sucht nach Worten" (Zeit130131), ebenso fragt der *Spiegel* im Interview nach dem Wort, obwohl sie äußert, sie sei „traurig und wütend und [...] in Tränen ausgebrochen" (Spiegel130128, ähnlich *FAS*130203).

Besonders eindrücklich wird diese Perspektivierung im Hauptartikel des *Zeit*-Dossiers („Die kleine Hexenjagd"). Der Autor berichtet von Stellungnahmen von Schulkindern, die er selbst eingeholt hat. Die zitierten Kinder äußern sich alle explizit gegen die Verwendung des *N*-Worts – und zwar genau mit der Begründung des Schutzes von Betroffenen:

> „Meine Eltern kommen aus Spanien und der Türkei. Deshalb kann ich über so etwas nicht lachen." „Wenn solche Wörter in Büchern vorkommen, muss man die Bücher ändern." „Deshalb sollte das Wort N[***] auf keinen Fall in einer Geschichte vorkommen." (*Zeit*130117b)

Der Autor hingegen referiert im Anschluss wiederum allein auf die Gefahr einer rassistischen Infiltrierung und schließt erfreut, „dass Kinder, die eine gewisse Lesepraxis haben, in Sachen Wortwahl sehr empfindlich sind, sodass also die Furcht, sie würden durch ehemals harmlose und heute kränkende Vokabeln auf Abwege geführt, unbegründet ist" (*Zeit*130117b). Die Kinder müssten „nur noch ihre Erfahrungen mit der Geschichtlichkeit von Texten sammeln, damit sie einsähen, wie wenig rückwirkendes Umschreiben hilft." (*Zeit*130117b).

Die BloggerInnen (wie auch die entsprechenden Stimmen in Printmedien) machten hingegen die Perspektive der Betroffenen zur Leitlinie. Das eindeutige Fazit: „Rassismus raus aus Kinderbüchern" (fuckermothers13-01-13).

6 Linguistische Diskurskritik

Der Maßstab der vorgestellten Sprach- und Diskurskritik fußt, wie bereits ausgeführt, auf zwei sozialen Normen. Diese lauten:

- Soziale Gerechtigkeit (*Social Justice*). Ziel der Social-Justice-Theorie ist es, Eigenschaften einer gerechten Gesellschaft zu definieren und Diskriminierungsstrukturen zu identifizieren. Emanzipatorische Maßnahmen der *affirmative action* und der Sprachkritik werden häufig aus diesen Theorien heraus begründet (vgl. Adams u. a. 2000; Becker/Hauser 2009). Die Norm lautet also: Die Gesellschaft soll gerecht sein, ihre Mitglieder sollen gleichberechtigt sein.
- Vielfalt (*Diversity*). Mit dem Ausdruck *Diversity* wird auf die Vielfalt moderner Gesellschaften hingewiesen (Krell u. a. 2007; Andresen u. a. 2008). Wenn *Diversity* zur Grundlage emanzipatorischer Kritik wird, ist eine positive Konnotation mit enthalten. Die Norm lautet: Sprachliche wie gesellschaftliche Vielfalt ist wünschenswert.

Die hier vertretene These lautet, dass sich diese Normen hervorragend eignen, eine linguistische Diskurskritik zu fundieren. Wenn man Vielfalt und soziale Gerechtigkeit zum Ziel macht, dann haben sie deutliche Priorität vor anderen Zielen wie etwa Sprachökonomie. Entsprechend sollte eine linguistische Diskurskritik in Bezug auf die *N*-Wort-Debatte auf Grundlage der oben genannten Argumente meiner Meinung nach zu folgendem Ergebnis kommen: Das Wort sollte aus Kinderbüchern gestrichen werden, aus Respekt vor den Opfern, als Zeichen von Kritik an der Kolonialgeschichte und um von Rassismus Betroffene als Rezipienten nicht unsichtbar zu machen.

Zu diesem Ergebnis kommen auch kritische Analysen aus anderen Wissenschaften – sehr frühe Beiträge stammen etwa von der Ethnologin Brigitta Benzing (vgl. Benzing 1974; aus der Soziologie vgl. Schmidt-Wulffen 2010). Im angelsächsischen Raum ist die Kritik am *N*-Wort ohnehin weitgehend selbstverständlich (vgl. Asim 2007: 103).

Auch die linguistische Diskurskritik wird angeleitet von einer Vorstellung von der Macht der Sprache. Sie betont zudem die Wichtigkeit der Beteiligung an öffentlichen Debatten (vgl. Vogel 2013: 297). Dies schließt auch öffentliche metawissenschaftliche Stellungnahmen ein. Als im österreichischen „Tierrechtlerprozess" ein vor haarsträubenden Fehlschlüssen strotzendes, sich „linguistisch" nennendes Gutachten die Schuld des Hauptangeklagten nachweisen sollte, meldeten sich Linguistinnen und Linguisten des Verbandes für Angewandte Linguistik Österreich mit einer Distanzierung zu Wort (vgl. Vetter 2011). Eine ähnliche Stellungnahme aus dem Fach hat man in Deutschland etwa nach der massiven persönlichen und gewaltvollen öffentlichen Kritik an Heike Wieses Veröffentlichungen zum Kiezdeutschen vermisst.

Natürlich soll all dies nicht bedeuten, dass Wissenschaft immer explizit „kritisch" zu sein habe. Ganz im Gegenteil ist der Anspruch der Wissenschaft, rein deskriptiv und vor allem auch „nicht gesellschaftlich relevant" zu sein, zu verteidigen. Nur soll sie auch nicht komplett davor zurückschrecken; und wenn es eine kritische Motivation gibt, sollte diese nicht durch Pseudodeskriptivität verschleiert werden. Alles natürlich mit dem ausreichenden Maß an Skepsis und Distanz, wie es Peter von Polenz, einst einer der heftigsten Befürworter einer Kritiklosigkeit, dann aber deren zaghafter Gegner, anmahnt (Heringer/von Polenz 1982: 171; vgl. Wengeler in diesem Band).

7 Zurück zu Sick

Interessanterweise stehen die Kriterien der sozialen Gerechtigkeit und der Vielfalt bereits hinter vielen Formen der Sick-Kritik. Wenn seine Kritiker aus der Wissenschaft etwa darauf hinweisen, dass seine Beiträge genutzt werden, um andere, denen das Standardwissen fehlt, zu verhöhnen (implizit etwa Eisenberg 2006), so steht dahinter das Kriterium der sozialen Gerechtigkeit. Wenn seine „Wertungen" (Schneider 2011: 75) kritisiert werden, auf die Diversität der Sprache(n) und ihrer Varietäten hingewiesen und bemerkt wird, dass es Sprachwandel schon immer gab, so steht dahinter das Kriterium der Vielfalt.

Nehmen wir in Bezug auf diese Argumentation kurz die Position einer *advocata diaboli* (i. e. *critici/-ae linguae*) ein. SprachkritikerInnen weisen durchaus zu Recht darauf hin (vgl. etwa SprachLog$_{10\text{-}11\text{-}07}$, Kommentar vom 9.11.2010, 1:28), dass es sich, wenn auf die De-facto-Vielfalt der Sprachen und den De-facto-Sprachwandel hingewiesen wird, um Kritik am „Sprachverfall" zu verwerfen, um einen naturalistischen Fehlschluss handelt: ‚Es gibt und gab schon immer Vielfalt, ergo muss es sie geben, ergo ist diese nicht zu kritisieren'.

Die Vorstellung, dass es sprachliche Vielfalt nicht nur gibt, sondern auch geben muss/soll/darf, ist damit keine ‚objektive wissenschaftliche Wahrheit', sondern ebenso eine Sprachideologie wie die Standardsprachideologie (vgl. hierzu ausführlich Maitz in diesem Band). In dieser Einschätzung liegt keinesfalls eine Abwertung. Und natürlich heißt dies nicht, dass diese Ideologie nicht mit wissenschaftlichen Argumenten verteidigt werden könnte (und sollte!) – zum Beispiel ist der Schluss vom Sein auf das Sollen oder Dürfen zwar nicht notwendig logisch gültig, aber häufig durchaus plausibel (‚Ähnliche Phänomene gab es schon immer, ohne dass die Welt untergegangen ist, also gibt es gute Gründe anzunehmen, dass auch diesmal nicht der Weltuntergang bevorsteht'). Entsprechende Stellungnahmen sollten sich allerdings bewusst machen, dass sie einen *kritischen* Standpunkt einnehmen und dass Sprachwissenschaftlerinnen und Stilkritiker hier durchaus in der gleichen Liga kämpfen.

Öffnen wir in dieser die Arena also für den *Zwiebelfisch*: Bastian Sick legt viel Wert darauf, sich als „ironische[n] Geschichtenerzähler" (Sick 2004: 9) zu beschreiben und seine Aussagen sarkastisch-reflektiert einzurahmen. So bemüht er sich etwa in einem Text über Perfektformen (*angeschalten* statt *angeschaltet*) zu beteuern, „[u]nsere Sprache [habe] bekanntermaßen kein in Beton gegossenes, unveränderliches Fundament" und sich durch ausgiebigen Gebrauch von Hyperbeln („vom Donner gerührt", „Zitternd") von seinem eigenen Sprachekel zu distanzieren (vgl. Sick 2005).[12] Ihm ist aus diskurskritischer Sicht entgegenzuhalten, dass auch die ironische Reproduktion von Ideologien diese eben trotzdem reproduziert. Sehr schön deutlich wird dies durch die Bildunterschrift zur Illustration dieses Artikels (man darf recht sicher davon ausgehen, dass Sick diese nicht selbst gewählt hat, sondern dass es sich um eine redaktionelle Einfügung handelt). Sie lautet: „Verstand ausgeschalten, Sauna angeschalten" und deutet somit einen Zusammenhang der Verwendung des sprachlichen Phänomens und ‚Dummheit'. Sick selbst reproduziert diesen standardsprachideologischen (und ableistischen bzw. klassistischen) Diskurs in seinem Text nicht. Trotzdem kann er eben dafür genutzt werden. Sick ist, wenn es denn nun tatsächlich nicht seiner Meinung entspricht, vorzuhalten, dass er sich von diesen Interpretationsmöglichkeiten nicht distanziert bzw. derartige redaktionelle Einbettungen nicht unterbindet.

Andererseits – und konträr zu der massiven Kritik, der Sick ausgesetzt ist, könnte eine auf der Theorie der Social Justice beruhende Diskurskritik (und disziplinäre Selbstkritik) sogar zu der steilen alternativen These kommen, dass Bastian Sick den sprachideologischen und elitistischen Diskurs nicht nur reproduziert, sondern auf subversive Weise unterläuft. Indem er die Regeln des Geheimcodes der schreibenden Gebildeten leicht zugänglich über das Internet verbreitet, bietet er die Möglichkeit, sich stilistische Konventionen auch außerhalb etablierter Institutionen anzueignen. Dies grenzt ihn von anderen Sprachnörglern wie etwa einem Wolf Schneider ab, der die Regeln ausschließlich über klassische bildungsbürgerliche Publikationswege und die stark sozial selektierenden Journalistenschulen (vgl. Lueg 2012) weitergibt.

Ein Eindruck, der sich übrigens bestätigt, wenn man die Rezeption der Texte Bastian Sicks online analysiert. Wertet man beispielsweise die ersten 200 Google-Ergebnisse zu Verlinkungen seiner Texte aus[13], so ergeben sich neben einigen Affirmationen der Sprachverfallsthese hauptsächlich Links von Personen, die einander beim Erlernen der standardsprachlichen Normen helfen wollen.

Auch Sick selbst benutzt sein Sprachwissen zur Umkehrung von Machtverhältnissen: „Wer sich anmaßt, Befehle zu erteilen, sollte zunächst einmal die richtige Befehlsform beherrschen" (Sick 2004: 47). Solcherart soziale Funktionen von stilistischer Sprachkritik geraten vielfach ebenfalls aus dem Blick (vgl. dazu jedoch Arendt/Kiesendahl in diesem Band).

8 Fazit

Sprachwissenschaft kann (soll?) kritisch sein. Sie muss (darf?) ihre Bewertungen nicht verbergen bzw. könnte (müsste?) sich eingestehen, dass die Darlegung verschiedener Positionen ohne Stellungnahme selbst eine Stellungnahme ist („ba-

12 Insofern zitiert Maitz (in diesem Band) Sick, indem er den distanzierenden Kontext auslässt, ein bisschen unfair, da dies Sick unreflektierter erscheinen lässt, als er tatsächlich ist. Die Zuordnung zur Standardsprachideologie geschieht dennoch zu Recht. Häufig lassen sich Sicks Aussagen jedoch eher als Indikatoren für einen Diskurs werten denn als tatsächliche Affirmation auf erster Ebene.

13 Suchstring: *link:http://www.spiegel.de/kultur/zwiebelfisch – site:spiegel.de* (die zweite Angabe schließt Verlinkungen auf der Zwiebelfisch-Seite selbst aus).

lance as bias“). Dies muss keinesfalls bedeuten, Analyse und Bewertung wild zu mischen oder gar die Analyse einer bereits feststehenden Bewertung nachzuordnen. Die Analyse wird vielmehr zur Grundlage für Bewertungen – und sie muss so transparent geschehen, dass abweichende Bewertungen möglich sind. Analyse und Bewertung auf der Grundlage von Vielfalt und sozialer Gerechtigkeit müssen auch nicht im selben Text auftreten, sondern können sich zum Beispiel in einen „deskriptiven Wissenschaftstext“ und einen bewertenden Beitrag an der Schnittstelle zur Öffentlichkeit (Blogs, Podiumsdiskussionen, massenmediale Beiträge, Interviews) aufteilen. Notwendiger Bestandteil aller Diskurskritik ist immer eine Selbstkritik – im Falle von Metasprachdiskursen beginnend mit einer Kritik an der eigenen Sprachideologie.

Insgesamt sollte es möglich sein, die (Diskurs-)Linguistik, zumindest hin und wieder, als „engagierte Wissenschaft“ (Vogel 2013) zu begreifen und zu betreiben.

9 Literaturverzeichnis

Quellen

Blogs und Websites

	Blog / Website	Datum	AutorIn	Titel	URL
BILDblog$_{09-12-09}$	BILDblog	09.12.09	N.N.	Das große „Bild“-Wörterbuch	http://www.bildblog.de/woerterbuch.php
Bühnen-watch$_{13-01-21}$	Bühnenwatch	21.01.13	Anneke Gerloff	Über den Artikel „Die kleine Hexenjagd“	http://buehnenwatch.com/uber-den-artikel-die-kleine-hexenjagd-von-ulrich-greiner-in-der-aktuellen-zeit/
ClaireLight$_{07-08-04}$	Claire Light	04.08.07	Claire Light	arg arg arg	http://clairelight.typepad.com/seelight/2007/08/arg-arg-arg.html
ClassMat-ters$_{13-03-07}$	CLASS MATTERS	07.03.13	ClaraRosa	Bambule, Randale, Queer-Radikale!	http://clararosa.blogsport.de/2013/03/07/bambule-randale-queer-radikale/
ClassMat-ters$_{13-04-16}$	CLASS MATTERS	16.04.13	Chwesta u.a.	Wir sind Klasse	http://clararosa.blogsport.de/2013/04/16/wir-sind-klasse/
DXS$_{13-03-05}$	doubleXscience	05.03.13	Christie Aschwanden	The Finkbeiner Test	http://www.doublexscience.org/the-finkbeiner-test/
e*vibes$_{13-01-29}$	e*vibes	29.01.13	e*vibes	Offener Brief an Femen Germany	http://evibes.blogsport.de/2013/01/29/offener-brief-an-femen-germany/
feministfre-quency$_{09-12-07}$	YouTube	07.12.09		The Bechdel Test for Women in Movies	http://www.youtube.com/watch?&v=bLF6sAAMb4s
fuckermo-thers$_{13-01-13}$	fuckermothers	13.01.13		Rassismus raus aus Kinderbüchern	tp://fuckermothers.wordpress.com/2013/01/13/rassismus-raus-aus-kinderbuchern/
gedanken-träger$_{13-02-18}$	Gedankenträger	18.02.13	Monika Scheele Knight	Der Autismus unserer Zeit. Zur Popularität einer Metapher	http://gedankentraeger.de/?p=3237
GeekFem$_{12-05-29}$	Geek Feminism Wiki	29.05.12		Oppression Olympics	http://geekfeminism.wikia.com/wiki/Oppression_Olympics
GeekFem$_{12-10-24}$	Geek Feminism Wiki	24.10.12	N.N.	Allies	http://geekfeminism.wikia.com/wiki/Allies
GeekFem$_{13-01-11}$	Geek Feminism Wiki	11.01.13	N.N.	Safe space	http://geekfeminism.wikia.com/wiki/Safe_space
Genderbitch$_{10-01-23}$	Genderbitch	23.01.10	Kinsey Hope	Intent! It's Fucking Magic!	http://genderbitch.wordpress.com/2010/01/23/intent-its-fucking-magic/
Jezebel$_{12-11-13}$	Jezebel	13.11.12	Katie J.M. Baker	A Much-Needed Primer on Cultural Appropriation	http://jezebel.com/5959698/a-much+needed-primer-on-cultural-appropriation.

kleinerdrei 13-02-06	kleinerdrei	06.02.13	Daniel	I ♥ Political Correctness!	http://kleinerdrei.org/2013/02/political-correctness/
Konsens2010	Wir lieben Konsens	2010	N.N.	Was ist das Zustimmungskonzept?	http://wirliebenkonsens.wordpress.com/was-ist-konsens/
LesMigraS 2011	LesMigraS	2011	Hydra-Aktivist_innen	SlutWalk: LesMigraS unterstützt die Forderungen von Hydra-Aktivist_innen	http://www.lesmigras.de/slutwalk-lesmigras-unterstuetzt-hydra-aktivist_innen.html
MiGAZIN 13-01-30	MiGAZIN	30.01.13	Tina Bach u.a.	Gegen Rassismus in Medien und in Kinder- und Jugendbüchern	http://www.migazin.de/2013/01/30/gegen-rassismus-in-medien-und-in-kinder-und-jugendbuchern/
MM10-05-18	Mädchenmann-schaft	18.05.10		Piratenpartei: Post-Gender war gestern	http://maedchenmannschaft.net/piratenpartei-post-gender-war-gestern/
MM11-06-23	Mädchenmann-schaft	23.06.11	Nadine Lantzsch	Wie sich Vergewaltigungsverharmlosung in den Gerichten wiederfindet	http://maedchenmannschaft.net/wie-sich-vergewaltigungsverharmlosung-in-den-gerichten-wiederfindet/
MM12-10-16	Mädchenmann-schaft	16.10.12	Sabine Mohamed	ZDF, ARD, Hallo, GEZ noch?	http://maedchenmannschaft.net/zdf-ard-hallo-gez-noch/
MM13-01-12	Mädchenmann-schaft	12.01.13	Charlott Schönwetter	Aufregen, Solidarität und tolle Projekte – Die Blogschau	http://maedchenmannschaft.net/aufregen-solidaritaet-und-tolle-projekte-die-blogschau/
MM13-01-16	Mädchenmann-schaft	16.01.13	Anna-Sarah Hennig	Who wants to f*ck TELE 5? Nobody. Ever.	http://maedchenmannschaft.net/who-wants-to-fck-tele-5-nobody-ever/
MM13-01-18	Mädchenmann-schaft	18.01.13	Sabine Mohamed	Political Correctness: Fleischhauers Trottelargumentation	http://maedchenmannschaft.net/political-correctness-fleischhauers-trottelargumentation/
MM13-01-29	Mädchenmann-schaft	29.01.13	Sula	Hamsterrad der Ignoranz – Wenn Weiße mit sich selber über Rassismus reden	http://maedchenmannschaft.net/hamsterrad-der-ignoranz-wenn-weisse-mit-sich-selber-ueber-rassismus-reden/
MM13-03-19	Mädchenmann-schaft	19.03.13	Maria	Mit Kindern reden (extended version)	http://maedchenmannschaft.net/mit-kindern-reden-extended-version/
Mob12-09-22	der braune mob	22.09.12	Noah Sow	Was das Problem an den Slutwalks ist	http://blog.derbraunemob.info/2012/09/22/was-das-problem-an-den-slutwalks-ist/
Mutti12-09-10	Dr. Mutti	10.09.12	jgoschler	Man muss nur reden mit den Kindern	http://drmutti.wordpress.com/2012/09/10/man-muss-nur-reden-mit-den-kindern/
Nation13-03-15	The Nation	15.03.13	Jessica Valenti, Jaclyn Friedman	Only 'Yes' Means Yes: What Steubenville's Rape Trial Reminds Us About Sexual Consent	http://www.thenation.com/blog/173370/only-yes-means-yes-what-steubenvilles-rape-trial-reminds-us-about-sexual-consent
NoahSow13-01-19	Noah Sow Blog	19.01.13	Noah Sow	Zur aktuellen N-Wort Debatte: Stimmen der Vernunft…	http://www.noahsow.de/blog/2013/01/19/zur-aktuellen-n-wort-debatte-stimmen-der-vernunft/
RacialBech-del2012	The Racial Bechdel Test	2012	racialbechdel	What is The Racial Bechdel Test?	http://racialbechdel.tumblr.com/thetest
RM13-03-07	Regenbogen-maschine	07.03.13	janneworcek	Ihr sagt, ich sei anders	http://regenbogenmaschine.wordpress.com/2013/03/07/ihr-sagt-ich-sei-anders/
rumbau-meln12-11-14	rumbaumeln	14.11.12	Bäumchen	Klassismus oder: Der Artikel, den ich nicht schreiben kann	http://rumbaumeln.blogsport.eu/page/3/
Scarlet12-01-19	the scarlet woman	19.01.12	Scarlet Woman	On the Inherit Privilege of White Culture: an examination of cultural appropriation	http://thescarletwoman.tumblr.com/post/16148089011/on-the-inherit-privilege-of-white-culture-an
Shakesville 11-03-02	Shakesville	02.03.11	Time-Machine	Feminism 101: Helpful Hints for Dudes, Part 3	http://www.shakesville.com/2011/03/feminism-101-helpful-hints-for-dudes.html
Shehadistan 12-12-04	Shehadistan	04.12.12	Nadia Shehadeh	Die EMMA und die idealen Leser_innen	http://shehadistan.com/2012/12/04/die-emma-und-die-ideale-leser_innen/
SPON13-01-17	Spiegel Online	17.01.13	Jan Fleischhauer	Der Schwarze Kanal: Auf dem Weg zur Trottelsprache	http://www.spiegel.de/politik/deutschland/warum-kinderbuecher-politisch-korrekt-umgeschrieben-werden-a-878115.html
SPON13-04-25	Spiegel Online	25.04.13	Jan Fleischhauer	S.P.O.N. - Der Schwarze Kanal: „Sag das Wort nicht"	http://www.spiegel.de/politik/deutschland/fleischhauer-wie-ich-auf-einem-taz-podium-fast-fuer-einen-eklat-sorgte-a-896469.html

Spoons$_{13-03-10}$	tenthousand spoons	10.03.13	Marlen_e	Klassismus (in der feministischen Szene) benennen	http://ten1000spoons.wordpress.com/2013/03/10/klassismus-in-der-feministischen-szene-benennen/
SprachLog $_{10-11-07}$	SprachLog	07.11.10	Anatol Ste-fanowitsch	Die vielstimmige Gesellschaft und ihre Feinde	http://www.scilogs.de/wblogs/blog/sprachlog/sprachpolitik/2010-11-07/die-vielstimmige-gesell schaft-und-ihre-feinde/page/3
Spreeblick $_{10-05-26}$	Spreeblick	26.05.10	Johnny Haeusler	Der Bechdel-Test	http://www.spreeblick.com/2010/05/26/der-bechdel-test/
StopTalking $_{13-01-18}$	STOP! TALKING	18.01.13	accalmie	On Censorship.	http://stoptalk.wordpress.com/2013/01/18/on-censorship/
Viruletta $_{13-03-10}$	Viruletta	10.03.13	Viruletta	Gegen das Verstummen	http://viruletta.blogsport.de/2013/03/10/gegen-das-verstummen/

Printmedien

	Datum	Medium	AutorIn	Titel	Seite
BM$_{130120}$	20.01.13	Berliner Morgenpos	Hellmuth Karasek	Allein im Regen	1
FAS$_{130120}$	20.01.13	FAS	Claudius Seidl	Correct!	37
FAS$_{130203}$	03.02.13	FAS	vw	Verunsichert	44
FAS$_{130505}$	05.05.13	FAS	Eva Menasse	Raus aus dem Quadrat	50
FAZ$_{130110}$	10.01.13	FAZ	Tilman Spreckelsen	Wir wollen vorlesen und nichts erklären müssen	5
FAS$_{130113}$	13.01.13	FAS	Harald Staun	Die Schule des Lesens	42
FAZ$_{130205}$	05.02.13	FAZ		Jugendbuchforscher gegen "N[****]"	40
Focus$_{130128}$	28.01.13	Focus	Wolf Schneider	Alle Menschen sind grau!	120
Spiegel$_{130121}$	21.01.13	Der Spiegel	DialikaNeufeld	N[****]	57
Spiegel$_{130128}$	28.01.13	Der Spiegel		"In Tränen ausgebrochen"	140
Spiegel$_{130204}$	04.02.13	Der Spiegel	Elke Schmitter	Da geht noch was	128
SZ$_{130108}$	08.01.13	SZ		„Die kleine Hexe“ jetzt ohne „N[****]“	14
SZ$_{130115}$	15.01.13	SZ		Es ging spazieren vor dem Tor	11
SZ$_{130128}$	28.01.13	SZ		Mit schwarzem Gesicht für den "N[****]"	
SZ$_{130202}$	02.02.13	SZ		Streiflicht	1
SZ$_{130209}$	09.02.13	SZ	Kate Connolly	Mein Deutschland	19
taz$_{130105}$	05.01.13	taz	Daniel Bax	Neuauflage kommt ohne "N[****]" aus	5
taz$_{130111}$	11.01.13	taz		VERBOTEN	1
taz$_{130112}$	12.01.13	taz		Modernisierte Klassiker	10
taz$_{130115}$	15.01.13	taz		Werte und Worte	13
taz$_{130204a}$	04.02.13	taz		"Die Heiligkeit des Textes wird über alles gestellt"	3
taz$_{130204b}$	04.02.13	taz	Kübra Gümüsay	"Nett" ist die kleine Schwester von "scheiße"	14
taz$_{130204c}$	04.02.13	taz		Die Korrekturen	3
taz$_{130209}$	09.02.13	taz	Lea Streisand	Nehmt die Kinderbücher ernst	16
taz$_{130220}$	20.02.13	taz	Jasmin Kalarickal	"Pippi Langstrumpf erzählt vom Kolonialismus"	13
Welt$_{130111}$	11.01.13	Die Welt	Wieland Freund, Jacques Schuster	"N[****]lein" sagt man nicht!	21
Welt$_{130116}$	16.01.13	Die Welt	Alan Posener	Das "Unwort" ist ein Unwort	22
Welt$_{130131}$	31.01.13	Die Welt	Kathrin Spoerr	Das darf man doch nicht sagen!	2
Welt$_{130227}$	27.02.13	Die Welt	Alan Posener	Meine N[****], deine N[****]	22
Zeit$_{130117a}$	17.01.13	Die Zeit		Kinder,das sind keine N[****]!	1
Zeit$_{130117b}$	17.01.13	Die Zeit	Ulrich Greiner	Die kleine Hexenjagd	13
Zeit$_{130117c}$	17.01.13	Die Zeit		Das Konfektionieren zerstört die Fantasie	13
Zeit$_{130117d}$	17.01.13	Die Zeit	Axel Hacke	Wumbabas Vermächtnis	14
Zeit$_{130117e}$	17.01.13	Die Zeit	Ijoma Mangold	Falscher Freigeist	15
Zeit$_{130124}$	24.01.13	Die Zeit	Özlem Topcu	Stellt euch nicht so an	8
Zeit$_{130131}$	31.01.13	Die Zeit		Karriere eines Leserbriefs	48

Literatur

Adams, Maurianne u. a. (Hg.) (2000): *Readings for diversity and social justice. An Anthology on Racism, Antisemitism, Sexism, Heterosexism, Ableism, and Classism.* New York u. a.

Ágel, Vilmos (2008): Bastian Sick und die Grammatik. Ein ungleiches Duell. In: *Informationen Deutsch als Fremdsprache* 35 (1), S. 64-84.

Andresen, Sünne/Koreuber, Mechthild/Lüdke, Dorothea (Hg.) (2009): *Gender und Diversity: Albtraum oder Traumpaar?: Interdisziplinärer Dialog zur „Modernisierung" von Geschlechter- und Gleichstellungspolitik.* Wiesbaden.

Arndt, Susan (2007): ‚The Racial Turn'. Kolonialismus, Weiße Mythen und Critical Whiteness Studies. In: Marianne Bechhaus-Gerst, Sunna Gieseke (Hg.): *Koloniale und postkoloniale Konstruktionen von Afrika und Menschen afrikanischer Herkunft in der deutschen Alltagskultur.* Frankfurt a. M. u. a., S. 11-26.

Asim, Jabari (2007): *The N Word: Who Can Say It, Who Shouldn't, and Why.* New York.

Becker, Irene/Hauser, Richard (2009): *Soziale Gerechtigkeit – ein magisches Viereck: Zeitdimensionen, Politikanalysen und empirische Befunde.* Berlin.

Benzing, Brigitta (1974): *Bombi und Bimba: Zum Afrika-Bild in deutschsprachigen Kinder- und Jugendbüchern.* Bonn.

Crenshaw, Kimberle (1989): Demarginalizing the intersection of race and sex: A Black feminist critique of antidiscrimination doctrine, feminist theory and antiracist politics. In: *University of Chicago Legal Forum*, S. 139-167.

Der Braune Mob (2011): *Warum nicht „N[****]"? – Informationen für Redaktionen und Journalismus.* Hamburg. Online verfügbar auf http://www.derbraunemob.de/shared/download/warum_nicht.pdf.

Bredel, Ursula (2007): *Sprachbetrachtung und Grammatikunterricht.* Paderborn u. a.

Buchwald, Emilie/Fletcher, Pamela R. /Roth, Martha (Hg.) (1995): *Transforming a rape culture.* Minneapolis, MN.

Bunjes, Miriam (2006): Stille Trauer, laute Mahnung. In: *taz.* 13.6.2006.

Cameron, Deborah (2005): Language, Gender, and Sexuality: Current Issues and New Directions. In: *Applied Linguistics* 26 (4), S. 482-502.

Deleuze, Gilles (1980): *Kleine Schriften.* Aus dem Franz. übers. von K. D. Schacht. Berlin (Merve-Titel).

Dieckmann, Walther (2006): Sprachkritik – ein Haus mit vielen Wohnungen. In: *Der Deutschunterricht* (5), S. 17-26.

Dürscheid, Christa (2011): *Zweifeln als Chance? Zweifeln als Problem? Sprachliche Zweifelsfälle im Deutschunterricht.* In: Klaus-Michael Köpcke, Arne Ziegler (Hg.): *Grammatik – Lehren, Lernen, Verstehen: Zugänge zur Grammatik des Gegenwartsdeutschen.* Berlin/Boston, S. 155-173.

Eisenberg, Peter (2006): Gesotten und gesiedet. Das kuriose Deutsch der Sprachentertainer. In: *Süddeutsche Zeitung* 11.11.2006.

Foljanty, Lena/Lembke, Ulrike (Hg.) (2012): *Feministische Rechtswissenschaft: Ein Studienbuch.* 2. Aufl. Baden-Baden.

Guentherodt, Ingrid u. a. (1980): Richtlinien zur Vermeidung sexistischen Sprachgebrauchs. In: *Linguistische Berichte* 69, S. 15-21.

Günthner, Susanne u. a. (2012): Zur Einführung. In: Susanne Günthner u. a. (Hg.): *Kommunikation und Öffentlichkeit. Sprachwissenschaftliche Potenziale zwischen Empirie und Norm.* Berlin, S. 1-20.

Henning, Mathilde (2009): Wie viel Varianz verträgt die Norm? Grammatische Zweifelsfälle als Prüfstein für Fragen der Normenbildung. In: Mathilde Hennig, Christoph Müller (Hg.): *Wie normal ist die Norm? Sprachliche Normen im Spannungsfeld von Sprachwissenschaft, Sprachöffentlichkeit und Sprachdidaktik.* Kassel.

Heringer, Hans Jürgen/von Polenz, Peter (1982): Der Streit um die Sprachkritik. In: Hans Jürgen Heringer (Hg.): *Holzfeuer im hölzernen Ofen.* Tübingen, S. 161-175.

Hermanns, Fritz (1982): Brisante Wörter. Zur lexikographischen Behandlung parteisprachlicher Wörter und Wendungen in Wörterbüchern der deutschen Gegenwartssprache. In: Herbert Ernst Wiegand (Hg.): *Studien zur Neuhochdeutschen Lexikographie II*. Hildesheim/New York.

Heywood, Leslie (Hg.) (2006): *The women's movement today: an encyclopedia of third-wave feminism*. Bd. 1. Westport (Conn.).

Jäger, Siegfried/Jäger, Margarete (2007): *Deutungskämpfe. Theorie und Praxis kritischer Diskursanalyse*. 1. Aufl. Wiesbaden.

Kallenberg, Vera/Meyer, Jennifer (2012): *Intersectionality und Kritik*. Wiesbaden.

Kapitzky, Jens (2000): *Sprachkritik und Political Correctness in der Bundesrepublik*. Aachen.

Kilian, Jörg/Niehr, Thomas/Schiewe, Jürgen (2010): *Sprachkritik: Ansätze und Methoden der kritischen Sprachbetrachtung*. Berlin/New York (Germanistische Arbeitshefte, Bd. 43).

Krell, Gertraude u. a. (Hg.) (2007): *Diversity Studies: Grundlagen und disziplinäre Ansätze*. Frankfurt a. M.

Kruks, Sonia (2001): *Retrieving experience: subjectivity and recognition in feminist politics*. Ithaca.

Lueg, Klarissa (2012): *Habitus, Herkunft und Positionierung. Die Logik des journalistischen Feldes*. Wiesbaden.

Maitz, Péter/Elspaß, Stephan (2007): Warum der „Zwiebelfisch" nicht in den Deutschunterricht gehört. In: *Informationen Deutsch als Fremdsprache* 34 (5), S. 515-526.

Malik, Maja (2007): Unter Generalverdacht. Medienjournalismus in der Forschung. In: *Neue Gegenwart* 50, http://www.neuegegenwart.de/ausgabe50/generalverdacht.htm.

Meinunger, André (2008): *Sick of Sick? Ein Streifzug durch die Sprache als Antwort auf den „Zwiebelfisch"*. Berlin.

Netzwerk Leichte Sprache (Hg.) (2011): *Regeln für leichte Sprache*. Kassel. Online verfügbar auf: http://www.leichtesprache.org/downloads/Regeln_Netzwerk_Leichte_Sprache.pdf.

Ofuatey-Alazard, Nadja/Arndt, Susan (Hg.) (2011): *Wie Rassismus aus Wörtern spricht: (K)Erben des Kolonialismus im Wissensarchiv deutsche Sprache: ein kritisches Nachschlagewerk*. 1. Aufl. Münster.

Paul, Jobst (2012): Zur kulturellen Dimension des Institutionellen Rassismus – am Beispiel des Unworts des Jahres 2011. In: *DISS-Journal* 23, S. 54-56.

Romero-Sánchez, Mónica u. a. (2010): Exposure to Sexist Humor and Rape Proclivity: The Moderator Effect of Aversiveness Ratings. In: *Journal of Interpersonal Violence* 25 (12), S. 2339-2350.

Sander, Helke (1968): Rede von Helke Sander (Aktionsrat zur Befreiung der Frauen) auf der 23. Delegiertenkonferenz des „Sozialistischen Deutschen Studentenbundes" (SDS) im September 1968 in Frankfurt a. M. Online verfügbar auf http://www.hdg.de/lemo/html/dokumente/ KontinuitaetUndWandel_redeSanderZurNeuenFrauenbewegung/index.html.

Schiewe, Jürgen (1998): *Die Macht der Sprache. Eine Geschichte der Sprachkritik von der Antike bis zur Gegenwart*. München.

Schmidt-Wulffen, Wulf (2010): *Die „Zehn kleinen N[****]lein": Zur Geschichte der Rassendiskriminierung im Kinderbuch*. Berlin.

Schneider, Jan Georg (2005): Was ist ein sprachlicher Fehler? Anmerkungen zu populärer Sprachkritik am Beispiel der Kolumnensammlung von Bastian Sick. In: *Aptum. Zeitschrift für Sprachkritik und Sprachkultur* 2/2005, S. 154-177.

Schneider, Jan Georg (2008): Das Phänomen Zwiebelfisch. Bastian Sicks Sprachkritik und die Rolle der Linguistik. In: *Sprachdienst* 4, S. 172-180.

Schneider, Jan Georg (2011): Was ist richtiges und gutes Deutsch? Sprachratgeber auf dem Prüfstand. In: Birte Arendt, Jana Kiesendahl (Hg.): *Sprachkritik in der Schule: Theoretische Grundlagen und ihre praktische Relevanz*. Göttingen, S. 73-89.

Scholz, Sally J. (2008): *Political Solidarity*. Pennsylvania.

Schwarzer, Alice (2013): Wieder auf Null. Editorial. In: *EMMA* (1/2013), S. 6-7. Online verfügbar auf http://www.aliceschwarzer.de/artikel/wieder-mal-zurueck-auf-null-266170.

Sick, Bastian (2004): *Der Dativ ist dem Genitiv sein Tod: ein Wegweiser durch den Irrgarten der deutschen Sprache*. 1. Aufl. Köln.

Sick, Bastian (2005): Die Sauna ist angeschalten! In: *Zwiebelfisch*, 9.2.2005. Online verfügbar auf http://www.spiegel.de/kultur/zwiebelfisch/zwiebelfisch-die-sauna-ist-angeschalten-a-339978.html.

Tereick, Jana (2009): Sprachkritik und Sprachmagie. Eine Kategorisierung von Formen der Sprachkritik vor dem Hintergrund des Streits zwischen Sprachkritikern und Sprachwissenschaftlern. In: Ekkehard Felder (Hg.): *Sprache*. Berlin/Heidelberg (Heidelberger Jahrbücher, Bd. 53), S. 363-403.

Topalović, Elvira/Elspaß, Stephan (2008): Die deutsche Sprache – ein Irrgarten? Ein linguistischer Wegweiser durch die Zwiebelfisch-Kolumnen. In: Markus Denkler (Hg.): *Frischwärts und unkaputtbar. Sprachverfall oder Sprachnorm im Deutschen*. Münster, S. 37-57.

Vetter, Eva (2011): *Linguistische Gutachten vor Gericht. Offener Brief des Verbands für Angewandte Linguistik, Österreichischer Zweigverband der Association Internationale de Linguistique Appliquée (AILA), an Bundesministerin Claudia Bandion-Ortner*. Online verfügbar auf http://www.univie.ac.at/linguistics/verbal/fileadmin/user_upload/Stellungnahmen/ST_2011_26_02_linguistische_Gutachten.pdf.

Vogel, Friedemann (2013): Linguistische Diskursanalyse als engagierte Wissenschaft?! Ein Plädoyer für eine „Theorie der Praxis als Praxis". In: Ulrike H. Meinhof, Martin Reisigl, Ingo H. Warnke (Hg.): *Diskurslinguistik im Spannungsfeld von Deskription und Kritik*. Berlin, S. 279-298.

Walgenbach, Katharina (2012): Gender als interdependente Kategorie. In: Katharina Walgenbach u. a. (Hg.): *Gender als interdependente Kategorie: neue Perspektiven auf Intersektionalität, Diversität und Heterogenität*. Opladen, S. 23-64.

Warnke, Ingo/Spitzmüller, Jürgen (2008): Methoden und Methodologie der Diskurslinguistik – Grundlagen und Verfahren einer Sprachwissenschaft jenseits textueller Grenzen. In: Ingo Warnke, Jürgen Spitzmüller (Hg.): *Methoden der Diskurslinguistik. Sprachwissenschaftliche Zugänge zur transtextuellen Ebene*. Berlin/New York, S. 3-54.

Wengeler, Martin (2002): „1968", öffentliche Sprachsensibilität und political correctness. Sprachgeschichtliche und sprachkritische Anmerkungen. In: *Muttersprache* 112, S. 1-14.

Wengeler, Martin (2011): Linguistische Diskursanalysen – deskriptiv, kritisch oder kritisch durch Deskription? In: Jürgen Schiewe (Hg.): *Sprachkritik und Sprachkultur: Konzepte und Impulse für Wissenschaft und Öffentlichkeit*. Bremen, S. 35-48.

Winker, Gabriele/Degele, Nina (2009): *Intersektionalität: Zur Analyse sozialer Ungleichheiten*. Bielefeld.

Aachener Erklärung zur Rolle der Sprachwissenschaft in der Gesellschaft

(1) *Die Linguistik hat eine Bringschuld und eine Verantwortung der Sprachgemeinschaft gegenüber, deren Sprache sie erforscht.*

Es wird immer Gegenstände unserer Disziplin geben, die für eine größere Öffentlichkeit von geringerem Interesse sind. Ihnen stehen jedoch solche gegenüber, an denen bereits ein öffentliches Interesse besteht, aber auch solche, an denen ein öffentliches Interesse geweckt werden sollte. Bei ihnen stellt sich die Frage, ob es uns gelingt, ihren Nutzen für die Allgemeinheit deutlich zu machen. Gemeint ist also nicht, dass wir Kommunikationsformen entwickeln, die beliebige Gegenstände unserer Disziplin als irgendwie progressiv, spannend, überraschend usw. erscheinen lassen, sondern dass wir ernsthaft fragen, was angesichts der bestehenden Verhältnisse gebraucht wird.

(2) *Die Linguistik muss neue Sprachformen vor Augen führen und erklären.*

Sprache wird unter anderem dann zu einem öffentlichen Thema, wenn ganze Gruppen von Sprecherinnen und Sprechern sich neue Gebrauchsweisen der Sprache angewöhnen und diese neuen ‚Sprachen in der Sprache' als in irgendeiner Weise fehlerhaft oder unzureichend bewertet werden (von neuen fachsprachlichen Gebräuchen bis hin zum so genannten Kiezdeutsch). Mit dem massenhaften Gebrauch von elektronischen Arbeits- und Kommunikationsmedien bildet sich eine spezielle, in ihrer Art neue Lese- und Schreibfähigkeit heraus, und viele Menschen haben den Eindruck, dass die traditionelle Schriftsprache dabei ins Hintertreffen gerät. Die Sprachwissenschaft kann auf diese Entwicklung reagieren, etwa indem sie die neuen Sprachformen nicht einfach abwertet, sondern zum angestrebten Standard, der sich ja ebenfalls im Laufe der Zeit verändert, in Beziehung setzt. Das reicht vom konstruktiven Umgang mit Normbegriffen in der Schule bis zur Beschäftigung mit der Rechtschreibreform.

Unumgänglich ist es, zwischen gesprochenem und geschriebenem Standard zu differenzieren, denn gesprochene und geschriebene Sprache unterscheiden sich erheblich voneinander. In spontaner Mündlichkeit erfolgt die Sprachverarbeitung ‚online', d. h., man hat keine Zeit, die jeweiligen Formulierungen genau zu planen, und dies führt zu typisch mündlichen syntaktischen Konstruktionen. In der geschriebenen Sprache dagegen hat man – medial bedingt – die Möglichkeit, die Textgestalt zu planen und zu überarbeiten. Bei der Planung von Standardsprachlichkeit müssen diese medialen Unterschiede systematisch berücksichtigt werden.

(3) *Deutsche Sprache und Identität: Das als brisant empfundene Thema wird die Linguistik weiterhin beschäftigen.*

Sprache schafft Identität zum einen im sozialen Raum: Meine Sprache lässt erkennen, zu welcher gesellschaftlichen Gruppe ich gehöre, signalisiert meine Stellung in der Gesellschaft. Ein öffentliches Interesse daran schlägt sich oft in Fragen nach ‚gutem' oder ‚schlechtem' Deutsch nieder. Die Linguistik sollte sich dem nicht mit bloßem Verweis auf die Relativität solcher Bewertungen entziehen, sollte sich aber auch nicht in den Dienst einer ‚neuen Bürgerlichkeit' nehmen lassen, die nach einem ‚richtigen Umgang' mit Sprache wie nach dem ‚richtigen Umgang' mit dem Essbesteck verlangt. – Identität schafft Sprache aber auch durch Abgrenzung von anderen Sprachen. Aktuell geht es in Deutschland dabei vor allem um die Frage des Verhältnisses zwischen dem Deutschen und dem Englischen, eine Frage, die die Spannung zwischen Nationalstaatlichkeit und Globalisierung spiegelt. Auch hier wird es für die Linguistik entscheidend darum gehen, den richtigen Ton zu treffen. Noch stärker als bisher müssen Sprachwissenschaft und Sprachdidaktik dazu beitragen, die mit kultureller Diversität und intrakulturellen Sprachdifferenzen verbundenen gesellschaftlichen Herausforderungen zu gestalten.

(4) *Von erheblicher Bedeutung für Stabilität und stabile Entwicklung einer Sprache ist die Einstellung ihrer Sprecher.*

Die Sprachwissenschaft kann zu einer positiven Spracheinstellung beitragen, indem sie beispielsweise bestimmte Formen destruktiver Sprachkritik als unhaltbar erweist. Wie manche anderen Sprachen hat sich das Deutsche einer solchen Sprachkritik zu erwehren, wobei sich diese bei uns in den vergangenen etwa zwanzig Jahren eher verstärkt hat. Der Typus ist viel älter, hat sich aber seit der Wiedervereinigung im Rahmen der deutschen Identitätsdebatten deutlich ausgeprägt. Dazu gehören Themen wie der allgemeine ‚Verfall' des Deutschen, der Fremdwort- und Normdiskurs oder generell Zweifel an den Sprachfähigkeiten unserer jungen Generation. Es geht nicht um einen Versuch, vor unbestreitbaren Tatsachen die Augen zu verschließen, sondern darum, bestehende Probleme mit (u. a.) sprachwissenschaftlichen Mitteln auf ihr rechtes Maß zu bringen und praktische Beiträge zu ihrer Bearbeitung zu liefern.

(5) *Insbesondere die Sprachkritik ist eine Angelegenheit von gesellschaftlicher Relevanz und stößt auf großes öffentliches Interesse. Die Linguistik sollte dies als Chance begreifen und sich in den entsprechenden öffentlichen Diskursen mit ihrem Fachwissen vernehmlich zu Wort melden.*

Sprachkritik ist die Beschreibung, Analyse und Bewertung von sprachlichen Äußerungen. Die allermeisten Äußerungen in Alltag, Beruf und Wissenschaft erfolgen unreflektiert, gewissermaßen „blind" (Wittgenstein), routinemäßig und automatisch, und zwar notwendigerweise, da man beim Sprechen und Schreiben nicht ständig innehalten kann. Innehalten zum Zwecke der Reflexion erfolgt aufgrund von Anlässen, die vielfältig sein können, z. B. Unsicherheit, Nicht-Verstehen, Zweifel der verschiedensten Art. Der Sprachgebrauch eines Menschen ist reflektiert, wenn er/sie in der Lage ist, die Art und Weise des eigenen Sprachgebrauchs zu begründen bzw. zu rechtfertigen. Maßstäbe für eine Rechtfertigung sind die Wahrhaftigkeit, Relevanz und Verständlichkeit des Gesagten.

Die Korrektheit und Angemessenheit einer sprachlichen Äußerung kann immer nur mit Bezug auf die jeweilige Sprachvarietät (Standardsprache, Dialekt, Fachsprache ...), die jeweilige kommunikative Praktik und individuelle Kommunikationssituation sowie die jeweilige Sprachmedialität (mündlich, schriftlich, computervermittelt ...) beurteilt werden.

Aufgabe der Linguistik ist es, diesen Zusammenhang in öffentlichen Diskursen über Sprachkompetenz und ‚Sprachverfall' immer wieder anhand konkreter Beispiele zu verdeutlichen und auf diese Weise wissenschaftlich fundierte Alternativen zur populären Sprachkritik aufzuzeigen. Die Gesellschaft braucht weder Sprachgesetze noch eine Sprachpolizei, aber sie hat Anspruch auf Rat von Fachleuten.

(6) *Die Linguistik sollte die Haltung der Öffentlichkeit gegenüber Sprachgebrauch und Normen ernst nehmen.*

Eine Annäherung kann nur über ein besseres Verständnis der jeweils anderen Perspektive erreicht werden. Der Wunsch vieler Schreiber und Sprecher nach Normierung und damit Orientierung muss als wichtiges Bedürfnis wahrgenommen und akzeptiert werden. Die sprachbezogenen Theorien, wie sie der öffentlichen, nichtwissenschaftlichen Sprachkritik zugrunde liegen, sollten nicht länger als defizitäre Vorstufen linguistischer Sprachtheorien betrachtet werden, sondern als Sprachreflexionen, die aus spezifischen Bedürfnissen erwachsen.

Die Sprachwissenschaft sieht sich dem Vorurteil gegenüber, ihre Aussagen zum öffentlich gefühlten Sprachverfall seien nichts als Beschwichtigungen, die dazu dienten, im Sinne von politischer Überkorrektheit abweichendes Deutsch zur guten Sprache schönzureden. Dieses Vorurteil ist zu widerlegen: Sprachwissenschaftler bewerten bisweilen sprachliche Strukturen durchaus – entgegen landläufiger Meinung. Sprachwissenschaftler können und dürfen bewerten – entgegen mancher akademischen Meinung. Eine wichtige Aufgabe der Linguistik besteht darin, der Öffentlichkeit linguistisch begründete Bewertungsmaßstäbe vorzustellen, wie sie z. B. in der Sprachkritikforschung mit dem Konzept der funktionalen Angemessenheit entwickelt wurden. Sprachkritik ist somit ein konstitutiver Baustein der Linguistik sowie der alltäglichen Kommunikation.

(7) *Die Linguistik muss ihre eigenen Vorannahmen und ihre Sprachkonzepte kritisch – und selbstkritisch – reflektieren.*

Die Rekonstruktion der zugrunde liegenden Sprachideologien und Sprachnormenkonzepte ermöglicht eine Reflexion der eigenen fachwissenschaftlichen Perspektive auf Sprache. Erst durch eine eigene Standortreflexion der Linguistik ist eine Annäherung an eine sprachinteressierte Öffentlichkeit möglich, sinnvoll und fruchtbar.

(8) *Die Linguistik muss eine größere Rolle in den Schulen spielen.*

Von der OECD wird „Lesekompetenz" definiert als die Fähigkeit, „geschriebene Texte zu verstehen, zu nutzen und über sie zu reflektieren, um eigene Ziele zu erreichen, das eigene Wissen und Potenzial weiterzuentwickeln und am gesellschaftlichen Leben teilzunehmen". Hier geht es ganz offensichtlich um mehr als um die

Beherrschung einer technischen Fertigkeit: Der Umgang mit Texten soll dem Leser die Teilhabe am gesellschaftlichen Leben ermöglichen. Diese Position entspricht der Forderung nach einem stärkeren Praxisbezug der Ausbildung, einer Forderung, die die Schulen (PISA) und Universitäten bereits erreicht hat. Man mag über diese Verschiebung von der Bildung zur (berufsnahen) Ausbildung denken, wie man will: Die Kompetenz zur Rezeption und zur Produktion von Texten wird eine hervorgehobene Rolle in den Lehrplänen spielen, was zu einem besonderen Engagement der Textlinguistik, in Zusammenarbeit mit der Sprachdidaktik führen wird (führen sollte!). Zudem spielt die Vermittlung sozialer Kompetenzen eine immer größere Rolle bei der Ausbildung junger Menschen, und der Raum des Sozialen ist nun einmal ganz entscheidend durch Sprache strukturiert.

Zentrales Ziel des Deutschunterrichts sollte es sein, die Fähigkeit zum jeweils angemessenen Sprachgebrauch zu verbessern. Hierzu gehört auch die Fähigkeit, zwischen unterschiedlichen kommunikativen Praktiken – „Sprachspielen" im Sinne Ludwig Wittgensteins –, unterschiedlichen Medien sowie unterschiedlichen Varietäten zu wechseln (Code-Switching und Code-Shifting). Das Angemessenheitskriterium schließt das Korrektheitskriterium in gewissem Sinne mit ein, denn das sprachlich Angemessene ist nicht korrekturbedürftig.

(9) *Linguistinnen und Linguisten verfügen idealerweise über vielfältige sprachliche Register und Stile, die es ihnen ermöglichen, fachliche Inhalte adressatengerecht zu kommunizieren, und sie wissen, welche Form welchem Adressatenkreis gegenüber angemessen ist.*

Eine adressatengerechte Darstellung fachlicher Inhalte ist Voraussetzung für einen gelingenden Dialog über die Fachgrenzen hinaus (aber durchaus auch zwischen einzelnen Teilbereichen des Fachs), und sie muss erlernt werden. Dies sollte künftig verstärkt Ziel akademischer Ausbildung für Linguistinnen und Linguisten sein. Davon sollten nicht zuletzt auch diejenigen unserer Studierenden profitieren, die Deutschlehrerinnen und Deutschlehrer werden, denn sie vermitteln ganz wesentlich zwischen Linguistik und Öffentlichkeit.

(10) *Die Sprachwissenschaft sollte neue Wege gehen, um die Öffentlichkeit zu erreichen.*

Der Kreativität sollten dabei keine Grenzen gesetzt sein. Nachgedacht werden könnte unter anderem über die Einrichtung weiterer Kontaktstellen für (Sprach-) Rat suchende Schreiber und Sprecher nach dem Vorbild bereits bestehender Institutionen (z. B. Aachener Sprachtelefon | www.aachener-sprachtelefon.de | Sprachberatung an der Universität Chemnitz | www.sprachberatung.tu-chemnitz.de | oder Arbeitsstelle für Sprachauskunft und Sprachberatung an der Universität Vechta | www.sprachauskunft-vechta.de).

Denkbar wären auch öffentlichkeitswirksame Dokumentationen zum Thema Sprache (sehr erfolgreich war vor einigen Jahren die Ausstellung „Die Sprache Deutsch" im Berliner Historischen Museum) sowie Kooperationen mit den Medien.

Verstärkt genutzt werden könnten Blogs, Foren und Soziale Netzwerke. In diesem Sinne haben wir im Anschluss an unsere Aachener Tagung ein linguistisches

Weblog eingerichtet (spraachenblog.wordpress.com; http://www.facebook.com/spraachenblog), in dem sprachwissenschaftliche Themen in allgemein verständlicher Form behandelt werden und in dem Interessierte mitdiskutieren können.

(11) *Die Sprachwissenschaft sollte ihr Engagement bündeln.*

Ansätze, die „splendid isolation" der Linguistik zu überwinden, hat es in den zurückliegenden Jahren mehrfach gegeben. Sie sind in der Regel ohne größere Wirkung geblieben: Meist geriet das Anliegen schon nach kurzer Zeit wieder in Vergessenheit. Um einer solchen Entwicklung zu begegnen, haben diejenigen, die diese Erklärung unterzeichnet haben, einen Arbeitskreis für linguistische Sprachkritik ins Leben gerufen, der die unterschiedlichen Forschungsansätze und -interessen vernetzen und das Thema „Sprachwissenschaft und Öffentlichkeit" in regelmäßigen Abständen auf die Tagesordnung setzen soll.

(12) *Es muss weiterhin eine Linguistik jenseits des öffentlichen Interesses („im Elfenbeinturm") geben dürfen.*

Niemand sollte sich genötigt sehen, eigene Forschungsinteressen am öffentlichen Interesse auszurichten. Es bedarf auch in Zukunft eines im engeren Sinne wissenschaftlichen Diskurses, der Exklusivität zwar nicht anstreben muss, der sie aber beanspruchen darf. Inhaltlich fatal wäre es, wenn in den nächsten Jahren und Jahrzehnten Tendenzen entstünden, Sprachwissenschaft nur dann für akzeptabel (ggf. sogar für förderungswürdig) zu halten, wenn sie ‚PR-fähig' ist.

Erstunterzeichner:

- Dr. Birte Arendt (Ernst-Moritz-Arndt-Universität Greifswald)
- Prof. Dr. Jochen A. Bär (Universität Vechta)
- Prof. Dr. Thomas Bein (RWTH Aachen)
- Andreas Corr, M.A. (RWTH Aachen)
- Prof. Dr. Ekkehard Felder (Universität Heidelberg)
- Dr. Tobias Heinz (Christian-Albrechts-Universität zu Kiel)
- Prof. Dr. Andreas Gardt (Universität Kassel)
- Alexander Keus, M.A. (RWTH Aachen)
- Dr. Jana Kiesendahl (Ernst-Moritz-Arndt-Universität Greifswald)
- Prof. Dr. Jörg Kilian (Christian-Albrechts-Universität zu Kiel)
- Prof. Dr. Péter Maitz (Universität Augsburg)
- PD Dr. André Meinunger (Zentrum für Allgemeine Sprachwissenschaft, Berlin)
- Prof. Dr. Thomas Niehr (RWTH Aachen)
- Dr. Falco Pfalzgraf (University of London, Queen Mary)
- Dr. Kersten Sven Roth (Vertretungsprofessur Universität Potsdam)
- Prof. Dr. Jürgen Schiewe (Ernst-Moritz-Arndt-Universität Greifswald)
- Frank Schilden, M.A. (RWTH Aachen)
- Prof. Dr. Jan Schneider (Universität Koblenz-Landau, Campus Landau)
- Dr. Jürgen Spitzmüller (Universität Zürich)
- Jana Tereick, M.A. (Universität Hamburg)
- Eva Teubert, M.A. (Institut für deutsche Sprache, Mannheim)
- Prof. Dr. Martin Wengeler (Universität Trier)
- Prof. Dr. Rainer Wimmer (Universität Trier)

Autorenverzeichnis

Dr. Birte Arendt, wissenschaftliche Mitarbeiterin an der Universität Greifswald.
Forschungsschwerpunkte: Argumentationserwerb von Kindergartenkindern maßgeblich in Peerinteraktionen, Sprachkritik mit dem Fokus auf der Onlinekommunikation sowie den Spracheinstellungen und dem Sprachgebrauch des Niederdeutschen in unterschiedlichen Kontexten.
Website: www.phil.uni-greifswald.de/philologien/deutsch/personal/birte-arendt.html
E-Mail: arendt@uni-greifswald.de

Dr. Armin Burkhardt, Professor an der Otto-von-Guericke-Universität Magdeburg und Vorsitzender der Gesellschaft für deutsche Sprache.
Forschungsschwerpunkte: Sprache in der Politik, Semantik und Lexikographie, Sprachphilosophie und Semiotik, Grammatik und Sprachkritik, Kontrastive Linguistik/Deutsch als Fremdsprache, Sportsprache.
Website: www.ovgu.de/professoren/Burkhardt-highlight-Burkhardt.html
E-Mail: armin.burkhardt@ovgu.de

Andreas Corr, M.A., Leiter des Diversitätsorientierten Schreibzentrums an der Eberhard Karls Universität Tübingen.
Forschungsschwerpunkte: (öffentliche) Sprachreflexion und Sprachkritik, Sprachtheorie, linguistische Pragmatik.
Website: www.uni-tuebingen.de/schreibzentrum/
E-Mail: andreas.corr@verwaltung.uni-tuebingen.de

Dr. Ekkehard Felder, Professor für Germanistische Linguistik der Universität Heidelberg und einer der Direktoren des Europäischen Zentrums für Sprachwissenschaften (EZS).
Forschungsschwerpunkte: Varietäten- und Soziolinguistik, Linguistische Diskursanalyse (LDA), Fachkommunikation, grammatische Form-Funktions-Korrelationen, politische Sprachanalyse sowie die Problematik von Sprachnormen und Sprachkritik.
Website: www.gs.uni-heidelberg.de/sprache02/felder/
E-Mail: ekkehard.felder@gs.uni-heidelberg.de

Katharina Jacob, wissenschaftliche Mitarbeiterin am Lehrstuhl für Germanistische Linguistik der Universität Heidelberg.
Forschungsschwerpunkte: Linguistische Diskursanalyse (Ethik, Energie, Technik), Korpuslinguistik, Linguistik des Entscheidens, Politolinguistik, Medienkommunikation, Sprachreflexion und Sprachkritik.
Website: www.gs.uni-heidelberg.de/sprache02/mitarbeiter/jacob.html
E-Mail: katharina.jacob@gs.uni-heidelberg.de

Alexander Keus, M.A., ehemaliger wissenschaftlicher Mitarbeiter am Institut für Sprach- und Kommunikationswissenschaft (Lehr- und Forschungsgebiet Germanistische Sprachwissenschaft) der RWTH Aachen University.
Forschungsschwerpunkte: Neue Medien und Web 2.0, Politischer Sprachgebrauch.
Website: www.isk.rwth-aachen.de/a_keus
E-Mail: a.keus@isk.rwth-aachen.de

Dr. Jana Kiesendahl, wissenschaftliche Mitarbeiterin an der Universität Greifswald.
Forschungsschwerpunkte: Computervermittelte Kommunikation, Sprachkritik, Sprachliche Norm und Angemessenheit, Sprechhandlungsanalyse, Schulbuchforschung.
Website: www.phil.uni-greifswald.de/philologien/deutsch/personal/jana-kiesendahl.html
E-Mail: jana.kiesendahl@uni-greifswald.de

Dr. Jörg Kilian, Professor für Deutsche Philologie/Didaktik der deutschen Sprache an der Universität Kiel.
Forschungsschwerpunkte: Lexikologie und Semantik, Wortschatzdidaktik, linguistische und didaktische Sprachkritik; Grammatikdidaktik, Lehr-Lern-Gespräche in Geschichte und Gegenwart; Sprache in der Politik/Didaktik der politischen Sprache.
Website: www.germsem.uni-kiel.de/kilian/kilian.htm
E-Mail: kilian@germsem.uni-kiel.de

Dr. Péter Maitz, Professor für Deutsche Sprachwissenschaft an der Universität Augsburg.
Forschungsschwerpunkte: Soziolinguistik von Sprachkontakt, Sprachvariation und Sprachwandel, Sprache und Diskriminierung, Historische Sprachwissenschaft.
Website: www.philhist.uni-augsburg.de/de/lehrstuehle/germanistik/sprachwissenschaft/
E-Mail: peter.maitz@phil.uni-augsburg.de

Dr. André Meinunger, wissenschaftlicher Mitarbeiter am Zentrum für Allgemeine Sprachwissenschaft in Berlin und Privatdozent an der Universität Leipzig.
Forschungsschwerpunkte: Deutsche Grammatik, theoretische Syntax, Sprachvergleich, Laienlinguistik, Sprachkritik.
Website: www.zas.gwz-berlin.de/mitarbeiter_meinunger.html
E-Mail: andre@zas.gwz-berlin.de

Dr. Thomas Niehr, Professor für Germanistische Sprachwissenschaft an der RWTH Aachen University.
Forschungsschwerpunkte: Diskursanalyse, Sprache in der Politik, Sprachkritik, Laienlinguistik.
Website: www.isk.rwth-aachen.de/t_niehr
E-Mail: t.niehr@isk.rwth-aachen.de

Dr. Falco Pfalzgraf, Lecturer for German Linguistics, Queen Mary University London. Academic Co-ordinator of the Language Centre; Director of Taught Programmes of the School of Languages, Linguistics and Film; Acting Deputy Director of the Centre for Anglo-German Cultural Relations.
Forschungsschwerpunkte: Soziolinguistik, Diskursanalyse, Sprachpurismus, Sprache & Politik.
Website: sllf.qmul.ac.uk/people/falco-pfalzgraf
E-Mail: f.pfalzgraf@qmul.ac.uk

Jana Tereick, M.A., wissenschaftliche Mitarbeiterin am Institut für Germanistik der Universität Hamburg.
Forschungsschwerpunkte: Diskurslinguistik, Sprachkritik, sprachliche Vielfalt.
Website: www.jana-tereick.de
E-Mail: jana.tereick@uni-hamburg.de

Dr. Martin Wengeler, Professor für Germanistische Linguistik an der Universität Trier.
Forschungsschwerpunkte: Deutsche Sprachgeschichte nach 1945, Sprachkritik, Argumentationsanalyse, Politische Sprache, Linguistische Diskursgeschichte, Linguistik als Kulturwissenschaft.
Website: www.uni-trier.de/index.php?id=36155
E-Mail: wengeler@uni-trier.de